穿越 中国隧道及地下工程修建关键技术研究书系

高压富水铁路隧道修建关键技术

马 栋 等著

人民交通出版社股份有限公司

北京

内 容 提 要

本书基于作者团队应对高压富水岩溶隧道溃水灾变、高压富水断层破碎带隧道突泥涌水和深厚富水砂层流砂失稳三大难题的工程实践及科研创新成果，系统梳理、总结了高压富水铁路隧道的修建关键技术。针对高压富水岩溶隧道的高风险赋存特点，本书从岩溶形态的预报手段出发，着重介绍了迂回绕避、释能降压、穿越加固及泄水引排技术，清晰地阐明了规避岩溶溃水灾变问题的基本技术路线。针对高压富水断层破碎带隧道施工中面临的水头封堵压力大、施工作业面软化滑塌等主要难题，本书提出先利用分水洞降压分流，然后在掌子面采用智能钻机进行信息化注浆的综合处理方案，并在此基础上介绍了以上堵下排、顶水注浆为代表的高效封堵方法，突破了该类隧道建造的技术瓶颈。在深入揭示深厚富水砂层隧道深厚富水砂层的水敏性规律的基础上，本书对洞内外高效降水围干、双液回退注浆以及旋喷技术的实施过程及效果进行了详细描述，论述了该类围岩隧道降水先行，封堵预支护加固并举的基本修建思路。

本书可供从事隧道及地下工程建设、管理、设计、施工的工程技术人员及相关院校专业师生参考与借鉴。

图书在版编目(CIP)数据

高压富水铁路隧道修建关键技术 / 马栋等著. — 北京：人民交通出版社股份有限公司，2021.11
ISBN 978-7-114-17094-2

Ⅰ.①高… Ⅱ.①马… Ⅲ.①岩溶—铁路隧道—隧道施工—施工技术 Ⅳ.①U459.1

中国版本图书馆 CIP 数据核字(2021)第 029474 号

穿越——中国隧道及地下工程修建关键技术研究书系
Gaoya Fushui Tielu Suidao Xiujian Guanjian Jishu

书　　名：	高压富水铁路隧道修建关键技术
著 作 者：	马　栋　等
责任编辑：	王　霞　张　晓
责任校对：	孙国靖　卢　弦
责任印制：	张　凯
出版发行：	人民交通出版社股份有限公司
地　　址：	(100011)北京市朝阳区安定门外外馆斜街3号
网　　址：	http://www.ccpcl.com.cn
销售电话：	(010)59757973
总 经 销：	人民交通出版社股份有限公司发行部
经　　销：	各地新华书店
印　　刷：	北京印匠彩色印刷有限公司
开　　本：	787×1092　1/16
印　　张：	24.25
字　　数：	579千
版　　次：	2021年11月　第1版
印　　次：	2021年11月　第1次印刷
书　　号：	ISBN 978-7-114-17094-2
定　　价：	192.00元

(有印刷、装订质量问题的图书由本公司负责调换)

编写委员会

主　任：马　栋

副主任：谭忠盛　苗德海　张民庆　田四明　许和平

编　委（按姓名笔画排序）：

万　飞	马　涛	王永峰	王　伟	王秀英
王武现	王胜国	冯义涛	孙国庆	孙　毅
闫　肃	刘坡拉	刘祖斌	毕焕军	李永刚
李建军	李国良	李　勇	李　响	李　涛
杨木高	杨　兵	张立国	张丕界	张旭东
陈绍华	单红雨	尚尔海	尚海松	周　烨
胡子平	胡建国	赵西民	席继红	高广义
贾大鹏	郭兰星	郭海峰	晋刘杰	唐达昆
莫阳春	顾湘生	黄立新	黄明利	黄鸿健
彭　峰	曾强运	熊晓晖	薛　斌	

Key technology for high-pressure and rich-water railway tunnel construction

序

随着我国越来越多的铁路穿越地质条件极端复杂的崇山峻岭，受地形、地质等因素制约，隧道无法绕避高压富水岩溶、断层破碎带及深厚砂层等不良地质区段，隧道建设面临着溃水灾变、突泥涌水、流砂失稳等难题。若采用传统修建技术，将导致工程安全风险极高，施工难度极大，进度极为缓慢。依托宜万、青藏、兰渝等铁路建设的创新与实践经验，作者团队历经十余年系统研究与产学研用协同攻关，取得高压富水铁路隧道修建关键技术的突破，保证了工程施工安全和工期目标的实现。

本书的作者数十年如一日在生产一线积累经验、培养团队、创新技术，创建了包括迂回绕避、释能降压、溶腔穿越加固等高压富水溶腔处治技术和隧道施工防灾预警及救援技术，化解了高压富水岩溶隧道溃水灾变难题；建立了分水降压及抗水压衬砌协同的综合建造、信息化注浆、顶水注浆、上堵下排注浆技术，攻克了高压富水断裂破碎带隧道突泥涌水难题；摸清了深厚富水砂层水敏性规律，研发了洞内外高效降水围干技术，提高了多种常规施工技术在砂层中的适应性，保证了深厚富水砂层隧道施工安全。上述创新与实践不仅在工法上取得重大突破，而且大大降低了工程风险，取得了显著的社会效益和经济效益，为高压富水铁路隧道建设提供了强有力的技术支撑，提升了山岭隧道建设的整体技术水平。

作者坚持施工与科研相结合，致力高压富水隧道修建关键技术的研究，刻苦钻研、不断探索、勇于实践。希望通过本书的出版，将作者团队多年来关于高压富水隧道的实践经验与创新成果进行系统总结，为参与隧道建设的同行们提供参考和借鉴。

2020 年 12 月

Keg technology for high-pressure and rich-water railway tunnel construction 前言

随着我国铁路交通基础设施的快速发展,青藏铁路、沪昆高速铁路、兰渝铁路等一大批铁路干线建成通车。截至2020年底,我国铁路营业里程达到14.5万km,其中投入运营的铁路隧道共16798座,总长约19630km。隧道建设面临着诸多问题,其中包括溃水灾变、突泥涌水、流砂失稳三大难题。本书通过针对性的工程实践与理论创新,提出了高压富水铁路隧道修建关键技术。

本书共分4篇。第1篇为绪论,主要介绍了高压富水隧道的定义、分类以及三大类高压富水隧道的修建技术与工程难题。第2篇为高压富水岩溶隧道修建关键技术,结合野三关、大支坪隧道等典型工程实践,着重介绍了岩溶隧道施工超前地质预报、迁回绕避、释能降压、施工优化防排水、溶腔穿越加固以及高压富水岩溶隧道施工防灾预警及救援技术。第3篇为高压富水断层破碎带隧道修建关键技术,结合新关角、齐岳山隧道等典型工程实践,着重介绍了分水降压、全断面注浆、信息化注浆、顶水注浆、上堵下排注浆、四台阶九步隧道施工和突泥涌水段落整治技术。第4篇为深厚富水砂层隧道修建关键技术,结合胡麻岭、马家坡隧道等典型工程实践,着重介绍了深厚富水砂层的水敏性规律、洞内外高效降水围干、双液回退注浆、旋喷技术和九部双侧壁工法。

本书编写过程中,中国国家铁路集团有限公司、中国铁道建筑集团有限公司、北京交通大学、中铁十一局集团有限公司、中铁十二局集团有限公司、中铁十九局集团有限公司、中铁第一勘察设计院集团有限公司、中铁第四勘察设计院集团有限公司等单位提供了编写素材,并由人民交通出版社股份有限公司陈志敏、王霞等专家进行了审稿。本书引用了部分国内外论文、规范规程中的相关成果。在此一并表示感谢。

本书理论与实践并重,经典理论、方法与现代新技术、新方法相结合,可供高压富水隧道建设工程技术人员和在校学生阅读参考。

由于时间仓促,写作水平有限,不足之处在所难免,敬请读者批评指正。

作　者

2020 年 12 月

目录

Keg technology for high-pressure and rich-water railway tunnel construction

第1篇 绪论 ··· 001

第1章 概述 ··· 003
1.1 高压富水隧道建设现状 ··· 003
1.2 高压富水隧道的定义及分类 ··· 005

第2章 高压富水岩溶隧道修建技术简介与工程难点 ··· 006
2.1 高压富水岩溶隧道传统修建技术 ··· 006
2.2 工程难点 ··· 007

第3章 高压富水断层破碎带隧道修建技术简介及工程难点 ··· 009
3.1 高压富水断层破碎带隧道传统修建技术 ··· 009
3.2 工程难点 ··· 010

第4章 富水砂层隧道修建技术简介及工程难点 ··· 012
4.1 富水砂层隧道传统修建技术 ··· 012
4.2 工程难点 ··· 013

第2篇 高压富水岩溶隧道修建关键技术 ··· 015

第1章 概述 ··· 017

第2章 岩溶隧道岩溶特征 ··· 018
2.1 岩溶形成条件及发育特点分析 ··· 018
2.2 岩溶分类 ··· 022
2.3 岩溶涌突水机理研究 ··· 024
2.4 岩溶隧道涌突水模式研究 ··· 027

第3章 岩溶对隧道施工的影响分析 ··· 031
3.1 岩溶类型对隧道施工的影响分析 ··· 031

| 3.2 | 岩溶位置及规模对隧道施工的影响研究 | 041 |
| 3.3 | 隧道需要揭穿掌子面前方岩盘安全厚度分析 | 049 |

第4章 岩溶隧道施工超前地质预报 066

| 4.1 | 隧道施工地质预报主要技术 | 066 |
| 4.2 | 岩溶隧道地质预报方法 | 078 |

第5章 高压富水溶腔处治技术 084

5.1	溶腔结构处治原则	084
5.2	迂回绕避溶腔技术	086
5.3	释能降压技术	099
5.4	施工优化防排水技术	108
5.5	溶腔穿越加固技术	135

第6章 高压富水岩溶隧道施工防灾预警及救援技术 156

6.1	富水岩溶隧道风险分级与安全管理技术	156
6.2	防灾报警系统	159
6.3	逃生救援技术	162

第3篇 高压富水断层破碎带隧道修建关键技术 169

第1章 概述 171

第2章 高压富水断层破碎带突水突泥机理分析 172

2.1	地下水对隧道围岩力学性质的影响	172
2.2	富水环境下隧道稳定性影响因素分析	175
2.3	现存各类规范对地下水状态的考虑	180
2.4	断层破碎带突水突泥的模式	183

第3章 高压富水断层隧道分水降压技术 189

3.1	分水降压方案	189
3.2	分水降压与超前注浆协同作用	190
3.3	分水降压与抗水压衬砌协同作用	193

第4章 高压富水断层隧道注浆技术 226

4.1	全断面帷幕注浆技术	226
4.2	信息化注浆技术	228
4.3	顶水注浆技术	261
4.4	上堵下排注浆技术	264

第5章 四台阶九步隧道施工技术 271

| 5.1 | 技术概况 | 271 |

5.2　施工工艺与流程 ……………………………………………………… 272
　　5.3　施工要点 ……………………………………………………………… 274
　　5.4　施工设备与质量控制 ………………………………………………… 275
第6章　突泥涌水段落整治技术 …………………………………………… 278
　　6.1　辅助导坑降压排水与侧向加固技术 ………………………………… 278
　　6.2　塌陷区地表注浆处理技术 …………………………………………… 287

第4篇　深厚富水砂层隧道修建关键技术 …………………………… 291

第1章　概述 …………………………………………………………………… 293
第2章　深厚富水砂层工程特征 …………………………………………… 294
　　2.1　富水砂层特性 ………………………………………………………… 294
　　2.2　富水砂层物理特性试验 ……………………………………………… 294
　　2.3　试样暴露时间与物理力学性质的关系 ……………………………… 309
第3章　深厚富水砂层隧道围岩失稳机理研究 …………………………… 315
　　3.1　掌子面汗状渗水 ……………………………………………………… 315
　　3.2　流塑状围岩变形挤出 ………………………………………………… 319
　　3.3　围岩涌水流砂 ………………………………………………………… 323
　　3.4　其他失稳特征 ………………………………………………………… 327
第4章　深厚富水砂层隧道疏干技术 ……………………………………… 335
　　4.1　技术应用背景 ………………………………………………………… 335
　　4.2　洞内短距离疏干技术 ………………………………………………… 337
　　4.3　超前导洞长距离疏干技术 …………………………………………… 341
　　4.4　地表深井降水技术 …………………………………………………… 342
　　4.5　双液回退劈裂注浆技术 ……………………………………………… 353
第5章　富水砂层隧道旋喷技术 …………………………………………… 357
　　5.1　浅埋段地表旋喷技术 ………………………………………………… 357
　　5.2　深厚富水砂层水平旋喷技术 ………………………………………… 360
第6章　九部双侧壁隧道施工技术 ………………………………………… 364
　　6.1　技术概况 ……………………………………………………………… 364
　　6.2　施工工艺 ……………………………………………………………… 366
　　6.3　施工要点 ……………………………………………………………… 367
　　6.4　配套辅助措施 ………………………………………………………… 368

参考文献 ……………………………………………………………………… 373

第1篇
绪论

　　本篇阐述了高压富水隧道的建设现状,通过对典型高压富水隧道灾害的统计与分析,阐明了高压富水隧道修建技术的重要性;对高压富水隧道进行了定义与分类,分别介绍了高压富水岩溶隧道、高压富水断层破碎带隧道和深厚富水砂层隧道的特点与传统修建技术,并分析了各类型高压富水隧道的工程难点。

第 1 章

概述

1.1 高压富水隧道建设现状

随着交通强国战略的实施,我国铁路建设重心正向地质条件极端复杂的山区转移。铁路建设中为缩短线路里程、改善交通运营条件,选线时越来越多地采用修建隧道的方式,直线或大半径曲线穿山越岭,出现了众多的长大隧道。截至 2020 年底,我国铁路隧道投入运营共 16798 座,总长 19630km,其中,特长隧道共 209 座,总长 2811km,长度 20km 以上的特长铁路隧道 11 座,累计长度 262km;在建隧道 2746 座,总长 6083km,其中,特长隧道 116 座,总长 1675km,长度 20km 以上的特长铁路隧道 10 座,累计长度 276km;规划隧道 6354 座,总长 16255km,其中,特长铁路隧道 338 座,总长 5054km,长度 20km 以上的特长铁路隧道 37 座,累计长度 999km。这些隧道占线路比重也越来越大,如兰渝铁路隧线比为 68%,成兰铁路隧线比为 71%,郑万高速铁路(简称郑万高铁)重庆段隧线比更是高达 92%(图 1-1-1)。我国已是世界上隧道及地下工程规模大、数量最多、地质条件和结构形式最复杂、修建技术发展速度最快的国家,是名副其实的世界第一隧道大国。

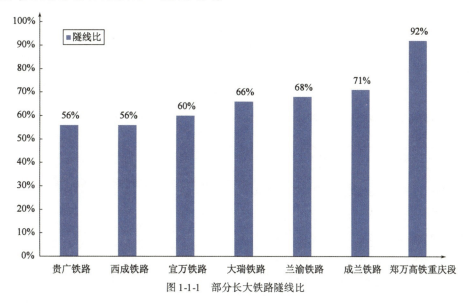

图 1-1-1 部分长大铁路隧线比

在深埋长大铁路隧道的修建过程中,常常遇到高压富水隧道突水、突泥、失稳等工程问题,由于其发生过程突然和发生部位不易正确判定,其规模和动力特征很难预测,加之地下工程空间有限,往往给工程施工带来极大危害,造成大量围岩失稳、机械降效、隧道堵塞、设备淹埋或人身伤亡事故,使工程建设遭受严重损失,影响长期运营及地表的生态环境。

通过对国内典型的 12 条铁路、公路、水利隧道(洞)的高压富水隧道灾害进行不完全统计(表 1-1-1),共发生过 124 起灾害,其中造成重大事故 2 起,较大事故 2 起,一般事故 120 起,最大水压超过 10MPa,最大涌水量超过 700 万 m^3/d,泥石淤积最大长度达 200m。如在设计与施工中不及时防范与处理,必将造成巨大的经济损失与社会影响。因此,如何完善高压富水隧道的修建技术是隧道工程建设的重要课题。

国内典型高压富水隧道灾害　　　　　　表 1-1-1

隧道名称	发生时间	灾害损失
渝怀铁路武隆隧道[4]	2001—2003 年	发生大规模突水突泥灾害 10 余次,最大涌水量达 718 万 m^3/d,造成大量设备报废,经济损失超过 2000 万元
渝怀铁路圆梁山隧道[4]	2001—2004 年	发生大型突水突泥 71 次,最高水压 4.6MPa,最大涌水量达 7.2 万 m^3/h,软塑状淤泥涌出达 244m,进行了 1 年的淤泥清理等工作
宜万铁路马鹿菁隧道[4]	2004—2008 年	先后发生特大突水突泥 19 次,最大涌水量约 30 万 m^3/h,2006 年 1 月 21 日与 2008 年 4 月 11 日的两次特大突水突泥灾害导致工期延误超过 2 年
渝遂高速公路云雾山隧道[5]	2005 年 12 月	发生大规模突泥,软泥夹石块达 2.03 万 m^3,充填了隧道掌子面后约 100m
锦屏二级电站辅助洞输水隧洞[4]	2005—2010 年	施工中多次发生涌水事故,最大水压超过 10MPa,最大瞬时涌水量达 $7m^3/s$,严重影响了施工进度
宜万铁路野三关隧道[4]	2007 年 8 月 5 日	一个半小时内突水量 15.1 万 m^3,突泥石量 5.34 万 m^3,泥石淤积近 200m,导致工期延误半年
贵都高速公路木垅山隧道[5]	2009 年 1 月	大范围突泥,地表大规模下沉塌陷,产生长约 25m、宽约 22m 的坑洞,最大塌陷深度约 15m
广西六寨至河池高速公路瑶寨隧道[5]	2011 年 2 月	掌子面突然崩塌,发生大型突水突泥,突泥量超过 1 万 m^3,影响范围半径超过 200m,地表形成直径约 40m 的圆形塌陷坑,深度为 30~40m
兰渝铁路古子山隧道[6]	2011 年 6 月 26 日	大量泥石涌出达 78m,将掌子面附近的作业台架推出近 50m
牛栏江—滇池补水工程金奎地隧洞[4]	2011 年 9 月下旬	发生突水突泥 2 次,造成洞内泥石流涌出约 170m,淹没支洞工作面,造成严重事故,导致工期延误
江西吉莲高速公路钟家山隧道[4]	2012 年 7—8 月	先后发生突水突泥事故 14 次,总突泥量超过 2.79 万 m^3,总突水量超过 2 万 m^3
牛栏江—滇池补水工程大五山隧洞[4]	2012 年 5—8 月	先后发生 3 次大型突水突泥灾害,总量约 1.3 万 m^3,最大突泥石量达 $8000m^3$

1.2 高压富水隧道的定义及分类

1.2.1 高压富水隧道的定义

高压富水隧道是指具有一定水压和水量的极高风险隧道,根据围岩地质、水量、水压对工程的影响及可能引起的灾害规模等工程经验,定义如下:

(1)水压(静水/渗透)≥1MPa 的岩溶水、裂隙水,为高压,易诱发溃水灾变。

(2)水压(静水/渗透)≥0.5MPa 的岩溶水、裂隙水,股状水流持续时间久且无明显衰减迹象,为高压富水,可能出现突水突泥风险。

(3)饱和粉土、砂层,为富水,隧道开挖易失稳、变形难控制。

1.2.2 高压富水隧道的分类

根据隧道的工程地质环境和水文环境,可以将高压富水隧道分为高压富水岩溶隧道、高压富水断层破碎带隧道和深厚富水砂层隧道三大类。

高压富水岩溶隧道是指在水压大于 0.5MPa 条件下穿越岩溶地质的隧道。岩溶(karst)是在以碳酸盐岩类为主的可溶性岩石分布区,由于地下水对岩石以溶蚀为主的作用所形成的各种现象的综合。在岩溶地区,大型蓄水构造发育密集,导水通道遍布广泛,岩溶地貌孔隙度高,岩溶水丰富。大型含水体、大范围补给网络和充足的补给水源为突水灾害提供了良好的环境,对隧道施工和运营构成严重威胁。

高压富水断层破碎带隧道是指水压大于 0.5MPa 条件下穿越断层破碎带地质的隧道。断层是广泛发育在高山峡谷中的地质构造,且多数富水性良好,是隧道建设的主要地质灾害源之一。由于地质力学的影响,断层破碎带岩体完整性差,结构松散破碎,充填大量松散介质,包括断层糜棱岩、断层泥、角砾岩等。断层带内矿物质遇水崩解及泥化后,在施工扰动和地下水的综合影响下,极易发生变形流动,严重威胁隧道施工的安全与稳定。隧道工程还受断层产状、倾角、倾向、延伸长度、宽度及断层内充填介质的物理力学性质等因素的影响。隧道穿越断层破碎带时,易诱发突水、突泥、滑坡、塌方等工程地质灾害,造成工期延误,破坏隧址区生态环境,严重威胁隧道长期运营安全。

深厚富水砂层隧道是指穿越埋深大于 50m,厚度大于 2 倍洞跨的饱和砂层的隧道。深厚富水砂层开挖后自稳能力极差,掌子面不稳定,易坍塌,经常出现底板冒水、涌砂、涌水、沉降大、初期支护变形等现象。

第 2 章

高压富水岩溶隧道修建技术简介与工程难点

2.1 高压富水岩溶隧道传统修建技术

岩溶地区地下溶洞、暗河、岩溶管道等交错分布，发育复杂。80%的岩溶隧道施工中遇到水害，岩溶突水已成为岩溶地区隧道建设的主要灾害源之一。高压富水岩溶隧道修建过程中，首先需要通过地质预报方法探查岩溶的表现形式、规模及环境等条件，常用的地质预报方法分为两大类：地质分析法和地球物理法。地质分析法包括工程地质调查法、超前导洞（坑）法、超前水平钻孔法、断层参数预测法和经验法等；地球物理法包括隧道地震探测法、地质雷达探测法、瞬变电磁法、陆地声呐法和激发极化法等。

依据探查的岩溶发育特征进一步确定不同岩溶的处治方法。岩溶的处治主要有堵、排、绕等方法。"堵"是指采用注浆等方法堵住渗水裂缝、空隙，将隧道周围岩体变成一圈不透水层；"排"是指采取排水钻孔和排水导坑等方法，将衬砌周围的地下水排走，减少衬砌背后的渗水压力和渗水量；"绕"是指先通过迂回导洞绕过难以处理的岩溶，以加快施工进度，待绕避后可以前后同时处理岩溶。

工程上一般采用堵排结合的方法，对于充填清水、水量和水压很小的溶隙和溶管，可以采取排水盲管和排水沟直接引排，并辅以径向和局部注浆，也可以通过注浆进行完全封堵；对于规模不大、充填物松软、水量和水压很小的溶洞，可以采取注浆封堵，并通过锚杆、钢筋网、钢拱架、钢筋混凝土等加强支护；对于规模大、充填物复杂、水量大、水压高的溶洞，则需要通过超前、径向、局部注浆等方法进行封堵，并通过排水导坑限量排水减压；对于隧道底部溶洞充填物，还可以采用底板注浆加固，混凝土、浆砌片石等换填，粉喷、旋喷、钢管桩等加固等方法；对于充填物很少或基本无充填物、水量较大的岩溶暗河，可以采取修建桥梁、涵洞进行跨越，修建涵管疏通过水通道，修建泄水洞排水，修建排水洞或注浆截水等方式处理；对于已经发生突水突泥的溶洞，则需根据溶洞规模、水量、水压、充填物性质等条件，采用超前、径向、局部注浆，超前小导管或大管棚支护，喷射混凝土、锚杆、钢筋网、钢拱架联合支护，条件允许时，可以先迂回后处理。

2.2 工程难点

高压富水岩溶隧道暗河规模宏大,地下水补给丰富,溃水灾变风险高,建设难度极大,属于世界级难题,如图1-2-1所示。

a) 高压富水岩溶隧道溃水洞口

b) 高压富水岩溶隧道掌子面突水

图1-2-1 高压富水岩溶隧道引起的灾害

(1) 岩溶发育复杂,地质预测预报困难,工程隐患大。

由于岩溶的发育规律与可溶岩的纯度、分布、地质构造的发育分布规律、可溶岩与非可溶岩的接触关系、地下水动力条件等因素紧密相关,导致针对岩溶蓄水形式的探测非常困难;岩溶涌水量预测对于隧道设计和施工非常重要,目前我国隧道涌水量预测主要采用近似计算的方式,但依据现有的资料对预测涌水量与实际涌水量进行对比分析表明,两者误差小于20%的隧道仅占总数的15%,而误差超过50%的隧道占总数的75%以上,部分隧道的误差达数十倍。由于高压富水岩溶地区地质预测预报难以准确揭示高风险区域信息,造成工程建设期盲目施工,容易诱发溃水灾变。

(2) 传统注浆加固的处治方式风险高。

在高压富水岩溶隧道,一般采用注浆加固进行处治,但在施工中难度大,风险高。钻孔时,由于充填物或破碎围岩易卡钻,难以成孔,易引起高压水喷射,进而造成既有裂隙连通、扩大,造成突水风险;注浆时,由于溶腔内常有高密度的泥砂等杂质填充,孔隙率低,渗透系数小,浆液难以注入;注浆后,由于岩溶地区地质构造复杂,注浆可能存在盲区,导致加固后仍存在隐患,在隧道施工过程中若不慎突破盲区的安全岩盘厚度,将会导致高势能岩溶水及充填物瞬间击溃岩盘突涌而出,流量可达每小时几千立方米,迅速涌入、淹没开挖面,严重威胁施工作业人员的生命安全,并诱发地表塌陷、陡坡滑移等地质灾害,还可能造成水资源枯竭和水环境污染,给周围生活的人们带来重大损失。

(3) 施工现场条件复杂,防灾救援难度大。

充填型溶腔及与地下暗河连通的溶洞水量大、压力高、流通性强,部分溶腔还存在与地表水系的密切联系,受降雨量影响大,季节性变化特征明显。高压富水岩溶隧道溃水灾变的发生往往是瞬时的,一旦发生险情,扩散速度极快。岩溶隧道中存在较多施工导洞,可能会进一步增强险情的扩散性。考虑到复杂洞室内声光系统传播的有效性难以保障，溃水灾害对隧道掌子面作业人员、正洞及导洞滞留人员乃至洞口一定范围内活动的人员及相关设备设施都能造成瞬时破坏，留给现场人员反应的时间短。灾害发生后，溶腔溃口往往会带出大型充填物，如淤泥、砂石等，堵塞通道，为此开展的清淤出渣工作量大，耗时长，进一步增加了救援难度。因此，传统隧道风险评估方法与防灾救援措施难以满足岩溶隧道施工要求。

第 3 章

高压富水断层破碎带隧道修建技术简介及工程难点

3.1 高压富水断层破碎带隧道传统修建技术

富水断层的地下水来源极其复杂,施工过程中开挖轮廓外侧持续来水难以全面杜绝。因此,隧道修建过程中主要采取注浆堵水的方法进行处治。注浆法是目前国内外隧道工程中最常用的一种止水方法,它可通过浆液使原来松散软弱结构的围岩得到胶结硬化,变得相对密实;使裂隙、空洞封闭,截断围岩渗水通路。注浆法可以分为预注浆和后注浆。预注浆通常采用长管棚或小导管向隧道前方的岩体进行注浆,达到堵水和加固地层的目的,可以降低工作面的抽水压力,防止发生突水突泥,保证施工正常进行。后注浆则是对已经发生突涌水的隧道进行处治,通常采用径向注浆来减小涌水量,并进一步加固围岩。对于在隧道开挖后围岩较差、节理较发育,洞室周边漏水、渗水点较多,但水压力较小或无水压的地段,可以采用径向小导管或径向注浆锚杆等措施进行堵水加固;对于开挖后的股状水、集中出水点,可以采用径向顶水注浆对围岩予以堵水加固,在出水稳定期或衰减期采用围截注浆法进行局部堵水,以出水点为中心,在其周围一定范围内布孔,先外圈、后内圈,层层注浆缩小,最后对出水点集中注浆堵水。

注浆法堵水技术运用比较成功的国家是日本,如青函海底隧道在穿越断层破碎带时,创新性地采用全断面注浆处治高压涌水,通过注浆泵、注浆孔把水泥浆液、水泥水玻璃双液浆注入岩层中,用浆液颗粒填充岩层中的裂隙,阻断地下水的渗流路径,改善地层的透水性,在隧道开挖线外一定范围内形成一道截水帷幕,阻断水流进入隧道开挖范围,起到注浆堵水的作用;同时浆液压入岩层中,挤密软弱岩体,提高了软弱岩体的整体性,浆液还与地下水反应形成一定强度的聚合反应物,胶结固化周围岩体,阻塞渗流通道,防止岩层中的细小颗粒被地下水带走而破坏岩体结构,提高了岩体的强度,为隧道的安全施工创造了更好的施工条件。后来也在国内推广应用,成为断层破碎带隧道工程中的主要辅助手段,在广东白云隧道、青岛胶州湾隧道等隧道工程中应用效果均较好。

除了注浆堵水措施外,还可以采用排水钻孔与辅助导坑钻孔进行自重排水。排水钻孔泄水减压,主要是在掌子面超前钻设一定数量的泄水孔,将水排出,适用于岩石比较完整和坚硬、补给路径较长且水量有限或水量和水压都比较小、泥砂含量也比较小的情况;辅助导坑钻孔排水是指在辅助导坑内钻设一定数量的泄水孔,将水排出,适用于岩石比较完整和坚硬、补给比较充分且水量和水压都比较大的情况。

由于断层岩性较差,还需要注意由高压富水引起的塌方问题。对于小断层(沿隧道纵向断层宽度小于5m的断层带),岩体组成物为坚硬岩块且挤压紧密,围岩稳定性相对较好时,隧道通过这样的断层,不宜改变施工方法,即与前后段落的施工方法一致,避免频繁变更施工方法,影响施工进度;对中断层(沿隧道纵向断层宽度为5~10m的断层带),岩体破碎时,宜采用超前小导管、钢筋网、喷射混凝土、格栅钢架等加强初期支护,并在拱部施作超前小导管周壁预注浆,对洞周岩体进行预加固和超前支护;对大断层(沿隧道纵向断层宽度大于10m的断层带),岩体极破碎时,宜采用超前管棚和钢架进行联合支护,一般尽量采用一组管棚穿过断层破碎带,但受地质和施工条件限制、断层宽度大时,可分组设置。

3.2 工程难点

高压富水断裂破碎带充填极其复杂的构造角砾及断层泥等物质,受深埋和地下水渗流活动影响,隧道施工中极易发生突泥涌水,如图1-3-1所示。

a)高压富水断层破碎带隧道突泥洞口

b)高压富水断层破碎带隧道掌子面突水

图1-3-1 高压富水断层破碎带引起的灾害

(1)断层破碎带隧道突水突泥机理难以摸清。

国内外虽然在断层破碎带隧道突水突泥灾害的预防和处治方面的研究有一定进展,但是针对富水夹泥断层破碎带隧道突水突泥的灾变演化机理、断层泥的物理力学性质和突水突泥灾害发生条件和影响因素的认识还不够清晰,理论一直滞后于工程实践,没有形成较为完整的体系,对灾害发生前的预防、预警及灾害发生后处治方法等方面缺乏针对性指导。因此,在工程实践中,突水突泥灾害预防和处治技术只能缓慢摸索前进,增加了工期及成本,对资源及经济造成了极大的浪费,难以进行针对性和突破性的技术革新,施工过程中难以完全杜绝突泥涌水。

(2)断层破碎带的超高水压环境下注浆加固难度大。

针对富水隧道,一般采用超前注浆在隧道周围形成注浆圈,将地下水隔离在隧道结构外,但是对于深埋的高压富水断层破碎带隧道,岩体内部渗流通道交错、岩体突水水力学行为复杂,水压往往能够达到1MPa以上,如关角隧道水压高达4.6MPa,钻孔过程泥砂频繁喷出,并伴随卡钻、顶钻现象发生,施工风险极高;断层水在超高压力下不断从钻孔喷射而出,在此条件下,注浆加固施工技术对设备和工艺的要求高,现有技术难以满足要求。

(3)隧道衬砌结构附加水荷载大,防排水系统负担重。

高压富水断层破碎带隧道衬砌结构附加水荷载大,需要加强衬砌结构的承载能力,通常采取增加衬砌厚度的措施,导致工期长、难度大、造价高,尤其是水压达到 2~3MPa 以上,工程实际中已经难以通过增加衬砌厚度实现增加衬砌结构的承载能力。

隧道抗水压衬砌防排水系统负担重,通常采用排水盲管、排水沟等结构进行排水,面对富水环境,排水能力有限,若在施工或运营阶段因多种原因导致排水系统不畅通,将增加衬砌背后的水压力,甚至造成隧道衬砌的开裂,引发重大事故。

第 4 章

富水砂层隧道修建技术简介及工程难点

4.1 富水砂层隧道传统修建技术

富水砂层一般具有含水量大、压缩性高、抗剪强度低、承载力低等特点,在施工过程中如果处理不当,极易发生事故。隧道在富水砂层中施工时,通常采用超前预加固或降水技术对隧道围岩进行加固,以提高地层的力学性能,降低渗透性,从而保证隧道的安全施工。

富水砂层隧道修建过程中常使用旋喷桩进行超前预加固,如利用地表竖向旋喷桩加固隧道周围土体,一方面可以形成止水帷幕,增长地下水渗流路径,降低施工范围内土体的渗透性,保证隧道的安全施工;另一方面有隔离桩的作用,能保护周边既有建(构)筑物安全。或者利用洞内水平旋喷桩,对隧道周围地层进行加固,当其桩间咬合、搭接良好时,止水功能佳,是富水软弱地层隧道超前预加固的首选方案之一。但水平旋喷注浆技术在我国仍是一种新工艺,应用尚不成熟,受其材料特性及工艺影响,水平旋喷注浆技术仍存在一定的问题。例如,水平旋喷时容易造成"空桩"、桩径变化或咬合不均等问题;在富水地层中,需要同时承担上覆土压和一定的水压,因其刚度较大,存在破坏的可能。因此,在深厚富水砂层隧道工程中需要考虑对其进行改进。

超前预注浆法和冻结法也是较为常用的超前预加固方法,前者在隧道开挖前利用超前导管将水泥、化学浆液等注入隧道开挖面一定范围内,待浆液经过充分硬化和凝固与围岩胶结形成一定强度的加固体,从而达到提高围岩物理力学参数、封堵过水通道、减小围岩变形量以及增加围岩承载能力的目的。超前预注浆法可以有效避免隧道开挖后发生涌水涌砂、开挖面塌陷、隧道变形、支护构件失效等问题,从而保证隧道的安全掘进。后者通过冷冻机对冷冻液进行降温,并利用循环管路将其输送到施工区域,并保持温度,使温度向外扩散,最终达到冻结效果。冷冻法适用于各种复杂的含水地层,但它需要庞大的制冷设备与管理系统,投资昂贵,施工期较长,混凝土衬砌在低温下作业,故一般只有当遇到特别不良地层时,才考虑采用这种方法。

除了超前预加固技术,降水技术由于成本低,施工难度小,在富水砂层中也被广泛应用。其中,较为常用的降水方式主要是管井井点降水和轻型井点降水。

管井井点降水是隧道降水工程中使用最多的降水方法,适用于细颗粒的粉土、粉细砂地层到粗颗粒的卵砾石、漂石地层等不同的含水地层,通过对井身结构、井点密度、单井出水能力等参数进行调整，达到良好的降水效果。相对于其他降水方法，管井井点降水技术成本相对较低，深度主要在埋深50m以内。

轻型井点降水是一种真空降水方法，把土体中的地下水与空气混合成液体，利用真空泵将混合液体经管路抽进水气分离器中，然后通过离心泵把混合液体分离，使地下水和空气分别排出管路系统，最终达到降低地下水位的目的。相对于其他井点系统，其具有操作简单、技术安全性强和成本较低等优点，降水效果也较为突出。但对于降水量较大的工程，较长的降水周期对电力和抽水设备有更高的要求。

富水砂层隧道施工技术主要应用在埋深较浅的工程施工中，该类地层隧道的施工与风化砂岩和粉细砂层隧道的施工有一定的类似性，但又存在较大区别。深厚富水砂层具有低渗透性和较强的水敏感特性，对于该地层隧道施工的水害治理技术，在本书中涉及的工程实践之前国内外鲜见相关报道。

4.2 工程难点

深厚富水砂层降水困难，隧道开挖极易发生工作面流砂坍塌，引起整体失稳，施工风险高，控制难度大，如图1-4-1所示。

a)深厚富水砂层隧道流塑状围岩　　　　b)深厚富水砂层隧道掌子面涌砂

图1-4-1　深厚富水砂层引起的灾害

（1）深厚富水砂层隧道受地下水影响严重，围岩自稳能力差，开挖支护难度很大。

隧道开挖后，断面含水量不断增加，致使土层也逐渐变坏，被水浸泡后呈软塑、流塑状，甚至是稀泥状，完全失去强度，使开挖后的围岩迅速丧失自稳能力，极有可能出现整体失稳甚至坍塌；特别是拱脚处围岩呈流塑状，承载力明显不够，导致初期支护的拱架、拱脚不能够顺利落地，以致拱脚下沉，拱顶支护满足不了要求，其地层会很快松弛；开挖面呈流塑状挤出，伴随涌泥流砂，初期支护整体下沉，进度极其缓慢；在自重压力或土的附加压力与自重压力共同作用下，导致初期支护上面承受巨大的应力，使已施作初期支护的喷射混凝土突然开裂，拱架严重弯曲变形。采用传统的暗挖工法，无法及时封闭断面，加以极易引起初期支护变形沉降，侵入建筑限界，难以实现安全、高效掘进。而采用盾构法施工时，由于以往盾构隧道的埋深水压最大约60m，而深厚富水砂层隧道埋深大，机械设备需要进行重新研发；采用以往的管片设计方法,管片结构的可靠性存在风险;盾构机自重较大,在此条件下掘进过程中偏位、栽头、卡机的风险高。

(2)控制富水砂层稳定性的传统辅助工法在深厚富水砂层中适应性差。

富水砂层隧道开挖时,需要辅助工法提高围岩稳定性,但是在深厚富水砂层中,传统的辅助工法往往难以实施。例如,降水技术,在深厚富水砂层中,由于地层埋深大,尤其是超过100m后,水土压力大,而砂层在水的作用下稳定性差,钻孔时易发生缩颈坍孔,成井率极低;泥浆护壁厚度难以控制,厚度太薄容易在地层分界处漏浆,太厚会影响降水渗透效率。又如冻结法,由于深厚富水砂层隧道掌子面不稳定,取消主动冻结后结构融沉应变过大,会出现二次衬砌局部受拉破坏;钻孔时孔口处易出现涌水涌砂现象,长距离水平成孔困难,冻结管准确布置难度极大;冻结帷幕在极端条件承载能力不足,当施工变形过大时,极易造成冻结管断裂甚至冻结帷幕破坏失效等问题;掌子面与前方未冻土体有着水力联系,开挖时,在压力水的作用下,内外形成流水通道,流水会带走冻结帷幕的冷量而降低加固厚度、强度,进而影响预期冻结效果。再如水平旋喷法,在有股状水、软弱不均的岩体中,成桩质量差、成本高,采用该工法进度慢。

(3)易发生振动液化,导致隧道失稳、塌方。

深厚富水砂层埋深大,密实度高,渗透系数低,黏粒含量在液化范围内。受施工过程中的振动作用,超静孔隙水压力突现,致使土水体系内有效应力下降,抗剪强度降低,砂层维持自身形状的能力下降,造成液化现象。振动液化造成隧道施工的平衡拱失稳,初期支护变形、开裂,土体呈流塑状流淌,最后造成隧道塌方等严重后果。施工完成后,降水停止,地下水位回升,砂层含水率提高,在运营期间,受到车辆振动,再次发生液化现象,导致围岩承载力下降、衬砌荷载增加,因此,对隧道衬砌结构设计要求较高。

第2篇
高压富水岩溶隧道修建关键技术

本篇阐述了高压富水岩溶隧道的发育特征,分析了岩溶类型、位置对新建隧道的影响;介绍了岩溶隧道超前地质预报方法;通过宜万铁路野三关、大支坪隧道实践,形成了包括迂回绕避、释能降压、溶腔穿越加固和泄水洞排水的高压富水溶腔处治技术,实现了岩溶隧道无压或低压条件施工;针对岩溶隧道施工特点提出了施工防灾预警及救援技术,显著提升了岩溶隧道施工突发事件快速反应度,保障了人员安全。

第 1 章

概述

世界上15%的面积是岩溶地貌,我国岩溶面积更是达到30%以上,因此,在岩溶地区修建地下工程一直备受重视。我国在西南地区已经建成了成昆、南昆、内昆、宜万等铁路,以及沪汉蓉高速公路。这些工程普遍存在隧道埋深大、岩溶发育的特点,施工难度极大,以宜万铁路为例,主要表现在四个方面:一是分布面积很广,宜万铁路长377km,70%的区域为岩溶地区;二是数量很多,在159座隧道施工中,先后揭示溶洞1100余处;三是体量很大,在所揭示的溶洞中,最大的溶洞长度达到几百米以上,高度达到100m,深不见底,处理难度极大;四是水压很高、水量也很大,在隧道施工中揭示了五个高压富水充填型溶腔,最大涌水量达30万 m^3/d 以上,水压力超过2MPa,相当于200m水头压力,施工风险极大。

高压富水充填溶腔的充填介质十分复杂,以泥、砂为主,孔隙率很低,渗透系数很小,注浆材料在这种地层中很难均匀渗透,很难避免存在注浆堵水加固盲区,在高压水作用下,很容易击穿盲区形成灾害。因此,存在安全岩盘厚度估算、溶腔边界探测、岩盘爆破以及施工防灾预警等一系列急需解答的问题。此外,溶洞的不同位置与隧道的力学相互作用关系差异很大。实际施工中常需要根据具体情况确定隧道相应的支护结构形式,该类问题的研究也急需进行系统性的归纳和梳理。

第 2 章

岩溶隧道岩溶特征

岩溶发育的因素错综复杂,发育的形态千姿百态,尽管对岩溶形成的基本条件有了一定认识,但由于岩溶发育存在不均衡性和不规则性,工程人员对岩溶涌突水的机理认识仍然不够。从近年来深埋隧道遭遇的大量岩溶问题来看,高压富水岩溶的突水突泥仍是施工安全的最大危险源,分析深埋岩溶的形成条件、发育特征及突水的地质条件,对工程建设具有指导意义。

2.1 岩溶形成条件及发育特点分析

2.1.1 岩溶发育的基本条件

岩溶发育必须同时具备 3 个条件:可溶性岩层、侵蚀性的流动地下水、地质构造特征。其中可溶性岩是岩溶发育的物质基础,岩石的可溶性越强,在同等条件下,就越有利于岩溶发育。地质构造特征对岩溶发育影响的重要性在于它不仅控制了可溶性岩层的分布和变形特征,更重要的是它为水流对可溶性岩石进行选择性溶蚀创造了基本条件。一般将岩溶水在垂向上从上至下分为 4 个发育带,即:垂直渗流带、水平径流带、季节交替带、深部缓流带。垂直渗流带主要以垂直岩溶形态为主;水平径流带主要以水平岩溶形态为主,如溶洞、暗河等,对地下工程的威胁最大;季节交替带中垂直与水平岩溶形态皆有发育;深部缓流带水流缓慢,一般认为岩溶不发育,主要以溶隙溶孔的形式为主,便于处理,对实际工程的危害不大。然而,近年随着深埋山岭隧道建设的不断深入,发现在深部缓流带中仍有较大规模溶洞发育的情况,如渝怀铁路圆梁山隧道毛坝向斜在水平循环带以下 290~350m 的深部缓流带岩溶仍很发育,而且为大规模充填性溶洞;宜万铁路大支坪隧道、野三关隧道均在深部缓流带发育大型高压充填岩溶,处理难度极大。

2.1.2 岩溶的发育深度

岩溶发育深度问题是目前岩溶地区隧道位置选择急需解决的关键问题,一般将发育在排泄基准面以上的岩溶定义为浅岩溶,基本遵循随深度递减的规律,而在排泄基准面下发育的岩溶为深岩溶,其发育规律是不随深度的增加而减弱。由于区域地质和水文地质条件的差异,岩溶洞穴的发育深度随地域变化很大。

(1)古剥蚀面上的岩溶。

华北中奥陶统马家沟灰岩、华南震旦系灯影灰岩、奥陶系宝塔灰岩、石炭系的马平灰岩、下三叠统的大冶灰岩等古剥蚀面上岩溶较为发育。由于受构造运动影响,已形成的古剥蚀面常可随褶皱的向斜下陷到深部,构成各地质时期深部岩溶。如川南阳新灰岩古剥蚀面岩溶可以在地面以下 2000~4000m 深处发育。

(2)断层切割发育的岩溶。

各个时代形成的碳酸盐岩都可受后期断裂切割,导致深部岩溶发育。相关资料表明:在水动力条件具备的地方,断裂切割深度也就是岩溶发育的深度。例如华南茅口灰岩古剥蚀面岩溶发育深度,通常是在垂直古剥蚀面 30~50m 内,但遇到导水断层切割,岩溶发育往往超过古剥蚀面的岩溶发育深度而达到断层切割的深度。

(3)硫酸根离子溶蚀的岩溶。

硫化物与水作用形成硫酸,沿断裂下渗形成深部岩溶,例如江西武山铜矿,强岩溶带围绕矿体分布,岩溶发育深度达 -468m。

(4)向斜深部地下水溶蚀的岩溶。

当地表水具有一定能量补给地下时,可使水通过向斜轴部流向地形较低的向斜另翼,导致深部岩溶发育。

(5)深部岩溶分布在接触带或可溶性与非可溶性岩交界面的可溶性岩一方。

岩溶不同形成时期充满岩土孔隙的孔隙水和管道水有在重力作用下沿着裂隙或层面向深部运移的强大趋势,最终控制其深度的是可溶岩与非可溶岩交界面。深部岩溶一般情况下都为高压富水环境,是岩溶隧道施工最具代表性的地层。

2.1.3 深部岩溶形成的条件分析

(1)具有溶蚀能力的地下水。其形成途径如下:

①深部岩溶水是由不同温度、不同成分的地下水混合而成,通过混合溶蚀作用后,达到新的平衡时所需的 CO_2 有剩余,即构成有侵蚀性的 CO_2,对深部岩溶发育起着积极的作用。

②厌氧细菌的排泄物及残骸,使地下水变为酸,加强了溶蚀作用。

③岩浆在深部的分异作用所产生的 CO_2 水气,对碳酸盐岩的空隙有侵蚀性。

④岩溶水流与煤层、碳质页岩,含硫矿物与岩石接触,产生 SO_4^{2-} 离子,侵蚀能力加强,促使深部岩溶发育。

⑤岩溶水的 CO_2 分压随深度而增加,据美国斯越尔登竖井测知,在地面以下 120m 处 P_{CO_2} 为 0.04 倍大气压,约为土壤空气中 P_{CO_2} 的三倍多,可见深部饱水带的岩溶水含有足够的 CO_2,这与过去认为向斜探部 CO_2 减少的传统概念完全相反。

(2)具有适宜的水动力条件。深部岩溶水多呈承压状态,上下受不透水层的压迫作用而产生弹性脉冲。特别是地壳升降、季节水位涨落以及潮汐作用使每日水位有周期性起伏时,这些都能引起侵蚀基准面升降,促使承压含水层的弹性储存与弹性释放,迫使承压含水层含水空隙的膨缩,有助于磨蚀与溶蚀作用的发生。

(3) 具有区域性的地壳升降运动。区域性侵蚀基准面的升降及地下水循环交替条件的变化均受控于地壳升降运动,对岩溶发育的具体层位起着决定性的作用。当地壳长期处于稳定期时,岩溶发育逐渐由垂直向水平方向溶蚀与发展;当地壳处于上升期时,侵蚀基准面下降,地下水位随之下降,使原来发育的溶洞变为干溶洞,而新的侵蚀基准面又在更低层发育着岩溶;当地壳处于下降期时,原来发育着岩溶的层位下降到深部,并与后期沉积物所覆盖而成为不同地质时代的深部岩溶。此外,全球的冰期及间冰期使海平面大幅度起伏,引起侵蚀基准面的升降,亦可形成深部岩溶。

(4) 具有地形地质及生物因素的作用。地形高差决定了地下水运动的能量,控制着溶蚀磨蚀与搬运作用的强度;岩石化学成分与结构影响着溶蚀与磨蚀的难易程度,区域性气候、地覆盖、植被生长等影响着地下水的溶蚀能力。

2.1.4 深部岩溶的发育特点

深部岩溶可在可溶性岩层分布较为集中的深度内形成,由于深部地下水的循环交替条件较为微弱,通常深部岩溶的规模不大,多以溶孔、溶隙为主,然而在地下水循环交替条件、水化学条件以及地质地貌条件适宜的部位,也可能出现洞穴型的深部岩溶形态。

深部溶洞常常是全充填或半充填的,而且突出时压力很大。近年来深埋岩溶隧道常常发生的突水突泥现象充分说明了这一点。充填物的形成是一个缓慢的过程,地下水水流中所夹带的杂质、岩屑微粒、泥质以及溶蚀残余物质在深部岩溶中沉淀并沉积在溶洞中,干涸时呈固态黄泥,有水掺和时呈黏稠黄泥,突出时非常类似泥石流。一般开启性好的断层,其中储有断层角砾岩、断层泥及上覆地层的岩屑与煤系碎块,这种充填物大多与断层切割的岩层种类有关。灰岩中突出的泥砂与断层沟通古河床或地表岩石风化的砂粒有关。

深部溶洞与地表的连通性可分为三种形态:未连通型、半连通型和连通型。

(1) 未连通型

在未连通型条件下,溶洞涌水量与地表降雨量的关系如图 2-2-1 所示。可以看到,溶洞在施工过程中以及施工完成后,其涌水量并不受地表降雨影响,一直处于稳定状态。圆梁山隧道 1 号溶洞就属于此种类型。

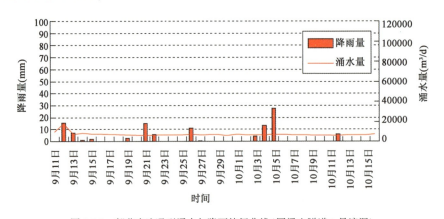

图 2-2-1　部分未连通型涌水与降雨特征曲线(圆梁山隧道 1 号溶洞)

（2）半连通型

图 2-2-2 给出了深部溶洞与地表为半连通型时,溶洞的动水特征。

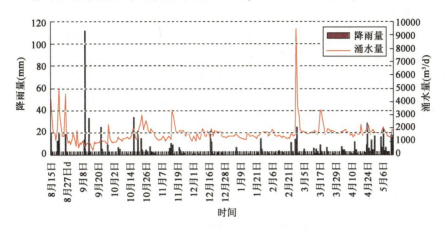

图 2-2-2　半连通型涌水与降雨特征曲线（圆梁山隧道 4 号溶洞）

从图中可以看到,在溶洞施工过程中以及施工完成后,地表降雨会对溶洞涌水量有一定的影响。当地表降雨量较大时,溶洞有所反映;当地表降雨量较小时,溶洞没有反映。圆梁山隧道 4 号溶洞属于半连通型。

（3）连通型

连通型可划分成两种,即连通-Ⅰ型、连通-Ⅱ型。

连通-Ⅰ型是指溶洞和地表有直接连通,或者与地下暗河体系有着直接沟通,由于地表的汇水面积较大,地表降雨对溶洞涌水量影响十分显著,致使溶洞在降雨后在长时间内仍保持较大的涌水量,圆梁山隧道 2 号溶洞和 5 号溶洞就属于这种类型。图 2-2-3 给出了连通-Ⅰ型溶洞的动水特征。

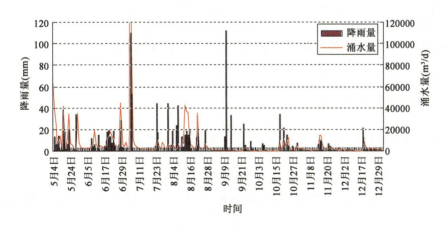

图 2-2-3　连通-Ⅰ型涌水与降雨特征曲线（圆梁山隧道 5 号溶洞）

连通-Ⅱ型是指溶洞和地表有直接连通,但是地表的汇水面积范围较小,地表降雨后对洞内涌水量也较为明显,但地表降雨完成后溶洞内基本无水,圆梁山隧道 3 号溶洞就属于该类型。图 2-2-4 给出了连通-Ⅱ型溶洞的动水特征。

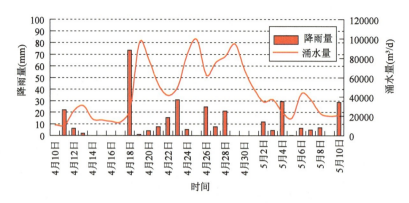

图 2-2-4　连通-Ⅱ型涌水与降雨特征曲线（圆梁山隧道 3 号溶洞）

2.2　岩 溶 分 类

2.2.1　按形态大小分类

目前,国内外尚没有明确的岩溶大小划分标准,根据隧道工程施工处理措施需要,按岩溶发育体积大小,将岩溶划分为小型、中型、大型、特大型四个等级。岩溶规模小于 $10m^3$ 为小型岩溶,这类岩溶一般采取回填处理;岩溶规模 $10\sim100m^3$ 为中型岩溶,这类岩溶一般应采取防护措施;岩溶规模 $100\sim1000m^3$ 为大型岩溶,这类岩溶应采取支护加强措施;岩溶规模大于 $1000m^3$ 为特大型岩溶,这类岩溶应采取特别处理。

按照岩溶的形态大小不同,可以将岩溶分为洞穴型、裂隙型、管道型和大型溶洞四个类别。

（1）洞穴型。指发育规模小于 $50m^3$ 的干溶洞或充填型溶洞。

（2）裂隙型。指由各种构造裂隙经溶蚀形成的岩溶裂隙。

（3）管道型。指岩溶裂隙经进一步溶蚀扩大呈汇流的管道特征。

（4）大型溶洞。指发育规模大于 $50m^3$ 的干溶洞或充填型溶洞。

2.2.2　按充填特征分类

根据岩溶的充填特征,可将岩溶分为充填型岩溶、半充填型岩溶和无充填型岩溶三个类别。

（1）充填型岩溶。由充填物充填的岩溶称为充填型岩溶。

（2）半充填型岩溶。岩溶溶腔内既有部分充填物,又有一部分空腔的岩溶称为半充填型岩溶。

（3）无充填型岩溶。岩溶溶腔内无充填物,为干溶腔的岩溶称为无充填型岩溶。

2.2.3　按充填物性质分类

根据岩溶内充填物的不同,可将岩溶分为充填黏土型、充填淤泥型、充填粉细砂型、充填块石土型、充水型五个类别。

(1) 充填黏土型。充填黏土型是指岩溶内充填物为黏性土的充填型溶洞。

(2) 充填淤泥型。充填淤泥型是指岩溶内充填物为淤泥的充填型溶洞。

(3) 充填粉细砂型。充填粉细砂型是指岩溶内充填物为粉细砂型的充填型溶洞。

(4) 充填块石土型。充填块石土型是指岩溶内充填物为块石土的充填型溶洞。

(5) 充水型。充水型是指岩溶内充填物为水的充填型溶洞。

2.2.4 按岩溶水量分类

按岩溶涌水量大小可将岩溶分为特大涌水型、大量涌水型、中等涌水型、少量涌水型、微量涌水型,见表2-2-1。

岩溶涌水类型表　　　表2-2-1

序号	涌水分类	涌水量(m^3/h)	涌水类型	危害程度
1	特大涌水	>10000	暗河或岩溶管道涌水	影响施工顺利进行,可造成重大设备及人身事故,排水困难
2	大量涌水	1000～10000	岩溶管道涌水	影响施工进行,可造成设备、人身事故,排水较困难
3	中等涌水	100～1000	脉状岩溶管道涌水	对施工有一定影响,较易排水
4	少量涌水	10～100	脉状岩溶管道涌水	对施工影响不大
5	微量涌水	<10	岩溶裂隙涌水	对施工影响小

2.2.5 按涌水动态变化特点划分

根据涌水量动态变化特点,可将岩溶分为水文型、稳定型、突发型三个类别。

(1) 水文型。涌水量大小与降雨及地表水补给关系十分密切,涌水量变化明显。多出现在浅部岩溶含水层中。

(2) 稳定型。当岩溶含水层水量稳定时,涌水量也比较稳定。多出现在深部岩溶含水层中。

(3) 突发型。枯水季节无涌水,而一旦遇到暴雨时期,岩溶管道被冲开,发生突然涌水,而且涌水量大。多发生在洪枯水位变动带内。

2.2.6 按地质构造特征划分

根据地质构造特征,可将岩溶分为向斜轴部岩溶承压水型、背斜岩溶水型、多层岩溶含水层同时涌水型、单一岩溶含水层暗河涌水型、火山岩中灰岩包裹体封存水涌水型五个类别。

(1) 向斜轴部岩溶承压水型。处于向斜轴部的岩溶含水层,往往存在较高的压力。地下洞室遇到这类含水层时,将造成较长时期的高压涌水。

(2) 背斜岩溶水型。在背斜地层中,在两种岩层接触带会存在大量的岩溶水。

(3) 多层岩溶含水层同时涌水型。当隧洞穿过多层岩溶含水层时,多层同时涌水,总涌水量较大。

（4）单一岩溶含水层暗河涌水型。隧洞开挖中遇岩溶暗河，易造成突水或较为稳定的涌水。

（5）火山岩中灰岩包裹体封存水涌水型。对于包裹在玄武岩中的灰岩块体，其中封存大量地下水，隧洞开挖到灰岩时地下水立即喷涌而出。此种封存水，在单一岩溶含水层中也常出现。但由于延续时间短，影响不大。

以宜万线岩溶隧道工程为例，在已揭露的 1000 余处岩溶洞穴中溶腔约占 90%；岩溶管道约占 7%；岩溶裂隙约占 3%。暗河主要在野三关隧道和五爪关隧道中有揭露。各类岩溶形态实例情况见表 2-2-2。

岩溶形态实例　　　　　　　　　表 2-2-2

岩溶形态			代表性实例
暗河			野三关隧道 4 号暗河、五爪关隧道五爪关暗河等
管道			云雾山隧道 247 岩溶管道，大支坪隧道 680、285、625、291 岩溶管道、齐岳山隧道 537 岩溶管道等
溶腔	无充填	干溶腔	云雾山隧道 852 溶腔、下村坝隧道 091 溶腔、大支坪隧道 858 溶腔、龙麟宫隧道 340 溶腔、长鹰坝隧道 160 溶腔、高坪 1 号隧道 610 溶腔、白云山隧道 906 溶腔等
		富水	齐岳山隧道 629 溶腔、别岩槽隧道 422 溶腔等
	半充填	干溶腔	云雾山隧道 562 溶腔、龙麟宫隧道 794 溶腔、下村坝隧道 565 溶腔、鲁竹坝 2 号隧道 610、060 溶腔、白云山隧道 114、630 溶腔、王家岭隧道 165、900 溶腔等
		季节性有水	高阳寨隧道 585 溶腔等
		富水	野三关隧道 602 溶腔、马鹿箐隧道 978 溶腔等
	全充填	干溶腔	大支坪隧道 315 溶腔、大支坪隧道 800 溶腔、白云山隧道 187 溶腔、红瓦屋隧道 770 溶腔、椰坪 2 号隧道 600 溶腔等
		季节性有水	红瓦屋隧道 370 溶腔、东岳宫隧道溶腔等
		富水	大支坪隧道 990 溶腔、云雾山隧道 617 溶腔群、大支坪 367 溶腔等
裂隙			别岩槽隧道 715 裂隙、高阳寨隧道 990 裂隙、大支坪 540 裂隙等

2.3　岩溶涌突水机理研究

2.3.1　岩溶涌突水的类型

岩溶发育具有位置和空间形态上的不确定性、充填物的不均匀性、连通的复杂性、地下水和地表水相互转化的敏捷性以及流态的多变性。岩溶水既可以是潜水，也可以是承压水，既有稳定流状态，也有非稳定流状态。

根据理论分析、工程类比和岩溶涌突水现象的观察和分析,可以总结出岩溶地下水的运动规律。一般将隧道岩溶突水主要分为 5 种类型,其特征和运动规律以及危害性见表 2-2-3。

岩溶涌突水的特征和运动规律及危害性　　　　表 2-2-3

类型	特征及运动规律	涌突水概率	危害性
溶隙型	由构造裂隙经溶蚀加宽后形成,其宽度一般很小,延续性较好,岩溶水从地层中缓慢渗出或流出,水量和水压很小,岩溶水经过较长距离的过滤和沉淀,出水一般为清水,地下水运动为渗流,符合达西定律	小	大
脉管型	溶隙经溶蚀进一步扩大、延长,形成脉管状,其宽度较大,连通性较好,地下水从地层中呈股状流出,压力和水量较小,出水一般为清水,运动状态以重力梯度流为主,基本符合伯努利方程	中	大
管道型	脉管经溶蚀进一步扩大、延长,形成较大的管,其宽度很大,连通性很好,一旦揭示,水和泥砂会涌出或喷出,一般呈有压状态,水量和水压较大,地下水和泥砂运动状态比较复杂,这种形式的涌水一般具有突发性,对施工和运营安全影响大	大	很大
溶洞型	空间体积较大,形状不规则,如果有水溶洞内部充满大量的水和泥砂等充填物,以及存在气体,则压力很高,一旦揭示,水、泥、气体就会大量涌出和喷出,地下水和泥砂运动状态比较复杂,这种形式的突水突泥对施工安全影响很大	大	很大
暗河型	过水断面大,水中泥砂含量低,出水一般为清水,其运动状态一般为重力梯度或压力梯度流,基本符合伯努利方程	大	很大

2.3.2　岩溶涌突水的主要影响因素

(1)地质原因

一般认为地质构造对岩溶发育起着控制作用,如可溶性岩的向斜核部和背斜翼部、断层破碎带容易发生岩溶涌突水;可溶岩与非可溶岩接触面、膏溶面和碳酸盐岩层间滑动带,易发生强烈溶蚀生成溶洞,产生岩溶涌突水。如宜万铁路马鹿箐隧道 978 溶腔就位于可溶岩与非可溶岩接触面上,施工中发生了特大突水地质灾害。

(2)施工扰动

在隧道施工之前,岩体处于自然平衡状态,隧道开挖形成临空面,开挖引起的卸载作用导致隧道周边原有裂隙扩张和出现新的裂隙,改变了地下水原来的流动通道,加速了水循环,而岩体的破裂首先是从围岩内的节理裂隙面开始的,当充水裂隙垂直方向受拉应力作用或者裂隙面上受剪应力作用时,不高的水压就可使其产生破裂,从而引起裂隙进一步扩展,水流在扩展方向的流动和劈裂又加剧了裂隙的扩展,从而诱发隧道突水突泥,其主要表现为隧道开挖直接诱发突水突泥、隧道开挖面后方初期支护施作完成后的突水突泥。

2.3.3 岩溶涌突水的机理

岩溶涌突水的机理是十分复杂的,不同地区、不同地质条件下,不同特点的工程及工程的各个部位岩溶突水机理都各不相同,根据常见的岩溶涌突泥情况,分为止水岩柱受拉破坏、裂隙的剪切破坏、裂隙的水力扩张、关键岩块的失稳4种情况。

(1) 止水岩柱受拉破坏

安全岩柱的厚度受岩柱完整性、岩溶充填介质、水压力以及水力联系、隧道施工方法等许多因素影响,根据材料力学第一强度理论,材料在复杂应力状态下,当3个主应力中有1个超过材料破坏的允许应力值时,材料就发生破坏。由此,岩体弹性失效准则的强度条件为:

$$\sigma_1 \leqslant [\sigma] \tag{2-2-1}$$

$$K = \frac{[\sigma]}{\sigma_1} \tag{2-2-2}$$

式中:σ_1——岩体最不利位置的最大主应力;

$[\sigma]$——岩体的允许应力;

K——安全系数。

如图 2-2-5 所示,建立高压充水溶洞突水的理论计算模型,分析长度为 3~12m、直径为 4.5m 的岩柱在 3MPa 水压作用下的受力特点,岩柱按周边固定考虑,只考虑水压力,不考虑其他荷载。设围岩为Ⅲ级,$\gamma = 20\text{kN/m}^3$,$E = 18\text{GPa}$,$\mu = 0.28$,$\varphi = 45°$,$c = 1.2\text{MPa}$。

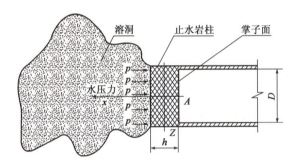

图 2-2-5 高压充水溶洞突水计算模型图

p-水压力;h-安全岩柱厚度;A-掌子面中心点;D-隧道直径。

由于计算时假定止水岩盘四周固定,均匀连续、各向同性,因此掌子面中心 A 点受力最为不利,以 A 点的应力状态作为判断岩柱是否失稳的依据。计算得到不同岩柱厚度隧道掌子面中心点 A 的最大主应力 σ_1 随岩盘厚度的变化关系,如图 2-2-6 所示。

由图 2-2-6 可以看出,相同水压下,岩柱越厚,岩柱中心点应力越小,破坏的概率越小。岩柱中心点的应力随岩柱厚度的指数呈衰减趋势。

(2) 裂隙的剪切破坏

对于软弱围岩或节理裂隙发育的岩溶隧道,可根据莫尔—库仑强度理论判断是否会发生突水,当土体中某点的任一平面上的剪应力达到土的抗剪强度时,就认为该点已发生剪切破坏,可用下式表示:

$$\tau_f \leqslant \tau_R \tag{2-2-3}$$

$$\tau_f = \sigma \cdot \tan\varphi + c \tag{2-2-4}$$

式中：τ_f——某一溶隙或节理面上土体的剪应力；

τ_R——该节理面土体的抗剪强度；

σ——作用在剪切面上的法向应力；

φ——土的内摩擦角；

c——土的黏聚力。

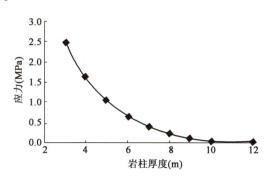

图 2-2-6　掌子面中心点 A 的最大主应力随岩盘厚度的变化规律

（3）裂隙的水力扩张

岩溶地层中存在较多的节理、裂隙，在某些情况下，其破坏主要是由于裂隙在水压力作用下的张开和滑移，根据断裂力学的最大周向正应力理论，其破坏准则为：

$$\frac{1}{2}[k_{\text{I}}(1+\cos\theta) - 3k_{\text{II}}\sin\theta]\cos\frac{\theta}{2} = k_{1C} \tag{2-2-5}$$

式中：k_{I}——在外力作用下 Ⅰ 型裂缝尖端产生的应力强度因子；

k_{II}——在外力作用下 Ⅱ 型裂缝尖端产生的应力强度因子；

θ——裂缝的张开角度；

k_{1C}——材料固有的断裂韧度性。

（4）关键块体的失稳

在高压、富水比较坚硬的岩溶地层中开挖隧道，围岩被节理和裂隙切割成各种类型的空间镶嵌块体，在隧道开挖以前，这些块体处于自然平衡状态，隧道开挖以后，由于应力释放和高水压作用使关键块体失去稳定，从而导致隧道其他块体变形和坍塌，进而与含水构造连通，引发隧道突水突泥。在断层破碎带、软弱夹层以及节理和裂隙互相切割的地层中，应特别注意隧道掉块和坍塌引发的突水突泥。

2.4　岩溶隧道涌突水模式研究

岩溶隧道的涌突水模式，目前尚无系统、完整的研究结论，但有一个基本认识就是隧道涌突水与两个基本因素即围岩含水介质、隧道所处的岩溶水系统的空间分布有关，隧道所处岩溶地下水动力剖面分带位置及构造位置决定了隧道岩溶涌水在空间上的分布，所以涌突水模式的概化是基于水文地质模型的,只有建立了隧道的水文地质概念模型,才能提炼涌突水模式,从而正确选择评价隧道涌水量的具体方法。要建立隧道涌突水的水文地质概念模型,最基本的就是要确定隧道围岩含水介质的类型以及隧道与岩溶水系统的空间关系。

2.4.1 隧道涌水水文地质概念模型的建立

岩溶隧道围岩含水介质可以分为:均匀裂隙—溶隙型岩溶含水介质;非均匀岩溶管道或暗河介质。隧道与岩溶水系统的空间关系可以划分为:隧道位于岩溶水系统的包气带;隧道位于岩溶水系统的浅部循环带;隧道位于岩溶水系统的深部循环带。根据岩溶隧道的围岩类型和空间关系的组合可以建立六种岩溶隧道的水文地质概念模型,如图 2-2-7 所示,即模型 1:包气带均匀裂隙—溶隙涌突水模型;模型 2:浅部循环带均匀裂隙—溶隙涌突水模型;模型 3:深部循环带均匀裂隙—溶隙涌突水模型;模式 4:包气带非均匀岩溶管道涌突水模型;模型 5:浅部循环带非均匀岩溶管道涌突水模型;模型 6:深部循环带非均匀岩溶管道涌突水模型。

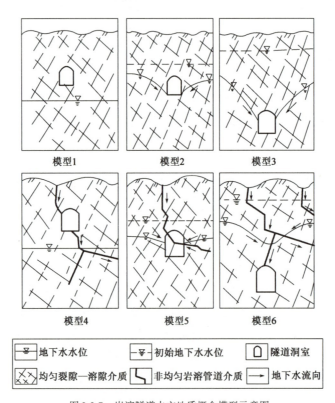

图 2-2-7 岩溶隧道水文地质概念模型示意图

2.4.2 隧道涌水水文地质概念模型的涌突水特征及风险评价

不同的水文地质概念模型,其涌水特征有明显的差异,风险性也不一样。

模型 1:隧道围岩为比较均匀的裂隙—溶隙含水介质,且隧道位于区域地下水位以上,这类隧道一般不存在持续性的涌突水问题,主要表现为沿裂隙和溶隙的滴水和渗水,雨季会有短期的小量股状涌水现象,对工程正常施工影响不大,风险性较小。这种模式通常位于岩溶不发育的地层中,且一般位于越岭隧道的进出口部位。

模型2:隧道围岩为比较均匀的裂隙—溶隙含水介质,隧道位于区域地下水位下方数十米范围,这类隧道由于裂隙—溶隙含水介质的过水能力有限,因此一般不存在严重的突水问题,主要表现为沿裂隙和溶隙的涌水现象,且涌水量相对比较稳定,初次揭示涌水量与正常涌水量差异不大,在采取了相应的排水措施条件下,对工程正常施工影响不大,一般不会发生规模较大的突水突泥风险。这种模式通常位于岩溶不发育的地层中,且一般位于距越岭隧道的进出口不远的部位。

模型3:隧道围岩为比较均匀的裂隙—溶隙含水介质,隧道洞室位于区域地下水位下方数百米,这类隧道由于地下水的水压力较大、也较稳定,其突水的特征,一般以清水为主,没有泥砂同时涌出,水量相对比较稳定,初次揭示涌水量与正常涌水量差异不大。该类涌突水问题的危害性与水压力及围岩的强度密切相关,当围岩强度较低(破碎带、剪切带、软弱夹层等),在高水压作用下易发生掌子面较大范围的坍塌破坏,诱发突水突泥,风险性较大。

模型4:隧道围岩为不均匀的岩溶管道含水介质,隧道位于区域地下水位以上,这类隧道一般不存在稳定的涌突水问题,主要表现为雨季沿岩溶管道的短时股状涌水和涌泥,其涌水和涌泥数量的大小和次数的多少,通常与暴雨次数与强度密切相关,该类涌突水模式对工程正常施工有一定影响,但危害不大,相对较易防范,风险性较小。这种模式通常位于岩溶强烈发育的地下水补给区或隧道上方岩溶洼地、槽谷、落水洞比较发育的地段。

模型5:隧道围岩为不均匀的岩溶管道含水介质,隧道位于区域地下水位下方数十米范围,这类隧道在施工过程中普遍存在岩溶突水突泥问题,同时由于隧道洞室处于地下水强径流带,岩溶管道通常规模较大,连通性好,隧道涌水量与地表降雨和地表水体关系极为密切,其水量大小变化极大,往往具有山区河流洪水的特点,即表现出涌突水量陡涨陡落的特征。当岩溶水系统的汇水面积较大和入渗条件较好时,且隧道在平面上位于岩溶水系统的中下游时,其初次揭示涌水量、正常涌水量以及最大涌水量一般都很大,尤其是当岩溶水系统的汇水面积大于$100km^2$以上时,其正常涌水量一般都可以达到每秒几立方米,强降雨条件下峰值涌水量可达每秒几十立方米,从而对隧道安全施工带来极大的危害,风险性极大。

模型6:隧道围岩为不均匀的岩溶管道含水介质,隧道位于区域地下水位下方数百米,这类隧道由于处在岩溶地下水的深部循环带,其岩溶突水突泥问题的严重性和危害程度与隧道和岩溶管道之间区域的导水通道的类型和性质密切相关。若隧道和岩溶管道之间区域为强度高、岩体完整、溶蚀裂隙不发育的碳酸盐岩时,虽然水压力很大,但由于受裂隙介质导水能力的限制,一般不发生大型突水突泥事故,该模型的隧道涌水特征与模型3较为相似;若存在破碎带或软弱夹层,在高水压作用下同时诱发围岩崩塌,则突水突泥灾害的危害性巨大。该模式突水特征为初次揭示涌水量、正常涌水量和水压力极大,且相对比较稳定。

隧道涌水的风险性除与隧道的含水介质和所处的空间位置(水文地质概念模型)有关外,与降雨期也有关,特别是由地下暗河造成的隧道涌突水,不同降雨时期其水量构成不同,涌水量大小也不一样。

野三关隧道揭穿3号暗河后,平时涌水量3万m^3/d左右,而雨时最大涌水量达到16万m^3/d,是平时涌水量的5倍多,可见不同时期的涌水量相差巨大。因此,雨季隧道的涌突水风险大,而枯水季节隧道涌水的风险相对较小。

2.4.3　岩溶隧道涌突水模式分析

通过以上对不同水文地质模型下隧道涌突水特点的分析和其涌水风险的评价,可以看出,隧道施工期岩溶涌突水在时间上有突发性、滞后性及阵发性特征,主要是揭穿型和突破型;运营期的涌突水形式主要是常年型和雨季突破型,常年型岩溶涌水具有季节性,因大气降水造成的涌水量变化一般经历增大→稳定→减小的过程,随着雨季的结束最终趋于常年恒定涌水量;而突破型岩溶涌水则由大到稳定,最后随降雨的结束而趋于枯竭。

以上分析表明:岩溶隧道涌突水现象受隧道围岩岩溶含水介质、隧道穿越的岩溶蓄水构造、隧道所在地区大气降水等多种因素影响,其涌突水模式可分为四种:岩溶裂隙、溶隙渗水型;岩溶裂隙、溶隙涌水型;地下河、岩溶管道集中突水型;岩溶结构面集中突水型。

通过对岩溶隧道涌突水岩溶含水介质(岩溶水赋存空间)和蓄水构造的分析,结合分析隧道轴线与垂直渗流带、水平径流带、深部循环带及与岩溶含水介质(岩溶水赋存空间)、蓄水构造的关系,基本可以确定隧道施工过程中可能出现的涌突水模式。涌突水模式确定后,分段预测施工阶段可能发生的最大涌水量和正常涌水量,再结合施工超前地质预报,就有可能最大限度地减少岩溶隧道涌突水灾害。

第 3 章

岩溶对隧道施工的影响分析

岩溶隧道工程实践中发现,岩溶类型、规模及位置是三个影响隧道设计与施工的最为重要的因素。因此,本章从岩溶类型、岩溶规模、岩溶与隧道的位置关系、溶腔充填物性质角度研究岩溶对隧道施工的影响,并分析了高压充水岩溶突水的机理和岩盘的安全厚度,以便为后期采取相应的防治措施奠定基础。

3.1 岩溶类型对隧道施工的影响分析

在岩溶隧道施工过程中,不同类型的岩溶对隧道施工的影响不同。岩溶分类参见本篇第 2 章第 2.2 节。岩溶对隧道施工的最大影响是施工中可能发生突水突泥。岩溶隧道突水突泥机理复杂,受很多因素影响。通过对大量隧道突水突泥资料的分析,发现影响岩溶隧道突水突泥最关键的因素是水压、溶洞介质充填情况、施工工序及隧道与地表之间的水力通道情况。

3.1.1 水压的影响

如果仅有水源,而水压很小,在有一定厚度隔水岩柱的条件下,一般不会发生突水事故,即使有少量涌水,也不会造成突水灾害,水压是岩溶隧道突水的动力,水压值是决定突水与否和突水量大小的最基本、最重要的参数。

(1)水对岩体强度的影响。试验结果表明,岩石强度与岩石的饱和含水率有关,含水率越大,岩石强度越小;另外,根据有效应力原理,在有水压作用时,岩石的黏聚力和抗压强度都会减少,因此,正常条件下不会破坏的岩石,在有水压作用时可能会发生破坏。

(2)水压力对岩体裂隙的挤入破坏。理论计算表明,压力水沿完整岩体的导升是很有限的,但是当岩体中存在有构造裂隙且当裂隙宽度较大时,或者由于隧道开挖形成导水裂隙时,压力水沿裂隙挤入岩层的深度将十分可观。

(3)水压力对岩体裂隙的劈裂破坏。水压力对岩体裂隙的劈裂破坏实际上是在高水压作用下,岩体裂隙发生扩展,裂隙相互贯通后再进一步张开的过程。在天然状态下,水力劈裂不容易发生,因为天然状态下,围岩处于压应力状态,水压必须克服围岩应力及岩体强度后裂隙才能扩展破裂,但是当隧道开挖引起周围地层卸载时水力劈裂有可能发生。

(4)水流对突水通道的冲刷扩径作用。在一般突水过程中,突水量变化曲线具有如图2-3-1所示的特征,从图中可以看出,OA段水量递增,水量增大的原因是突水通道在水流的冲刷下不断扩大,许多岩溶隧道突水的发生是由于岩溶管道中的水经突水通道进入隧道中,因此可以建立如图2-3-2所示的突水模型。

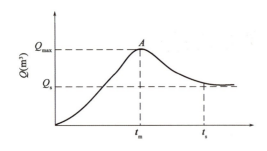

图2-3-1　突水量变化曲线
Q_{max}-最大突水量;t_m-达到最大突水量所需的时间;
Q_s-稳定突水量;t_s-达到稳定突水量所需的时间

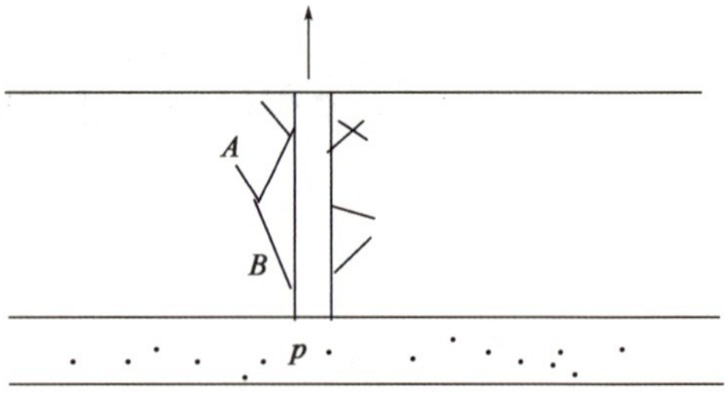

图2-3-2　水流冲刷扩径模型

在图2-3-2中,水压为p的高压水由隔水岩柱突出,假定突水通道为圆柱状,某一时刻的孔径为D_t、突水量为Q_t,则突水通道中的水流速度为:

$$v_t = \frac{4Q_t}{\pi D_t^2} \tag{2-3-1}$$

于是通道内水流作用在通道壁上的压力为:

$$p_r = p - \frac{\gamma_w}{2g}v_t^2 \tag{2-3-2}$$

式中:γ_w——水的重度;

g——重力加速度。

因为$v_t^2 > 0$,所以$p_r < p$。

一般岩层中都存在节理裂隙,假定在突水通道壁周围存在一组裂隙,如图2-3-2中AB所示,裂隙AB中的水是静态的,与水压为p的水源相通,而通道壁上水压为p_r,则存在压力差$\Delta p = p - p_r$,在Δp作用下,当Δp能够克服围岩应力和岩体强度后,岩体就会断裂破坏,从而造成突水通道的孔径扩大。

(5)水压决定了突水量的大小。

在研究水压对突水量的影响时,考虑了如下两种情况:

①碳酸岩中水源为溶洞—裂隙网络型,动储量充足。这时水压能完全用于克服突水通道的管道阻力和转化为水的动能,根据伯努利(Bernouli)能量方程有:

$$z_1 + \frac{p_1}{\gamma} + \frac{v_1^2}{2g} = z_2 + \frac{p_2}{\gamma} + \frac{v_2^2}{2g} + \Delta h \tag{2-3-3}$$

式中:Δh——沿程水头损失;

z_1、p_1、v_1——碳酸岩中的水位高程、水压和水流速度,其中$p_1 = p$,$v_1 = 0$;

z_2、p_2、v_2——突水口的水位高程、水压和水流速度。

$p_1 = 0$,假定$z_2 = z_1$,则:

$$\frac{p}{r} - \Delta h = \frac{v_2^2}{2g} \quad (2\text{-}3\text{-}4)$$

所以

$$v_2 = \sqrt{2g\left(\frac{p}{r} - \Delta h\right)} \quad (2\text{-}3\text{-}5)$$

由式(2-3-5)可以看出,水流速度v_2随水压p的增大而增大,因此,可以看出水压p决定了突水量Q的大小。

②突水通道足够大,碳酸岩为溶蚀裂隙网络型,水压全部消耗于渗流途径中。根据达西(Darcy)定律,有:

$$Q = KA\frac{\Delta H}{L} \quad (2\text{-}3\text{-}6)$$

式中:Q——渗流量;

K——渗透系数;

A——渗流断面积;

ΔH——水头差;

L——渗流长度。

由式(2-3-6)可知,流量与水头差即水压成正比。

大量工程实例表明,岩溶突水突泥和高水压是相伴而生的,直接揭露充水岩溶管道或较高的水头压力突破围岩局部隔水层、疏通已有岩溶管道和压破衬砌后,地下水、溶洞充填物及地下水搬运的其他来源物质以突水突泥的形式突出,形成灾害,其作用实质是作用在局部围岩、衬砌、溶洞充填物以及其他来源物质上地下水压力的释放。因此,高水压是岩溶隧道水害的关键所在,其危害程度取决于隧道开挖后围岩动、静水压力的分布,所处构造部位和岩体结构以及围岩的抗水力劈裂性质等。

野三关隧道、大支坪隧道岩溶突水均与高水压有关,如野三关隧道DK124+602溶腔突水后监测的钻孔水压与降雨的关系表明,即便是在溃口不封闭的情况下,水压仍能达到1MPa,因此突水前该处的水压应高于此值,是典型的高水压。

3.1.2 溶洞充填物的影响

根据对岩溶隧道突水事故的分析,绝大多数深埋隧道的突水与突泥相伴,这充分说明岩溶裂隙、管道及溶洞中充填有大量物质,这些充填物被冲刷从而失稳造成突水突泥。研究发现,不同充填类型的溶洞,其突水突泥的频数不同,对施工的影响不同,危害不同,处理的措施也不同。按充填介质成分来划分,可分为4个类型,即充填泥砂型、充填砂卵石型、充填黏土型和充填块石型。以圆梁山隧道为例,通过调研圆梁山隧道的施工情况表明:圆梁山隧道开挖揭示的5个充填型溶洞,其中1号溶洞、4号溶洞、5号溶洞为泥砂型,2号溶洞为砂卵石型,3号溶洞为黏土型。

由现场情况来看,充填砂卵石型溶洞发生突水突泥次数多,施工难度最大,圆梁山隧道2号溶洞共发生突水13次,占五个溶洞突水总次数的41%,对工程危害极大。这是由于砂层为强透水介质,在其中注浆难免会出现注浆加固薄弱环节,这样就可能造成水由薄弱处涌出形成灾害。在圆梁山隧道中,1 号溶洞、4 号溶洞、5 号溶洞由于泥砂为弱透水结构,这种类型的溶洞从整体性来讲是比较好的,只是在局部易形成管道型突涌。针对这种类型的溶洞,从目前国内外注浆水平来看,注浆加固效果较好。注浆时,浆液易在泥砂中产生劈裂浆脉,形成网络状的注浆结构构造体系,同时,如果能在隧道开挖周边施作一圈大管棚,那么,这类溶洞的安全施工是可以保证的。

充填黏土型溶洞充填介质为不透水物质,如硬塑~软塑状黏性土,这种溶洞的周壁为结构完整的岩体,溶洞的充填介质和溶洞的周壁由于存在水的润滑作用,并且这类溶洞的形成往往是以呈垂直向发育,倾角大,因而溶洞的充填介质和上部的水体所形成的总势能很大。当隧道开挖时,总势能会很快释放,形成爆喷突发性灾害。发生特大型突水突泥灾害的圆梁山隧道 3 号溶洞就属于这种情况,这种类型的溶洞,往往是爆喷形成灾害后,经清泥到掌子面后,掌子面已形成岩溶管道,危险性和危害性已经解除。

充填块石型溶腔多发生在断层伴生岩溶地质段,溶腔释放岩溶泥砂充填物后,后期则为断层破碎带发生的坍塌块石充填物,后期处理难度高于充填泥砂型溶腔,需要考虑采用泄水支洞或高位泄水支洞截排水后,正洞帷幕注浆加固块石及管棚通过,如野三关隧道 602 溶腔。

因此不同岩溶类型对隧道施工的影响是不同的,施工中要充分认识这种差别,制订针对性的施工方案。

3.1.3 溶洞与地表水力连通性的影响

地下深处发育的溶洞不可能是孤立的,一般通过地下网状的或枝状的岩溶管道、溶槽或溶隙与地表之间联系。这是长期的地质年代形成的,未开挖隧道前,往往溶洞中会有一个岩溶水的静储量,地下水的循环是缓慢的。开挖隧道如果没有揭穿溶洞,没有发生突水突泥,则原来溶洞的充填状态不会有很大改变。隧道涌水与地表降雨的相关性不大,当开挖隧道揭穿溶洞发生突水突泥后,溶洞涌水使水流动加强,导致溶洞与地表的水力联系紧密。隧道涌水与地表的相关性越来越大,直至最后,当联系溶洞与地表的溶隙网络被水反复冲刷击穿后,溶洞与地表就处于完全水力连通状态。未连通时,注浆堵水往往还可以起到作用,在溶洞与地表的水力由不连通、到半连通再到连通的过程中,穿越溶洞的施工会越来越困难。在雨季穿越溶洞会面临更大的挑战。这时,仅靠全断面注浆往往是不可行的。圆梁山隧道 2 号溶洞的施工充分说明了这一点,以下是圆梁山隧道 2 号溶洞施工的实际记录及分析。

2002 年 10 月 16 日之前,圆梁山隧道 2 号溶洞下导洞完成了开挖施工及初期支护,开挖及初期支护后,总涌水量约为 5m^3/h,涌水量较小说明在 2002 年 10 月 16 日之前 2 号溶洞和地表未连通。

2003 年 9 月 10 日,3 号溶洞发生了爆喷型突泥,随后经历了长达 1 个月的抢险工作,于 10 月 10 日结束。在此期间,地表有多次降雨,但在洞内,除了 2003 年 9 月 12 日有明显的涌水量变化外,涌水量基本处于稳定状态,由此,基本上可以排除 3 号溶洞与地下暗河存在连通性。由这段时间的监测情况来看,3 号溶洞是一个典型的由落水洞形成的岩溶管道,2003 年 9 月 12 日的涌水是管道内的水囊式涌水。3 号溶洞岩溶管道和周围水力体系联系不密切,是一个独立结构。

2003年9月10日事故抢险完成后,平行导洞(简称平导)上半断面10月18日掘进至PDK354+461.6,接近2号溶洞中心位置。10月19日下半断面出现突水涌砂,为了保证上半断面结构安全,决定停止上半断面掘进,对下半断面进行注浆加固。但下半断面的注浆加固行为反而造成上半断面初期支护结构下沉速率持续增大,最大达到53mm/d,同时2号溶洞涌水量逐渐增大。11月1日研究决定,平导后退32m,用混凝土进行全断面回填封堵已开挖的空间,在PDK354+430处设止浆墙,并进行超前预注浆。此段时间,地表降雨与平导涌水情况如图2-3-3所示。由图分析可知,平导开挖对溶洞充填物扰动不大,地表与隧道的岩溶通道未被疏通。2002年10月17日地表突降特大暴雨,降雨量达89mm,且在其后4d时间内再次连降暴雨,降雨量均在40mm以上,地表的突降暴雨使2号溶洞施工异常困难,高强度、大密度降雨最终在10月24日将2号溶洞与地下暗河体系之间的联系通道——地下网状岩溶系统"击通",使平导2号溶洞PDK354+447右拱脚出现大量涌水涌砂,全隧道涌水量达到了近3.8万m³/d,是未连通时全隧道涌水量的5倍左右,并且使得10月24日—28日小强度的降雨(<10mm)再次引发隧道总涌水达3.2万m³/d。故平导本次试图穿越2号溶洞失败的主要原因是10月17日特大暴雨使得10月24日平导2号溶洞突水涌砂,这成为2号溶洞施工的转折点,自此后,地表降雨明显影响平导穿越2号溶洞的施工。从图2-3-3还可以看出,隧道最大涌水发生日期滞后地表最大降雨日期约为7d。

图2-3-3　2002年10月17日—11月7日地表降雨与洞内涌水 u-t 曲线图

　　通过对首次穿越2号溶洞失败经验进行总结,决定对2号、3号溶洞进行全封堵,控制住岩溶水的排泄通道,于2002年11月8日—2003年1月10日对平导超前预注浆,并且在正洞下导里程DK354+460处设止浆墙。此时期内,地表降雨与正洞涌水情况如图2-3-4所示。

　　由图2-3-4看出,11月10日隧道涌水量为10.5万m³/d,11月1日—11月10日地表基本上没有降雨,10月17日—10月22日地表有大密度降雨。由此,基本可以判断11月10日正洞下导特大涌水应该与10月17日—10月22日数天的大暴雨有关。初步推断是由于正洞下导穿过该溶洞时扰动较小,2号溶洞网状岩溶通道未被疏通,再加上DK354+460处的止浆墙的阻挡,使得2号溶洞积累出较高的岩溶水压。当水压积累至一定值时,在11月10日高压水将DK354+460处止浆墙底部软弱围岩击穿,大量岩溶水携带充填物突涌而出,淹没正洞近500m,携带粉细砂超过5000m³,是圆梁山隧道突水涌砂量最多的一次。

图 2-3-4 2002 年 11 月 8 日—11 月 28 日地表降雨与洞内涌水 u-t 曲线图

从图 2-3-4 中还可看出,11 月 12 日、13 日、14 日地表总降雨量为 49.5mm,11 月 15 日隧道涌水量为 7.4 万 m^3/d。11 月 19 日的地表中雨(降雨量为 11mm),11 月 23 日隧道内涌水量为 4 万 m^3/d。表明 2 号溶洞自 10 日发生突水涌砂后,与地表的连通性增强,隧道内最大涌水滞后地表降雨时间缩短,由 7d 变为 2d 左右。

通过对此阶段地表降雨及涌水曲线分析及此段时期施工经验的总结认为,穿越 2 号溶洞施工时,特别是雨季,应该保持岩溶水过水通道的畅通,留置泄水减压出口,避免积累出高水头压,造成严重的突涌水事故。

平导超前预注浆结束后,于 2003 年 1 月 10 日破 PDK354+430 处止浆墙向前掘进,至 4 月 17 日掘进至 PDK354+463 附近,其间于 2 月 27 日—3 月 17 日再次对未开挖里程进行全断面超前预注浆一次,考虑雨季施工 2 号溶洞应给其一泄水减压的出口,故决定在正洞与平导之间开挖一条泄水洞,3 月 15 日泄水洞施工完毕,此段时间内,地表降雨与隧道涌水情况如图 2-3-5 所示。

图 2-3-5 2003 年 2 月 25 日—4 月 10 日地表降雨与洞内涌水 u-t 曲线图

2003 年 2 月 26 日地表降雨约 34.5mm,此时平导全断面第二次开挖至 PDK354+447,逐渐接近于 2 号溶洞的边缘,随着隧道涌水量逐渐增加,终于在 2 月 27 日将该里程掌子面左侧中部击破,形成直径约 1m 的空洞。根据经验,26 日约 34.5mm 的地表降雨引起的隧道突水似乎不足以将掌子面击穿。分析认为:由于在 PDK354+430 处设止浆墙封堵平导,同时将地下岩溶高压水封堵于平导 2 号溶洞内,PDK354+447 附近的围岩已被岩溶高压水浸泡了近 4 个月之久,使得溶洞充填物成饱和状,强度更低,流塑性更强,于是第二次开挖时较小强度的地表降雨就能将掌子面击穿,同时也表明要想在雨季再次穿越 2 号溶洞困难更大。

继 2 月 26 日地表降暴雨后,3 月 11 日—3 月 16 日连续 5d 小到中雨(13.1mm 以下),使得 3 月 18 日平导在超前注浆加固后刚开挖即出水,全隧道日涌水量达 4.6 万 m^3/d。而根据经验,该小强度中雨不应该引发全隧道高达 4.6 万 m^3/d 的涌水量,并且该次高水位涌水延续时间长,涌水量大,不可能是水囊式涌水,只有可能是地表降雨所致,这表明 2 号溶洞与地表的连通性越来越强,小强度降雨即能引起隧道较大强度的涌水。

进入雨季后,地表降雨频繁,在地表与隧道已完全连通的前提下,2 号溶洞施工更加困难。2003 年 4 月 11 日—5 月 10 日近一个月的时间内,平导仅上半断面向前开挖约 2m 至 DK354+463 处。特别是 4 月 18 日地表降特大暴雨(73.5mm),并且在泄水洞参与排水的情况下,岩溶高压水还是将掌子面击穿,全隧发生大规模涌水,平导上半断面初期支护结构在高水压作用下产生沉降,累计沉降值达 128mm,日沉降速率大于 20mm/d,特别严重的是上半断面初期支护结构出现环向裂纹,最大裂纹宽度达 10mm 并且继续发展,初期支护混凝土也开始掉块。在此紧急情况下,决定平导停止向前开挖,再次用混凝土将已开挖的平导封闭回填,后退 20m,在 PDK354+443 处施作混凝土止浆墙对 2 号溶洞超前预注浆加固,至 4 月 30 日止,平导第二次试图穿越 2 号溶洞的努力又以失败结束。在此期间,地表降雨与洞内涌水情况如图 2-3-6 所示。

图 2-3-6　2003 年 4 月 11 日—5 月 10 日地表降雨与洞内涌水 u-t 曲线图

图 2-3-6 显示,4 月 11 日地表降大雨 21.9mm,全隧道涌水量很快增至 3 万 m^3/d 左右,最大涌水滞后地表降雨时间在 24h 内。由于泄水洞的卸载减压作用,此次涌水对平导初期支护结构影响较小。4 月 18 日地表降特大暴雨 73.5mm,致使 4 月 19 日隧道内水量增至 9.6 万 m^3/d 左右,平导上半断面掌子面溃塌出一个宽约 2.0m、高约 1.0m 的空洞。4 月 23—28 日地表再次降中到大雨 3 次,同时隧道内随后出现大规模涌水两次,涌水量均在 9.6 万 m^3/d 左右。可见,溶洞处于完全连通阶段,即使是较小或中等强度的降雨也可引起隧道较大规模的涌水。

由地表降雨与隧道涌水分析说明,在完全连通阶段,2 号溶洞雨季施工中,溶洞底部的泄水洞的排水减压能力还不够,还须加强减压能力。这一推断在施工中被证实:2003 年 11 月正洞 2 号溶洞反向掘进时,将 2 号溶洞上方的岩溶管道揭穿,2 号溶洞水由正洞反向断面拱部排出,圆梁山平导随之顺利穿越 2 号溶洞。在此经验的启发下,于 2004 年初在 2 号溶洞上方掘进另一泄水支洞,2004 年 2 月顺利穿越 2 号溶洞。

在野三关隧道中,为了掌握野三关隧道出口段溶腔与地表的连通情况,进行了涌水量与降雨量的观测,如图 2-3-7 所示。

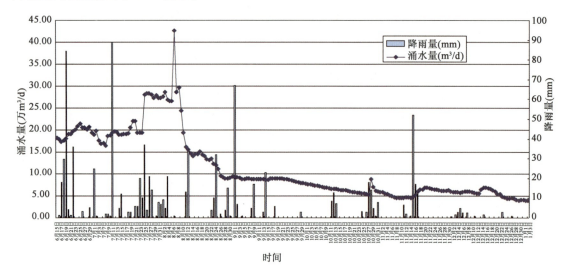

图 2-3-7　野三关隧道出口流量、降雨量与时间的关系图

从图 2-3-7 分析得知:野三关隧道突水前隧道出口涌水量相对稳定,其波动主要受大气降雨影响;降雨后水量增大的滞后时间约 2d。洞内涌水与降雨量关系密切,溶腔与地表水力联系基本相通。这时,在雨季出口段施工的难度非常大,参考圆梁山隧道经验,应尽量采取迂回绕行,避开雨季施工此段,并增设泄水洞排水泄压,才能保证安全穿越该段。

3.1.4　岩溶对隧道施工各工序及施工效率的影响

岩溶突水的发生是与隧道施工工序密切相关的。分析圆梁山隧道突水情况资料,将圆梁山隧道施工中各溶洞的突水涌泥次数按各作业线中的施工工序进行分类统计,统计结果见表 2-3-1。

各施工工序突水涌泥次数统计表　　　　　表 2-3-1

施 工 工 序	1 号溶洞	2 号溶洞	3 号溶洞	4 号溶洞	5 号溶洞	频　数	比例(%)
超前探测	0	1	0	0	1	2	6
开挖	2	10	1	1	1	15	47
注浆及后部处理	5	0	0	0	0	5	16
初期支护完成后	0	2	0	4	4	10	31
合计	7	13	1	5	6	32	100

统计结果说明以下三方面问题:

(1)总体来看,开挖和初期支护完成后两个施工工序发生岩溶突水涌泥的频率最高。对隧道进行开挖施工,会对溶洞造成扰动,溶洞的应力条件、水力特征会重新分布,容易导致突水涌泥现象的发生。2号溶洞在这一工序发生突水涌泥次数多,主要是由于2号溶洞的充填介质为粉细砂层,对其进行注浆加固施工难度大,加固封堵效果不好,注浆施工后仍存在局部的薄弱环节。如马鹿箐隧道于2006年1月21日,隧道出口平导遭遇978溶腔,注浆后开挖时,发生重大突水突泥,峰值涌水量达30万 m^3/h,造成重大人员伤亡,经济损失巨大。

初期支护完成后出现突发性涌水涌泥的情况也较多。如圆梁山隧道2号溶洞由于充填介质为粉细砂层,开挖施工后进行了初期支护,但初期支护并不能完全抵挡住外水压力,在局部薄弱环节,形成渗透水压破坏。宜万铁路别岩槽隧道在穿越F3断层伴生岩溶带时,初期支护完成后一周,地表突降暴雨,线路右侧边墙开始滴水,一天后,滴水变为股水,涌水量变大,并且喷射混凝土表面出现裂缝,后采取右侧边墙钻孔防水泄压,初期支护破坏未继续发展,但局部初期支护变形达到38cm。大支坪隧道进口Ⅱ线DK132+914段在初期支护完成后发生涌水涌砂,突水来势凶猛,瞬间突泥堵塞隧道600多米,开挖台架被扭成"麻花"形。尽管先期此段进行了注浆加固,但是在动水砂层中的注浆难免存在盲区,当地表出现较大降雨时,洞内水压随之增大,水压很容易击破注浆薄弱环节,造成涌水涌砂。而野三关隧道602溶腔在初期施作完成后,由于一场暴雨导致初期支护崩溃,后方水夹杂块石涌入洞内,形成溃口。

(2)在圆梁山隧道2号溶洞和5号溶洞的超前探测过程中,出现了突发性的涌水涌泥,这和圆梁山隧道溶洞具有高压特点有关,但这一现象出现的频率不高,并且由现场施工情况来看,由于超前探孔直径只有90mm,因而突发性主要表现为砂水由钻孔内射出现象,施工安全性能保证。野三关、大支坪隧道在超前探测中也主要是发生钻孔喷水现象,但对施工安全不构成威胁。

(3)圆梁山隧道注浆及后部处理过程中出现涌水涌泥现象只在1号溶洞中有所表现。出现这种现象主要是注浆施工中所选择的参数不太合理,在局部位置,大量的浆液将原有的过水通道严重堵塞,使水压形成聚积,从而产生破坏。

由于岩溶发育的不均衡性和不规则性,在施工前要准确探明其位置是不可能的,岩溶的形态及填充物性质更无法确定。而施工过程中,采用地质分析法、物探法和水平钻孔法中的任何单一方法预报岩溶都会收到一定的效果,但又都会有一定的局限性,采用任何单一的预报方法都很难准确预报复杂岩溶隧道地质。

岩溶隧道的突水突泥对隧道的正常施工作业影响非常大,常常导致大量施工机械设备、安全防灾设施被冲毁,甚者可能引起人员伤亡。一旦发生突水突泥,清理的工作难度会很大,导致大部分作业面停工,导致巨大损失。岩溶对隧道施工效率的影响突出表现在以下几个方面:

(1)作业面涌水及洞内水环境影响施工效率,增加施工成本。

作业面涌水环境对开挖、出渣、衬砌会造成直接影响,延长了工序循环时间,施工工效降低,人工、机械费增加,产量指标下降,进度指标降低。

(2)溶腔、断层、突水突泥停窝工影响施工效率,增加施工成本。

以野三关、大支坪隧道为例,两座高风险隧道发育了"602""990"两个大型溶腔,溶腔处理投入了大中型机械设备50多台套,作业工人400多人不间断地进行探测及处理,其中野三关隧道历时26个月,大支坪隧道历时34个月,其间停窝工情况严重。加之建设指挥部指令停工排查施工风险、强降雨造成洞内停止施工、帷幕注浆时造成开挖作业停滞、突水突泥引起停窝工、大型溶腔的探查及等待方案等引起停机停工,总停工时间长、停窝工费用大。

(3)遇溶腔的迂回绕行影响施工效率,增加施工成本。

岩溶隧道遇到大型溶腔时,往往需要迂回绕行,采取从各方包抄处理的方案。大支坪隧道Ⅰ、Ⅱ线均遭遇"990"大型溶腔体,由于溶腔体条件复杂、规模宏大,几经尝试均未能通过,为尽可能减少溶腔体对隧道整体工期的影响,经多方论证采用了迂回绕行通过技术,先通过迂回导洞绕过溶腔体再进入正洞施工。直至2009年2月990溶腔体才顺利通过,而溶腔体前方约2000m左右线隧道全部是通过迂回进行施工的。这样无疑增加了施工的难度,降低了施工效率,增加了施工成本。另外,在迂回绕行的过程中,长大隧道运输、通风及排烟的难度远大于平导施工。

(4)超前地质预测预报纳入工序,增加施工成本。

岩溶隧道应将超前地质预测预报纳入施工工序,宜万铁路岩溶隧道将施工地质进行分级,分为A、B、C三个级别,不同级别采用不同的综合超前地质预报组合。在A级超前地质预报条件下,平均每循环增加了工序循环时间6~8h,这就使得出渣、支护工序的正常等待时间比定额水平增加了同样的时间,同样的设备及人员配置条件下,完成工程量只有正常隧道的70%左右,造成工效降低,引起人工、机械费增加。以野三关隧道和大支坪隧道为例,超前地质预测预报工作量非常大,工效降低引起的人工、机械费用显著增加。

(5)隧道安全生产措施加强,增加施工成本。

为应对隧道高风险,在发生险情时确保施工人员能最大限度地逃生,高风险岩溶隧道需设置安全预警、应急照明、应急逃生、实时监控以及应急排水系统等多项安全及防风险措施,这些造成施工成本增加。另外,设备在长期涌水、湿度极大的隧道内故障率极高,维护费用巨大,也大大增加了施工成本。

(6)掌子面水环境增加喷射混凝土量,增加施工成本。

隧道在通过岩溶发育地段时,岩溶水沿着裂隙缝、节理缝、岩溶管道或破碎带呈线状、股状、片状涌入隧道内,给喷混凝土作业带来了较大的影响,支护过程中喷射混凝土回弹率明显增加,喷射混凝土消耗增加突出。

(7)排水洞施工增加成本。

为了保证岩溶隧道施工和运营的安全,对存在高压富水溶腔的岩溶隧道需要增加泄水洞进行排水泄压。以野三关隧道、大支坪隧道为例,两座隧道都增设了排水洞工程,特别是野三关隧道新增排水洞全长5600m,2008年4月才开始施工,为尽快完成排水洞施工,尽早形成排水能力,不影响整座隧道的总工期,施工中采取了长隧短打、多作业面同时施工的措施,高峰期有13个作业面同时施工,劳力、设备投入成倍增加;另由于排水洞施工的运输通道主要通过Ⅰ线正洞运输,与Ⅰ线正洞施工相互交错,加之水环境影响,降效特别严重,大大增加了施工成本。

(8)水文水压观测增加施工成本。

为了防范化解高风险,岩溶隧道常常需要进行水文和洞内水压观测,如野三关隧道出口和大支坪隧道进口对隧道内各出水点的水量、水压进行长期观测,对隧道顶涯地降雨量进行实时监测,显著增加了工作量和施工成本。

(9) 高风险隧道人工费用高。

野三关隧道和大支坪隧道是宜万铁路全线 8 座 Ⅰ 级风险岩溶隧道中最为典型的两座，长期以来，由于隧道风险性大，为了在发生突水突泥后使被困人员能最大限度地逃生，平时进行了大量的风险点告知和安全教育、防灾演练等，这也使作业工人对进洞施工有畏惧心理，不提高一线作业人员的工资待遇就招不到工人，因此所发生的人工费用远大于一般隧道。

3.2 岩溶位置及规模对隧道施工的影响研究

隧址通过的岩溶地区，常常分布有规模不等、位置不同、充填介质及充填程度不同、含水量不同的溶洞，隧道的安全施工和围岩稳定性都将受到这些溶洞不同程度的影响。不同位置、不同规模的溶洞对隧道施工影响各不相同。

3.2.1 岩溶赋存影响下隧道变形特征分析

通过对大量的隧道量测数据及模型实验数据进行研究，研究结果表明在非岩溶区进行全断面开挖的围岩变形全过程位移—时间关系在形态上可以用图 2-3-8 所示的曲线描述，该曲线分为 4 个部分：负空间效应段、正空间效应段、阻尼变形段和流变段。空间效应段变形主要是由于岩体开挖打破了开挖影响区内的岩体的平衡状态，使隧道周边岩体失去了原有位移约束，围岩为了释放原有的能量，向隧道内位移，而隧道周边浅层岩体的移动又牵动深层岩体的移动，如此影响到一定深度。同时变形速率也随着掌子面的空间约束作用变化而变化。

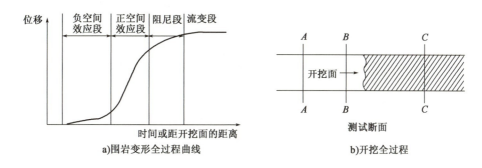

图 2-3-8　非岩溶区全断面开挖隧道围岩变形特性

研究发现，在开挖进程到达测试断面之前，溶洞的存在使围岩的变形增大，岩溶区全断面开挖隧道围岩变形特性曲线如图 2-3-9 所示。有溶洞的负空间效应位移释放率为 15%～35%，无溶洞的为 10%～25%。试验和数值分析结果显示，在有溶洞的断面正空间效应段主要是开挖瞬时释放位移，其开挖瞬时位移释放率为 40%～50%，而无溶洞的断面开挖瞬时位移释放率一般在 30%～40% 之间。

图 2-3-9 中曲线 1 表示非岩溶区的围岩变形特性曲线，曲线 2～4 表示岩溶区的围岩变形特性曲线。可以看出岩溶区的围岩变形速率较非岩溶区的要大，其中溶洞尺寸和溶洞与隧道的距离对围岩的变形特性的影响规律为：

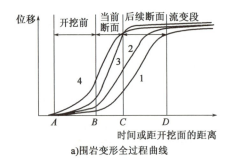 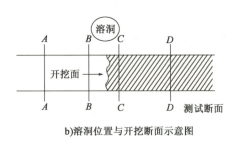

a) 围岩变形全过程曲线　　　　　b) 溶洞位置与开挖断面示意图

图 2-3-9　岩溶区全断面开挖隧道的围岩变形特征

(1) 当溶洞尺寸不变时,变形速率随着溶洞与隧道的距离的减小而变大,隧道的变形特性曲线将从曲线 1 逐渐向曲线 3 过渡。

(2) 当溶洞与隧道的距离不变时,变形速率随溶洞尺寸的增大而增大,隧道的变形特性曲线将从曲线 1 逐渐向曲线 3 过渡;但当溶洞尺寸增加到一定值后,变形速率又随着溶洞尺寸的增大而减小,隧道的变形特性曲线又开始变缓(如曲线 4)。曲线 4 和曲线 1 的主要差别是在开挖前释放的位移很大。

图 2-3-10 是根据试验数据与数值分析结果,按照对数关系拟合有溶洞与无溶洞的最大变形速率的比值与溶洞和隧道的距离的关系曲线。可以看出,开挖瞬间的最大变形速率的比值与溶洞和隧道的距离成反比关系,开挖后的最大变形速率的比值与溶洞和隧道的距离成正比关系,后半断面通过后的最大变形速率大于前半断面通过时。对数曲线在距离 12m 左右时收敛于比值 1,表明隧道与溶洞距离 1 倍洞径时,溶洞不会对围岩的变形速率产生影响。

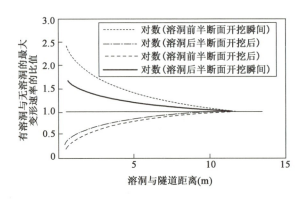

图 2-3-10　溶洞区和非溶洞区的最大变形速率的比值与溶洞和隧道的距离的关系曲线

图 2-3-11 是根据试验数据与数值分析结果,按照二次函数关系拟合的有溶洞与无溶洞的最大变形速率的比值与溶洞直径的关系曲线。可以看出,前半断面开挖瞬间、前半断面和后半断面开挖后的最大变形速率比值与溶洞的直径成正比关系;后半断面开挖瞬间最大变形速率比值与溶洞的直径成反比关系。当溶洞的直径为 5.5~6.0m 时,后半断面开挖引起的变形速率比值趋于极值,说明当溶洞的直径为洞泾的一半时,溶洞对后半断面开挖后的变形速率影响最小。

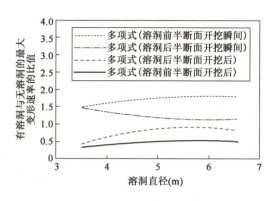

图 2-3-11　溶洞区和非溶洞区的最大变形速率的比值与溶洞直径的关系曲线

由于岩溶发育的不均一性,岩溶与隧道的位置关系常常是很不规则的。为了研究,常常将隧道与溶洞的位置关系概化为以下几种模式:隧道穿越溶洞;溶洞在隧道上部;溶洞在隧道侧面;溶洞在隧道底部。

3.2.2　隧道与溶洞间岩层破坏机理简析

岩溶空隙是可溶性岩在长期的地下水溶蚀过程中形成的,由于构造、风化、溶蚀侵蚀等作用,在一些岩溶洞隙中常有泥砂岩屑,它们是岩溶充填物的丰富物质来源。隧道开挖前,地层中的溶洞处于一个稳定的状态。隧道开挖后,地层原有的平衡状态被打破,不仅地层中的应力状态发生了变化,地层中水的渗流条件也发生了局部变化。这时,原来位于浅部洞隙中的充填物被冲刷、稀释,连同地下渗流一起向深部岩溶洞隙中运移,在洞隙的壁面上形成一种类似泥石流的"泥水压力",这是隧道与溶洞间岩层破坏的主要力源。

隧道开挖形成了临空面,溶洞中的泥水压力直接作用在隧道与溶洞间的岩柱上,岩柱会发生变形,如果岩柱完整、厚度和强度足够,则不会破坏,也不会发生突水突泥。但是,值得注意的是,在隧道的开挖过程中,溶洞与隧道之间的岩层卸压会使隧道周围的一部分岩层产生松动,这部分岩层强度降低,渗透性加大,抵抗溶洞泥水压力的能力大大降低。另外,地层的卸压也会使溶洞周围岩层发生水力劈裂的可能性加大,泥水作用边界会向外扩张,溶洞周围有一部分岩层也失去了阻水的能力。这时能够起阻水作用的仅是中间未受影响的岩层,当这部分岩层不具有足够抵抗泥水压力的强度时,隧道与溶洞之间的岩层就会破坏,从而发生突水突泥。

3.2.3　不同位置高压充填溶洞突水的临界岩层厚度理论分析

由前面的论述可以发现,尽管岩溶隧道地质复杂,突水方式种类很多,但总的说来,高泥水压力的存在是岩溶隧道突水的内因,而隧道开挖引起的卸载是突水的外因。这里主要针对在岩溶隧道中发生频率较多、危害性较大的高压充水溶洞造成的突水来进行研究。

设在地层中要开挖隧道,如图 2-3-12 所示,而在其周围一定距离存在高压充水溶洞,溶洞内水压为 p,溶洞与隧道的相对位置设为三种,分别为在隧道上方、一侧及下方。

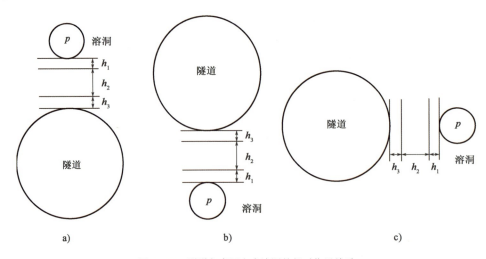

图 2-3-12 隧道与高压充水溶洞的相对位置关系

隧道开挖之前,尽管溶洞中有高水压存在,但不会有突水现象发生,隧道开挖后,出现了临空面,隧道围岩卸载,改变了地层中原有的应力平衡状态,如果溶洞和隧道之间的岩层不足以抵抗溶洞内的高水压,则溶洞中的水就可能向着临空面及隧道方向突出,形成灾害。根据隧道力学理论,隧道开挖后,其周围将会出现一个塑性区,该区内岩层的渗透系数增大,岩层的阻水能力急剧下降。另外,在高压充水溶洞的周围,由于水压力对岩体裂隙的挤入破坏作用以及水压力的劈裂破坏作用,在高压充水溶洞周围存在着一定的裂隙,水的作用面可能达到如图 2-3-12 所示 h_1 的位置,因此,为了保障安全,只能将 h_2 考虑为真正能起阻水作用的岩层。这里以溶洞在隧道上方为例来推导 h_2。

如图 2-3-13 所示,溶洞在隧道上方,如果发生突水,则一般会沿着图 a)中虚线所示的最短通道突出,设 a 为隧道半径与溶洞半径之中的较小者,取出一块体用结构力学中的剪切破坏理论进行分析,此块体的受力如图 2-3-13c)所示,p 为溶洞内水压力,W 为块体自重,σ_0 为剪切面上的正应力,这里取 σ_0 为水平向地应力,T 为剪切面上的抗剪力,设 F 为总的剪切力,则有:

$$F = P + W = p \cdot 2a + \gamma \cdot h_2 \cdot 2a \tag{2-3-7}$$

沿剪切面单位长度的剪切力为:

$$\tau = \sigma_0 \cdot \tan\varphi + c \tag{2-3-8}$$

式中:φ——岩体内摩擦角;

c——黏聚力。

于是,总的抗剪切力为:

$$T = 2 \cdot \tau \cdot h_2 = 2(\sigma_0 \cdot \tan\varphi + c) \cdot h_2 \tag{2-3-9}$$

在突水临界状态时,$F = T$,于是有:

$$p \cdot 2a + \gamma \cdot h_2 \cdot 2a = 2(\sigma_0 \cdot \tan\varphi + c) \cdot h_2 \tag{2-3-10}$$

解上式得:

$$h_2 = \frac{p \cdot a}{(\sigma_0 \cdot \tan\varphi + c) - \gamma \cdot a} \tag{2-3-11}$$

同理,可以求得溶洞在隧道底部及一侧时 h_2 的表达式。

当溶洞在隧道底部时：

$$h_2 = \frac{p \cdot a}{(\sigma_0 \cdot \tan\varphi + c) + \gamma \cdot a} \quad (2\text{-}3\text{-}12)$$

当溶洞在隧道一侧时：

$$h_2 = \frac{p \cdot a}{\sigma_1 \cdot \tan\varphi + c} \quad (2\text{-}3\text{-}13)$$

式中：σ_1——溶洞在隧道一侧时作用在剪切面上的正应力，可取为竖向地应力。

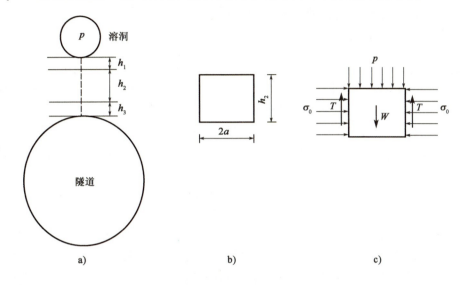

图 2-3-13　溶洞在隧道顶部时隔水岩块受力图

下面再来探讨 h_1 和 h_3 的算法，其中 h_3 为开挖隧道引起的围岩塑性区，因此根据隧道力学理论，h_3 可用下式近似表示：

$$h_3 = r_0 \left[\frac{2}{\xi+1} \cdot \frac{\sigma_1(\xi-1) + R_b}{R_b} \right]^{\frac{1}{\xi-1}} - r_0 \quad (2\text{-}3\text{-}14)$$

式中：$\xi = \dfrac{1 + \sin\varphi}{1 - \sin\varphi}$；

$R_b = \dfrac{2 \cdot \cos\varphi}{1 - \sin\varphi} c$；

r_0——隧道开挖半径；

σ_1——竖向地应力。

h_1 与岩层的力学性质、初始应力的大小、水压大小等密切相关，根据水力压裂的原理，只要有足够的压裂液及能使裂缝张开并延伸的压力，岩石中的裂缝就会沿着阻力最小的方向延伸。对于充水溶洞的洞壁裂纹来说，在相同的地应力、溶洞大小和位置条件下，内水压力越大，裂纹越易发生拉剪失稳。在相同的内水压力、溶洞大小和位置条件下，侧压力系数很小或很大时，裂纹均易发生失稳破坏。在相同的内水压力和地应力条件下，裂纹越长，越易发生失稳破坏；裂纹与最小主应力方向的夹角越小，越易发生压剪失稳，裂纹与最小主应力方向的夹角越大,越易发生拉剪失稳。由此可见,要确定 h_1 是较为困难的,需要通过假设裂纹情况下的数值计算手段或试验来确定。

如果隧道与溶洞间完整有效的岩层厚度大于 h_2 时,是不会突水的。多数突水是中间的岩层厚度大于 h_2,但小于 $h = h_1 + h_2 + h_3$,所以,从安全角度出发,应尽可能保证高压充水溶洞与隧道之间的距离足够,施工中若隧道与溶洞之间岩层厚度较小,应尽可能加以保护,使其能起到完整阻水作用。

3.2.4 岩溶位置和规模对隧道影响的数值分析

1)计算模型

根据宜万铁路及西南地区其他铁路揭露的溶洞形态、空间展布以及隧道岩溶灾害资料的统计发现,工程中所遇到的溶腔轴线多数处于近水平方向,少数近于垂直。对于近竖向展布的溶洞,规模一般较大,且在地表均有出露迹象,在隧道勘察中多半会避开此影响带或采取一些特殊的施工方法。对于近水平向发育的溶腔,在溶腔尺度较大(大于15m)时,其形态多为大厅状。因此这里主要针对危害最大的隐伏溶腔进行分析,在数值计算建模中,将溶腔抽象成水平状的椭圆形空洞,并通过考虑溶腔的高跨比反映其形状的变化。计算采用连续介质力学分析(FLAC)软件进行数值建模,为了模拟隧道开挖和支护过程中各个影响因素的作用大小,采用平面应变模型进行计算。以单线铁路隧道为例进行分析,根据前述岩溶突水最易发生在开挖和初期支护施作后的实际资料统计,仅考虑初期支护。

把围岩看作为均质材料,围岩模拟采用莫尔—库仑模型,隧道初期支护采用壳单元模拟,各级围岩的物理力学参数根据铁路隧道设计规范中的建议值选取,这里取Ⅲ级围岩,C25混凝土参数计算。计算后,观察若溶洞和隧道之间的破坏区贯通,则认为此距离不安全;若溶洞和隧道之间的破坏区未贯通,则认为此距离安全。反复调整模型中的溶洞与隧道之间的距离,直至找到临界安全距离。

考虑溶洞在上方、下方、侧面,分别建立计算模型,数值计算模型范围为:模型水平方向长度为隧道洞跨的10倍,即80m;当溶洞位于隧道正上方时,取隧道底板距模型底部60m,顶部至模型上边界80m;溶洞在隧道正下方时,隧道底部距模型下边界80m,隧道顶部至模型上边界60m;溶洞在隧道一侧时,模型水平长度取100m,隧道底部距模型下边界80m,隧道顶部至模型上边界60m。为了减少模型单元,根据隧道实际埋深情况在上边界施加上部岩体换算的均布荷载,模型下边界施加竖向位移约束,模型侧向边界施加应力约束,模型上部为自由边界。隧道埋深取600m,侧压力系数取1.25。建立的计算模型局部放大如图2-3-14~图2-3-16所示。

2)计算结果分析

图2-3-17~图2-3-19给出了溶洞在不同位置的破坏区分布图。

计算得到,当溶洞跨度为18m,溶洞高跨比为0.5时,溶洞在隧道上方、下方、侧面的安全临界距离分别为7.6m、8.0m、7.3m。

为了研究溶洞规模对隧道施工的影响,在不同位置溶洞分别变化溶洞跨度和高跨比,得到的安全厚度随溶洞跨度、溶度高跨比的变化规律分别如图2-3-20~图2-3-22所示,其中a)图的高跨比为0.5。

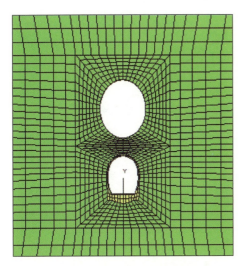

图 2-3-14　溶洞在隧道上部模型局部放大图

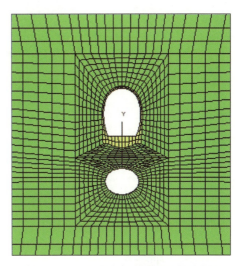

图 2-3-15　溶洞在隧道下部模型局部放大图

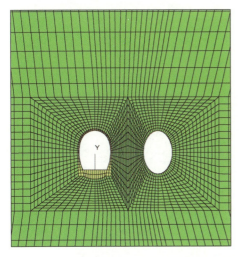

图 2-3-16　溶洞在隧道侧面计算模型局部放大图

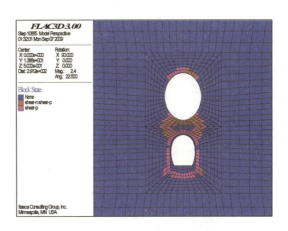

图 2-3-17　溶洞在隧道上方破坏区分布图

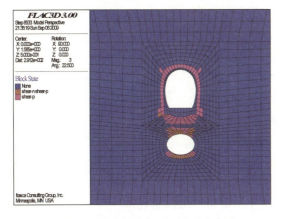

图 2-3-18　溶洞在隧道下方破坏区分布图

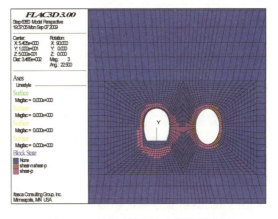

图 2-3-19　溶洞在隧道侧面破坏区分布图

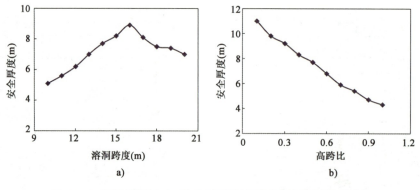

图 2-3-20 溶洞在隧道上方时安全厚度随溶洞跨度和高跨比的变化曲线

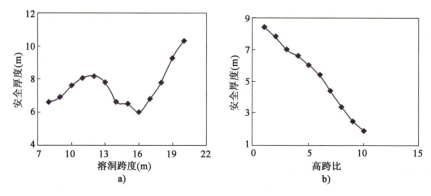

图 2-3-21 溶洞在隧道下方时安全厚度随溶洞跨度和高跨比的变化曲线

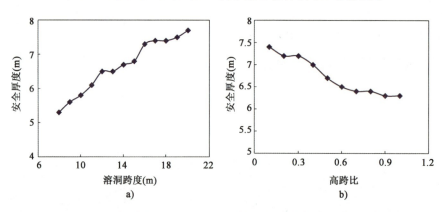

图 2-3-22 溶洞在隧道侧面时安全厚度随溶洞跨度和高跨比的变化曲线

由图 2-3-20 ~ 图 2-3-22 可以发现,安全厚度与溶洞高跨比的关系是,随着溶洞高跨比的增加,所需的安全厚度减小。而安全厚度随溶洞跨度的变化较为复杂,溶洞在不同位置时变化规律截然不同。溶洞在隧道侧面时,随着溶洞跨度的增大。所需安全厚度增加,两者间存在增函数关系,这是由于溶洞规模增大造成隧道开挖后隧道和溶洞周围塑性区范围增大。溶洞在隧道上方,当溶洞跨度小于 16m 时,所需安全厚度随溶洞跨度 D 的增加而增加;当溶洞跨度大于 16m 时,所需安全厚度随溶洞跨度 D 的增加而减小。分析其原因是在溶洞尺寸小于隧道尺寸时,溶洞跨度的增加会使隧道周边围岩趋于危险,造成隧道和溶洞周围塑性区范围的增大,从而所需安全厚度增大;当溶洞尺寸大于隧道时,则会减小隧道周边围岩的应力集中,使隧道周围塑性区减小,从而所需安全厚度减小。这一点文献也得出了类似的结论,认为如果隧道上部存在溶洞,与非岩溶区相比,围岩变形速率将增大,变形历时曲线将变陡;且围岩变形速率将随着溶洞跨度的增大或溶洞与隧道的距离的减小而增大,变形历时曲线将变陡;在溶洞跨度达到一定值时,围岩变形速率将随跨度的增大而减小,变形历时曲线将减缓。

当溶洞位于隧道下方时,溶洞跨度对顶板安全厚度的影响更为复杂,安全厚度随着跨度的增加先增加后减小。但是溶洞顶板附近岩体的剪应力随着溶洞跨度的增大一直在增大。因此溶洞规模较大时,溶洞顶板附近岩体的剪应力是否达到岩体的抗剪强度成为影响安全厚度的主要因素。且随着溶洞跨度的增大,溶洞顶板跨度增大,剪切破坏面处岩体的剪应力增大,所需的安全厚度也一直在增大。因此,对于隧道底板下存在较大规模溶洞时底板的剪切破坏需要特别关注。

由图 2-3-20 ~ 图 2-3-22 还可以发现,在溶洞高跨比为 0.5,即溶洞呈现扁平状情况下,安全厚度的变化范围为 5.1 ~ 10.5m,根据模型采用的单线隧道跨度 6m 计算,安全距离的变化范围为 0.85 ~ 1.75 倍隧道直径。

3.3 隧道需要揭穿掌子面前方岩盘安全厚度分析

对于隧道掌子面前方出现的高压溶腔,必须通过泄水洞或正洞予以爆破揭示,这时,预留的安全岩盘厚度对安全施工是非常关键的,岩盘厚度太小,钻眼、装药等施工安全得不到保证,岩盘厚度太大,按照目前的爆破技术,难以一次将岩盘爆开,这时剩下的岩盘将更难处理。因此,必须研究隧道掌子面开挖到高压富水充填溶腔的安全临界距离。安全岩盘的示意如图 2-3-23 所示。

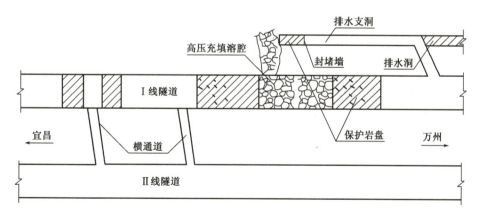

图 2-3-23 安全岩盘示意图

根据上述关于高压充水溶洞突水机理分析,在揭示溶腔时,当开挖至充填溶腔前的最后一个循环时,必须保留一个安全的保护岩盘,防止溶腔内高压水压溃岩盘,涌入隧道(泄水支洞),造成工程事故。工程实践中,经验认为岩盘厚度一般取 2.5 ~ 3.0m 时可以阻挡涌水的发生,究其来源应理解为该厚度是帷幕注浆止浆墙的厚度。为了更加科学地确定岩盘厚度,保证施工安全,需要系统研究岩盘厚度的影响因素、确定方法。

3.3.1 安全岩盘的工程作用

无论溶洞位于隧道周围(顶板上方、底板下方或两侧),还是位于隧道掌子面前方,如果安全距离不足,都可能引起岩溶灾害。隧道位于溶洞上方时,溶洞对隧道的施工和运营安全影响则更大。因此,合理确定隧道与溶洞的安全距离对于隧道选线和隧道结构设计、指导施工等十分重要。

目前对于岩溶区隧道工程问题的研究,除岩溶超前预报、突泥、涌水外,主要是针对施工中揭露溶洞进行施工处治工艺和施工方法的研究,缺乏溶洞对隧道影响规律的系统研究。为此,针对岩溶隧道设计施工面临的关键问题,迫切需要开展溶洞对新建隧道危害程度的系统研究,特别是隧道掌子面前方溶腔和周边溶腔对隧道施工和运营安全的影响研究。主要意义体现在以下几个方面:

(1)隧道周边存在的隐伏溶洞对隧道施工和运营安全的影响程度取决于这些隐伏溶腔的大小、位置、内部水压大小、距离远近等,研究成果可以直接用于指导岩溶隧道位置选择。合理确定隧道与溶洞的安全距离对于保证隧道施工和运营安全,避免岩溶灾害的发生具有十分重要的作用。

(2)当隧道位置无法改变时,可用于评价隧道与溶腔间岩柱的稳定性。

(3)研究成果有助于确定超前地质预报的范围,提高地质预报的针对性,减少盲目性。

(4)可用于确定隧道或泄水支洞掌子面前方保护岩塞的安全厚度,保证施工安全。

采用理论分析、数值模拟等手段针对新建隧道与周围隐伏溶洞安全距离、隧道及泄水支洞掌子面与即将揭露的溶洞间岩塞(岩墙)安全厚度开展系统研究,以便建立合理评价隧道与隐伏溶洞间安全距离及掌子面前方岩塞安全厚度的简便计算方法,指导岩溶隧道设计与施工。研究成果对保证岩溶区隧道的安全性,防止岩溶地质灾害的发生具有重要意义。

3.3.2 经验类比法

关于岩盘爆破的资料主要散见于水电部门洞室爆破中。图 2-3-24 给出了预留岩盘布置图。岩盘爆破中岩盘厚度一般为岩盘底部直径的 1~1.5 倍。表 2-3-2 中列出了部分水电工程中岩盘爆破的岩盘尺寸。

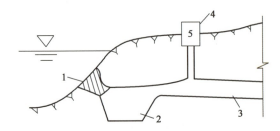

图 2-3-24 岩盘爆破岩盘布置图
1-岩盘;2-集渣坑;3-引水隧道;4-闸水井;5-操作室

部分水电工程中岩盘爆破的岩盘尺寸　　　　　　表 2-3-2

工程名称	建设目的	爆破时间	工程地质	岩盘尺寸		
				直径(m)	厚度(m)	厚径比
清河电厂取水工程(辽宁)	火电厂引水	1971年7月	石英片岩绿泥石岩	6.0	7.5	1.25
"七一"水库引水工程(江西)	灌溉发电	1972年11月	泥质页岩	3.5	4.2	1.20
镜泊湖电站引水工程(黑龙江)	发电	1975年11月	闪长岩	8×9	8	1.0
香山水库泄水工程(河南)	防洪泄水	1979年1月	花岗岩	3.5	4.52	1.29
丰满电站泄水工程	泄水空库	1979年5月	变质砾岩	11	15	1.36
梅铺水库泄水工程(湖北)	防洪泄水	1979年7月	灰岩	2.6	3.6	1.38
密云水库泄水工程(北京)	防洪泄水	1980年7月	片麻岩、辉绿岩	5.5	5.8	0.91
小于溪电站引水工程(浙江)	发电	1978年1月	凝灰岩	2.2×2.2	3.35	1.35
横锦水库泄水工程(浙江)	泄水、灌溉	1984年9月	流纹岩	6.0	9.0	1.5
密云水库九松山引水洞	泄洪排沙	1995年4月	片麻岩	8.0	9.0	1.13
汾河水库泄洪洞工程(山西)	供水	1994年10月	片麻岩	4.75	6.5	1.37
印江岩口抢险泄洪洞工程(贵州)	泄洪放水	—	白云质灰岩	6.5	7.0	1.08
响洪甸抽水蓄能电站引水洞(安徽)	抽引水	1999年8月	角砾岩	10.8	11.5	1.06
温江发电厂二期循环水引水洞(浙江)	引海水	—	凝灰岩	5.2	4.7	0.9
刘家峡电站兆河排沙洞(甘肃)	排沙	已审批设计	石英片岩	10	12	1.2

由表 2-3-2 可知,岩盘爆破中岩盘厚度一般为岩盘断面直径最大尺寸的 0.9~1.4 倍,对完整坚硬岩石取小值,对裂隙发育岩体取大值。

依靠工程经验确定安全岩盘厚度,存在一定的偶然性和随机性,因此对表 2-3-2 中岩盘直径和岩盘厚度进行回归分析,如图 2-3-25 所示。当岩盘断面不是圆形时,岩盘直径为断面外接圆直径。

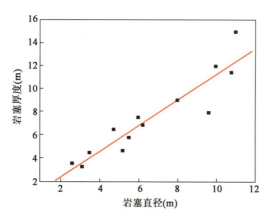

图 2-3-25　岩盘爆破中岩盘厚度与隧洞直径的线性回归

由图 2-3-25 以及相关系数可以发现,岩盘厚度与隧洞直径之间具有较好的线性关系。

$$S = 1.11073D + 0.20195 \quad (r = 0.932) \tag{2-3-15}$$

式中:S——岩盘厚度(m);

D——隧道或泄水支洞断面直径(m)。

将岩盘断面直径代入式(2-3-15)就可求得岩盘的安全厚度。由式(2-3-15)知,隧道或泄水支洞预留的安全岩盘厚度至少应大于其直径的一倍以上。

显然,经验公式(2-3-15)计算的岩盘安全距离只取决于隧道或泄水支洞的大小,与围岩类型和围岩工程质量以及地应力大小等没有直接关系,考虑得不够全面,但仍可以作为工程决策的一个初步判断依据。

3.3.3 理论计算方法

在分析掌子面(隧道及泄水支洞)前方岩盘安全厚度时可以采用剪切破坏理论计算岩盘的最小厚度。图 2-3-26 为简化后的岩盘安全厚度力学分析模型,根据宜万铁路地质勘查资料以及施工中发现的实际情况,大部分高压充填型溶腔横向的发育尺度远大于隧道或泄水支洞的横断面跨度。因此,这里假定安全岩盘靠近溶腔一侧断面为垂直于隧道或泄水支洞轴线的平面,并且由于隧道(泄水支洞)断面远小于溶腔断面,为简单起见,假定作用在岩盘上的水土压力为均布压力。

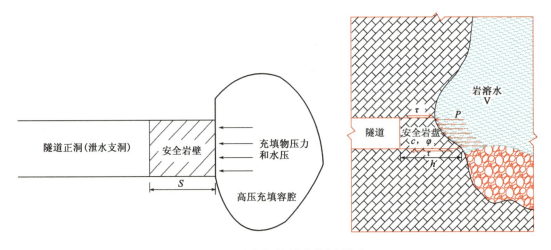

图 2-3-26 安全岩壁厚度力学分析模型

从典型溶腔的充填物特征来看,溶腔内除充填高压水外,还大量充填泥砂、砂卵石等物质。因此,计算中假定上部岩层压力通过充填的泥砂、砂卵石等固体物质作用于安全岩盘上,同时,由于泥砂、砂卵石等物质间孔隙较大,计算中采用水土分算模式。

因此,预留安全岩盘受到各向等压的溶腔高压充填水压、岩层地压以及岩盘周围岩层对其产生的抗剪力共同作用,现利用剪切破坏理论计算岩盘的极限厚度。

由图 2-3-26 可以写出隧道(或泄水支洞)轴线方向上的平衡方程为:

$$CS(\sum \gamma_i H_i \cdot \tan\varphi + c) = (\lambda \sum \gamma_i H_i + p) \cdot A \tag{2-3-16}$$

由上式整理可得安全岩盘的极限厚度的计算公式如下：

$$S = \frac{(\lambda \sum \gamma_i H_i + p)A}{C(\sum \gamma_i H_i \cdot \tan\varphi + c)} \quad (2\text{-}3\text{-}17)$$

上述式中：λ——侧压力系数；

γ_i——上覆第 i 层岩层的重度(kN/m^3)；

H_i——上覆第 i 层岩层的厚度(m)；

$\sum H_i$——岩盘中心的埋深(m)；

p——溶腔高压充填水压(kPa)；

C——岩盘周长(m)；

φ——岩盘岩体的饱和内摩擦角(°)；

c——岩盘岩体的饱和黏聚力(kPa)；

A——安全岩盘的断面面积(m^2)。

当隧道或泄水支洞为圆形断面时，式(2-3-17)变为：

$$S = \frac{(\lambda \sum \gamma_i H_i + p)D_t}{4(\sum \gamma_i H_i \cdot \tan\varphi + c)} \quad (2\text{-}3\text{-}18)$$

当隧道或泄水支洞为正方形断面时，式(2-3-17)变为：

$$S = \frac{(\lambda \sum \gamma_i H_i + p)W}{4(\sum \gamma_i H_i \cdot \tan\varphi + c)} \quad (2\text{-}3\text{-}19)$$

当隧道或泄水洞为矩形断面时，式(2-3-17)变为：

$$S = \frac{(\lambda \sum \gamma_i H_i + p) \cdot H \cdot W}{2(H+W)(\sum \gamma_i H_i \cdot \tan\varphi + c)} \quad (2\text{-}3\text{-}20)$$

上述式中：D_t——隧道或泄水支洞的直径(m)；

H、W——分别为隧道或泄水洞的高和宽(m)。

上述岩盘极限厚度计算公式是基于完整岩体情况推导出来的，考虑到岩体中节理、层理等结构弱面的存在会降低围岩的抗剪强度，为此，需要考虑一定的安全储备，即乘以一个安全系数 k，安全系数一般取 1.3~1.5。

将以上各式计算得出的安全厚度 S 表示为隧道开挖等效洞径 D_e 的倍数，并考虑一定的安全储备，以上各式可分别写成以下形式：

圆形和正方形断面

$$\frac{S}{D_e} = k \cdot \frac{\lambda \sum \gamma_i H_i + p}{4(\sum \gamma_i H_i \cdot \tan\varphi + c)} \quad (2\text{-}3\text{-}21)$$

矩形断面

$$\frac{S}{D_e} = k \cdot \frac{(\lambda \sum \gamma_i H_i + p) \cdot W}{2(H+W)(\sum \gamma_i H_i \cdot \tan\varphi + c)} \quad (2\text{-}3\text{-}22)$$

式中：D_e——隧道或泄水洞的等效洞径。

由式(2-3-21)和式(2-3-22)知,岩盘极限厚度随岩盘直径(边长)、溶腔内的水压力以及侧压力系数的增大而增大;随岩盘黏聚力和摩擦角的增大而减小。圆形或正方形隧道岩盘安全厚度在不同条件下随溶腔内水压的变化趋势,如图2-3-27所示。

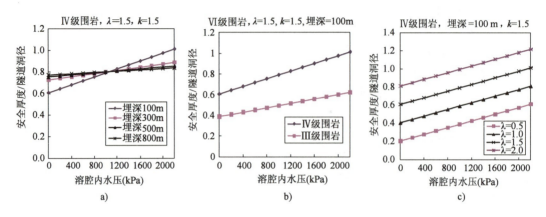

图2-3-27 不同条件下圆形或正方形隧道岩盘安全厚度与溶腔内水压的关系

由图2-3-27可以看出,随溶腔内水压的增加,所需的安全厚度也相应增加。由图2-3-27a)可知,以侧压力系数为1.5的Ⅳ级围岩情况看,溶腔内水压为1MPa时,所需的安全厚度达到隧道洞径的0.8倍,即使没有水压,埋深100m的数据也表明所需的安全厚度应达到隧道洞径的0.6倍;埋深越浅,安全厚度随溶腔水压的变化越明显,埋深增大超过300m时,安全厚度随水压增大的趋势明显减弱;但应该注意得是,在埋深增大的情况下,溶腔0水压情况下所需的岩盘安全厚度较埋深较浅(100m)时明显增大,说明深部溶腔即使充水不大,其预留安全厚度也应较大。图2-3-27b)表明,围岩质量越好,所需的安全厚度越小,以单线铁路隧道6m洞径计算,Ⅲ级围岩需要的安全岩盘厚度为0.4倍洞径即2.4m,而Ⅳ级围岩需要的厚度为0.6倍洞径即3.6m。图2-3-27c)表明,随侧压力系数增大,岩盘安全厚度明显增大,说明在确定岩盘安全厚度时,应重视构造应力的影响。

将单线铁路隧道断面简化为矩形断面,根据公式(2-3-22)可以计算出单线铁路隧道掌子面前方岩盘安全厚度与隧道埋深、侧压系数的关系曲线,如图2-3-28所示。

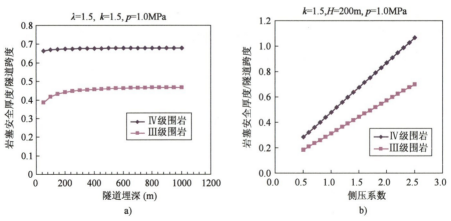

图2-3-28 单线铁路隧道掌子面前方岩盘安全厚度与其他因素的关系

由图 2-3-28a)可以看出,埋深达到一定程度后,继续增加对岩盘安全厚度的影响不大,围岩质量越差,其影响越弱。而图 2-3-28b)表明,侧压力对岩盘安全厚度影响较大,且围岩越差,影响越显著。图 2-3-28a)和 b)都表明,围岩质量对岩盘安全厚度影响也较大,围岩越差,所需的安全岩盘厚度越大。

3.3.4 数值试验方法

(1)围岩本构模型的选取

由于理论计算方法都是假定地层是均匀连续的,在高度岩溶化山区其计算结果误差会较大。为了考虑岩溶地层中节理层理较发育的现象,如图 2-3-29 所示,采用遍布节理模型来模拟围岩。遍布节理模型在莫尔—库仑模型的基础上考虑了岩体中层理、节理等弱面效应。在方位一定的弱面上的破坏准则由莫尔—库仑破坏包线和张拉破坏线共同构成,在莫尔—库仑破坏包线的剪切破坏服从非相关联流动法则,在张拉破坏线的受拉破坏服从相关联流动法则。遍布节理模型首先采取与莫尔—库仑模型相同的准则判断通常的破坏,进行塑性修正,然后分析弱面上的应力状态,并进行相应应力状态调整。

图 2-3-29　宜万铁路岩溶区隧道围岩层状结构

(2)数值计算岩盘安全临界厚度的选取方法

首先建立数值分析模型,如图 2-3-30 所示,模拟泄水洞从一侧逐步开挖接近溶腔,为了便于参数分析,采用 FLAC 二维计算模型。其中,模型水平尺寸为 240m;模型下边界距溶洞中心为 150m;模型上边界距溶洞中心为 150m,根据溶洞实际埋深在模型上边界施加岩体重量换算的均布荷载。模型下边界施加位移约束,模型侧边界施加应力约束,模型上部为自由边界。假设泄水支洞洞径为 3m,溶腔内壁施加法向应力边界条件来模拟溶腔内的均布水压力。

泄水洞采用全断面开挖,由于远离溶洞处的泄水洞开挖对溶洞周围围岩破坏区产生的影响不大,所以试验只模拟了溶洞附近的泄水洞开挖。根据现有工程经验,跨度小于 3m 的泄水洞前方岩体安全厚度一般小于 5m。因此,将泄水洞模拟开挖步序分为两个阶段。

第一阶段:开挖进尺 2m,开挖 6 步推进至掌子面距溶洞 5m。

第二阶段:由第一阶段的 2m 进尺调整为 0.5m 进尺向前推进。

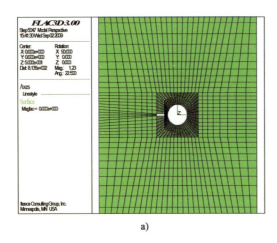
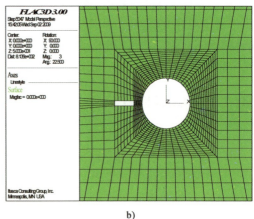

图 2-3-30　数值模型整体图及局部放大图

查看每一开挖步溶洞和泄水洞周围的破坏区,若未贯通则说明距离安全,开挖至溶洞和泄水洞掌子面前方破坏区贯通,此时的距离即为临界厚度。如计算结果出现临界厚度大于 5m 的情况,则将第一阶段调整为开挖至距离溶洞 8m 或 10m 处进行二次计算。

由于泄水洞取纵断面研究,而模型为平面应变模型,与实际情况有区别,因此设定溶洞形成和泄水洞开挖的应力释放系数为 0.8。

确定每个试验的临界厚度的过程如图 2-3-31 所示。对于该试验,在泄水洞开挖至距离溶洞 2.5m 时,破坏区尚未贯通;继续开挖至距离溶洞 2m 时,破坏区贯通。则可选择 $d=2.3m$ 作为临界厚度。可见该试验的精度为 0.5m,可以满足工程应用要求。

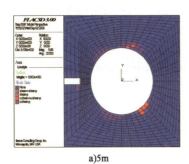
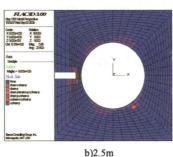
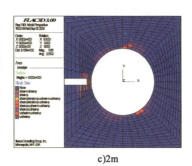

a)5m　　　　　　　　　　b)2.5m　　　　　　　　　　c)2m

图 2-3-31　泄水洞掌子面距溶洞一定距离时破坏区分布图

(3) 岩盘安全厚度影响因素分析

从上面数值计算确定岩盘厚度的方法来看,为了得到岩盘厚度的数值试验回归公式,需要进行大量的试验,为了在节省计算量情况下又能得到可靠的结果,拟采用正交试验,因此需要确定影响岩盘安全厚度的因子。

对影响溶洞与隧道之间安全距离的因素进行详细研究。根据研究成果,取泄水支洞与掌子面前方溶洞安全距离的影响因子为:①岩体物理力学参数(重度 γ、弹性模量 E、泊松比 v、内摩擦角 φ、黏聚力 c);②层面峰值剪切强度参数(摩擦角 φ_1、黏聚力 c_1);③层面倾角(层面与水平面 x-z 面的夹角 θ);④岩体侧压力系数 λ;⑤溶洞直径 D;⑥溶腔内的水压大小 p;⑦溶

腔埋深 H。

根据工程实际勘测资料,将上述7个影响因子分别划分为五个水平,选用 $L_{50}(5^{11})$ 正交表,进行正交试验。各因子的水平值见表2-3-3,按照 $L_{50}(5^{11})$ 进行正交规划。

各影响因素的水平值　　　　　　　　　　　　　　　　　　表2-3-3

因子水平	岩体物理力学参数					层面峰值强度		岩层倾向
	γ (kN/m³)	φ (°)	C (MPa)	E (GPa)	ν	φ_1 (°)	C_1 (MPa)	θ (°)
1	26.5	47	1.5	15	0.25	35	0.2	−20
2	25.5	44	1.2	12	0.27	33	0.18	−10
3	24.5	41	0.9	9	0.29	31	0.16	0
4	23.5	38	0.6	6	0.31	29	0.14	10
5	22.5	35	0.3	3	0.33	27	0.12	20

因子水平	侧压力系数 λ	溶洞洞径 D (m)	溶洞水压 p (MPa)	溶洞埋深 H (m)
1	1	20	0.6	200
2	1.25	30	0.8	400
3	1.5	40	1	600
4	1.75	50	1.2	800
5	2	60	1.4	1000

为节省计算工作量,分析中不考虑各因素间的交互作用,将7个因素分别安排在正交规划表的前7列,正交规划表的后四列用作误差分析。

(4)计算结果分析

正交试验计算结果见表2-3-4。正交试验结果的极差分析见表2-3-5。

正交试验计算结果　　　　　　　　　　　　　　　　　　表2-3-4

试验号	围岩水平	层面水平	岩层倾向(°)	侧压系数	溶洞洞径(m)	溶腔水压(MPa)	溶腔埋深(m)	空列	空列	空列	空列	临界厚度(m)
1	1	1	−20	1	20	0.6	200	1	1	1	1	2.9
2	1	2	−10	1.25	30	0.8	400	2	2	2	2	3.5
3	1	3	0	1.5	40	1	600	3	3	3	3	3.5
4	1	4	10	1.75	50	1.2	800	4	4	4	4	3.8
5	1	5	20	2	60	1.4	1000	5	5	5	5	4
6	2	1	−10	1.5	50	1.4	200	2	3	4	5	2.6
7	2	2	0	1.75	60	0.6	400	3	4	5	1	3.3
8	2	3	10	2	20	0.8	600	4	5	1	2	3.4
9	2	4	20	1	30	1	800	5	1	2	3	5.8

续上表

试验号	围岩水平	层面水平	岩层倾向(°)	侧压系数	溶洞洞径(m)	溶腔水压(MPa)	溶腔埋深(m)	空列	空列	空列	空列	临界厚度(m)
10	2	5	−20	1.25	40	1.2	1000	1	2	3	4	5.8
11	3	1	0	2	30	1.2	800	1	3	5	2	3.9
12	3	2	10	1	40	1.4	1000	2	4	1	3	7.5
13	3	3	20	1.25	50	0.6	200	3	5	2	4	4
14	3	4	−20	1.5	60	0.8	400	4	1	3	5	4.4
15	3	5	−10	1.75	20	1	600	5	2	4	1	4.1
16	4	1	10	1.25	60	1	1000	3	1	4	2	9.7
17	4	2	20	1.5	20	1.2	200	4	2	5	3	3.2
18	4	3	−20	1.75	30	1.4	400	5	3	1	4	4.3
19	4	4	−10	2	40	0.6	600	1	4	2	5	4.9
20	4	5	0	1	50	0.8	800	2	5	3	1	10.2
21	5	1	20	1.75	40	0.8	800	3	2	1	5	7.2
22	5	2	−20	2	50	1	1000	4	3	2	1	6.1
23	5	3	−10	1	60	1.2	200	5	4	3	2	9.7
24	5	4	0	1.25	20	1.4	400	1	5	4	3	6.7
25	5	5	10	1.5	30	0.6	600	2	1	5	4	8.1
26	1	1	−20	1.75	60	1.2	600	2	5	2	3	3.5
27	1	2	−10	2	20	1.4	800	3	1	3	4	3.3
28	1	3	0	1	30	0.6	1000	4	2	4	5	4.8
29	1	4	10	1.25	40	0.8	200	5	3	5	1	2.8
30	1	5	20	1.5	50	1	400	1	4	1	2	3.4
31	2	1	−10	1	40	1	400	4	5	5	4	4.7
32	2	2	0	1.25	50	1.2	600	5	1	1	5	4.7
33	2	3	10	1.5	60	1.4	800	1	2	2	1	4.7
34	2	4	20	1.75	20	0.6	1000	2	3	3	2	4.3
35	2	5	−20	2	30	0.8	200	3	4	4	3	2.7
36	3	1	0	1.5	20	0.8	1000	5	4	2	4	5
37	3	2	10	1.75	30	1	200	1	5	3	5	2.8
38	3	3	20	2	40	1.2	400	2	1	4	1	3.3
39	3	4	−20	1	50	1.4	600	3	2	5	2	7.4
40	3	5	−10	1.25	60	0.6	800	4	3	1	3	7.8
41	4	1	10	2	50	0.6	400	5	2	3	3	4.2
42	4	2	20	1	60	0.8	600	1	3	4	4	10.2

续上表

试验号	围岩水平	层面水平	岩层倾向(°)	侧压系数	溶洞洞径(m)	溶腔水压(MPa)	溶腔埋深(m)	空列	空列	空列	空列	临界厚度(m)
43	4	3	−20	1.25	20	1	800	2	4	5	5	6.2
44	4	4	−10	1.5	30	1.2	1000	3	5	1	1	6.8
45	4	5	0	1.75	40	1.4	200	4	1	2	2	2.9
46	5	1	20	1.25	30	1.4	600	4	4	3	1	7.5
47	5	2	−20	1.5	40	0.6	800	5	5	4	2	8.1
48	5	3	−10	1.75	50	0.8	1000	1	1	5	3	7.2
49	5	4	0	2	60	1	200	2	2	1	4	4.6
50	5	5	10	1	20	1.2	400	3	3	2	5	7.6

正交试验结果的极差分析 表 2-3-5

影响因子	围岩水平 A	层面水平 B	岩层倾向 θ (°)	侧压系数 λ	溶洞洞径 D (m)	溶腔水压 p (MPa)	溶腔埋深 H (m)	空列	空列	空列	空列
K1	35.5	51.2	51.4	70.8	46.7	52.4	38.2	52.5	52.3	52.6	51.7
K2	42	52.7	54.6	58.7	50.2	56.6	45.4	53.8	49.5	48	56.3
K3	50.2	51.1	49.6	49.8	50.7	50.9	57.3	55.5	53.1	55.7	52.1
K4	62.6	51.5	54.6	43.4	53.6	52.3	61	48.6	54	56	53.8
K5	72.8	56.6	52.9	40.4	61.9	50.9	61.2	52.7	54.2	50.8	49.2
k1	3.55	5.12	5.14	7.08	4.67	5.24	3.82	5.25	5.23	5.26	5.17
k2	4.2	5.27	5.46	5.87	5.02	5.66	4.54	5.38	4.95	4.8	5.63
k3	5.02	5.11	4.96	4.98	5.07	5.09	5.73	5.55	5.31	5.57	5.21
k4	6.26	5.15	5.46	4.34	5.36	5.23	6.1	4.86	5.4	5.6	5.38
k5	7.28	5.66	5.29	4.04	6.19	5.09	6.12	5.27	5.42	5.08	4.92
极差 R	37.3	5.5	5	30.4	15.2	5.7	23	6.9	4.7	8	7.1

根据表 2-3-5 所示的各因子极差分析结果,可确定各影响因子对泄水支洞掌子面与充填溶腔安全距离的影响顺序为:$A > \lambda > H > D > p > B > \theta$。安全厚度随各因子变化趋势如图 2-3-32 所示。

在上述直观分析后,可以利用方差分析来估算误差的大小以及确定可以不考虑的因素。

①计算离差平方和

因为:

$$T = \sum_{i=1}^{50} S_i = 2.9 + 3.5 + \cdots + 7.6 = 263.1 \qquad (2\text{-}3\text{-}23)$$

$$P = \frac{T^2}{n} = \frac{263.1^2}{50} = 1384.432 \quad (2\text{-}3\text{-}24)$$

$$Q = \sum_{i=1}^{50} S_i^2 = 2.9^2 + 3.5^2 + \cdots + 7.6^2 = 1612.33 \quad (2\text{-}3\text{-}25)$$

所以：

$$\begin{cases} SS_T = Q - P = 227.8978 \\ SS_A = \dfrac{5}{50}(K_1^2 + K_2^2 + K_3^2 + K_4^2 + K_5^2) - P = 91.857 \\ SS_B = \dfrac{5}{50}(K_1^2 + K_2^2 + K_3^2 + K_4^2 + K_5^2) - P = 2.143 \\ SS_\theta = \dfrac{5}{50}(K_1^2 + K_2^2 + K_3^2 + K_4^2 + K_5^2) - P = 1.853 \\ SS_\lambda = \dfrac{5}{50}(K_1^2 + K_2^2 + K_3^2 + K_4^2 + K_5^2) - P = 60.977 \\ SS_D = \dfrac{5}{50}(K_1^2 + K_2^2 + K_3^2 + K_4^2 + K_5^2) - P = 13.167 \\ SS_P = \dfrac{5}{50}(K_1^2 + K_2^2 + K_3^2 + K_4^2 + K_5^2) - P = 2.191 \\ SS_H = \dfrac{5}{50}(K_1^2 + K_2^2 + K_3^2 + K_4^2 + K_5^2) - P = 42.581 \\ SS_e = SS_8 + SS_9 + SS_{10} + SS_{11} = 11.365 \end{cases} \quad (2\text{-}3\text{-}26)$$

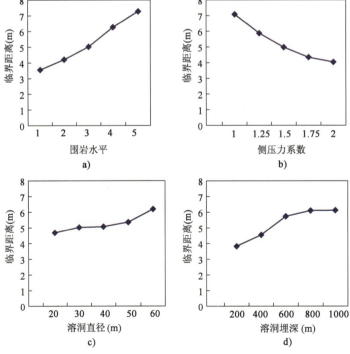

图 2-3-32 泄水洞掌子面与前方溶洞的安全距离随显著因子的变化趋势

② 计算自由度

$$\begin{cases} df_A = df_B = df_\theta = df_\lambda = df_D = df_P = df_H = 5 - 1 = 4 \\ df_e = 4 \times (5 - 1) = 16 \end{cases} \quad (2\text{-}3\text{-}27)$$

③ 计算均方

$$\begin{cases} MS_A = \dfrac{SS_A}{df_A} = \dfrac{91.857}{4} = 22.964; MS_D = \dfrac{SS_D}{df_D} = \dfrac{13.167}{4} = 3.292 \\ MS_B = \dfrac{SS_B}{df_B} = \dfrac{2.143}{4} = 0.536; MS_P = \dfrac{SS_P}{df_P} = \dfrac{2.191}{4} = 0.548 \\ MS_\theta = \dfrac{SS_\theta}{df_\theta} = \dfrac{1.853}{4} = 0.463; MS_H = \dfrac{SS_H}{df_H} = \dfrac{42.581}{4} = 10.645 \\ MS_\lambda = \dfrac{SS_\lambda}{df_\lambda} = \dfrac{60.977}{4} = 15.244; MS_e = \dfrac{SS_e}{df_e} = \dfrac{11.365}{16} = 0.710 \end{cases} \quad (2\text{-}3\text{-}28)$$

由于 $MS_B < MS_e, MS_\theta < MS_e, MS_P < MS_e$，所以因子 B、θ、p 对试验结果的影响较小，可以将他们归入误差，则

新误差离差平方和：

$$SS_e^\Delta = SS_e + SS_B + SS_\theta + SS_P = 17.552 \quad (2\text{-}3\text{-}29)$$

新误差自由度：

$$df_e^\Delta = df_e + df_B + df_\theta + df_P = 28 \quad (2\text{-}3\text{-}30)$$

新误差均方：

$$MS_e^\Delta = \dfrac{SS_e^\Delta}{df_e^\Delta} = \dfrac{17.552}{28} = 0.627 \quad (2\text{-}3\text{-}31)$$

④ 计算 F 值

$$\begin{cases} F_A = \dfrac{MS_A}{MS_e^\Delta} = \dfrac{22.964}{0.627} = 33.635 \\ F_\lambda = \dfrac{MS_\lambda}{MS_e^\Delta} = \dfrac{15.244}{0.627} = 24.319 \\ F_D = \dfrac{MS_D}{MS_e^\Delta} = \dfrac{3.292}{0.627} = 5.251 \\ F_H = \dfrac{MS_H}{MS_e^\Delta} = \dfrac{10.645}{0.627} = 16.982 \end{cases} \quad (2\text{-}3\text{-}32)$$

(5) F 检验

分析结果见表 2-3-6，查得临界值 $F_{0.05}(4,28) = 2.714$，$F_{0.01}(4,28) = 4.074$，上述 4 个 F 值均大于 $F_{0.01}(4,28)$，所以对于给定显著性水平 $\alpha = 0.01$，围岩水平 A、地应力侧压力系数 λ、溶洞直径 D、溶腔埋深 H 对试验结果有非常显著的影响。

正交试验结果的方差分析　　　　　　表2-3-6

差 异 源	SS	df	MS	F	显 著 性
A	91.857	4	22.964	36.635	**
B	2.143	4	0.536		
θ	1.853	4	0.463		
λ	60.977	4	15.244	24.319	**
D	13.167	4	3.292	5.251	**
P	2.191	4	0.548		
H	42.581	4	10.645	16.982	**
误差 e	11.365	16	0.710		
误差 e^Δ	17.552	28	0.627		

$F_{0.05}(4,28) = 2.714 \quad F_{0.01}(4,28) = 4.074$

由上述分析结果可以发现,围岩质量、侧压力系数、溶洞大小以及埋深是影响岩盘安全厚度的四个主要因素,分析结论基本能够反映工程实际情况。然而,分析结果表明溶腔内水压大小对岩盘安全厚度的影响并不显著。造成上述结果的原因可能是前述的数值模拟中没有考虑溶腔内高压水在层面、节理中的渗流所致。前面的计算中是将溶腔内的高压水压力直接作为外荷载施加到溶腔洞壁上,这样,水压的作用如同支护结构。结果导致水压越大,对溶腔围岩的加固作用越显著。实际上,高压水往往会渗入围岩中的各种结构面内,降低结构面的抗剪强度。工程中发生的突水、突泥岩溶灾害都与溶腔内存在的高水压有一定关系。为此,只有进行裂隙网络渗流计算才能真实反映上述效应。

地应力与溶腔内水压的作用相反,会减弱水压的作用,地应力越大,水压的效应则越弱。在上述计算中埋深分布范围取为200～1000m,可以看出,溶腔内水压对岩盘稳定性的不利影响并不明显,在7个影响因子中处于次要地位。

(6)泄水支洞掌子面岩盘安全厚度回归分析

利用前面计算所得的岩盘安全厚度分别对各显著影响因子做一元回归,得到各影响因子与泄水支洞掌子面与前方溶洞间岩盘安全厚度的关系式及其相关系数如下。

①围岩水平 A

$S = 0.952A + 2.406$

$r = 0.9933$

②侧压系数 λ

$S = 7.0416\lambda^{-0.8305}$

$r = 0.9978$

③溶洞洞径 D

$S = 0.0009D^2 - 0.0348D + 5.11$

$r = 0.9739$

④溶洞埋深 H

$S = 1.5824\ln H - 4.6371$

$r = 0.9747$

当 $\alpha = 0.01, n = 5$ 时,查得相关系数临界值 $r_{min} = 0.959$。上述 4 个相关系数 r 值均大于 0.959,故所得的经验公式有意义。

根据上述的单因子回归关系,可建立泄水支洞掌子面前方围岩安全厚度的预测模型。首先假设 S 与 A、$\lambda^{-0.8305}$、D、D^2、$\ln H$ 存在如下线性关系。

$$S = b_1 A + b_2 \lambda^{-0.8305} + b_3 D + b_4 D^2 + b_5 \ln H + a \quad (2\text{-}3\text{-}33)$$

上式中,$b_j(j=1\sim 5)$ 为待定系数,采用多元线性回归方法,可求出各待定系数值,最终得到泄水支洞掌子面前方围岩安全厚度的预测公式如下。

$$S = 0.952A + 7.109\lambda^{-0.8305} - 0.0348D + 0.0009D^2 + 1.5824\ln H - 12.9563$$
$$(2\text{-}3\text{-}34)$$

将上式计算得出的安全厚度表示为泄水支洞开挖等效洞径的倍数,并考虑一定的安全储备,可将上式改写成以下形式:

$$\frac{S}{D_e} = \frac{k}{D_e}[0.952A + 7.109\lambda^{-0.8305} - 0.0348D + 0.0009D^2 + 1.528\ln H - 12.9563]$$
$$(2\text{-}3\text{-}35)$$

式中:S——隧道掌子面前方岩盘安全厚度(m);

A——围岩水平,$1 \leq A \leq 5$;

λ——围岩侧压力系数,$1 \leq \lambda \leq 2$;

D——溶洞直径(m),$20 \leq D \leq 60$;

H——隧道埋深(m),$200 \leq H \leq 1000$。

当围岩为Ⅲ级围岩时,A 取值为 $1\sim 3$;当围岩为Ⅳ级围岩时,A 取值为 $3\sim 5$。

对上述回归方程进行显著性检验,以验证回归方程的线性相关性。

① F 检验

计算总平方和: $SS_T = L_{yy} = \sum_{i=1}^{50}(y_i - \bar{y})^2 = \sum_{i=1}^{50} y_i^2 - 50\bar{y}^2$

回归平方和: $SS_R = \sum_{i=1}^{50}(\hat{y}_i - \bar{y})^2 = b_1 L_{1y} + b_2 L_{2y} + \cdots + b_5 L_{5y}$

残差平方和: $SS_e = \sum_{i=1}^{50}(y_i - \hat{y}_i)^2 = SS_T - SS_R$

F 检验结果见表 2-3-7。

F 检验结果　　　　　　　表 2-3-7

差 异 源	SS	df	MS	F	显 著 性
回归 R	204.3390	5	40.8678	76.3273	**
残差 e	23.5588	44	0.5354		
总和 T	227.8978	49			

F 服从自由度为 (5,44) 的分布,在给定显著性水平 $\alpha = 0.05$ 和 $\alpha = 0.01$ 下,从 F 分布表中查得 $F_{0.05}(5,44) = 2.4270$,$F_{0.01}(5,44) = 3.4651$,$F > F_{0.01}(5,44)$,因此 S 与 A、$\lambda^{-0.8305}$、D、D^2、$\ln H$ 有十分显著的线性关系。

②相关系数检验

复相关系数：$r = \sqrt{\dfrac{SS_R}{SS_T}} = \sqrt{\dfrac{204.3390}{227.8978}} = 0.94690$

3.3.5 工程案例

(1)野三关隧道602溶腔

野三关隧道602溶腔,沿隧道纵向发育范围为DK124+583~DK124+610,长27m。根据《野三关隧道工程地质报告》,隧道DK124+230~DK124+774段,地质构造为石马坝背斜的西翼,穿越二叠系下统栖霞组和茅口组的灰岩和含燧石结核灰岩夹沥青质地层,主要为Ⅱ级围岩,最大水平主应力方向的侧压力系数σ_H/σ_Z在1.37~2.3之间,隧道洞身段沿最大水平主应力方向的侧压力系数约为1.55,突水水压一般为0.5MPa,强降雨期最大可达1MPa。隧道最大埋深695m。泄水洞断面尺寸:宽×高=4m×4.0m。

计算泄水洞当量直径：

$$D = \sqrt{\dfrac{4 \times 4 \times 4}{\pi}} = 4.51\text{m}$$

①经验类比法

按经验公式(2-3-15)计算岩盘最小厚度：

$$S = 1.11073D + 0.20195 = 4.51 \times 1.11073 + 0.20195 = 5.22\text{m}$$

②理论计算法

按公式(2-3-20)计算岩盘最小厚度,计算中假定各岩层重度相同：

$$S = \dfrac{(\lambda \sum \gamma_i H_i + p) \cdot H \cdot W}{2(H+W)(\sum \gamma_i H_i \cdot \tan\varphi + c)} = \dfrac{(1.8 \times 26.5 \times 695 + 1000) \times 4 \times 4}{2 \times (4+4) \times (26.5 \times 695 \times \tan 47° + 1500)} = 1.55\text{m}$$

③数值回归公式法

将参数$A=1$、$\lambda=1.8$、$D=27$和$H=695$代入式(2-3-35),计算得：$S=2.20$m。

(2)大支坪隧道990溶腔

大支坪隧道990溶腔Ⅰ线分两段,第一段为DK132+950~DK132+960,长10m;第二段为DK133+000~DK133+023,长23m;Ⅱ线分两段,第一段为ⅡDK132+912~ⅡDK132+914,长2m,为顺层发育溶槽,第二段为ⅡDK132+970~ⅡDK133+000,长30m。根据《大支坪隧道工程地质报告》,DK132+662~DK133+100段,唐坪向斜西翼,出露三叠系下统嘉陵江组灰岩、白云岩及溶崩角砾岩地层,岩层产状125°∠72°,节理裂隙发育,Ⅱ级围岩,地下水位高于隧道约100m。隧道最大埋深495m。泄水洞断面尺寸:宽×高=4m×4.2m。

计算泄水支洞当量直径：

$$D = \sqrt{\dfrac{4 \times 4 \times 4.2}{\pi}} = 4.63\text{m}$$

①经验类比法
$$S = 1.11073D + 0.20195 = 4.63 \times 1.11073 + 0.20195 = 5.34\text{m}$$
②理论计算法
$$S = \frac{(\lambda \sum \gamma_i H_i + p) \cdot H \cdot W}{2(H+W)(\sum \gamma_i H_i \cdot \tan\varphi + c)} = \frac{(1.5 \times 26.5 \times 495 + 1000) \times 4 \times 4.2}{2 \times (4+4.2) \times (26.5 \times 495 \times \tan 47° + 1500)} = 1.45\text{m}$$
③数值回归公式法

将参数 $A=1$、$\lambda=1.5$、$D=30$ 和 $H=495$ 代入式(2-3-35)，计算得：$S=2.66\text{m}$。

（3）三种计算方法所得结果比较

三种方法计算结果的比较见表2-3-8。由表2-3-8知，三种计算方法计算结果有较大差别，其中，经验公式由于未考虑围岩实际特性，计算结果仅取决于泄水支洞的跨度，因而计算结果大于实际工程中预留的岩盘厚度，偏于安全；当安全系数$k=1.0$时，理论计算结果普遍小于实际采用值；回归公式计算值比较接近工程实际采用值。考虑到回归公式考虑的因素较为全面，而且经过了大量正交试验，所以，其计算值可作为岩盘安全厚度确定的重要参考依据。

三种方法计算的岩盘厚度比较（单位：m） 表2-3-8

隧道溶腔	经验公式	理论计算($k=1.0$)	数值试验回归公式($k=1.0$)
野三关隧道602溶腔	5.22	1.55	2.20
大支坪隧道990溶腔	5.34	1.45	2.66

根据以上研究，应再考虑一定的安全储备，野三关和大支坪隧道在实际施工中，探明隧道轮廓线隐伏岩溶后，水压不超过0.5MPa时一般预留完整岩盘不小于3m为安全状态；水压为0.5~1MPa时一般预留完整岩盘不小于5m为安全状态；水压在1~2MPa时一般预留完整岩盘不小于1倍隧道直径，取10m为安全状态。

第 4 章

岩溶隧道施工超前地质预报

隧道超前地质预报是隧道信息化施工的重要组成部分,更是保证隧道安全施工的重要环节。准确掌握隧道周边岩溶分布,有助于展开针对性的溶腔处治措施。一直以来,国内外对隧道掌子面前方地质情况十分重视,相关科研单位、企业投入了大量精力,对掌子面前方不良地质体的探测方法日趋成熟。

4.1 隧道施工地质预报主要技术

目前,国内外已形成的超前预测预报方法很多,主要分类如图 2-4-1 所示。隧道不良地质体超前地质预报,根据预报距离,分为长期和短期两种预报形式。长期超前地质预报的预报距离为掌子面前方 100～200m 以上。对于隧道不良地质体的长期超前地质预报来说,国内外主要采用 TSP 隧道地震勘探法。短期超前地质预报是在长期超前地质预报的基础上进行的,预报距离为掌子面前方 15～30m。国内外主要采用地质雷达、瞬变电磁、水平钻探、红外探水和掌子面编录预测法(地质素描法)等进行短期超前地质预报。

另外,按照不同的分类方法,隧道施工超前地质预报方法还可分为地质分析法、地球物理勘探方法(即物探法)、超前水平钻孔法、超前导洞(坑)法,其中地质分析预测法包括地质素描法、地质作图法、地下水观测法等;地球物理方法包括隧道地震探测法(TSP 法)、地质雷达探测法、瞬变电磁法、激化电极法、红外超前探水法等。

4.1.1 地质分析法

地质分析法是隧道超前地质预报最基本的方法,不管物探法还是钻探法,都是地质分析方法的延伸手段。同时对物探和钻孔超前探测资料的任何解释和应用,都离不开施工过程中观测和收集的地质判断,缺少了这一基础环节,采用任何超前探测方法都很难取得好的效果。地质分析法可以随时进行,不干扰施工,其他预报方法的解释应用,都是在地质资料分析判断基础上进行的。通过收集分析地质资料,地表详细调查,隧道内地质编录、素描、数码照相、超前风钻、涌水量预测等方法,了解隧道所处地段的地质条件,运用地质学理论,对比、论证、推断和预报隧道施工前方的工程地质和水文地质情况。

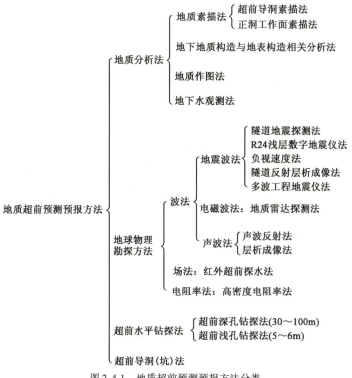

图 2-4-1 地质超前预测预报方法分类

地质素描法是一种传统的地质分析法。它是通过对每一循环的掌子面和周壁地质地层岩性、岩层产状、地质构造、节理裂隙、结构面产状、地下水情况等地质特征的"写实",根据对掌子面出露的地质情况进行分析来推断前方地质情况的一种超前预报方法。地质素描为其他探测方法的分析解释提供依据,是超前预报工作的基础。

地质素描要记录的主要内容包括:

(1)地层岩性。包括地层时代划分,岩组划分,岩石划分,岩体形态,切割程度,围岩等级等。

(2)断层。包括断层性质、位置、产状、破碎带宽度及构造岩划分,断层岩体的围岩级别划分及稳定性评价,是地质素描的重点。

(3)贯穿性节理。包括产状、密度、宽度、延伸情况,节理面特征、力学性质。分析判断组合特征、岩体完整性程度,控制局部塌方的构造内因。

(4)地应力。包括高地应力显示性标志(岩爆、软弱夹层挤出,探孔饼状岩心等现象)及其发生部位。

(5)特殊地层。包括煤层、沥青层、含膏盐层和含黄铁矿层的单独素描。

(6)岩溶调查。包括岩溶规模(形态)、位置(洞体里程)、所属地层和构造部位,充填物(成分、状态)、洞体展布的空间关系。

对地质素描的技术要求如下:

(1)地质素描各开挖面均实施。

(2)按照地质素描的内容和现场记录格式,每次循环开挖后对掌子面和左右边墙进行素描、数码摄像。

（3）素描图、记录必须在现场进行，素描一律"写实"，不做任何换算。素描图式、图例、比例、用语应统一，按要求采取标本（包括定向标本）。

地质素描的展示如图2-4-2所示。

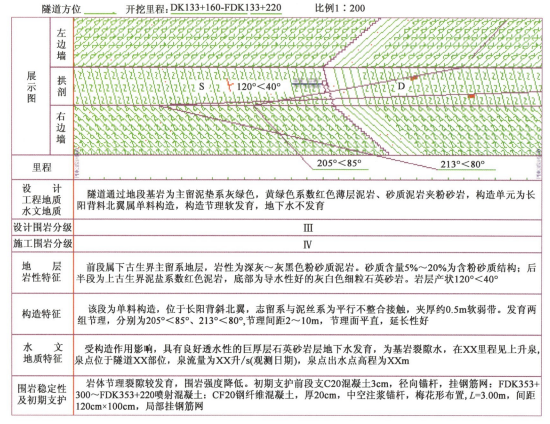

图2-4-2 隧道地质素描展示图

根据地质素描与以往岩溶隧道施工总结判断的隧道岩溶发育的可能部位相类比，分析岩溶发育可能的主要位置如下：

（1）可溶岩与非可溶岩接触界面可能岩溶发育。

（2）隧道通过断层、向斜、背斜核部的可溶岩可能岩溶发育。

（3）可溶岩中裂隙、溶隙发育位置可能岩溶发育。

（4）可溶岩中围岩整体突然变好或突然变差的位置可能岩溶发育。

（5）不同年代可溶岩接触界面、岩性分界面位置附近可能岩溶发育。

（6）掌子面附近出现泥质充填裂隙的可溶岩，前方可能岩溶发育。

4.1.2 物探法

在工程中，应用和开发地球物理方法进行超前地质预报工作具有很好的应用效果和前景。如隧道地震探测法、地质雷达探测法、激发极化法、掌子面单点反射法、地震负视速度法、红外超前探水法等。

1) TSP 隧道地震探测法

TSP 法是一种用于隧道开挖面前方地质情况超前预报的地下反射地震波技术,是在隧道掌子面附近单侧或两侧布置多个人工爆破激发点,利用一个或两个高灵敏度的地质波接收器,收集由激发产生的地震波及其在围岩传播中遇到不同反射界面时的反射波,并将其转化为电压脉冲信号,记录在计算机中,通过分析信号信息,确定反射界面的位置,并结合工程地质情况,预测不良地质构造体的位置、产状和范围。TSP 作为一种中长期的预报,其预报范围一般界定为 100~150m,其目的除了为短期预报提供指导外,还同时能够为施工单位制订一个相对长期的施工计划提供科学的依据。该方法由瑞士 Amberg 测量技术公司开发,在西南线磨沟岭隧道、渝怀线圆梁山隧道、歌乐山隧道、金洞隧道、伊朗 Cheshman Langan 输水隧洞中曾应用。

TSP 是利用地震波的反射原理进行地质探测。地震波由若干个(一般小于或等于 24 个)特定爆破点上的小规模人工爆破激发产生,并由电子传感器接受;当地震入射波遇到地层界面、节理面,特别是断层破碎带、溶洞、暗河、岩溶陷落带、淤泥等不良地质界面时,将产生反射波,反射波被接收器接收,由数字记录仪放大、输出并记录。反射波的传播速度、延迟时间、波形、强度和方向等均与相关界面的性质和产状相关,并通过不同数据表现出来,以用来对掌子面前方的不良地质体进行预报。

TSP 超前预报观测系统布置在隧道掌子面临近洞段的左右墙内,如图 2-4-3 所示。

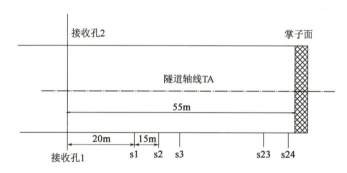

图 2-4-3 TSP 观测系统的布设

根据其预报目的不同,选择不同的边墙。如果在岩溶比较发育的地区,为了相互验证,一般在左右边墙都安装接收器,如果只是对断层的预报,根据反射原理,炮孔布置应在与断层走向交角小的边墙内。其炮孔及接收器孔的具体布置要求见图 2-4-4 及表 2-4-1。

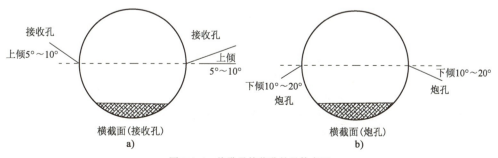

图 2-4-4 炮孔及接收孔的具体布置

炮孔及接受孔的具体要求 表2-4-1

指　　标	接 收 器 孔	炮　　孔
数量	2个,位于隧道左右边墙(各一个)	25个,位于隧道右边墙(面对掌子面)
直径	45mm(钻头钻孔)	38mm(钻头钻孔)
深度	约2m	1.5m
定向	垂直隧道轴向,上倾5°~10°	垂直隧道轴向,下倾10°~20°
高度	离地面(隧道)高1m	离地面(隧道)高1m
位置	距离掌子面约55m	第一个炮孔离同侧接收器孔20m,炮孔距1.5m

从起爆到反射信号被接受,这段时间与距反射界面的距离成比例,由反射时间和地震波的速度进行换算,得出反射面的位置和与隧道轴线的夹角,从而确定出距掌子面的距离和大体的形状,同时还可以通过对波速的计算将岩性的变化显示出来。

TSP对工作面前方遇到的与隧道轴线近垂直的不连续体(节理、裂隙、断层破碎带等)的界面的预报是相当准确可靠的,但如果不连续体的界面形状不规则,准确预报的难度则较大。对于尺寸较大,且呈近平面状的溶洞体,TSP有可能探测到,但信号反映的效果较差,需要具有丰富地质经验的专家来分析。

反射界面及不良地质体规模的确定,其原理如图2-4-5所示,在点A_1、A_2、A_3等位置激发震源。α为不良地质体的俯角,即真倾角;β为不良质体的走向与隧道前进方向的夹角;γ为空间角,即隧道轴线与不良地质体界面的夹角。产生的地震波遇到不良地质体界面(即波阻抗界面),发生反射而被Q_1位置的传感器接收。在计算时,利用波的可逆性,可以认为Q_1位置发出的地震波经过不良地质界面反射而传到A_1、A_2、A_3等点,即可认为波是从像点$IP(Q_1)$发出而直接传到A_1、A_2、A_3等点。此时的Q_1和$IP(Q_1)$是关于不良地质界面(波阻抗面)对称的。因Q_1、A_1、A_2、A_3各点的空间坐标已知,由联立方程可得像点$IP(Q_1)$的空间坐标,再由Q_1和$IP(Q_1)$的空间坐标求出两点所在直线的空间方程。由于不良地质界面是线段$Q_1IP(Q_1)$的中垂面,所以可以求出该不良地质界面相对坐标原点Q的空间,进一步可以求出不良地质界面与隧道轴线交点和隧道轴线与不良地质面的交角,通过求出不良地质体两个反射面在隧道中轴线上的坐标S_1和S_2,从而求出不良地质体的规模:$S = S_1 - S_2$。

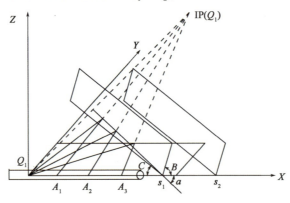

图2-4-5　TSP探测原理图

在应用TSP技术时,解释需要注意下列几点:

(1)深埋隧道的物理参数,如纵波速度、杨氏模量等的高低在工程环境中,难以反映出掌子面前方是否有不良地质结构面存在和具体的岩性是什么,解释时必须引起注意。

(2)深埋大理岩条件下,受断层、岩层产状性质的不同影响,即便在大的结构面、断层与破碎带地下水并非随时都存在,这一点在解释时必须引起重视。

(3)纵波速度的高低基本上可以识别岩石是否完整,给深埋工程地质环境中地质灾害,如突水(泥)和岩爆等提供有价值的物理信息。

2)地质雷达法

地质雷达(Ground Penetrating Radar, GPR)也称作探地雷达,是一种电磁探测技术,它利用地下介质对广谱电磁波(107~109Hz)的不同响应来确定地下介质的分布特征。主要是通过观测位移电流的变化来实现其探测目的,以宽频带短脉冲的形式,通过无线发射器送出,经地层界面反射后返回,由无线接收器接收。通过对所接收的雷达信号进行处理和图像解译,以达到探测前方地质构造体的目的。其应用范围涉及公路、铁路、水电站、煤矿、隧道、矿产资源和考古等各个领域,特别是探测隧道基底岩溶时采用较多。

地质雷达的基本原理如图2-4-6所示。发射天线将高频短脉冲电磁波定向送入地下,电磁波在传播过程中遇到存在电性差异的地层或目标体就会发生反射和透射,接收天线收到反射波信号并将其数字化,然后由电脑以反射波波形的形式记录下来。对所采集的数据进行相应的处理后,通过分析这些携有地下介质电信息的电磁波,可根据其旅行时间、幅度和波形,判断地下目标体的空间位置、结构及其分布。探地雷达是在对反射波形特性分析的基础上来判断地下目标体的,所以其探测效果主要取决于地下目标体与周围介质的电性差异、电磁波的衰减程度、目标体的埋深以及外部干扰的强弱等。其中,目标体与介质间的电性差异越大,二者的界面就越清晰,表现在雷达剖面图上就是同相轴不连续。可以说,目标体与周围介质之间的电性差异是探地雷达探测的基本条件。

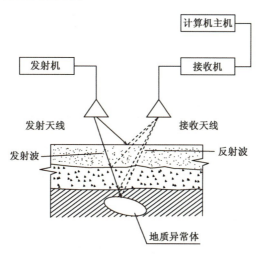

图2-4-6 探地雷达基本原理

地质雷达能预报掌子面前方地层岩性的变化,对于断裂带特别是含水带、破碎带有较高的识别能力。在深埋隧道和富水地层以及溶洞发育地区,地质雷达是一个很好的预报手段。

但是地质雷达目前探测的距离较短,在 20～30m 之间,对于长距离隧道的预报只能分段进行,同时雷达记录易受洞内机器干扰,探测分析中要特别注意波相识别,排除干扰。所以如何判定含水带、如何去除干扰提高信噪比成为目前需要解决的问题。图 2-4-7 是地质雷达的一个观测系统。

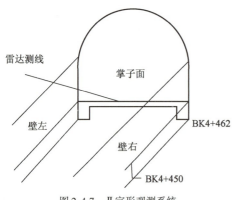

图 2-4-7　Ⅱ字形观测系统

所谓观测系统是指激发点与接收排列的相对空间位置关系,为了能满足快速掘进的施工要求,地质雷达探测不能占有太多施工时间,为了能够最大限度地降低雷达探测,又划分出表面雷达精确探测与钻孔雷达精确探测。初步探测的观测系统为Ⅱ字形观测系统,其具体做法是在掌子面底部及邻近开挖洞段两边墙底部约 1m 高位置做一条侧线进行雷达探测。如图 2-4-7 所示,根据其初探结果如果发现掌子面前方或边墙未出现明显异常,则不进行精确探测,隧道正常掘进;如果发现存在明显异常,根据初探结果,大致判断异常性质及异常位置,然后针对可能存在的不良地质体性质在掌子面上及两壁增加测线及钻孔,进行精确探测。

地质雷达图像在不同介质的地质环境中,有不同的图像特征,解释时必须与地质情况紧密结合。在研究岩溶发育区时应通过对地质雷达细部剖面信号和二维谱相结合来分析岩溶的特征及属性。其典型地质体与地质雷达图像波形特征关系见表 2-4-2。

典型地质体与地质雷达图像波形特征关系表　　　　表 2-4-2

地质体名称	图像波形特征				
	波形分布	波形变化	相同轴连续性	波形相似性	振幅强度
完整岩体	均匀	按一定规律缓慢衰减	连续	波形均一	低幅
断层破碎带	不均匀	衰减快,规律性差	不连续	波形杂乱	波幅变化大
裂隙密集带	不均匀	衰减快,规律性差	时断时续	波形杂乱	高幅
富水带	不均匀	按一定规律缓慢衰减	与含水量有关	基本均匀	高幅、宽幅
岩石变化性	不均匀	规律性差	不连续	波形杂乱	一般为高幅
岩脉破碎带	不均匀	衰减较快,规律性差	不连续	波形杂乱	高幅

3) 激发极化法

激发极化法是以不同地质介质之间的激电参数差异为物质基础,可以测量电阻率、极化率、半衰时、衰减度等参数,其中电阻率参数对水体响应敏感,半衰时表征激发极化衰减信息与水体水量存在一定关系。

按照观测方式,激发极化法和电阻率法可分为定点源三极测深法和聚焦探测法。定点源三极测深法将测线布置在隧道边墙或底板上,供电电极布置在掌子面固定不动,而测量电极在掌子面后方沿测线移动采集数据,难以屏蔽测线附近的旁侧异常干扰,在较复杂环境下很难从背景干扰数据中提取出掌子面前方的有用信息,该问题一直未能得到很好的解决。聚焦探测法将屏蔽电极系统、供电电极和测量电极均匀布置在掌子面上。德国公司研发的基于聚焦电法的隧洞钻孔电法超前地质预报(Bore-tunneling Electrical Ahead Monitoring,BEAM)系统,是唯一一种用于隧道前方含水情况探测的聚焦类激发极化法,分为单点聚焦和多点聚焦两类。BEAM 单点聚焦仅在探测面上设置单个测量电极,利用不同里程的连续探测结果来定性推断掘进面前方的含水情况,无法对异常体定位;BEAM 多点聚焦可实现二维成像,但仍无法定位,仅能定性判断掌子面前方一定范围内是否存在水体。聚焦探测类法的研究还处于起步阶段,仅在掌子面轮廓上布置屏蔽电极系探测距离较短,且不能对异常体进行成像,难以对异常体的空间位置做出判断。

4)掌子面单点反射法

单点反射法是一种中短距离物探方法,是地质雷达探测法的补充与验证。弹性波一般是以球形扩散形式传播,弹性波的振幅以 $1/R$(R 为到震源的距离)形式衰减。弹性波传播的主要形式为纵波、横波、面波。

掌子面单点反射法使用的仪器为一台地震仪(或测桩仪)及配套电缆、检波器等,有效预报距离为 50~80m。

根据弹性波的传播和反射原理,在隧道施工掌子面上采用地震单点反射法,其数据采集工作是将多个地震检波器埋置在掌子面上,在不同位置用大锤锤击或使用小药量炸药激发产生向掌子面前方传播的弹性波,当弹性波遇到不同波阻抗界面时,产生反射波(纵波、横波),利用埋置在掌子面的检波器接收反射波(单点方式),如图 2-4-8 中 5 号点为激发点,其他点为接收点。

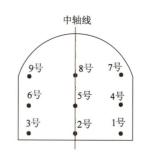

图 2-4-8 地震单点反射法(单点)布置示意图

掌子面单点反射法的另一种方式是地震映像方式,如图 2-4-9 所示,激发点与检波点采用相同的偏移距,向同一方向移动进行数据采集。采集记录如图 2-4-10 所示。

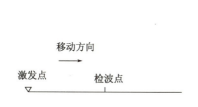

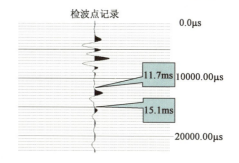

图 2-4-9 地震单点反射法(映像)布置示意图   图 2-4-10 掌子面单点反射处理后记录

将接收的反射波信号通过检波电缆传给地震仪,通过处理软件进行谱分析及滤波处理后,分别得到各接收点破碎带(或岩溶)两侧的反射波信号并读取反射时间(图 2-4-10 中的 11.7ms 和 15.1ms)。

根据同一接收点破碎带两侧的反射时间来确定掌子面距第一反射面的距离及破碎带的厚度。图 2-4-11 是大支坪隧道 DK133+695 掌子面单点反射法处理后的单点反射波(纵波)记录。

如图 2-4-11 所示,破碎带到掌子面的距离 D 按下式计算:

$$D = \frac{TV_1}{2} \tag{2-4-1}$$

$D = 11.7 \times 4500/2/1000 = 26.3\mathrm{m}$,其中 V_1 为较完整岩体的弹性波(纵波)速度,这里取 $4500\mathrm{m/s}$。

破碎带的宽度 F 按下式计算:

$$F = \frac{(T_2 - T_1)V_2}{2} \tag{2-4-2}$$

$F = (15.1 - 11.7) \times 2500/2000 = 4.3\mathrm{m}$,其中 V_2 为破碎带的弹性波(纵波)速度,这里取 $2500\mathrm{m/s}$。

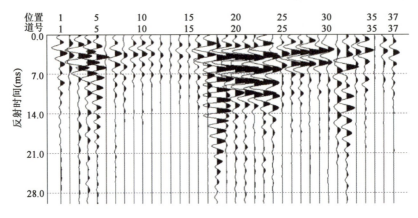

图 2-4-11　DK133+695 掌子面单点反射(映像)记录

此外,两接收点之间的水平距离及时差可确定破碎带走向,两接收点的高差及时差可确定破碎带的倾向及倾角,并可据此结果绘制平剖面图及纵剖面图。

5)地震负视速度法

地震负视速度法是在隧道侧壁上沿隧道轴线方向进行多点激发,在隧道侧壁上单道(单个检波器)接收,再通过检波电缆将接收信号传输给地震仪进行分析处理,预报掌子面前方地质情况的一种反射法,如图 2-4-12 所示。

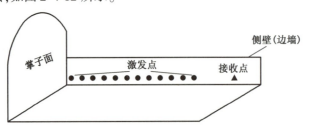

图 2-4-12　地震负视速度法探测工作布置图

当掌子面前方的反射界面与测线(激发点同检波点的连线,与隧道轴线平行)正交或大角度斜交时,检波器所接收的反射波信号与直达波(由震源直接到达的弹性波)信号在记录图像上呈负视速度,反射波延长线与直达波延长线的交点为反身界面位置。当所得记录中没有明显反射波时,可预测掌子面前方的岩层(几十米范围)是均质的,地震负视速度法原理如图 2-4-13 所示。

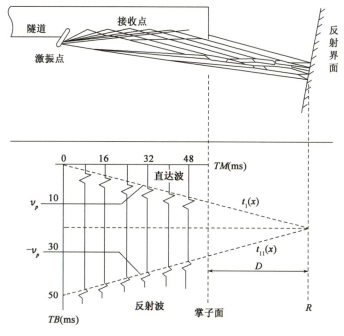

图 2-4-13 地震负视速度法原理示意图

地震负视速度法数据采集是在隧道侧壁上布置检波器和激发点,一般激发点间距 1～2m,激发点、接收点(检波器位置)距隧底约 1m,激发点距掌子面最近距离一般取 0.5～1m。接收点距激发点最近的距离为 15～20m,将检波器接收的信号通过检波电缆传送给地震仪。

该方法使用的仪器为一台地震仪(或测桩仪)及配套电缆、检波器等,有效预报距离为 60～100m。

该方法资料处理相对较复杂,一般要进行增益处理、滤波、波场分离、反射波识别、速度分析、时深转换、反射界面确定等主要步骤。通过纵波、横波的共同分析,可了解反射界面两侧的岩性、破碎程度的变化。

反射界面到掌子面的距离可按下式计算:

$$D = \frac{T \times V}{2} \quad (2\text{-}4\text{-}3)$$

式中:T——双程时间;

V——岩体反射波速度;

D——反射界面到掌子面的距离。

最后根据资料处理结果绘出地质异常的平面图和剖面图。

6) TRT 地质超前预报系统

(1) 预报原理

TRT 地质超前预报系统是利用地震波的反射原理进行地质预报。预报时,通过锤击或激震器产生地震波,地震波在隧道中的岩体内传播,当遇到地震界面时,如裂隙破碎带、大的节理面等,一部分地震波就被反射回来,反射波经过短暂时间到达传感器后被接收并被记录主机记录下来,然后经专门的 O-RV3D 软件进行分析处理,对地震波进行叠加,就得到清晰的异常体的层析扫描三维图像。再通过对异常体的里程、形状、大小、走向,并结合区域地质资料、跟踪观测地质资料就可以确定隧道前方及周围区域地质构造的位置和特性。

(2)预报内容

①地层岩性,如软弱夹层、破碎地层、特殊岩土等。

②地质构造及不良地质,如断层、节理密集带;溶洞、暗河、人为空洞等发育情况。

③地下水,特别是富水断层、岩溶管道水及富水地层地带等。

(3)成果解析方法和原则

隧道反射层析成像技术(TRT)成像图采用的是相对解释原理,即确定一个背景场,所有解释相对背景值进行,异常区域会偏离背景区域值,根据偏离与分布多少解释隧道前方的地质情况。

①判断围岩地质情况原则

a.通常来说,软件设定围岩相对背景值破碎、含水区域呈蓝色显示,相对背景值硬质岩石呈黄色显示。

b.从整体上对成像图进行解释,不能单独参照一个断面的图像。

②判断围岩类别原则

a.根据异常区域图像相对于围岩背景,从背景波速分析异常的波速差异,进而判断围岩类别。

b.对围岩类别的判断必须与地质情况相结合,综合分析。

4.1.3 红外探水法

红外探测是非接触探测,在隧道壁上和顶部来定探点,用仪器的激光壁在壁顶上打出一个红色斑点,定好探点扣动仪器的"扳机",就可以在仪器屏幕上读取探测值。地下水的活动会引起岩体红外辐射场强或地温场的变化,采用红外探水仪接收岩体的红外辐射强度或温度。红外线探水仪法是根据围岩红外辐射场强或温度的变化来确定隧道掌子面前方或隧道周边的隐伏含水体构造。

依据红外防灾的理论,灾害(不良含水地质体)在尚未发生之前,是以"灾害源"和"灾害场"两种形式同时存在的。即有灾害源必有灾害场。相之亦然。由于灾害场传播的距离远大于灾害源,故而当掌子面前方有灾害场源时,它产生的灾害场必然传到掌子面后方。掌子面前方的灾害源(不良含水地质体)有:含水断层,湿润断层;含水溶洞、含泥溶洞、非含泥溶洞;破碎带(含水破碎带、湿润断层带);含水陷落柱。从场与源的对应出发,把岩溶水分成三类:第一类含水量很小,与岩溶管道不构成水力联系,石灰岩残存水这种所产生的红外异常场,与正常场相比,其场强绝对变化值比较小;第二类是浅部岩溶水,与水源存在水力联系,这种水源是存在断层中或是存在岩溶管道、溶洞中,所产生的异常场的场强绝对值与正常场有非常明显的区别;第三类是深部岩溶水,它所产生的异常场变化绝对值最大。

红外探测的主要优点:探测快速、基本不占用施工时间,有效探测距离在 10m 左右;资料分析快,探测完毕即可得出初步结论,室内整理及编写报告可在 2h 内完成;准确率较高;可对隧道的左右壁、顶底探测,以便于对隐伏水体及时加固。主要缺点:对水量、水压等重要参数无法预测;隧道的施工活动及地下水活动等对探测结果都会产生较大干扰(洞内积水、渗流水、通风、灯光、台车、钢纤维喷护等)。该方法在渝怀线圆梁山隧道、昆明市政工程西园引水隧道洞等工程中曾应用。圆梁山隧道将泥质、沥青质灰岩红外场强度安全值定为 $10\mu W/cm^2$,可溶岩安全值定为 $7\mu W/cm^2$。

4.1.4　超前水平钻探

　　超前水平钻法是利用水平钻机在隧道施工掌子面向前进行水平钻孔,根据钻进速度、给进压力、岩芯、岩粉、冲洗液颜色及成分、探水孔水量大小、探水孔水压力大小等情况,综合判断掌子面前方的地层岩性、构造、地下水、岩溶洞穴充填等地质特征。从而直接揭露隧道掌子面前方地层岩性、构造、地下水、岩溶、软弱夹层等地质体及其性质、岩石(体)的可钻性、岩体完整性等资料,还可通过岩芯试验获得岩石强度等指标,是最直接有效的超前地质预报方法之一。目前国内这种方法已在隧道工程中得到普遍应用。英吉利海峡隧道、日本青函海底隧道也是采用了超前水平钻孔进行施工期超前地质预报。

　　超前水平钻探是建立在物探预报基础上的进一步的钻探预报分析。当各种物探综合运用分析认为有必要做进一步预报时,可选择此法,同时再兼做孔内雷达预报,采用这种系统的综合预报,很大程度上能够降低灾害性事故的发生概率。

　　钻探深度宜控制在 30~50m,以减少对掌子面的占用时间;钻孔布置应根据预报不良地质体的产出规模、展布形式等确定,一般应采用三角形布置,使钻探成果具有代表性,避免一孔之见;当预计可能涌水时应在孔口安装止水阀或调压阀;钻取的岩芯须由专业地质人员编写,并应存放在专门的岩芯箱内以备开挖时对比,岩芯采取率低于 50% 时,应进行孔内电视成像,以避免遗漏重要不良地质体;水平钻探宜用金刚石钻具,钻孔直径为 91mm,应确保岩芯采取率不低于 95%。当遇高压突水时,钻孔后应采取高压注浆封堵。

　　当使用台车钻孔时,原则上掌子面不少于 5 个孔,宜 9 个孔,孔深不少于 15m、孔径不小于 48mm;钻孔分布在掌子面上,尤其是在两侧底角及底板必须布置钻孔,这样基本可以在空间上揭露出前方不良地质体的存在。钻孔位置布设一般如图 2-4-14 所示。掌子面中部两边的超前钻孔应水平且有一定水平偏角,掌子面上部的超前钻孔应有一定仰角,掌子面下部两边的超前钻孔应有一定的俯角和水平偏角。

　　钻探法的最大优点是钻探效果直接,同时在钻探过程中有大量地下水被揭露时,可事前采取措施后对其原位灌浆封堵,其效果很好。

4.1.5　超前导洞(坑)法

　　超前导洞(坑)法包括超前平行导洞(坑)法和超前正洞导洞(坑)法。针对长大隧道,一般都设置平行导坑。超前平行导坑法是在与隧道正洞轴线相距一定距离的位置,平行于隧道正洞开挖一导洞(坑),以探明隧道正洞的地质条件并兼作他用。利用该方法预测正洞地质条件非常直观,准确率也比较高,是我国隧道工程中常用的一种预报方法,在大秦线上 12 座 1.5km 以上的隧道有 9 座采用了平行导坑;秦岭隧道为了保证 Ⅰ 线隧道 TBM 安全顺利地施工,在 Ⅱ 线隧道中线位置上先期利用平行导坑贯通,对 Ⅰ 线正洞做出了直观、高精度的超前地质预报。

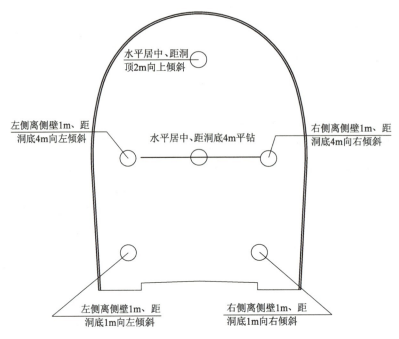

图 2-4-14　超前水平钻孔布置示意图

正洞也常采用超前导坑法开挖。超前正洞导洞(坑)法则是先沿隧道正洞轴线开挖小导洞(坑),探明前方的地质情况,再将导洞(坑)扩为隧道断面。通过分析平行导坑或超前小导洞的地质条件,推测正洞的地质特征。一般分析时采用平推法,即根据辅助坑展示的地质情况,向一侧或两侧延伸来推测正洞的地质状况。该方法在长大隧道普遍应用。在国外,在一些特殊地段为了探明地质情况往往不惜花费高昂代价,甚至利用正洞导洞(坑)来进行超前地质预报,但在国内采用正洞导坑法并不多见,北京八达岭高速公路隧道部分地段的施工过程中采用了超前正洞导洞(坑)法。

4.2　岩溶隧道地质预报方法

4.2.1　岩溶隧道施工超前地质预报内容及特点

由于岩溶发育的特殊性和复杂性,岩溶隧道设计施工的地质预报涉及的内容较多,一般主要包括以下几个方面:

(1)地层岩性、岩层产状及其对岩溶发育的影响。

(2)断层破碎带、断层影响带,裂隙密集带的力学性质、位置、规模、产状、阻水及导水条件、岩溶发育规律。

(3)褶曲不同部位节理裂隙规律及岩溶发育规律。

(4)岩溶,包括溶洞(腔)发育位置、发育方向,规模大小及形状预报。

(5)软弱夹层、软弱结构面的位置、水量及水压预报。
(6)不同岩类的接触面界面,特别是软岩与硬岩、可溶性与非可溶岩的界面位置确定。
(7)隧道涌水预报,包括涌水位置、水量及水压预报。
(8)隧道围岩级别变化及分布位置预报。
(9)竖井、漏斗、落水洞、岩溶管道及暗河的位置、高程、形态、尺寸、走向。
(10)岩溶水文地质——可能突水的位置、地层、高程、水压、水量,突水的原因。
(11)工程地质灾害可能发生的位置、规模及危害程度等。

4.2.2 岩溶隧道超前地质预报的主要原则

目前,世界上还没有能准确预报岩溶地质的设备,溶洞、暗河、溶隙的位置无法预测,岩溶的形态及填充物性质更无法事先确定,施工中存在很大的不确定性。岩溶发育的复杂性和特殊性决定了岩溶隧道施工应形成综合超前预测预报体系,包括综合预报原则、预报范围原则、方法选择原则、工序管理原则和运营保障原则。

(1)综合预报原则

综合预报方法是指在现场条件下,采用不同的预报手段,扬长避短,相互补充,相互印证;采用多种角度,多种参数,对掌子面前段的工程地质进行预报。预报成果应在工程地质分析的基础上,结合仪器测试解译结果,进行综合分析后提出。在施工期间,通过现场各步预报信息反馈,以提高信息解译精度,经综合判断提交相应的地质超前预报报告。根据超前预报报告制订相应的预警方案和处理措施,以避免地质灾害的发生,确保隧道的施工安全。

隧道工程实际上是一个地质工程,由于物探的多解性,单一预报方法对地质预报的准确度并不十分可靠,同时不同的方法对不同的地质缺陷预报效果也不尽相同。因此岩溶隧道超前预报要遵循以地质分析为主线,物探方法为手段、多种方法相互印证和补充,并配置具有一定经验的预报人员,同时注重预报成果与开挖实际对比分析的综合预报原则。

(2)预报范围原则

岩溶对隧道施工的影响范围为隧道周围1倍洞径,因此,确定岩溶隧道超前地质预报范围时应适当扩大,一般取掌子面前方大于30m,隧道周边以外1.5倍洞径。

(3)方法选择原则

目前,国内外已形成的超前预测预报方法很多,综合超前地质预报的思想虽早被提出,但多强调几种方法的综合运用,缺乏对不同地质对象的适用性研究。

工程实践表明,TSP-203系统的探测距离比较远,抗干扰的能力比较强,但是分辨率比较低,很难探清地面2m以下不良的地质体,探测的缓倾角度的断层与溶洞的效果不太明显,并且无法探测到充填性的溶洞和小溶洞。地质雷达探测溶洞的效果比较好,分辨率比较高,可以查明0.3m以上的地质条件比较差的地质体,它的缺点是探测深度比较小,抵抗干扰的能力比较差,只能够探测到工作面的前方5~30m范围的工程地质状况;地质雷达由于对环境要求比较苛刻,不能够在电磁干扰和泥、水环境中使用,这使其使用的效率大大降低。红外线的探测仪器仅仅局限在前方20m范围内含水的构造和地层,不能探测到含水构造与水量、水压的准确距离。水平超前的钻探方法比较准确和直观,但是费时、费工,并且不能同隧道的开挖一起进行。地质的素描与综合的分析方法效果比较明显且花费比较少,但是只有专业的地质人员才可以胜任,这会一定程度的限制该技术的应用推广。

选择经济、合理、可靠的超前预测预报方法,对施工地质条件做出及时、准确的判断,是最大程度地规避岩溶隧道施工风险的最有效措施。岩溶隧道应强调对各种物探方法的选择、合理搭配及互相配合应用,为提高超前预报地质灾害的有效性,应根据水文地质状况进行分段分区,且各区段预报方法应不同。由于岩溶发育的复杂性,岩溶隧道施工超前地质预报应遵循"洞内外结合,长短结合,地质与物探结合,不同物探方法结合"的基本原则,对不同风险分级的隧道,取适用的预报方案。预报方案应当"合理搭配,科学管理,贯穿全程,因地制宜"。

①洞内外结合:洞内地质情况和预报与洞外地质勘察相结合,即施工预报与地质分析相结合。

②长短结合:长期超前预报探测距离较长,但准确性稍差,短期超前预报的探测距离不长,但是准确度比较高,二者结合能取长补短,使超前地质预报更加精准。

③物探与地质的结合:地质分析的工作对超前地质预报有重要的作用,在了解了地质情况的前提下,方能使物探解释的结果接近真实的情况,并且减少物探的多解性带来的问题,若是地质离开了物探则很难细化施工超前地质的预报工作。

④不同物探的方法结合:不同的物探方法有不同的特点,如只采用一种方法精度可能会达不到指定的要求。对于各种物探的方法组合,则能取长补短,有效地提高预报的精度。

⑤合理搭配和科学管理:面对不同的工程地质情况和预报的要求,将多种方法合理地搭配,为了达到经济和合理的目的,则应因地制宜地在各围岩中采用不同类型的隧道超前地质预报方法,如在围岩地质较好的地段中采用结构面调查法就可以对施工中隧道周边岩块稳定性进行较准确的判定等;而在有较严重地质灾害风险的地段则可能要运用多种物探方法相结合,以达到较准确判断不良地质体的目的。

(4)工序管理原则

岩溶隧道工程施工要将施工地质超前预测预报工作纳入施工工序管理中。在施工中,强化"以人为本"的理念,坚持"有疑必探,先探后挖,不探不挖"的原则,建立"不进行超前预测预报,工人有权拒绝进洞施工"的安全施工体制。

(5)运营保障原则

为保证铁路运营期间工程的稳定性,对隧底岩溶应十分重视,应坚持加强探测原则、强化治理原则、不留后患原则。同时应注意施工环节和交验前环节。施工环节由施工单位负责,监理单位监督,设计单位确认,采用地质雷达和风钻(5m)探测隧底隐伏岩溶;交验前环节由设计单位负责,监理单位监督,施工单位参加,采用地震单点反射法普查隧底隐伏岩溶。

4.2.3　岩溶隧道超前地质预报体系的建立

图 2-4-15 为综合超前地质预报示意图,图中表示出了长期预报、短期预报、超前钻探、地质反馈分析等结合的预报方法。先通过地质分析宏观上来确定所要预报的隧道各段围岩的情况,进行风险等级的划分;在岩性比较好的地段,一般采用 TSP 来预报 100~150m 范围,在岩性比较差的地段一般采用 TSP 预报 100m 以内范围,当接近不良的地质部分时,采用地质雷达或瞬变电磁等短期更准确的预报方式,同时对施工超前的探孔进行进一步的确认,也可以在先

行隧道的中间从侧向钻探认识不良地质的构造情况;通过这几种手段的结合基本上可以确定不良地质体的性质与规模。预报的结果和开挖揭露情况要进行及时对比,分析和反馈,以求不断提高综合超前地质预报的精度。图 2-4-16 为综合超前地质预报体系图。

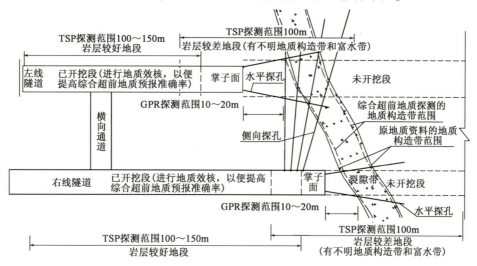

图 2-4-15　综合超前地质预报示意图

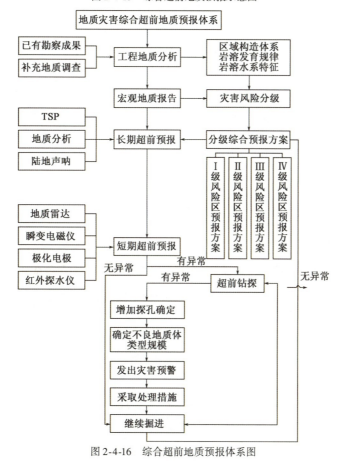

图 2-4-16　综合超前地质预报体系图

4.2.4 工程案例

野三关隧道和大支坪隧道采用综合超前地质预报技术,成功地回避了许多给施工安全构成威胁的地质结构异常体和高风险点,TSP 对隧道地质不正常的准确预报超85%,采用了综合的预报手段不会遗漏能引起地质灾难的构造体,确保了工程的正常进展。表 2-4-3、表 2-4-4 分别为两座隧道典型岩溶超前地质探测及揭示情况。

野三关隧道出口及斜井工区综合预报探明的地质异常体及风险点　　表 2-4-3

工程名称	里程	部位	涌水结构	最大涌水量（万 m³/d）	水压（MPa）	探明地质异常的预报方法
Ⅰ线正洞	DK129+813.5	拱顶	4号暗河	17	—	TSP203、地质雷达
	DK125+570~DK125+590	全断面轮廓线	裂隙涌水	0.3	—	超前长炮孔、水平钻
	DK124+869	掌子面	F18断层影响带	0.15	0.74	TSP203、地质雷达,后用水平钻孔验证
	DK125+726~DK125+733	掌子面	夹泥、较大涌水	1.4	—	TSP203、地质雷达,水平钻孔、超长炮孔
Ⅱ线/平导	PDK125+561	掌子面	裂隙管道涌水	1.2	0.8	TSP203、地质雷达,后用水平钻孔验证
	PDK125+370~PDK125+390	全断面轮廓线	岩溶裂隙涌水	0.36	—	超前炮孔、水平钻、地质雷达
	ⅡDK124+837	掌子面	F18断层影响带	0.1	0.75	TSP203 先期预警,采用水平钻孔验证及探测影响带规模
	PDK125+733	掌子面	特大涌水	3.6	—	TSP203、地质雷达,水平钻孔、超长炮孔
	ⅡDK124+805	掌子面	F18断层	0.1	—	TSP203、超前炮孔

大支坪隧道进口段综合预报探明的地质异常体及风险点　　表 2-4-4

工程名称	里程	部位	涌水结构	最大涌水量（万 m³/d）	水压（MPa）	探明地质异常的预报方法
Ⅰ线正洞	DK130+680	左侧拱腰	暗河管道	4	0.6	TSP203、地质雷达
	DK131+280~DK131+290	左侧拱部	裂隙涌水	2	0.8	TSP203、地质雷达、超前炮孔
	DK131+623	右侧边墙	岩溶管道涌水	3	0.75	TSP203
	DK132+291	大型充填溶腔	掌子面4个钻孔涌水	3	0.8	TSP203、地质雷达、超前钻孔

续上表

工程名称	里　程	部　位	涌水结构	最大涌水量 （万 m³/d）	水压 （MPa）	探明地质异常的预报方法
Ⅱ线平导	PDK130+672	右侧边墙	岩溶管道涌水	1	—	TSP203、地质雷达、超前钻孔
	PDK131+547	—	大型富水溶腔	0	—	TSP203、地质雷达、超前钻孔
	PDK132+541	F3 断层	大型溶腔	3	—	TSP203、地质雷达、超前钻孔
	PDK132+930	—	岩溶管道涌水	1.4	—	地质雷达、超前长炮孔
	PDK132+960	—	岩溶管道涌水	3.6	—	地质雷达、超前长炮孔
	PDK133+000	—	岩溶管道涌水	0.8	0.9	TSP、地质雷达、超前钻孔及长炮孔
迂回导坑	DK132+940	右侧边墙	溶腔,超前钻孔涌水	0.8	1.2	TSP203、地质雷达、超前钻孔
	DK132+930 第10号横通道	左侧边墙	溶腔涌水涌砂	1.2	0.9	TSP203、地质雷达、超前钻孔

第 5 章

高压富水溶腔处治技术

岩溶隧道地质复杂,长期以来,对于隧道施工中岩溶的治理,往往都是针对具体案例展开的,形成的治理方案存在一定局限性。我国岩溶分布广,尤其在西南铁路线上,岩溶隧道所占比例极大。缺乏系统的岩溶处治技术,不仅严重影响工期和效益,而且施工风险极大。为此,经过对大量工程案例的反复梳理与分析,归纳总结了包括溶腔结构处治原则、迂回绕避溶腔技术、释能降压技术、施工优化防排水技术以及溶腔穿越加固技术在内的一套系统处治技术,相关内容是对既有岩溶隧道施工技术规程的重要补充,有利于进一步提高岩溶隧道施工和运营的安全。

5.1 溶腔结构处治原则

溶腔结构的处治应围绕"保证施工安全、确保结构稳定、保障安全运营"的宗旨,设计合理的隧道结构,制订合理的施工方案、基底处理方案和超前加固方案。另外,结构处治中要根据溶洞、暗河等与隧道的位置关系、溶洞的规模、溶洞的充填物状况等采取针对性的处理措施。

隧道下穿溶洞、暗河时的处理方式,如图 2-5-1 所示,根据前面隧道与溶洞间安全距离研究成果,隧道与溶洞、暗河之间岩盘厚度满足安全要求时,处理方案以维系地下水原有水流路径为主,并对隧道周边围岩裂隙进行注浆加固,避免地下水通过薄弱地段导入隧道;岩盘厚度不能满足安全要求时,处理方案以扩宽水路、将既有过水通道进行外扩,增大过水断面为主,人为抬高溶洞、暗河底面高程,增大岩盘厚度,同时对隧道周边围岩注浆加固,隧道采用加强型衬砌结构。

隧道上穿溶洞时,根据隧道与溶洞安全距离研究成果,隧道底面基岩厚度如果能够满足结构安全时可不考虑溶洞、暗河影响,仅需疏通水路,保持排水通畅,隧道结构进行适当加强。如岩盘厚度不能满足安全要求,在溶腔、暗河内设置支墩、拱涵、护墙、连续墙、跨越构筑物等为主,对溶腔顶板起到支撑作用的同时,保持过水通畅,不致堵塞水流通道,蓄高水压。处理方式如图 2-5-2 所示。

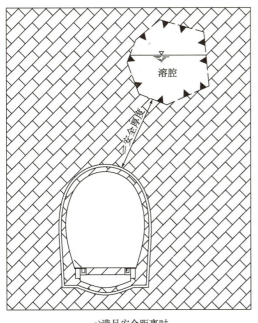 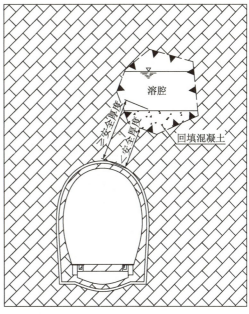

a) 满足安全距离时　　　　　　　　b) 不满足安全距离时

图 2-5-1　隧道下穿溶洞时处理方式

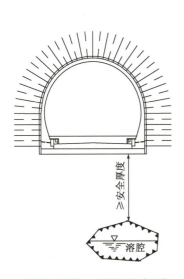 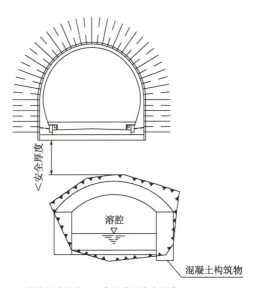

a) 隧道上跨溶腔，距离满足安全厚度　　　b) 隧道上跨溶腔，距离不满足安全厚度

图 2-5-2　隧道上穿溶洞时处理方式

隧道横(斜)穿暗河、富水溶腔时，针对溶洞、暗河发育特点，按照"排、堵结合"的原则，通过调整水路(抬高或降低过水通道高程)、注浆堵水限量排放、设置泄水洞等措施分别进行处理。处理方式如图 2-5-3 所示。

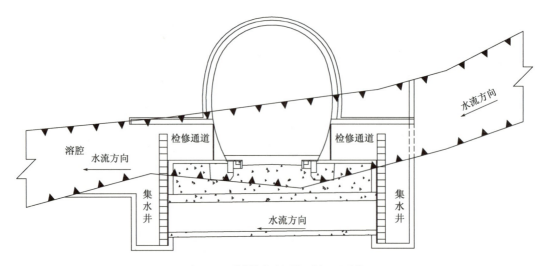

图 2-5-3　隧道横穿暗河设置倒虹吸引排

综上所述,溶洞、暗河地段处理原则应根据岩溶发育特点,综合考虑施工及运营安全,地下水依据"以疏为主、排堵结合、因地制宜"的处理原则,根据溶洞、暗河与隧道的空间关系及溶洞、暗河形态、规模、水压力等情况制订有针对性的处理措施。

5.2　迂回绕避溶腔技术

岩溶是地表水和地下水对可溶性岩层经化学溶解作用和机械破坏作用而形成的。岩石的可溶性和裂隙性以及水的侵蚀性和流动性是岩溶形成的条件,同时地形、降水量、上覆土质等因素与岩溶发育亦有密切关系,水文地质条件不同所表现出的岩溶形态、发育程度则各不相同。岩溶发育的多样性、复杂性、各异性为隧道施工遇大型高压富水溶腔或暗河进行躲避、迂回、绕行得以实现。

5.2.1　迂回绕避溶腔技术

迂回绕避溶腔技术是当隧道掌子面掘进遇大型易发生突水突泥高压富水溶腔或暗河后,考虑到正面突破难度大、时间长、风险高等特点,在掌子面左右侧或后方扩大范围,进行超前精确探明岩溶发育规律后,利用岩溶发育较弱地带,见缝插针、设置迂回导坑绕行通过的一项岩溶处理技术。

该技术是根据岩溶突水突泥溶腔及暗河形成的不同水文地质条件所表现出的岩溶发育的多样性、复杂性、各异性的原理,并利用综合超前地报预测预报精确探测技术,在充分探明高压富水溶腔或暗河及岩溶发育规律后进行躲避、迂回、绕行的安全、快速、高效、经济的岩溶处治关键技术。

遇大型突水突泥溶腔迂回绕行技术有其显著的工程意义:

(1)快速迂回绕行超前施工发挥其超前地质探测的作用,为正洞施工提供更为准确的地质预报,规避施工风险,保障施工安全;

(2)为超前正洞向前开辟工作面,加快施工进度;

(3)有利于施工通风和排水,改善掌子面的工作条件;

(4)迂回绕行后采用多方位钻孔对高压富水溶腔进行排泄降压,降低处理风险及难度,可大大降低投资;

(5)有利于施工及运营期间的逃生及救援。

5.2.2　在野三关隧道中的应用

1)溶洞规模及形态特征

野三关隧道 DK124+602 溶腔,主溶腔位于Ⅰ线 DK124+580~DK124+640 左侧40m、左上方 100~250m 附近,向上与地表连通,向下在 DK124+605、DK124+596、DK124+583 三处与隧道连通;向右侧逐渐尖灭,发育成宽张裂隙。充填物为灰岩块石、砂卵石、淤泥及水,"DK124+602"突水突泥突石溶洞溃口在 DK124+602~DK124+605 左侧边墙,溶洞总涌水量达 2600 万 m³(图 2-5-4~图 2-5-6)。

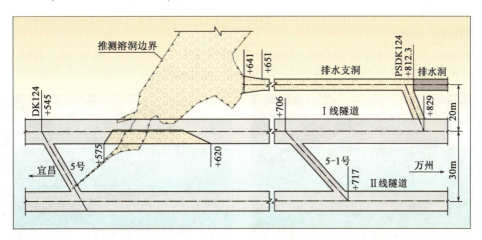

图 2-5-4　溶洞平面形态图

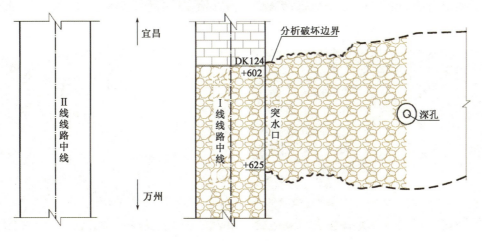

图 2-5-5　溶腔平面图

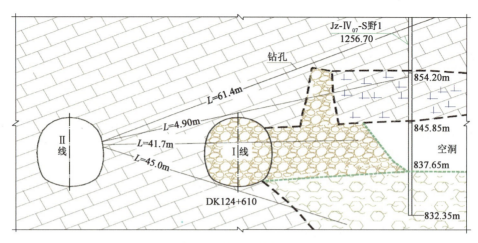

图 2-5-6　溶腔典型横断面图

2）突出物特征

突出物有 4 种：部分栖霞组灰岩块体；泥、炭质半固结角砾岩块体；地下暗河成因的砂及砾石；栖霞组灰岩块体。

根据地质探查资料及开挖揭示，分析判断：溶洞主要发育在 DK124+583～DK124+640 左侧及拱顶，充填物为灰岩块石、砂卵石、淤泥及水（图 2-5-7～图 2-5-10）。

图 2-5-7　灰岩块石

图 2-5-8　溶洞一角

图 2-5-9　涌出的角砾岩

图 2-5-10　涌出的砂及砾石

3)水量特征

溶洞位于灰岩与碎屑岩接触带附近的灰岩中,地下水主要来自水洞坪洼地、3号暗河和苦桃溪河水。涌水量与降雨密切相关,根据水文观测降雨量观测曲线(图2-5-11)表明,一般降雨的第2天涌水量开始明显增大,第3天达到峰值,第4天开始衰减,与试踪试验基本一致。不降雨或小雨期间,溶洞的涌水量为(2~5)万 m^3/天,连续中雨及中到大雨期间,涌水量约为13万 m^3/天。

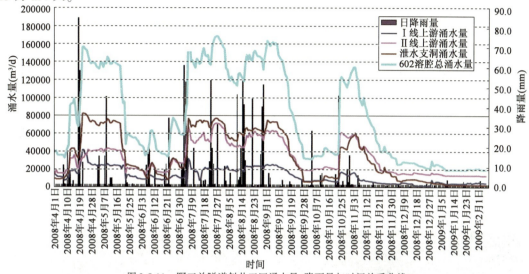

图2-5-11 野三关隧道斜井工区涌水量、降雨量与时间关系曲线

4)突水点情况

地下水主要由大气降水补给,补给区位于大坪、水洞坪等地区,汇水面积14.57km^2,垂向岩溶如落水洞、岩溶漏斗、洼地等极为发育。补给条件及径流条件好,多以暗河的形式在苦桃溪一带出露。隧道洞身处于地下水位以下,虽不会遭遇大的暗河系统,但通过断层破碎带,易将岩溶水导入隧道。隧道施工过程,多处沿裂隙涌水(表2-5-1),此时3号暗河已基本断流。

野三关隧道出口Ⅰ、Ⅱ线及斜井典型突(涌)水点统计表　　　表2-5-1

涌水点里程	部 位	最大涌水量(m^3/d)	涌水点里程	部 位	最大涌水量(m^3/d)
DK124+652	右侧边墙	28000	ⅡDK124+585	左侧边墙	14000
DK124+662	右侧边墙	5000	ⅡDK124+595	左侧边墙	25000
DK124+671	左侧隧底	14000	ⅡDK124+663	右侧上台阶底部	15000
DK124+680	左侧边墙	13500	ⅡDK125+578	右侧边墙	11000
DK124+706	右侧拱部	6000	ⅡDK125+590	左侧隧底	12000
DK124+712	左侧边墙	6000	ⅡDK125+720	右侧边墙	14000
DK125+741	右侧边墙	6000	ⅡDK125+751	右侧边墙	2800
DK125+765	右侧拱部	1200	XDK1+327	边墙	4300
DK125+810	拱顶	1500	XDK1+500	左边墙	3000
ⅡDK124+519	左侧拱顶	16000	XDK1+667	右边墙	1000

(1) 正洞涌水情况

Ⅰ线 DK125+530~DK125+820、DK124+620~DK124+920 段开挖揭示 9 处较大的涌水点,合计最大涌水量为 8.12 万 m^3/d(不含 DK124+602 突水);Ⅱ线 ⅡDK125+500~DK125+785、ⅡDK124+390~DK124+930 段开挖揭示 10 处较大的涌水点,合计最大涌水量为 11.63 万 m^3/d;Ⅰ、Ⅱ线隧道合计最大涌水量 19.75 万 m^3/d,水清;涌水点附近岩体完整,整体稳定,为宽张裂隙、小型溶管涌水。

(2) 斜井涌水情况

斜井施工中共揭示大小涌水点 30 处,其中有 3 处较大的涌水,合计涌水量 0.83 万 m^3/d,水清,涌水点附近岩体完整、整体稳定,为裂隙、小型溶管涌水,与水洞坪地表水没有明显的水力联系。

(3) 迂回导坑涌水情况

迂回导坑施工至Ⅱ线 DK124+648 处时,掌子面揭示一涌水岩溶裂隙,最大涌水量约 1.55 万 m^3/d,水清,掌子面为完整灰岩、整体稳定。

由于Ⅰ、Ⅱ线、斜井、迂回导坑揭示的涌水点在同时涌水,释放了周围地下水水压,迂回导坑实测地下水静水压力 0.78~1.2MPa,如图 2-5-12~图 2-5-17 所示。

图 2-5-12 迂回导坑涌水

图 2-5-13 Ⅱ线 DK125+590 左侧边墙涌水

图 2-5-14 Ⅱ线 DK124+663 上台阶底部涌水

图 2-5-15 Ⅱ线 DK124+595 左侧边墙涌水

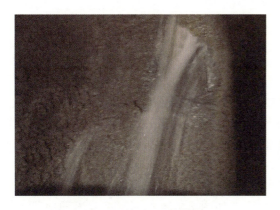
图 2-5-16　Ⅱ线 DK125+810 拱部涌水

图 2-5-17　Ⅱ线 DK124+652 右侧边墙涌水

5）平导坑迂回躲避 602 溶腔

绕行方案确定：

（1）野三关隧道平导施工至 PDK125+561 时，综合超前地质预报发现前方 5～15m 发育大型富水溶腔，为加快施工进度，尽快贯通平导形成顺坡自然排水，经四方研究确定通过 PDK125+530 处开辟横通道经Ⅰ线正洞内绕行，按平导断面施工，进一步探明前方地质情况。

（2）施工至 PDK125+630 时，超前地质预报发现前方围岩完整，少量裂隙渗水，决定绕行结束，开辟 PDK125+654 横通道，返回Ⅱ线平导。

（3）施工至 PDK125+733 处，超前地质预报判定前方为大型岩溶管道，充填粉细砂，开挖揭示可能会造成洞内涌砂及大量涌水，经四方会议研究决定，返回 PDK125+654 横通道，继续从Ⅰ线正洞绕行，如图 2-5-18 所示。

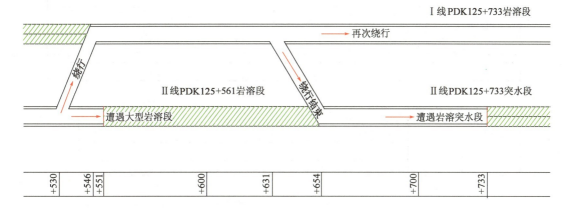

图 2-5-18　岩溶突水段绕行方案示意图

通过绕行，使隧道施工关键线路避开了大型突水突泥段落，缩短了整个隧道的贯通时间，进一步探明了前方地质条件，为岩溶段的处理提供了"包围"探测的必要条件，为大型富水岩溶段的安全稳妥处理，提供了足够的时间与空间。

5.2.3 在大支坪隧道中的应用

1）超前地质预报探测到990大型溶腔

(1) 溶洞形态及充填物特征

当大支坪隧道Ⅱ线先期按平导开挖PDK132+990掌子面时,两次发生大规模突水突泥,由于该溶腔影响洞身纵向130m,横向约280m,且直接或间接连通,故得名"+990溶腔异常体"(简称:990溶腔)。该岩溶异常体根据综合超前地质预报及开挖揭示的地质情况,探明Ⅰ线DK132+947～DK132+958、DK133+004～DK132+027间、Ⅱ线DK132+913～DK132+921、DK132+973～DK132+997间发育大型富水充填溶腔,溶腔基本上沿层面及岩层走向发育,Ⅰ、Ⅱ线溶腔贯通,尖灭于排水洞左边墙,溶腔形态如图2-5-19所示。溶腔不同地段不同时间充填物改性质有所变化,主要为砂卵石及黏土,如图2-5-20、图2-5-21所示。

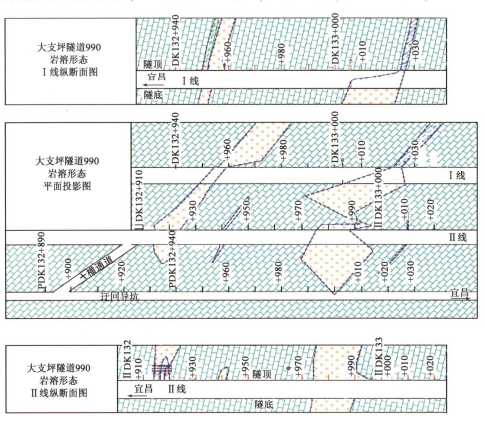

图 2-5-19　990溶腔形态图

(2) 水文地质特征

990溶腔发育地层为三叠系嘉陵江组下部和大冶组上部灰岩,向斜构造,如图2-5-22所示。地表为水谷坝洼地,发育多个落水洞,洞身穿越处发育有F3断层。岩溶和地下水发育主要受构造和地层控制,由于大冶组底部为泥岩和页岩地层,为相对阻水层,有利于处于该阻水层上部的灰岩地层岩溶和地下水发育。地下水流向由北东流向南西,排泄于野三河下游。地下水主要接受大气降水补给,地表深孔测得的地下水位埋深 100m 左右(高程 943m),洼地汇水面积 6.06km²。

图 2-5-20　充填物为砂及卵砾石

图 2-5-21　充填物为淤泥质黏土

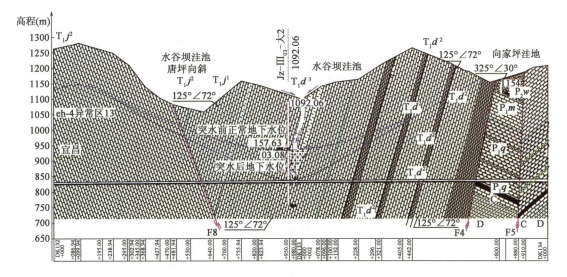

图 2-5-22　大支坪隧道 PDK132+990 溶腔段水文地质纵断面图(1:5000)

① 涌水量及水压观测

通过对 990 溶腔各掌子面揭示后的涌水观测,该溶洞最大涌水量 5 万 m³/d(Ⅱ线ⅡDK132+973 处,2006 年 10 月 1 日),正常涌水量 3000m³/d 左右。由于该段水文地质条件复杂,可能原自然排泄通道存在作用,隧道穿越揭示段可能未完全袭夺全部洼地地下水。

溶腔与地表岩溶洼地通过岩溶管道、裂隙相通,地下水受大气降水补给明显,降雨后雨水补给地下水迅速,一般雨后 8~12h 洞内涌水开始明显增大,停雨后 1~3d 内洞内涌水恢复正常。图 2-5-23 为 990 溶腔降雨量、涌水量与时间关系曲线图。溶洞段水压虽受降雨影响,由于溶腔被泥砂充填排水通畅性差,监测水压为溶腔充填物渗透水压力,监测到最大水压 0.24MPa。图 2-5-24 为 990 溶腔降雨量、水压与时间关系曲线图。

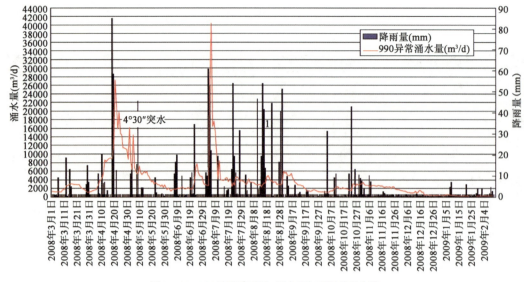

图 2-5-23 990 溶腔降雨量、涌水量与时间关系曲线

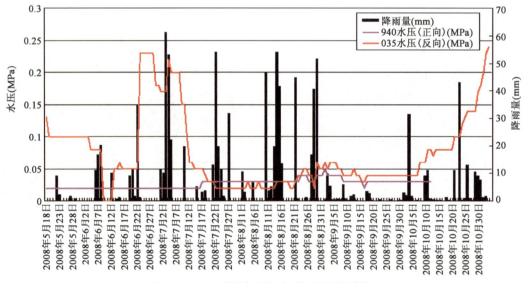

图 2-5-24 990 溶腔降雨量、水压与时间关系曲线

②溶腔段涌水量预测

990 溶腔异常岩溶水主要为降雨补给,补给面积约 6.06km², 由水谷坝洼地汇集,通过岩溶管道径流至 990 溶腔。预测涌水量见表 2-5-2。

990 溶腔段涌水量预测表　　　　表 2-5-2

频 率	隧道涌水量	降雨量(mm)	集水面积(km²)	涌水量(万 m³/d)
—	正常涌水量	15	6.06	1.04
5 年一遇	最大涌水量	97.30	6.06	6.76
20 年一遇	最大涌水量	151.2	6.06	10.50
50 年一遇	最大涌水量	177.1	6.06	12.31

③ 990 溶腔地质评价

a. Ⅰ线 DK133+004～DK133+027、Ⅱ线Ⅱ DK132+973～DK132+997 段主溶腔体

根据综合超前地质预报、开挖揭示、水文地质观测及充填物特征,Ⅰ线 DK133+004～DK133+027、Ⅱ线 DK132+973～DK132+997 段主溶腔体在洞身段为同一岩溶发育带,具有较强的水文地质联系。由于该段洞身影响宽度大,充填物量极大,突水突泥后排泄通道仍不通畅,强降雨易造成水压积聚后发生多次突水突泥风险,施工中应高度关注Ⅰ、Ⅱ线相互干扰及安全影响。

b. Ⅱ线 DK132+914 溶腔

在Ⅱ线 DK132+913～DK132+920 间发育两段充填溶洞,分布在Ⅱ线 DK132+913～DK132+917.5 及Ⅱ线 DK132+918～DK132+920 间,简称"914 溶腔"(图 2-5-25),在Ⅱ线 DK132+913.9～DK132+915.8 距隧道顶约 3.3m 处被完整块石封住。914 溶腔具有相对独立性,其与 990 溶腔的水力联系较弱,但都处于水谷坝洼地水文地质单元中,接收大气降雨补给。突水突泥后无雨期溶腔稳定。

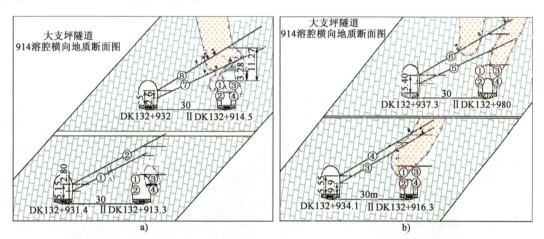

图 2-5-25 914 溶腔地质横断面图(尺寸单位:m)

c. Ⅰ线 DK132+947～+958、Ⅱ线 DK132+947 溶腔

在洞身处为同一岩溶发育带,且有较强的水文地质联系,由于发育为宽张裂隙,施工安全相互影响较小。

2) 990 富水充填溶腔突水突泥情况

(1) 排水洞 PDK132+930、PDK132+940 突水涌砂

2006 年 7 月 26 日,排水洞开挖至 PDK132+928 处,探测掌子面前方约 2m 处出现超长炮孔涌水,涌水射程 12m,掌子面左上角起拱线处爆破揭示宽约 1m 的岩溶宽张裂隙,发生突水涌砂,并夹带部分卵石,涌砂量约 300m³,如图 2-5-26 所示。

(2) 平导 PDK132+960 突水

2006 年 9 月 4 日,平导开挖至 PDK132+960 处,掌子面爆破开挖后发生大规模突水,夹带少量泥砂,瞬时涌水量达 1500m³/h。随后经观察,PDK132+960 位置发育岩溶裂隙,裂隙沿隧道纵向宽 0～2m,横向长约 10m,溶洞周围岩层完整。2006 年 9 月 8 日暴雨后,岩溶裂隙涌

水量达 $4200m^3/h$，无雨期正常涌水量约为 $400m^3/h$。该溶洞发育于三叠系大冶组灰岩中，该段灰岩为薄层，岩层近直立，溶洞沿层面裂隙发育。

图 2-5-26　排水洞 PDK132+930、PDK+940 突水涌砂

（3）平导 PDK132+990 突水突泥

2006 年 9 月 29 日 3:00，平导开挖至 PDK132+990 处，掌子面爆破开挖后，发现掌子面拱顶掉块，并有淤泥从拱部挤出，安全员立即撤离洞内人员。随后掌子面发出轰隆巨响，大量软塑状淤泥涌出。半小时涌水量 10 万 m^3，至 10 月 1 日 2:30，水量变小，涌水量稳定为 $400m^3/h$，涌泥至 PDK132+480 处停止，涌泥量约 $7000m^3$，如图 2-5-27 所示。

图 2-5-27　平导 PDK132+990 突水突泥

（4）平导 PDK132+990 二次突水突泥

2007 年 2 月 22 日，平导清淤至 PDK132+960 时，再次发生突水突泥，瞬时涌水量为 $5000m^3/h$，约 2h 后，涌水量稳定为 $350m^3/h$，涌泥量约 $8000m^3$。由于应急救援及逃生系统完善，无人员伤亡。之后清淤至 PDK132+930 处施作 3m 厚 C20 混凝土封堵墙。

（5）Ⅱ线 DK132+914 突水突泥

2008 年 4 月 30 日 21 时，该隧道进口工区Ⅱ线 DK132+914 发生突水突泥，如图 2-5-28 所示，持续 10 余分钟，突泥至掌子面后方约 200m 处，掌子面涌泥砂高度约 3m，涌泥砂量约 $3000m^3$，后水量稳定在 $300m^3/h$，未造成人员伤亡。

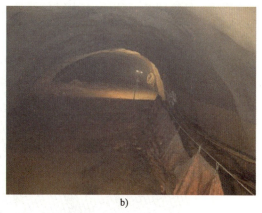

图 2-5-28 ⅡDK132+914 揭示溶腔后突水突泥

(6) Ⅰ线 DK133+005~DK133+017 突水突泥

2009 年 5 月 15 日大支坪地区突降暴雨,截至 5 月 16 日凌晨 7 时累计降雨量达 51.7mm,降雨后 8~12h 后洞内涌水量变大。5 月 16 日 18:46 时Ⅰ线 DK133+005~DK133+017 发生大型突水突泥,如图 2-5-29 所示。19:05 时涌水量异常增大至峰值,监测到瞬时涌水量 35.9 万 m³/d,突泥总量 1.2 万 m³,主要为泥砂、砾石、淤泥等,涌水量 1.3 万 m³。突泥段落部分初期支护破坏,如图 2-5-30 所示,溃破口位于Ⅰ线右侧拱顶上约 10m,并延伸至Ⅱ洞顶 25.7m 处与原 990 突水突泥通道相连通。由于 5 月 15 日晚不满足安全进洞条件,人员及时撤离无人员伤亡。

图 2-5-29 突水突泥淤积Ⅰ线正洞　　　　图 2-5-30 突水突泥溃破口破坏双层初期支护

3) 迂回躲避 990 溶腔

大支坪隧道Ⅱ线平导施工中,分别在 PDK132+936 遇顺层岩溶涌水、PDK132+960 处遇岩溶管道水,特别是 9 月 29 日当Ⅱ线按平导断面施工至 PDK132+990 时,拱顶突遇大型充填溶腔,造成较大突水突泥,水量约 1 万 m³/d,总突泥量约 1 万 m³。根据设计资料显示,此大型异常区横跨Ⅰ、Ⅱ线及迂回导坑,影响区域宽 280m,长约 440m,异常区核心体积达 1.5 万 m³ 以上,多为岩溶发育充填流塑性泥砂及高水压。为早日实现安全突破,充分挖掘地质潜力,依靠技术手段,对地质进行精确探测,采取了"就地封堵+迂回绕行"的方案,在平导右侧 30m 处设迂回导坑,见缝插针,利用岩溶发育较弱地带迂回通过,取得了成功。

迂回绕行方案如图 2-5-31、图 2-5-32 所示。

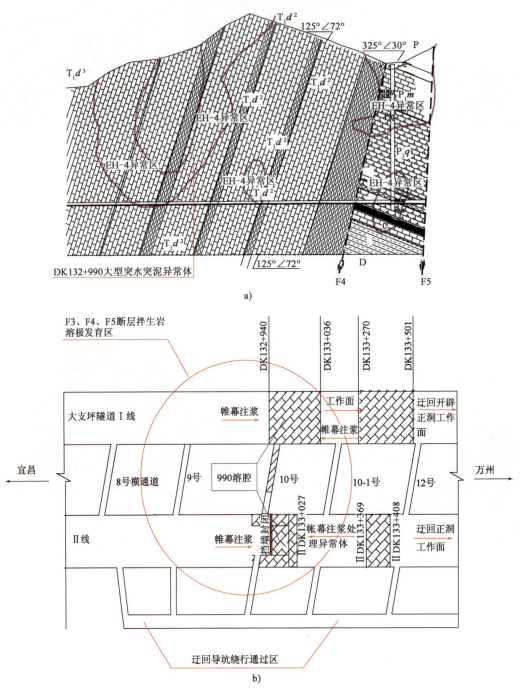

图 2-5-31 迂回绕行方案

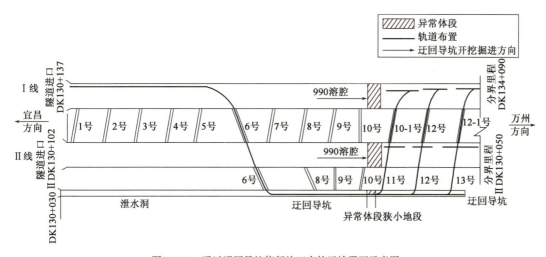

图 2-5-32 通过迂回导坑绕行施工有轨运输平面示意图

注：Ⅰ线全长 3893m，Ⅱ线全长 3928m，迂回导坑长 2119m。

4）迂回绕行躲避 PDK131+547 岩溶管道高压富水溶腔技术

2005 年 5 月 24 日，TSP 及地质雷达探明平导 PDK131+547 掌子面前方地质异常后，为了进一步探明其富水规模，沿开挖轮廓线均匀布设了 6 个水平钻孔，掌子面右侧探孔出现较大涌水，左侧探孔均无水。据此及时确定了自掌子面左侧绕行快速通过的掘进开挖方案，成功绕避，如图 2-5-33 所示。

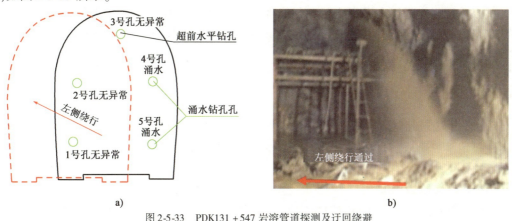

图 2-5-33 PDK131+547 岩溶管道探测及迂回绕避

5.3 释能降压技术

岩溶区隧道工程施工中，岩溶极其发育，极易遭遇高压富水充填溶腔。针对高压富水充填溶腔，国内外通常做法是采用注浆法施工，对于压力相对不高、水量相对不大、充填介质较好的充填溶腔，可以取得理想的效果，工程得以安全顺利通过。但对于水压高、水量大的充填溶腔，虽经注浆，但受注浆技术水平的控制，难免存在注浆堵水盲区。在注浆完成后开挖过程中，注浆盲区被高压水击穿，发生突水突泥灾害，造成经济损失和人员伤亡，同时施工受阻。从多起突水突泥灾害情况来看,针对高压富水充填溶腔所采取的帷幕注浆方法和技术措施是难以从根本上解决施工安全问题。因此,如何掌握高压富水充填溶腔突水突泥规律,顺其自然,规避灾害,研究更为安全可靠、经济适用的高压富水充填溶腔施工技术十分必要。释能降压法正是在这样的背景下,经过长时间研究和工程实践探索而提出的,该技术对今后隧道建设过程中遇到的类似工程有着重要的借鉴和指导意义。

5.3.1　可行性与适用性

根据对国内外岩溶隧道施工方法的调研,没有发现采用释能降压法施工以及有关释能降压法的论述。释能降压法是否可行的关键:一是溶腔内的水量是否有限,能否安全释放;二是充填物的释放量是否可接受,清淤是否安全;三是对环境是否有影响。在可溶岩岩层地区,由于地形的起伏,在低洼处易形成积水盆地。地表水长时间的溶蚀、侵蚀形成了形状各异的岩溶洼地、槽谷,在水压力作用下,地表水向岩体内富集转为地下水,随着溶蚀和水的不断补给,溶槽、溶腔、管道和暗河内充填大量细砂、砂土、黏土、碎石土等并富水。岩溶发育的最大特点是溶腔的大小、走向、水量没有一定的规律,事先无法定量的勘测清楚。实践表明,隧道揭示溶腔时排放的为静态岩溶水,每次降雨后排放动态水,设置泄水洞可满足水量排放的要求,接近溶腔时采用控制爆破可以进行安全释放。隧道通过溶腔对于整个岩溶系统来说只是局部,充填物的排放数量有限,可以进行清除,由于消除了高水压风险,清淤是安全的。

当隧道施工中通到高压富水充填溶腔或含水淤泥、砂层填充的溶腔,经评估对环境无影响时,可以采用释能降压法进行施工。释能降压宜选择在无雨或少雨的旱季进行。因为"释能降压"后开挖、支护和结构处理需要一定的时间,如果在雨季施工,不断补给的雨水将给施工带来安全隐患。

5.3.2　主要技术内容

释能降压法是针对高压富水充填溶腔的一项综合处治技术,释能降压法实施分为查找溶腔阶段、锁定溶腔阶段、打开溶腔阶段、处治溶腔阶段共四个阶段。释能降压法实施程序如图 2-5-34 所示。

1)查找溶腔阶段

查找溶腔阶段主要包括超前地质预测预报和岩溶特征分析两个方面的内容。超前地质预测预报是指经过采取物探和钻探方法,查找隧道前方是否发育溶腔。岩溶特征分析是指通过超前地质预测预报查找到隧道前方发育溶腔后,应进一步确定溶腔处理必须具备的一些重要特征,以及工程地质及水文地质参数。

(1)地质预测预报技术

通过对各种超前地质预测预报方法进行综合分析评价来查找溶腔。制订了地质素描、TSP203、地质雷达、红外线探水、超前深孔钻探和风钻加深 5m 浅孔钻探共 5 种必探方法。经过长期的实践检验证明:地质素描为确定前方宏观地质条件起到了很大的作用;TSP203 对岩溶探测准确率约为 50%;地质雷达和红外线探水对岩溶及岩溶水难以起到应有的超前预测预报定量分析作用;超前深孔钻探和风钻加深 5m 浅孔钻探预报准确率几乎达到 100%。因此,在后期超前预测预报方案中,为有效地规避风险,对预测预报模式进行调整:采取以地质素描和 TSP203 先行,以钻孔为主的超前预测预报模式,如图 2-5-35 所示。

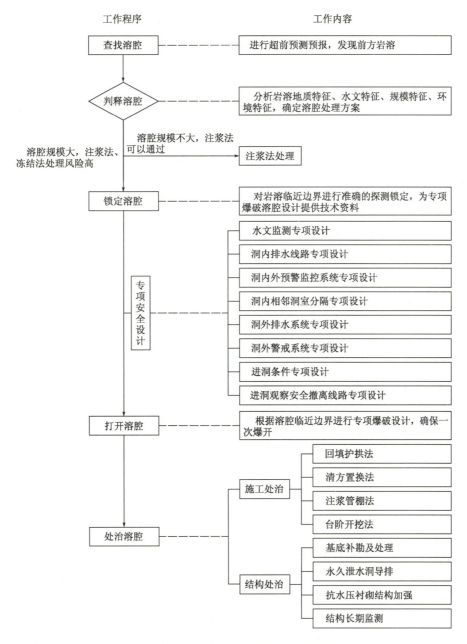

图 2-5-34　释能降压法工作程序与工作内容结构组成

(2)判释溶腔

分析岩溶地质特征、水文特征、规模特征、环境特征,确定溶腔处理方案。如果溶腔规模不大,注浆法可以通过;如果溶腔规模大,注浆法、冻结法处理风险高,可以采用释能降压法处理。

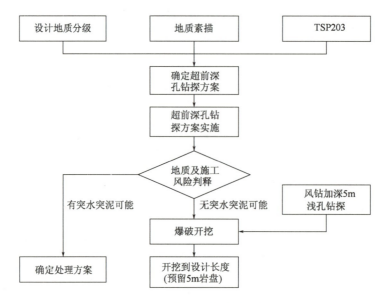

图 2-5-35　超前预测预报模式图

2) 锁定溶腔阶段

锁定溶腔是释能降压的关键,它对溶腔精确爆破起到决定性作用。在释能降压时,泄水洞掌子面与岩溶之间的岩体也被称为岩塞。岩塞厚度的选定是保证施工安全和设计合理的主要因素。对于排孔爆破而言,预留岩塞越薄,可以减小钻孔的工作量和爆破用药量,也减轻了爆破振动的影响。但是,岩塞越薄越危险,并且,塞体部位节理、裂隙、地下水及岩塞上部水泥压力对钻孔影响越大,装药施工时会越困难,孔中的水压力可能会把炸药冲出孔外,影响爆破效果。岩塞厚度的选取与地质条件、岩塞尺寸、上覆水泥压力等因素有关。确定岩塞厚度主要采用以下方法:结构力学方法;FLAC3D的数值方法;经验类比法。根据计算模拟分析和工程实践验证,对于完整灰岩确定 2.5~3m 岩塞作为隧道开挖接近溶腔的临界距离。

隧道接近溶腔时,通过钻探对溶腔临近界面进行区域锁定。原则上对掌子面按上中下、左中右分别布置钻孔,采用风钻钻探,钻深 5m,根据钻进速度、排渣情况、水量大小,按区域确定溶腔岩盘厚度。必要时,可通过取芯进行确认。如马鹿箐隧道"978 高压富水充填溶腔"掌子面前方的精确边界如图 2-5-36 所示。

在确定岩塞尺寸后,在距离岩塞一定距离开始进行岩塞爆破的预设计并进行钻爆开挖,为岩塞爆破提供科学合理的钻爆参数。通过研究可知距离岩溶 1 倍洞径时时安全的,考虑爆破施工影响,把距离岩塞 2 倍洞径段作为近接岩塞段。在 2 倍洞径至 1 倍洞径段,爆破进尺不能超过 2m;在 1 倍洞径以内,一般进行 4 次预设计和开挖,确保第 5 次爆破(岩塞爆破)获得成功。前 4 次爆破进尺为:第一循环进尺为 1.5m,第二循环进尺为 1m,第三循环进尺预设计为 0.8m,第 4 次 0.5m(本次循环根据现场超前探孔探测结果对本次进尺进行调整,确保最后一次岩塞的全岩盘厚度)。

3) 打开溶腔阶段

打开溶腔阶段是指隧道掌子面到达高压富水充填溶腔临界距离后,采取专项精确爆破设计进行高压富水充填溶腔的爆破揭示,从而对溶腔内所聚积的水和充填物进行释放,消除能量。专项精确爆破设计是根据工程的具体临界距离和断面大小进行专项设计,要求爆破后揭开溶腔断面面积不小于2m×2m,以利于高压富水充填溶腔能量的快速、彻底释放。岩塞(掌子面与溶腔之间的岩体)爆破必须做到"爆通、成形、安全"。

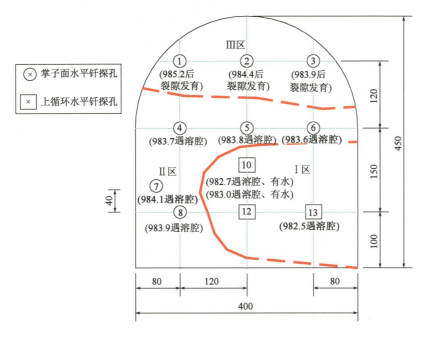

图 2-5-36　泄水洞溶腔边界锁定图(尺寸单位:cm)

(1)岩塞爆破设计方案

岩塞爆破通常采用钻孔爆破法、洞室爆破法和钻孔与洞室相结合的爆破设计方案。由于钻孔设备和爆破器材的快速发展,洞室爆破法很少使用。目前,岩塞爆破主要采用钻孔爆破法和钻孔与洞室相结合的爆破法。

①钻孔爆破方案

钻孔爆破法施工条件好,比较安全可靠。但需要有良好的施工机械设备,且爆破网路比较复杂,同时钻孔孔底离水界面距离近。国外钻孔机械和爆破器材比较先进,故常用钻孔爆破方案。

② 洞室与钻孔相结合的爆破方案

岩塞上部有大量淤泥时,一般采用洞室爆破法。洞室中的药包能量集中,爆通岩塞和淤泥的把握性大,在现场爆破试验和实际工程中得到验证,并且爆后淤泥漏斗和岩塞断面的成型较好。

(2)排孔爆破参数计算

①掏槽孔爆破参数计算

单位岩石炸药消耗量为 $2.0 \sim 2.5 \text{kg/m}^3$,按抛掷率60%计,爆破作用指数1.4。要保证上部抵抗线 $W_上$ 小于下部抵抗线 $W_下$,爆破方向向上,起到揭顶掏槽作用。掏槽孔药量 $Q =$

$K(0.4 + 0.6n^3)W_{上}^3$，$K = 2.0 \sim 2.5 kg/m^3$，n 为爆破作用指数,抛掷爆破时取 1.4。

爆破上破裂半径：$R_{上} = W_{上} \cdot (1 + n^2)^{\frac{1}{2}}$

爆破下破裂半径：$R_{下} = W_{上} \cdot (1 + \beta n^2)^{\frac{1}{2}}$

②主爆孔爆破参数计算

主爆孔排间距为 50~60cm,主爆孔单孔药量为：

$$q_{单} = \pi \cdot d^2 \cdot \Delta / 4 \qquad (2\text{-}4\text{-}1)$$

式中：d ——药卷直径；

Δ ——炸药密度。

③周边孔参数计算

周边眼间距为40cm,线装药密度为：

$$q_{线} = 0.124 \cdot \sigma_{压}^{0.58} \cdot \alpha^{0.87} \cdot d^{0.13} \qquad (2\text{-}4\text{-}2)$$

式中：$\sigma_{压}$ ——岩石极限抗压强度。

一般,岩塞爆破的炸药单耗为 3~4kg/m³。

④爆破网路设计

a. 岩塞爆破采用双复式非电起爆网路起爆,由两组电雷管引爆。周边孔使用导爆索作为起爆体,主导爆索端部使用复式双发非电雷管联网。其余炮孔使用复式双发非电雷管和导爆索作为起爆体,组成双回路分别与击发电雷管连接,最后与起爆电源连接。段间延时间隔 50ms。

b. 非电雷管复式网路连接

周边孔导爆索由非电雷管起爆,形成两组共 4 发,掏槽孔、主爆孔每孔装 4 发非电毫秒雷管。组成双复式起爆网路(即二簇回路),每簇连线由 2 发电雷管连接引爆。

(3)岩塞爆破施工

为了保证岩塞的成功爆破,施工中需要采用安全稳妥的措施：

①必须至少打一个小直径的贯穿孔(有些工程打 3 个贯穿孔),以探明岩塞与水的分界面深度位置和岩塞表层岩石的强度特性和渗流特性,为药包最小抵抗线和炮孔深度设计获得可靠依据。

②接近岩塞底部的隧洞凿进或岩塞导洞开挖施工中,一定要钻一些超前探孔(可兼做固结灌浆或化学埋漏灌浆用),以确保爆破开挖施工安全。

③要做好临时封孔和堵漏的预防措施准备。

④药室中心位置和钻孔方向与深度控制要有精确测量校核方法。特别是采用钻孔法爆破时,要经过计算,确定钻孔的定位中心后,设置模板拉线,将每一设计孔位投放在岩塞面上。并使用特制的定向固定架控制钻孔方位,确保炮孔空间位置与设计一致。

⑤控制炮孔深度,孔底至临水面的距离一般为 0.3~0.5m。视岩塞地形、尺寸、大小、水深、岩石强度及渗漏情况而定。

⑥钻孔完后,要逐一检查验收,根据实际情况,调整炮孔及孔底的装药量,尽量使岩塞各部位(特别是临水面附近炮孔底部)岩塞体的单位耗药量分布均匀。

⑦要根据水深条件选用耐压抗水专用的爆破器材。所有连接点都应做好防水处理。

⑧起爆网路设计要考虑复式多回路交叉连接系统。分段延迟爆破时应采用孔内延期雷管布置,确保安全准爆。

⑨所有爆破器材都应进行检测试验,证明合格后方可正式使用。并应进行爆破网路整体模拟爆破试验。

4)处治溶腔阶段

(1)施工处治

对高压富水充填溶腔释能降压后,溶腔基本处于零水压,溶腔处理是安全的。溶腔释能降压后,由于受溶腔内充填介质特征、水压力高低、水量大小、释放时机等综合影响,可能会出现三种情况:水和充填介质完全释放、水释放充填介质未释放、水释放充填介质部分释放。根据释能降压后所处的状态,确定施工处治方案。释能降压后溶腔处治方案选择流程如图 2-5-37 所示。

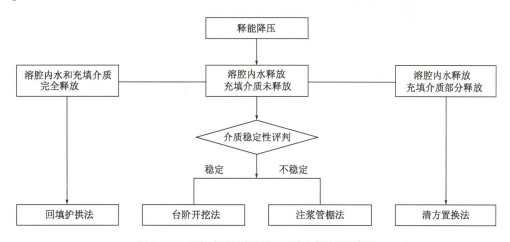

图 2-5-37 释能降压后溶腔施工处治方案选择程序图

①完全释放状态

通过释能降压,溶腔内水和充填介质完全释放出来称为完全释放状态。这主要与溶腔内水压力大、水量充足、充填介质无黏结力等因素有关,同时,也与地表强降雨相关。这种状态下溶腔施工处理采取回填护拱法。回填护拱法结构模式如图 2-5-38 所示。

②水释放介质未释放状态

采取释能降压后水被完全释放,而介质未被释放,这一状态称为水释放介质未释放状态。这主要是由于释能降压时溶腔处于相对枯水季节、溶腔内水压力高但水量不大、溶腔内充填介质为淤泥质或黏土等相对不透水层、溶腔水主要为岩溶发育层面高压裂隙水等情况。这种情况下应对充填介质稳定性进行评判,若充填介质含水量低(一般低于 30%),有一定的自稳能力时,可采取三台阶法开挖处理岩溶,如图 2-5-39 所示。若充填介质含水量高(一般高于 30%),掌子面自稳能力差时,应对充填介质进行超前预注浆加固,同时施作超前大管棚进行超前预支护,以防止开挖过程中发生塌方,如图 2-5-40 所示。

③水释放介质部分释放状态

采取释能降压后水完全释放,而介质部分释放,这一状态称为水释放介质部分释放状态。这主要是由于释能降压时溶腔处于相对枯水季节、溶腔内水压力不高、水量不大、溶腔内充填介质为块石土等因素。针对这种情况,虽然充填介质块石土有一定的自稳定能力,但由于为松散堆积结构,上部荷载大,若采取注浆管棚法,块石土钻孔时极宜造成卡钻,严重影响注浆管棚施作进度。因此,可采取清方置换法进行处治。清方置换法是采取机械对堆积体进行清方,使堆积体空隙率增大,局部形成空洞,然后采取回灌混凝土或水泥砂浆的方法进行空洞回填,对堆积体进行胶结固结,之后采取三台阶法进行开挖支护。清方置换法结构模式如图 2-5-41 所示。

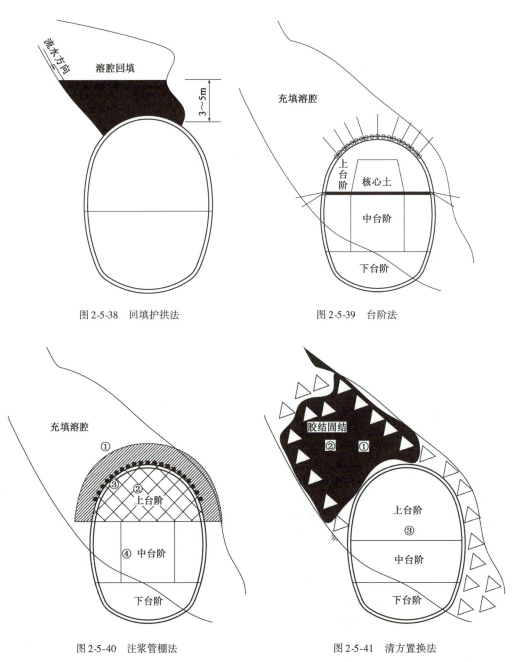

图 2-5-38　回填护拱法

图 2-5-39　台阶法

图 2-5-40　注浆管棚法

图 2-5-41　清方置换法

(2)结构处治

对高压富水充填溶腔衬砌结构应加强,抗水压等级按现场实测水压数据,并结合地表勘察、地质分析综合确定,原则上有泄水洞时,按抗水压力 1.0MPa 为宜。高压富水充填溶腔段初期支护完成后,对隧道基底进行钻探补勘,确定基底岩溶发育深度及基底承载力。原则上,当基底发育深度不超过 2m 时,宜采取 C25 混凝土换填处理;当基底发育深度超过 2m 时,换填施工风险大,同时,考虑到长大隧道整体道床对基底沉降要求高,因此,原则上应采用加强板方案或桩基承台方案进行处理。

(3)排水洞及结构长期监测

①排水洞导排

为确保隧道投入后运营安全,设置永久排水洞对高压岩溶水进行导排是十分必要的。泄水洞根据溶腔点高程,并结合洞外地形条件设置,原则上泄水洞设置为上坡,高程以低于正洞 1.5~2m 以上为宜,坡度一般为 1%~3%。泄水洞断面应能满足排水要求,并结合快速施工要求确定。

②结构长期监测

为全面掌握高压富水充填溶腔在施工及运营过程的受力状况,对结构安全性作出评估,应对高压富水充填溶腔进行结构长期监测。监测项目主要有 8 个,分别为:水压力监测、注浆加固圈稳定性监测、围岩与初期支护间接触压力监测、初期支护内力监测、初期支护与二次衬砌间接触压力监测、二次衬砌内力监测、隧道基底沉降监测以及注浆加固圈渗水量监测。

5)专项安全保障手段

(1)水文监测:水文监测内容包括降雨量、涌水量、水压力、地表水位四个方面。

(2)洞内外预警监控系统:为保证释能降压的安全进行,在洞外调度室设置监控中心,分别在洞内释能降压位置、释能降压点后退一个横通道道口位置、隧道洞口、以及洞外排水线路位置安设监控点。密切监控并记录释能降压全过程。

(3)进洞条件:根据水文监测数据分析,研究地表降雨与洞内排水关系,制定出相应的隧道安全进洞条件,确保施工人员绝对安全。如马鹿箐隧道的安全等级管理见表 2-5-3。

马鹿箐隧道安全等级管理 表 2-5-3

安全等级	日降雨量(mm)	水压力(MPa)	泄水洞排水量(m³/h)	安全状态	施工措施
一	≤10	0.1	1000	正常	日常措施,正常施工
二	10~20	0.15	2500	警戒	加强观测,做好洞内外沟通,正常施工
三	>20	0.15	3000	应急	掌子面停工,人员全部撤离

(4)进洞观察安全撤离线路:通过监控系统掌握掌子面释能降压情况,释能降压后,一般在 24h 后确定无异常时方可进洞观察。为避免进洞观察时出现掌子面不可预见突发性突水时,应选择设计好的合理线路进行撤离。

6)释能降压法与注浆法经济技术比较

释能降压法与注浆法的经济技术比较可以从以下四个方面说明:

(1)安全性

采用释能降压法可以消除突水突泥高风险,而注浆法受目前国内施工水平和施工工艺的限制,很难达到理想的效果,安全风险依然存在。如大支坪隧道2008年4月30日突水突泥就是在注浆完成后开挖时发生的。

(2)进度

注浆法处理溶腔进度平均为10~15m/月,释能降压法处理溶腔进度平均为20~30m/月。

(3)工程费用

注浆法处理高压富水充填溶腔工程费用每延米为15万~20万元,而释能降压法为5万~10万元。

(4)工程可实施性

注浆法工艺复杂,注浆效果不易控制,一般需要专业注浆队伍。而采用释能降压法,释能降压后采用常规施工技术,工程可实施性好、效果好。

5.4 施工优化防排水技术

由于溶腔水压高、水量大、充填物复杂,对溶腔实施排水泄压时,如果不加以引导,溶腔中的水及充填物会对洞内既有结构及设备造成很大破坏,对洞外生产、生活设施造成威胁,因此,排水泄压时必须做好洞内外防排水系统的规划。

5.4.1 洞内防排水系统规划设计

释能降压前,根据释能降压点所处位置,确定合理洞内排水线路,保证岩溶水顺畅排泄。在大量工程实践的基础上,总结出洞内排水系统的规划应遵循以下原则。

(1)顺坡施工后部全贯通,采取封堵横通道顺排,如图2-5-42所示。

图2-5-42 顺坡施工后部全贯通时排水线路

(2)顺坡施工后部局部未贯通,原则上先贯通、顺排。若剩余工程量大,可采取绕排,但要注意绕排对邻近隧道施工的影响,如图2-5-43所示。

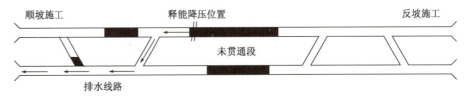

图2-5-43 顺坡施工后部局部未全贯通时排水线路

(3)反坡施工时,先迂回贯通,实施顺排,如图2-5-44所示。

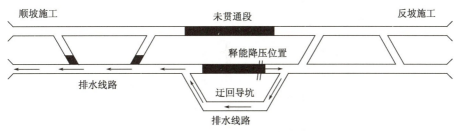

图 2-5-44 反坡施工时排水线路

野三关隧道泄水支洞揭示排泄通道示意如图 2-5-45 所示。

5.4.2 洞内相邻洞室分隔设计

在排放岩溶水过程中,为减少释能降压时水及充填物进入相邻洞室,保证相邻洞室正常施工,应对相邻洞室进行隔离,封堵位置宜选择在横通道靠近排水线路侧。

封堵材料根据工程要求及现场供应条件确定,若为临时封堵,可采用碎石砂袋。若永久性封堵,应采用混凝土材料。封堵时,应在封堵位置按 1m×1m 间距钻深 2m 的钻孔,埋设长 3m 砂浆锚杆,外露 1m,与封堵墙连接成整体结构。

横通道的封堵高度应根据释能特征分析,越靠近释能降压掌子面处,由于排泄物中含有大量固体物质,能量也越大,因此,高度也应越高。原则上,在释能降压掌子面后退 1000m 范围采取全断面封堵,1000m 以外采取半断面封堵。横通道的封堵厚度应进行检算。

横通道封堵后将承受水压力,承受水压力按以下公式计算。

$$F = P_w \cdot A \tag{2-4-1}$$

式中:F——封堵墙承受水压所产生的最大推力(MN);
  P_w——封堵墙承受的水压力(MPa);
  A——封堵墙断面面积(m^2)。

封堵墙所能承受的最大推力为:

$$F' = f + f' \tag{2-4-2}$$
$$f = \mu \cdot N \tag{2-4-3}$$
$$N = 0.001\gamma \cdot V \tag{2-4-4}$$
$$V = A \cdot L \tag{2-4-5}$$
$$f' = \lambda \cdot A' \cdot f_v \tag{2-4-6}$$
$$A' = C \cdot L \tag{2-4-7}$$

式中:F'——封堵墙所能承受的最大推力(MN);
  f——封堵墙与围岩之间的摩擦力(MN);
  f'——封堵墙与围岩之间的黏结力(MN);
  μ——封堵墙与围岩之间的摩擦系数;
  N——封堵墙重力(MN);
  γ——封墙堵重度(kN/m^3);
  V——堵水塞有效段体积(m^3);
  L——封堵墙长度(m);
  λ——堵水塞与围岩之间的黏结有效系数;

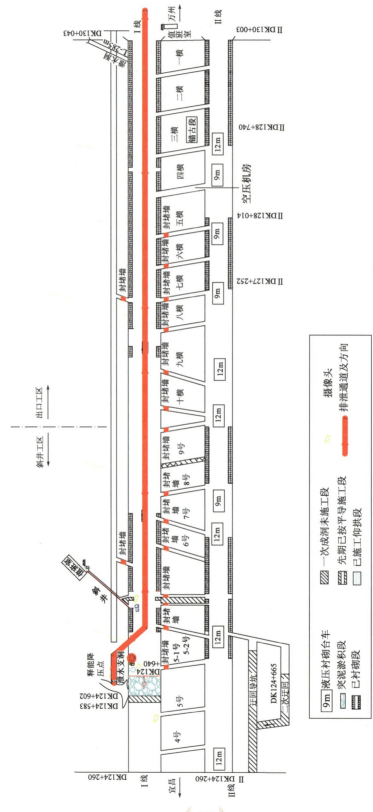

图2-5-45 野三关隧道泄水支洞揭示排泄通道示意图

C ——堵水塞有效结合面周长(m);
A' ——堵水塞有效结合面面积(m²)。
f_v ——堵水塞与围岩之间的黏结应力(MPa)。
安全系数计算公式为:

$$K = \frac{F'}{F} \qquad (2\text{-}5\text{-}8)$$

根据所选择材料,设计的封堵计算安全系数 K 应不小于 2。

野三关隧道封堵情况如下:

(1)封堵范围:5-1 号横通道、5-2 号横通道、斜井喇叭口 2 个通道、6 号横通道、排水洞口(DK124+235)、斜井 7 号至出口 4 号共 10 个横通道及 7 号横通道排水洞口。

(2)封堵要求:

①对 5-1 号横通道、5-2 号横通道、斜井喇叭口 2 个通道、6 号横通道、排水洞口(DK124+235)位置封堵高 2.0m、顶宽 2.0m、底宽 4.0m,材料为洞内原渣。

②对斜井 7 号至出口 4 号共 10 个横通道及 7 号横通道排水洞口位置封堵高 1.0m、顶宽 2.0m、底宽 3.0m,材料为洞内原渣。

野三关隧道横通道封堵墙设计如图 2-5-46 所示。

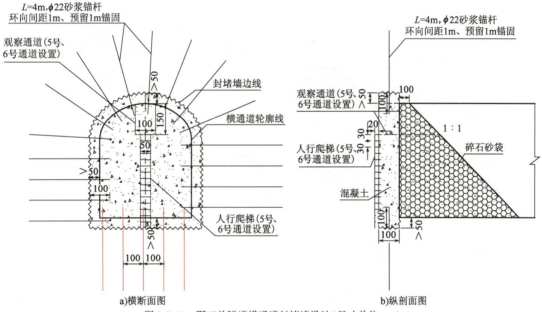

图 2-5-46 野三关隧道横通道封堵墙设计(尺寸单位:cm)

③所有封堵墙内侧采用砂袋码砌,确保排水期间封堵墙稳定。

④所有封堵墙施作前应将周边基岩凿毛、冲洗,以保证封堵墙与基岩有足够的摩擦。

⑤5 号、6 号封堵墙顶部设置宽 1.0m、高 1.5m 的人行通道;5 号、6 号封堵墙外各设人行爬梯一处,人行爬梯采用 $\phi 22$ 钢筋焊接而成,并应与封堵墙连接牢固。

5.4.3 洞外防排水系统设计

1)洞外防排水系统规划

高压富水充填溶腔释能降压前,必须调查洞外环境、查找消水洞、明确排水线路,设置排水沟渠能力不得小于 10000 m³/h,且保证排水通畅,对排水线路中存在安全隐患房屋进行拆除。野三关、大支坪隧道岩溶水排入洞口外部支井河。

2) 洞外警戒系统

实施释能降压前,设定洞外警戒区域、警戒时段、警戒标识等。

5.4.4 工程实例

1) 野三关隧道泄水洞泄水

(1) 野三关隧道高压富水充填溶腔突水

野三关隧道出口段可溶岩占出口段隧道的 90%,隧道主要受 3 号、4 号暗河影响,岩溶强烈发育。地表汇水面积广,洞内涌水受雨季地表径流补给明显且影响时间长,设计最大涌水量 46 万 m³/d。施工中先后遇溶腔 76 处,其中日涌水量大于 1000 m³/d 的涌水点 30 处,最大日涌水量 29.73 万 m³,平均日涌水量 7.92 万 m³。图 2-5-47 为出口段典型岩溶突涌水点情况,其中Ⅰ线隧道 DK124+602 溶腔于 2008 年 8 月 5 日发生突水,并伴有大量泥砂、块石(最大粒径约 2m)涌出,瞬间突泥石量约 5.35 万 m³,峰值总突水量约 15.1 万 m³,最大涌水高度约 7m。

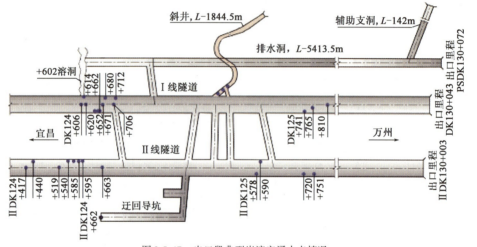

图 2-5-47 出口段典型岩溶突涌水点情况

(2) 602 溶腔探测及特征分析

① 溶腔探测。

602 溶腔突水后,通过Ⅱ线、排水支洞及Ⅰ线正洞反方向对 602 溶腔进行了 27 孔/1222m 探测、地表深孔 1 孔/450m 钻探、地表 3 条测线共 8km 大地电磁物探以及洞内物探和钻探、地下水水量及水压的长期观测等工作。其中洞内物探采用地震映像测试和地质雷达测试,在Ⅱ DK124+405~DK124+620 段共布置了 6 条地震映像测线,测线布置如图 2-5-48 所示,推断Ⅰ测线(上台阶平台上 1m)和Ⅱ测线(上台阶平台上 2.5m)DK124+529~DK124+616 段上台阶开挖平台至隧道拱腰处存在物探异常,分析判断为岩溶发育区或裂隙破碎岩体。

根据地震映像测试结果,对相应段落进行了地质雷达测试,通过对该段左、右边墙、底板测试初步分析:在隧道左边墙Ⅱ DK124+604~DK124+540 前方 6.5~14m 间可能存在裂隙发育带或破碎岩体。

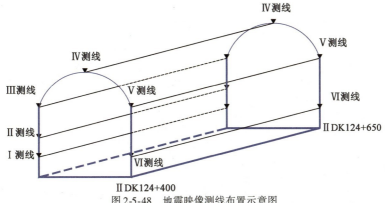

图 2-5-48　地震映像测线布置示意图

根据物探异常资料及突水突泥情况，在突水点前后及物探异常区进行洞内由Ⅱ线向Ⅰ线钻探 21 孔/890.34m，最深孔达 84.3m，最浅孔深 24.02m，钻孔平面布置见图 2-5-49。

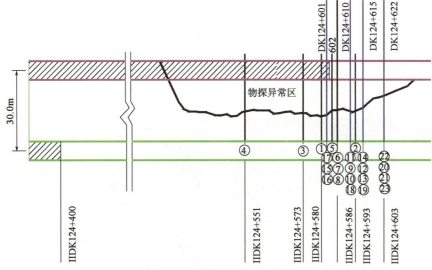

图 2-5-49　钻孔平面布置示意图

分析得到的溶洞规模及形态特征分别如图 2-5-50、图 2-5-51 所示。

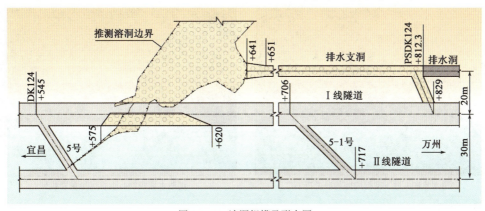

图 2-5-50　溶洞规模及形态图

— 113 —

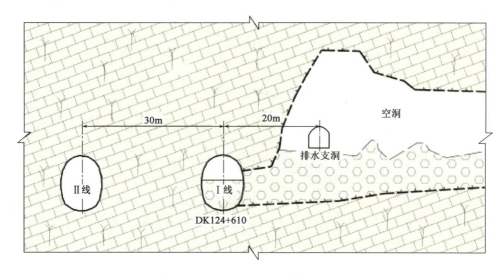

图 2-5-51　隧道与溶洞关系横断面示意图

②突出物特征。

突出物有 4 种:栖霞组灰岩块体;泥、炭质半固结角砾岩块体;地下暗河成因的砂及砾石;栖霞组灰岩块体,如图 2-5-52 所示。

a)突水堆积物1-栖霞组灰岩块体(巨块)

b)突水堆积物2-泥、炭质半固结角砾岩块体

c)透水堆积3-地下暗河成因的砂及砾石

d)透水堆积物4-栖霞组深灰岩块体

图 2-5-52　突出物情况

③溶腔水量水压特征。

野三关隧道斜井工区隧道涌水主要发生在二叠系茅口栖霞组灰岩地层中,揭示大、小涌水点30个左右,DK124+602溶腔是其中较大的涌水点之一。涌水点分布如图2-5-53所示。

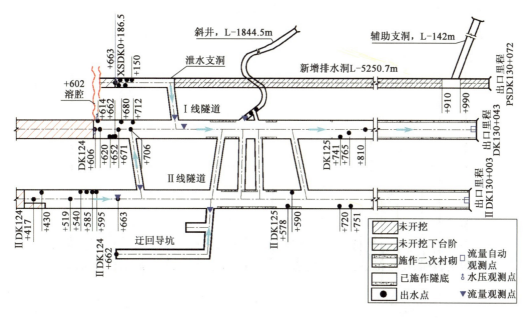

图2-5-53 涌水点分布示意图

a. 水量特征。

溶洞位于灰岩与碎屑岩接触带附近的灰岩中。为了解溶腔水的来源,对水洞坪洼地地表水进行了示踪试验,如图2-5-54所示。

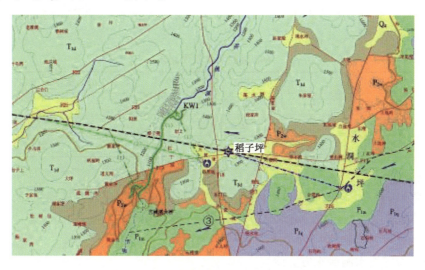

图2-5-54 水洞坪洼地示踪试验平面示意图

试验表明:隧道突水点的水源主要来自水洞坪溶蚀洼地地表降雨汇水区、与3号暗河有关的岩溶水和苦桃溪河水;稻子坪洼地表水主要向苦桃溪排泄,与隧道突水点没有直接关系。涌水量与降雨密切相关,根据水文观测降雨量观测曲线表明,一般降雨的第 2 天涌水量开始明显增大,第 3 天达到峰值,第 4 天开始衰减,与示踪试验基本一致。不降雨或小雨期间,溶洞的涌水量为(3~8)万 m^3/d,连续中雨及中到大雨期间,涌水量为(13~16)万 m^3/d。图 2-5-55 为野三关隧道斜井工区涌水量、降雨量与时间关系曲线。

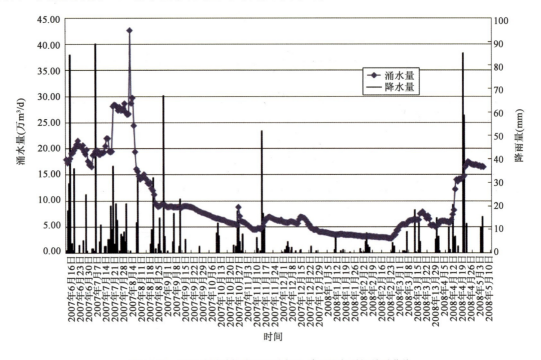

图 2-5-55　野三关隧道斜井工区涌水量、降雨量与时间关系曲线

由 3 号暗河一个水文年的观测流量、降雨量多元回归分析模型及降雨量记录,计算 602 溶腔段涌水量见表 2-5-4。

602 溶腔涌水量预测表　　　　表 2-5-4

频　率	规　模	涌水量(万 m^3/d)
一般情况	正常涌水量	2.7
5 年一遇	最大涌水量	17.6
50 年一遇	最大涌水量	25.7

b. 水压特征

根据观测资料显示:当降雨量较大时,602 溶腔水压未出现急剧升高现象,如图 2-5-56 所示,突水前实测水压为 1.0MPa,突水后,溶洞水压一般在 0.1MPa 左右,周边岩体裂隙水压为 0.3~0.9MPa。

(3)602 溶腔泄水洞泄水方案研究

602 溶腔发生突水后,根据溶洞规模、与隧道空间关系、充填性质、补给量大小、水量水压特征,综合考虑隧道施工安全、进度、工期、投资等因素,遵照"排水减压、超前支护、综合治理"的原则进行治理。

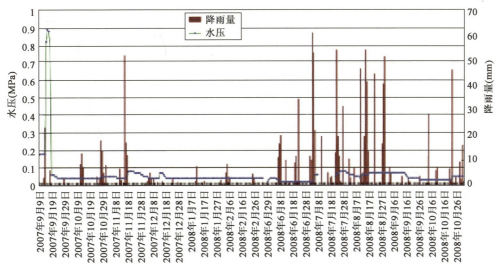

图 2-5-56 602 溶洞水压、降雨量与时间关系曲线

首先由Ⅱ线向溶洞部位打排水孔,如图 2-5-57～图 2-5-60 所示,在 602 溶腔对应Ⅱ线地段(ⅡDK124+581～DK124+608 段)上台阶左侧拱部设置 3 排、共 30 个 $\phi110$ 排水孔,终孔钻至溶洞或宽张裂隙部位,均为有效孔,能满足在 10m 水头高度排水总量大于 $3\times10^4 m^3/d$,不包括无水孔、堵塞孔、贫水孔等;排水孔孔口安装孔口管,并安装法兰盘,部分孔口管安装水压表。

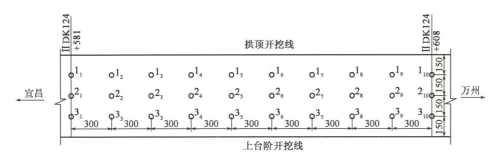

图 2-5-57 排水孔开孔纵剖面投影图

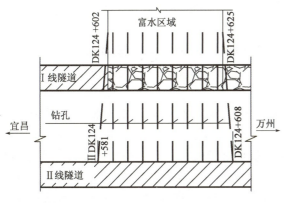

图 2-5-58 排水孔平面布置示意图

图 2-5-59 现场钻孔排水情况

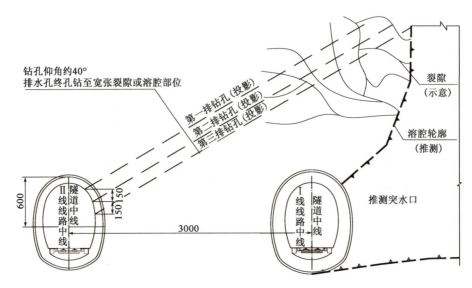

图 2-5-60　排水孔横剖面投影示意图(单位:cm)

考虑到 602 溶腔规模宏大、富水、含泥,并可能伴有大量的充填物,为保证后续工程顺利实施,拟定了排水洞直接接通溶洞、外绕排水支洞接通溶洞排水、内绕排水支洞接通溶洞排水、增设排水支洞接通溶洞排水、小里程端增设排水支洞接通溶洞排水等 5 个方案进行比选研究,如图 2-5-61 所示。

①外绕排水支洞接通溶洞排水:在既有排水支洞 DK124+667 左侧约 7.5m 位置设置外绕排水支洞,长约 31m;起点坑底高程与既有排水支洞坑底高程齐平,向小里程方向设置 15% 的上坡。

②内绕排水支洞接通溶洞排水:在既有排水支洞 DK124+672 右侧约 7.5m 位置设置内绕排水支洞,长约 36m;起点坑底高程与既有排水支洞坑底高程齐平,向小里程方向设置 10% 的上坡。

③排水支洞接通溶洞排水:在Ⅰ线 DK124+670 左侧设置泄水支洞,与Ⅰ线线路中线夹角 30°,长约 32m;纵坡起点坑底高程为 840.7,向小里程方向设置 20% 的上坡。

④小里程端排水支洞接通溶洞排水:清淤至 DK124+555 附近、施作挡墙防护后,在Ⅰ线 DK124+535 左侧约 20m 设置排水支洞,长约 56m;起点坑底高程为 842,向大里程方向设置 20% 的上坡。

⑤排水洞接通溶洞排水:将线左 20m 位置设置的排水洞延长至 602 溶洞部位,实现排水降压的目的;向小里程方向设置 3‰ 的上坡,起点坑底高程与已施作的排水洞坑底高程齐平。

综合考虑岩溶水引排、地下水来水方向、施工工期、工程投资等因素,决定采用第 5 方案——排水洞接通溶洞排水的方案。在出口工区Ⅰ线左侧 20m 处增设长 5413.5m 的排水洞,引排出口工区揭示的岩溶水,确保隧道施工及长期运营安全。泄水洞坑底高程低于对应Ⅰ线隧道水沟底 1.5~2m,出口坑底高程为 813.92m(高于支井河百年一遇水位 3.55m),从宜昌方向依次向万州方向排水洞纵坡为 -5.2‰、-4‰、-2‰、-4‰。为满足施工需求,泄水洞共设

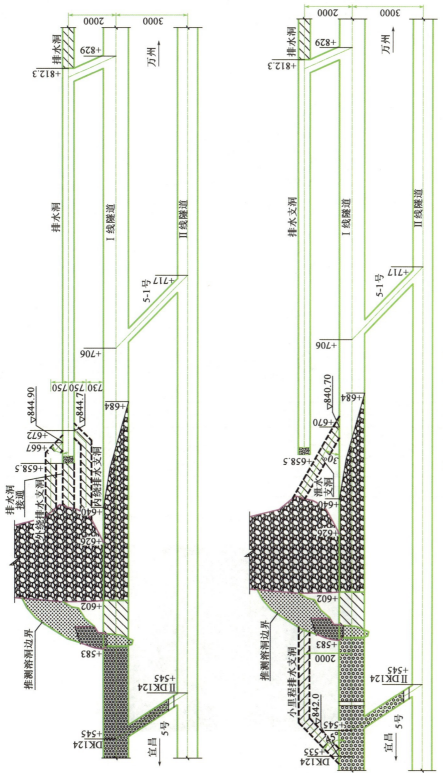

图2-5-61 接通溶洞排水方案平面示意图（尺寸单位：cm）

置错车道12处,每处长50m。泄水洞与溶腔位置关系如图2-5-62所示。其中泄水支洞与Ⅰ线相距20m,高位泄水支洞位于Ⅰ、Ⅱ线中间,在正洞上方7.5m。图2-5-63给出了高位泄水支洞接通溶腔的情况。

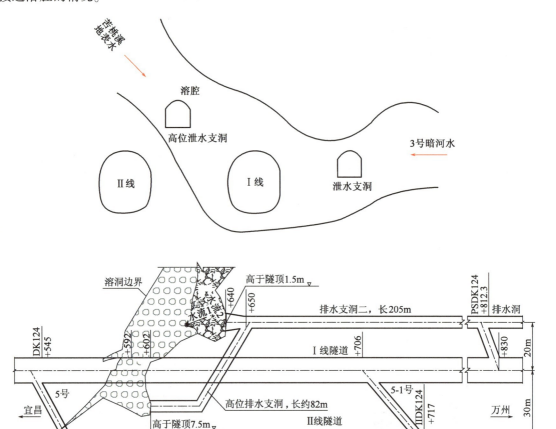

图 2-5-62　野三关隧道泄水洞与溶腔关系示意图

图 2-5-63　高位泄水支洞接通溶腔情况

根据野三关隧道出口工区Ⅰ、Ⅱ线及迂回导坑岩溶涌水点情况,综合考虑该段工程、水文地质条件及施工组织、运营安全,结合现场实际施工情况,为截排各涌水点处的岩溶水,设置9处过水通道连接排水洞,长度约500m,形成完善的排水系统,如图2-5-64、图2-5-65所示。

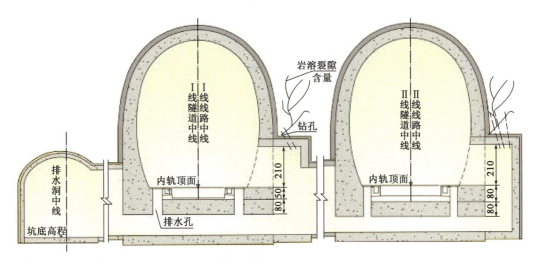

图2-5-64　横向过水通道设计示意图

考虑施工组织需要,结合现场实际情况,非下穿正洞段过水通道采用3m×3.6m(宽×高)的断面,排水支洞采用4m×4.3m(宽×高)的断面。

排水途径:5~9号过水通道引排的岩溶水→排水支洞→迂回导坑→4号过水通道→排水洞;1~3号过水通道直接排至排水洞;排水洞直接接通602溶腔排水,并在排水洞与溶洞相交部位施作混凝土封堵墙和拦栅,封堵墙内预埋排水管,实现释能降压和可控排放的目的。

与过水通道相交段的Ⅰ线正洞水沟下底板预留50cm×100cm(宽×长)、Ⅱ线预留40cm×100cm(宽×长)的排水孔与过水通道连通,分段分流正洞水沟内的地下水,保证水沟排水能力。

为加快排水洞的施工进度,结合现场实际情况,在Ⅰ线隧道与排水洞之间设置7处行车横通道,内净空采用4.0m×4.5m(宽×高)的断面,后期在横通道与排水洞交叉口设置2m厚C20混凝土拦水墙,防止排水洞岩溶水涌入隧道,危害整体道床的长期运营安全。泄水洞接通溶洞段衬砌断面如图2-5-66所示。

排水洞洞口的永久处理:采取接近溶洞段设置反滤层,其后设置混凝土挡墙,挡墙内埋设适量的可控制的排水管,实施控制排放。

为截排排水支洞岩溶水,对已施工段迂回导坑进行落底,落底宽度为2m、深度为1.72~1.98m,如图2-5-67所示。

(4)野三关隧道泄水情况

在Ⅰ线DK124+830左侧20m处增设长度为210m泄水支洞,快速打通突泥点溶腔的排泄通道,确保透水溶腔降压后便于后期处理。

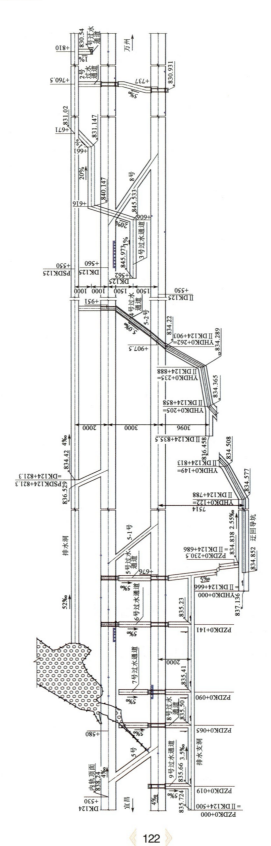

图2-5-65 野三关隧道出口工区过水通道平面示意图(单位：cm)

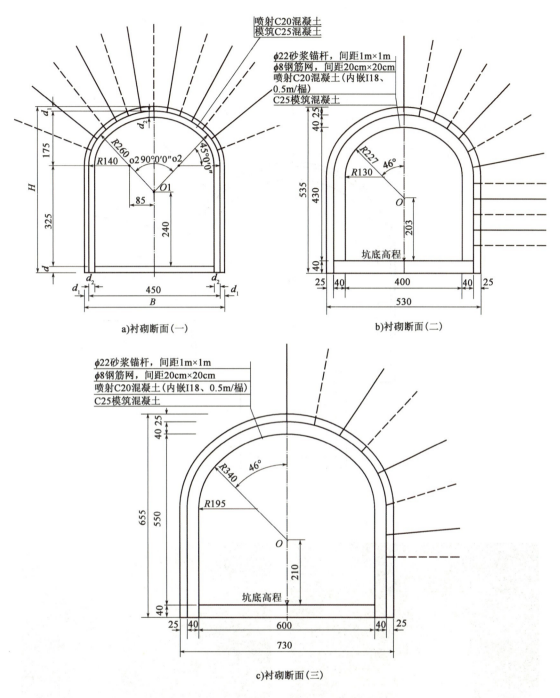

图 2-5-66　排水洞接通溶洞段衬砌断面示意图(尺寸单位:cm)
d_1-初期支护厚度;d_2-二次衬砌厚度;B-隧道宽度;H-隧道高度;以下同

泄水支洞排泄降压分两个阶段：

一是雨季期依靠精确的超前地质探测及临界爆破揭示,多处高压涌水岩溶裂隙快速靠近602溶腔,预留足够安全岩盘后,洞身及掌子面采用辐射状钻孔对高压岩溶水进行排泄降压,实现了雨季期最大排水量 8.4 万 m³/d,大大降低水压风险,为 602 溶腔安全度汛提供安全进洞条件,如图 2-5-68、图 2-5-69 所示。

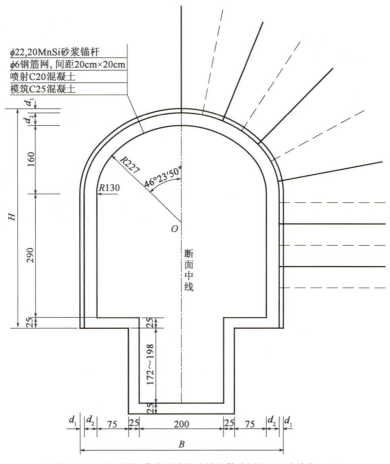

图 2-5-67　迂回导坑落底段支护喷锚整体式衬砌(尺寸单位:cm)

图 2-5-68　泄水支洞水平钻孔泄水降压　　　　图 2-5-69　泄水支洞涌水降压

二是避开雨季期一次爆破揭示溶腔体,最大限度进行释能降压,为溶腔结构快速处理提供安全保障。于 2008 年 12 月 9 日成功爆破揭示大型溶腔,排泄泥砂 7000m³,释放水能

8000m³,如图 2-5-70～图 2-5-72 所示。

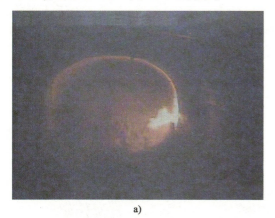
a)

b)

图 2-5-70 泄水支洞揭示溶腔突水突泥释能降压

图 2-5-71 泥沙突出物

图 2-5-72 揭示后溶腔形态

2) 大支坪隧道泄水洞泄水

(1) 大支坪隧道 990 溶腔突水情况

大支坪隧道是全线地质条件最复杂的岩溶隧道之一,不良地质多表现为:岩溶裂隙极发育,溶腔、暗河多,出水点多、涌水量大,受地表水补给影响极为严重,易形成突水,设计最大涌水量 44 万 m³/d;断层破碎带影响范围广,地质软弱,岩溶裂隙发育,多为泥砂填充,易形成突泥。施工先后遭遇溶腔 82 处,其中大规模突水、突泥 14 次,最大涌水量实际达 36.3 万 m³/d。雨季期涌水多造成隧道各工作面全面停工。特别是位于 DK132+900～DK133+030 段受断层影响多发育为易发生突水突泥的 990 溶腔,曾 9 次遇岩溶管道突水突泥,累计突泥约 2.8 万 m³,最大涌水量 10 万 m³/d,施工难度高、风险大。

(2) 990 溶腔探测及特征分析

①溶腔探测。

大支坪隧道 990 溶腔多次发生突水突泥后,在线路右侧增加迂回导坑。通过对溶腔进行两端夹击探测,结果表明:Ⅰ线 DK132+947～DK132+957、DK133+006～DK133+027 段,Ⅱ线 DK132+913～DK132+921、DK132+973～DK132+997 段发育大型富水充填溶洞,合并简称"990 溶腔"。990 溶腔Ⅰ线分两段,第一段为 DK132+950～DK132+960,长 10m;第二段为

DK133+000～DK133+023，长 23m；Ⅱ线分两段，第一段为 DK132+912～DK132+914，长 2m，为顺层发育溶槽；第二段为 DK132+970～DK133+000，长 30m。溶腔尖消失于迂回导坑左边墙附近，溶腔发育形态如图 2-5-19 所示，溶腔段横断面如图 2-5-73 所示。溶腔不同地段充填物不同，主要为软黏土夹砂、砂夹卵砾石，如图 2-5-74 所示。

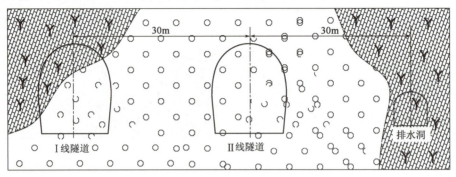

图 2-5-73　990 溶腔段横断面示意图

a) 充填物为砂及卵砾石

b) 充填物为软黏土夹砂

图 2-5-74　溶腔充填物情况

② 水文地质特征。

大支坪隧道进口上方地表有水洞坪、水谷坝、向家坪等大型岩溶洼地，未见地表常流水，洼地与隧道间发育有单管式、网络式等规模较大的地下岩溶管道水，为地下径流集中的通道。

990溶腔位于水谷坝洼地的下方,溶腔段为三叠系大冶组灰岩,薄~中厚层,岩层近直立,隧道与岩层走向近垂直。该段灰岩层间顺层岩溶发育,Ⅰ、Ⅱ线溶洞连通,溶洞中充填卵砾石及黏土,富含地下水。溶洞与上部含水裂隙、管道连通,直接接受上部地下水的补给,由于该处地表为水谷坝岩溶槽谷,大气降水汇集槽谷后全部渗入地下,地下水补给充足。水谷坝槽谷汇水面积 $6.06km^2$,根据隧道附近的地质钻孔资料,该处地下水位高程为934m(2003年9月,属于雨季),高于隧道100m以上。大支坪隧道地下水流向如图2-5-75所示。

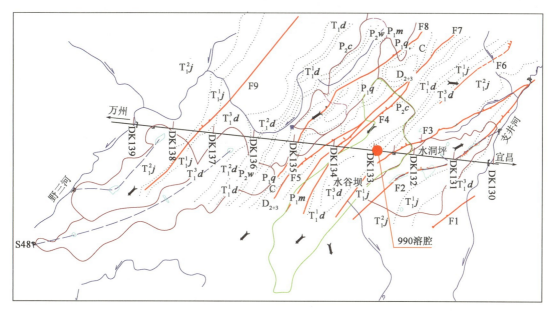

图2-5-75 大支坪隧道地下水流向图

③涌水量及水压观测。

通过对990溶腔异常各掌子面揭示后的涌水观测(图2-5-76~图2-5-79),该溶洞最大涌水量5万 m^3/d(Ⅱ线DK132+973处,2006年10月1日),正常涌水量 $3000m^3/d$ 左右。预测涌水量与实际涌水量有一定的差距,除说明该段水文地质条件复杂外,可能原自然排水通道还在发挥部分排水作用,隧道并没有完全袭夺全部洼地地下水。

图2-5-76 涌水量观测

图2-5-77 水压力监测

图 2-5-78　示踪试验取样化验　　　　　　图 2-5-79　降雨量观测

溶腔与地表岩溶洼地通过岩溶管道、裂隙相通,地下水受大气降水控制,补给条件好,降雨后雨水补给地下水迅速,一般雨后 8～12h 地下水开始明显增大,停雨后 1～3d 内地下水很快恢复正常。溶洞段水压虽受降雨的影响,由于溶洞被泥砂充填,观测到的水压为溶腔充填物的渗透水压力,观测到的最大水压 0.24MPa。990 溶腔降雨量、涌水量与时间关系曲线如图 2-5-23 所示,990 溶腔降雨量、水压与时间关系曲线如图 2-5-24 所示。

990 溶腔内的水主要为降雨补给,补给面积约 6.06km^2,由水谷坝洼地汇集,通过岩溶管道径流至 990 溶腔。

④914 溶腔特征。

在 ⅡDK132+913～DK132+920 间发育两段充填溶洞,分布在 ⅡDK132+913～DK132+917.5 及 ⅡDK132+918～DK132+920 间,简称"914 溶腔",在 ⅡDK132+913.9～DK132+915.8 距隧道顶约 3.3m 处被完整块石封住。914 溶腔具有相对独立性,其与 990 溶腔的水力联系较弱,但都处于水谷坝洼地水文地质单元中,接收大气降雨补给。914 溶腔地质横断面如图 2-5-25 所示。

(3)990 溶腔泄水洞泄水方案

根据溶洞工程、水文地质条件,综合考虑施工及运营安全等多种因素,遵循"排水降压、注浆加固、超前支护、综合治理"的原则进行溶洞处理。

①掌子面钻孔排水。

首先从 DK132+940 掌子面钻孔对 990 溶腔排水减压,在 DK132+940 掌子面现场施作水平钻孔 8 个,其中 5 个钻孔有过出水,平时水量约 500m^3/d,雨季水量可达 2400m^3/d,如图 2-5-80 所示。

为排放 914 溶腔的岩溶水,充分利用Ⅰ线向ⅡDK132+914 腔体的 2 个横向地质探测钻孔,同时增设 6 个横向 ϕ110mm 钻孔泄水降压,以防雨季溶腔水蓄积,如图 2-5-81 所示。

Ⅱ线 DK132+912 掌子面钻孔排水,Ⅱ线 DK124+912 掌子面设置 ϕ110mm 有效排水孔 9 个,均为有效孔,能够满足 20m 水头时单孔排水量不小于 60 m^3/h,排水总量大于 1 万 m^3/d。观测到该掌子面最大涌水量达 16500m^3/d,地下水主要从平导顶部空隙通过排水孔涌出,如图 2-5-82 所示,正常涌水量约 1000m^3/d。

a)　　　　　　　　　　　　　　b)

图 2-5-80　掌子面钻孔排水

图 2-5-81　Ⅰ线右侧边墙钻孔出水情况

a)　　　　　　　　　　　　　　b)

图 2-5-82　掌子面钻孔涌水情况

各掌子面钻孔排水与降雨密切相关,经对降雨量、涌水量的观测,降雨后雨水补给地下水迅速,一般雨后 8~12h 地下水开始明显增大,停雨后 1~3d 内地下水很快恢复正常。

②泄水洞排水。

990溶腔规模大、富水、含泥,并可能伴有大量的充填物,为保证后续工程顺利实施,计划增设排水洞直接接通溶洞。

排水洞在 PSDK132+980(对应Ⅱ线 DK132+963)处揭示 990 溶腔,为保证排水畅通,不积聚高水压,在 PSDK132+980 处左边墙衬砌预留排水口排水,平时水量约 200m³/d,雨季水量最大达 1 万 m³/d,水质浑黄,夹部分泥砂,如图 2-5-83 所示。

a)

b)

图 2-5-83　排水口涌水涌泥情况

为进一步加大 990 溶腔水排放,排水洞向 990 溶腔部位增设 9 个 ϕ110 的排水孔,终孔钻至Ⅱ线隧道开挖外 2m 或出水部位,确保有效泄水。

③增设两条排水支洞排水。

排水支洞(一)开口里程 PSDK132+952(对应Ⅱ线 DK132+952),排水支洞(二)开口 PSDK133+016(对应Ⅱ线 DK133+016)附近,起点坑底高程高于排水洞坑底约 1.5m,终点坑底高程高于对应Ⅰ、Ⅱ线隧道拱顶约 5m,终端设不小于 10m 长的缓坡段,最大纵坡 45‰,排水支洞(一)长约 95m,排水支洞(二)长约 88m。

排水支洞内净空采用 2.2m(宽)×2.5m(高)的断面,泄水洞室断面净空采用 5.0m(宽)×5.5m(高)的断面,在一定范围内,排水支洞断面与泄水洞室断面进行顺接,且确保泄水洞室断面长度不得小于 5m。

排水支洞与溶洞交汇处采用 3m 厚片石反滤层和 3m 厚混凝土封堵墙封闭,封堵墙内预埋 ϕ300 的排水管,间距 1m×1m,孔口安装法兰盘,达到可控排放。并确保 990 溶腔对应排水洞段的涌水点排水畅通。图 2-5-84 为排水支洞平面布置图,图 2-5-85 为排水支洞衬砌断面,图 2-5-86 为排水洞接通溶腔洞室衬砌段断面,图 2-5-87 为排水支洞与溶洞交汇处封堵横断面。

根据小里程段岩溶涌水情况,必要时,将排水支洞(一)延长至小里程段溶洞部位,接通溶洞,实施排水减压,确保隧道长期运营安全。大支坪隧道排水降压方案如图 2-5-88 所示。

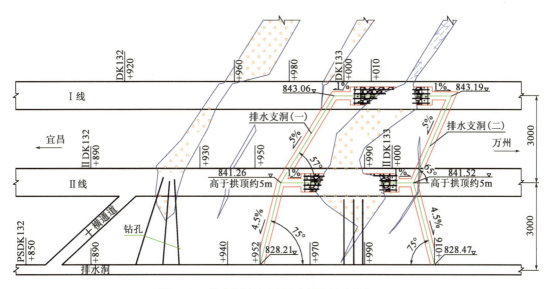

图 2-5-84 排水支洞平面布置示意图(尺寸单位:cm)

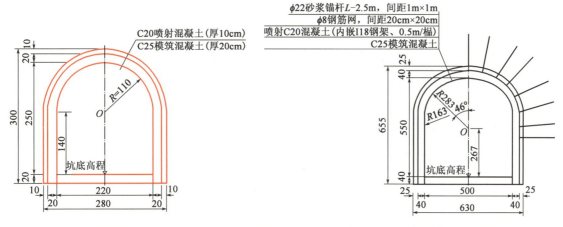

图 2-5-85 排水支洞衬砌断面示意图(尺寸单位:cm)　　图 2-5-86 排水洞接通溶腔洞室衬砌段断面示意图(尺寸单位:cm)

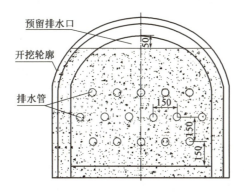

图 2-5-87 排水支洞与溶洞交汇处封堵横断面示意图(尺寸单位:cm)

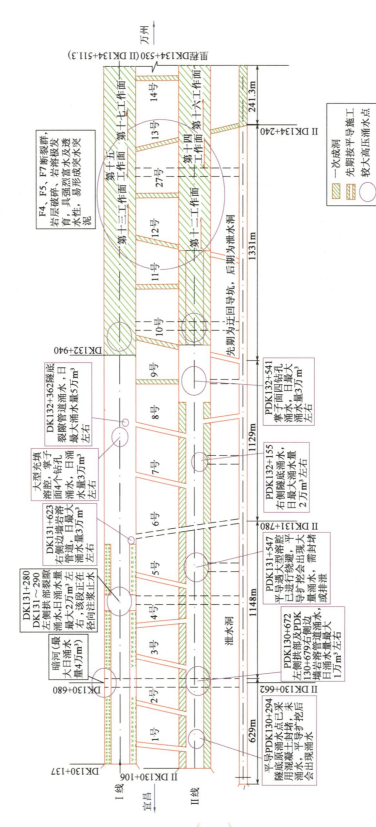

图2-5-88 大支坪隧道进口端泄水洞排泄降压方案

（4）泄水洞爆破设计

为了保证一次爆破成功泄压，对泄水洞进行精确爆破设计，如图 2-5-89 所示，爆破设计参数见表 2-5-5。

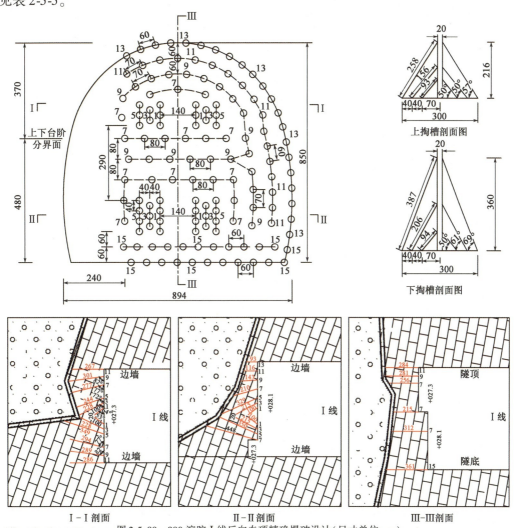

图 2-5-89　990 溶腔Ⅰ线反向专项精确爆破设计（尺寸单位：cm）

1~15-钻孔编号；红色数字为钻孔深度

990 溶腔Ⅰ线反向专项精确爆破装药参数　　　　　表 2-5-5

位置	炮眼类型	眼数	炮眼深度（m）	装填系数	每孔药卷（个）	用药量小计（kg）	段数
上台阶	掏槽眼（左）	3	1	0.70	3.5	2.10	1
	掏槽眼（左）	2	2.28	0.87	9.9	3.96	3
	掏槽眼（左）	3	3.49	0.91	16.0	9.57	5
	掏槽眼（右）	3	1	0.70	3.5	2.10	1
	掏槽眼（右）	2	2.28	0.87	9.9	3.96	3
	掏槽眼（右）	3	2.44	0.88	10.7	6.42	5

续上表

位置	炮眼类型	眼数	炮眼深度（m）	装填系数	每孔药卷（个）	用药量小计（kg）	段数
上台阶	扩槽眼	4	2.77	0.89	12.4	9.88	7
	掘进眼	11	2.89	0.90	13.0	28.49	9
	辅助眼	12	3	0.90	13.5	32.40	11
	周边眼	15	2.86	0.90	12.8	38.40	13
	二台眼	6	2.15	0.86	9.3	11.10	7
	底眼	6	3.12	0.90	14.1	16.92	9
下台阶	掏槽眼（左）	4	1	0.70	3.5	2.80	1
	掏槽眼（左）	3	2.15	0.86	9.3	5.55	3
	掏槽眼（左）	4	3.5	0.91	16.0	12.80	5
	掏槽眼（右）	4	1	0.70	3.5	2.80	1
	掏槽眼（右）	3	2.15	0.86	9.3	5.55	3
	掏槽眼（右）	4	3.29	0.91	15.0	11.96	5
	扩槽眼（左）	5	4.48	0.93	20.9	20.90	7
	扩槽眼（右）	5	2.1	0.86	9.0	9.00	7
	掘进眼	4	1.43	0.79	5.7	4.52	9
	辅助眼	5	1.16	0.74	4.3	4.30	11
	周边眼	6	1	0.70	3.5	4.20	13
	二台眼	11	3.61	0.92	16.6	36.41	15
	底眼	11	3.61	0.92	16.6	36.41	15
合计		139	—	—	—	322.50	—
单位炸药消耗量（kg/m³）						2.58	—

(5) 大支坪隧道排水泄压情况

大支坪隧道Ⅱ线先期接平导施工超前揭示990溶腔排水泄压，如图2-5-90所示。高位排水支调突水突泥排水泄压如图2-5-91所示。

a)

b)

图2-5-90　Ⅱ线先期按平导施工超前揭示990溶腔排水泄压

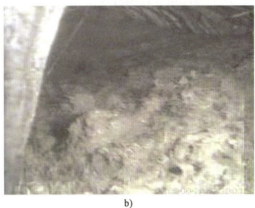

图 2-5-91　高位排水支洞突水突泥排水泄压成功

5.5　溶腔穿越加固技术

5.5.1　溃口加固技术

溶腔溃口是：①在岩溶隧道施工中，遭遇富水溶腔，水压导致隧道出现的充填物突涌口；②已修建好的部分，因水压增大，导致隧道发生突水突泥的溶腔缺口；③经过释能降压或迂回绕避后低压或无压溶腔的揭露口（爆破口）。在岩溶隧道施工中，既有的溶腔溃口，需要及时排水减压，封堵溃口，然后采取有效措施避免溃口再度发生。

1）高压富水块石充填大型溶腔溃口注浆技术

（1）水文地质背景

野三关隧道区内共发育地下暗河 6 条，与隧道密切相关的为③号、④号暗河，均位于隧道出口段，其中③号暗河与 602 溶腔密切相关。

③号暗河发育于石马坝背斜核部二叠系茅口栖霞组的灰岩层中，两侧受二叠系吴家坪组页岩的阻隔，呈带状分布。暗河起于石马附近的旺碑冲洼地，在苦桃溪中排出，暗河出口高程 1050m，高于隧道 250m。暗河呈南西走向，在隧道上方斜穿隧道，长 5km 左右，总体水力坡度 6%～7%。暗河主要接收大气降水补给，暗河水的流量动态与降雨关系密切，对降雨的反应非常敏感，一般在中、大雨后 10h，流量开始增长，3 天左右地下水流量达到峰值。苦桃溪斜井工区在隧道开挖过程中，揭示的主要涌水点有 33 个、突水点 1 个（DK124+602），隧道突水疏干了③号暗河。

DK124+602 溶腔溃口点位Ⅰ线于二叠系地层底板附近，构造节理发育的硬质石灰岩在上方，被强烈挤压揉皱的软质碳质页岩在下层，岩层以 30 多度倾角由掌子面右前方倾向凌空的大里程方向，石灰岩顺层岩溶发育，且与地表具有汇水条件的、较大范围的溶蚀洼地相连通，物探异常显示Ⅰ线隧道上方蓄水岩溶洞穴发育，具备形成高压岩溶水体条件的良好储存和补给条件,一旦隧道开挖形成凌空面,在高压水作用下破碎岩体顺层崩溃冲出,是隧道内形成泥石流型突发灾害的物质条件。

据气象资料,该地区每年4—7月份为降雨旺季,降水量累计达1000多mm,在5月16日溃口前两天连续强降雨。在岩溶洼地范围,地表降水的大量渗入地下,水位抬高,水压增大,一旦超过隧道围岩的承受能力,造成岩体崩溃,是造成该类灾害的直接诱发因素。

(2)溃口机理分析

根据前期DK124+602溶腔、排水支洞多次突水突泥释能降压及水文观测情况综合分析,野三关隧道DK124+602溶腔是一横跨Ⅰ线及排水支洞的大型断层破碎带拌生岩溶的充填体系,溶腔内先期充填大量泥砂、破碎岩体,溶腔涌水量受水洞坪、稻子坪等地表降雨径流影响迅速,水量来源丰富。由于溶腔内构造破碎带不断塌落的岩石破碎体堵塞阻水作用,造成溶腔大量的补给水排泄不及产生水压积聚,造成DK124+602溶腔Ⅰ线上部DK124+583~DK124+590、下部DK124+581~DK124+597已贯通双层初期支护溃破,从溃口处突出大量破碎灰岩块石,引起该段坍塌,如图2-5-92~图2-5-96所示。

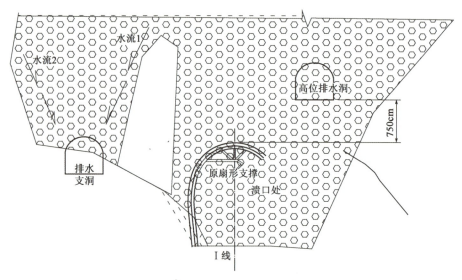

图2-5-92 溃口段横断面图

图2-5-93 溃口后掌子面

a)　　　　　　　　　　　　　　　b)

图 2-5-94　Ⅱ线 DK124+585 线路左侧岩溶涌水

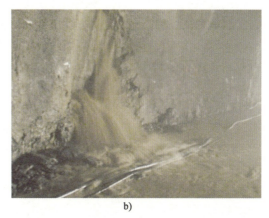

a)　　　　　　　　　　　　　　　b)

图 2-5-95　Ⅱ线 DK124+595 线路左侧岩溶涌水

a)　　　　　　　　　　　　　　　b)

图 2-5-96　Ⅱ线 DK124+595 线路左侧岩溶涌水

(3)溃口坍塌段整治方案

根据探测溶腔发育情况及施工状况,按照"排水降压、注浆加固、管棚支护、两面夹击"的原则,采取上排、下堵的方案进行坍塌段处理。

①上部排水截流降压

为了进一步释能降压,在排水支洞设置的高位排水洞在Ⅰ线 DK124+600 处洞顶上 7.5m 成功揭示该溶腔,通过大量的清石,对溶腔体系有效起到了排石降压、引水截排的作用,为下部正洞开挖面注浆加固封堵提供条件。

②下部注浆加固封堵

在保持高位排水洞排水顺畅排水状态下,通过注浆固结坍塌体,在隧道开挖轮廓线外形成一定厚度、具有一定抗水压能力的稳定固结体并通过超前超前大管棚刚性支护,提高胶结体的承载能力,保证隧道开挖及结构安全。

③钻孔注浆加固施工

a. 钻孔"穿越"拱架施工

溶腔溃口坍塌后,击穿原双层初期支护及扇形支撑,导致大量的拱架在加固注浆段内,上半断面的注浆孔均需打穿钢拱架施工,钻孔难度极大。现场施工严格过程控制,采取合理的施工方法,加快钻孔施工进度。

注浆开孔位置的调整。在封闭工作面前,对坍塌暴露的钢拱架进行标识,在注浆开孔时,对开孔位置进行合理调整,尽可能避免钻孔穿越钢拱架。

减小注浆步距,固结松散岩体。因坍塌体积以块石为主,地层较为松散,塌孔、卡钻现象严重,尤其是在遇到钢拱架时,长时间的冲击旋转,易导致孔位偏移,卡钻断钻杆等,施工中缩短分段步距,反复加固破碎体,保证钻进的准确不偏位,避免卡钻断杆。

卡萨 C_6 钻机是一款多级可调钻速及扭矩的液压驱动式旋转冲击地质钻机,在钻进过程中可根据不同的介质不断调整转速和扭矩,以提高施工效率。根据实践在穿越拱架时,钻机扭矩应控制在 1200~2000kN·m、钻速控制在 300~500r/min,能够快速有效的穿越钢架钻孔,且钻具消耗较小。

b. 有边界条件下约束注浆过程控制

在对溶腔坍塌段注浆加固过程的同时,隧道正上方开挖轮廓线外 7.5m 的高位排水支洞一直处于排水降压,由于坍塌体连通性强,一旦洞内注浆开始后必将引起浆液沿排水支洞大量流失直接影响注浆效果,因此在注浆施工过程中必须采取有效的措施加强过程控制。

a)注浆顺序控制。注浆过程按照由下向上,先外圈后内圈分两序孔顺序施作,在外圈逐渐形成一道封闭体,以减小浆液的流失,确保周边加固效果。

b)浆液种类及配比控制。对外圈一序孔以普通水泥水玻璃双液浆为主,一旦发生跑浆漏浆时,调整浆液凝胶时间(最短可到 10~30s)或采用间歇注浆方式,控制浆液扩散距离。经过双液控制注浆形成封闭体系后,二序孔采用硫铝酸盐水泥单液将进行注浆加固,提高坍塌体固结强度和密实度。

c)流量控制。由于坍塌段孔隙率高,连通性强且富水,浆液很容易随水稀释,短时间内难以凝固而导致浆液流失,因此对有水钻孔,为避免浆液流失,调整浆液配比同时,应提高泵送速度,采用大流量浆液以充填含水裂隙,用高浓度的浆液快速封堵裂隙,而达到控域注浆目的。

d)注浆量控制。根据地层围岩孔隙率20%计,当单孔注浆量达到设计 4.0m³/min 时,采取调整浆液配比缩短凝胶时间或进行间歇注浆等,注浆量达到设计量 1.5 倍,压力仍然不上升,结束注浆。

(4)溶腔溃口坍塌段超前注浆加固技术

①止浆墙

a. 工作面反向止浆墙施工

清理工作面,在 DK124 +578.5 ~ DK124 +580.5 段施工 2m 厚 C30 模筑混凝土止浆墙,清理平整下台阶 DK124 +578.5 ~ DK124 +568.5 段,台阶表面铺设 50cm 厚混凝土,并加设一层钢筋网,形成净空 4.2m,长 10m 的钻机作业平台。

b. 工作面正向止浆墙施工

清理工作面,在 DK124 +595 ~ DK124 +597 段施工 2m 厚 C30 模筑混凝土止浆墙,清理下台阶坍塌物,根据 MK-5 钻机施工的作业要求,完成作业平台施工。

c. 止浆墙周边布设砂浆锚杆进行加固

为了保证止浆墙稳定,止浆墙周边径向及底部布设 2 排长 2m 的 ϕ25mm 砂浆锚杆,环向间距 1.5m,排距 0.8m,嵌入围岩 1m。

d. 导管注浆将止浆墙与初期支护封闭

止浆墙浇注过程在周边预埋 1m 长的 ϕ42mm 导管,管口紧贴初期支护面,止浆墙浇注完成后,通过导管进行注浆对止浆墙与初期支护护间的裂隙进行封堵,形成封闭体系。

e. 拱顶空腔注浆回填

DK124 +597 工作面止浆墙施工完成后,对止浆墙内拱顶空腔采用低标号砂浆回填。

②注浆加固范围

a. DK124 +578.5(反向)工作面注浆加固范围为 DK124 +578.5 ~ +597 纵向长 18.5m。在开挖轮廓线外布置 2 圈孔,终孔在开挖轮廓线外 4m,浆液扩散距离 2.5m,共布设注浆孔 21个,重点对溃口区以外的区域进行注浆加固,溃口区的注浆孔兼正面注浆检查孔,如图 2-5-97 ~ 图 2-5-99 所示。

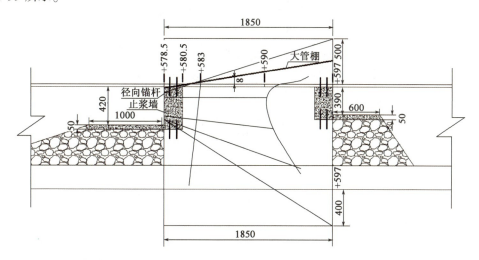

图 2-5-97　DK124 +578.5(反向)工作面超前注浆加固纵剖面图(尺寸单位:cm)

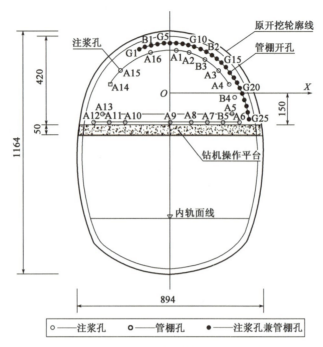

图 2-5-98　DK124+579 工作面超前加固开孔布置图(尺寸单位:cm)

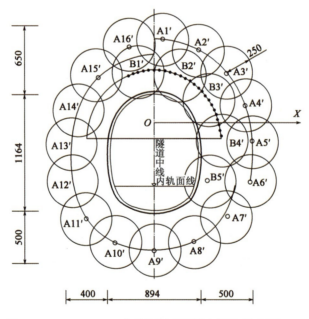

图 2-5-99　DK124+579 工作面超前加固终孔布置图(尺寸单位:cm)

b. DK124+597(正向)工作面注浆加固范围为 DK124+578.5~DK124+597,纵向长度 18.5m,开挖轮廓线外布置 2 圈孔,终孔在开挖线外 7m,浆液扩散距离 2.5m,共计布设注浆孔 11 个。重点对溃口侧进行注浆,为了减少注浆盲区,DK124+588 断面增加 4 个补孔,纵向加固长 9m(含止浆墙),终孔在溃口侧开挖轮廓线外 5m,如图 2-5-100~图 2-5-102 所示。

③超前大管棚支护

为了提高破碎围岩的承载能力,保证隧道开挖及结构安全,注浆结束后,沿开挖轮廓线布设超前大管棚。

大管棚开孔在工作面距初期支护内轮廓线 40cm,环向间距 30cm,外插角 8°,重点布置在拱顶及溃口侧,共布设 25 根。超前管棚采用外径 79mm,壁厚 9mm 热匝无缝钢管,焊接连接,前端加工成锥形并封闭,沿管壁两条垂直直径钻设四排 ϕ6mm 溢浆孔,孔间距 50cm,梅花形布设。管棚施工采用 ϕ90mm 引孔,钻孔进入基岩 2m。管棚安设好后进行注浆,注浆材料采用硫铝酸水泥单液浆,注浆参数同超前加固注浆。

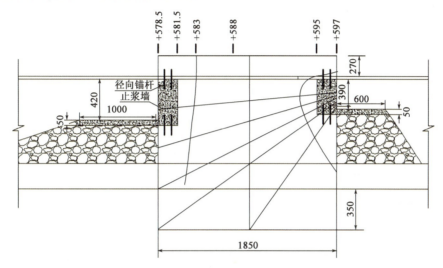

图 2-5-100　DK124+597(正向)工作面超前注浆加固纵剖面图(尺寸单位:cm)

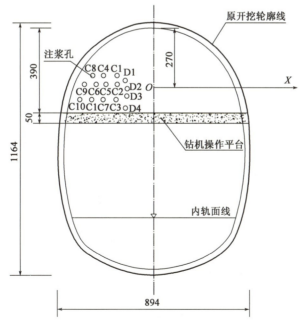

图 2-5-101　DK124+597 工作面超前加固开孔布置图(尺寸单位:cm)

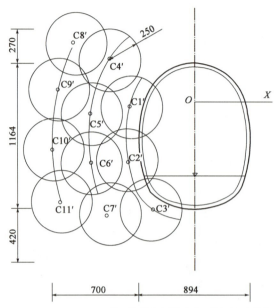

图 2-5-102　DK124+597 工作面超前加固终孔布置图(尺寸单位:cm)

注浆设计参数见表 2-5-6。

注浆设计参数表　　　　　　　　　　　　　　　　表 2-5-6

序号	参　数　名　称		参　数　值	备　注
1	加固范围	纵向	上半断面:DK124+578.5～DK124+595(16.5m)	含止浆墙
			下半断面:DK124+578.5～DK124+597(18.5m)	
		径向	溃口处终孔在开挖轮廓线外7m,其他区域4m	
2	浆液扩散半径		2.5m	
3	终孔间距		3.5m	
4	注浆终压		2～4MPa	根据现场确定
5	注浆速度		5～100L/min	
6	注浆方式		前进式分段注浆	
7	注浆孔数量		反面21个,正面14个,共计35个	根据现场动态增加

注浆材料采用硫铝酸盐水泥单液浆及普通水泥—水玻璃双液浆两种材料。泥施工过程根据地层吸浆情况进行材料种类及配比选择调整。浆液配比参数见表 2-5-7。

浆液配比参数表　　　　　　　　　　　　　　　　表 2-5-7

序号	名　　称	浆液配比		备　注
		W:C(水灰比)	C:S(体积比)	
1	硫铝酸盐水泥单液浆	(1～1.2):1	—	根据地层吸浆情况进行选择
2	普通水泥—水玻璃双液浆	(0.8～1):1	1:1	

为了有效控制浆液扩散范围,减少浆液流失,注浆施工采取由下向上、由外向内、间隔跳孔分区注浆施工作业。注浆量约为 1300m^3,注浆量可根据现场注浆情况进行动态调整。

钻孔情况:由于602溶腔溃口处有大量的拱架及螺纹钢埋设在止浆墙内,在工作面的中上部注钻孔过程中都需穿越多榀拱架(最多单孔穿越拱架及螺纹钢7次),钻孔难度较大,制约施工进度。其次在前期钻孔过程中,钻孔卡钻、塌孔现象严重,成孔性较差,随着注浆的进行,堆积体得到充填,地层也进一步密实,钻进速度较前期有所提高。

注浆情况:本循环超前注浆加固施工,严格按照方案设计要求,采取前进式分段注浆施工工艺施工,按照由下向上、由外向内、间隔跳孔分区注浆施工作业。

在前期注浆注浆过程中,由于止浆墙周边、注浆操作平台端头、正向止浆墙等多处未封闭,前期注浆过程中跑浆、漏浆现象较为严重。在注浆过程中通过不断地调整注浆材料和浆液配比对漏浆处进行封堵,注浆过程中以定量、定压相结合控制。

在中、后期注浆过程中,工作面底部和左半部的所有注浆孔的注浆压力都能达到设计标准,且泄水洞未出现较明显的跑浆、漏浆现象。在溃口处注浆过程中,泄水洞有明显的跑浆现象,注浆过程不断采取措施,一旦出现串浆,将采用普通水泥—水玻璃双液浆,小流量,且通过缩短步距重复扫孔注浆对溃口处进行加固,泄水洞跑浆现象逐渐减小,直至不跑浆,且终孔注浆都能达到设计标准。

单孔注浆情况:根据钻孔注浆过程中分析各孔吸浆量及加固区域横断面内浆液填充分布情况。反向断面注浆量分布如图2-5-103所示;正向断面注浆量分布如图2-5-104所示。

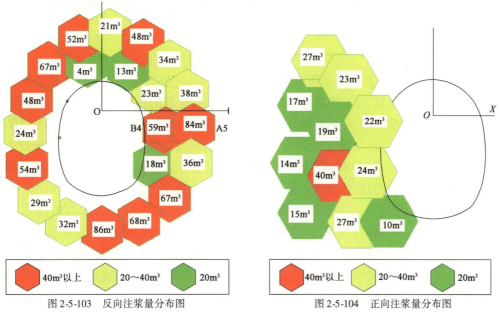

图2-5-103　反向注浆量分布图　　　　　图2-5-104　正向注浆量分布图

从上两图可以看出:吸浆量较大的区域主要分布在加固工作面的右下部、左上部和溃口处;工作面右下部和左上部的孔为前期施作的注浆孔,孔内吸浆量相对较大,这部分浆液主要填充工作面及注浆平台的块石堆积体。而溃口处的注浆孔吸浆量相对较大(A5孔和内圈的B4孔注浆量分别是84m³和59m³)。这部分浆液主要是加固溃口处及周边情况围岩。从溃口的外圈孔施作完成后,内圈孔的吸浆量较外圈孔明显减少,说明通过外圈孔施工完成后主要的块石堆积孔隙已被有效地填充,堆积体胶结,地层得到有效填实,在内圈孔施作过程中地层吸浆量明显减小,达到了预期的约束性注浆效果,且注浆孔的注浆压力都能达到设计标准。

在注浆过程中,对前期出水较大孔进行水压测量,实测水压为0MPa。且在注浆过程中泄水洞流水始终保持畅通,除外界的降雨影响泄水洞涌水量变大外,泄水洞的正常用水量为 1200~1500m³/h,且在注浆过程中,注浆工作面水位不断上升,最终工作面得涌水沿泄水洞流走,高位泄水洞起到排水降压作用。

602 溶腔加固注浆从 9 月 16 日正式开始,截至 10 月 17 日,反向完成注浆孔 21 个;引水及顶水注浆孔 6 个,检查孔兼补充注浆孔 6 个,注浆 1942m³。正向共完成注浆孔 13 个,注浆 592m³。

④注浆效果检查

a. 分析法

单孔吸浆量分析。根据加固注浆施工过程单孔吸浆量绘制地层吸浆量随时间变化如图 2-5-105 所示。

图 2-5-105　地层吸浆量随时间效应图

从图可以看出,各单孔的地层吸浆量存在一定的差异,最先施工的 5 个底部注浆孔最大单孔吸浆量达到 87m³(A9 孔),平均单孔吸浆量为 75m³,在前期孔底部孔施作完成后,除溃口处的个别注浆孔的吸浆量较大(A5 和 B4),剩余的外圈孔的平均吸浆量为 42m³,说明随注浆的进行,堆积体大的空隙得到填充加固,地层逐步密实,吸浆量较前期明显减小;在溃口处内圈孔 5 个注浆孔施工过程中平均地层吸浆量为 19m³,说明由下到上,由外到内间隔跳孔的施作顺序注浆加固效果较为明显,浆液的有效填充空隙率大大提高。

工作面出水情况分析。在止浆墙施作完成后,止浆墙的周边及引水管的总水量约为 50m³/h,但在正向止浆墙施作完成后,水量增大到 120m³/h。在前期施作的注浆孔孔内平均约有 10m³/h 的涌水。但随着注浆不断进行,纵向水位不断上升,后期注浆孔大部分为无水。由此可知,加固注浆封堵效果明显,后期涌水由泄水洞排出。注浆孔的涌水随时间变化曲线图如图 2-5-106 所示。

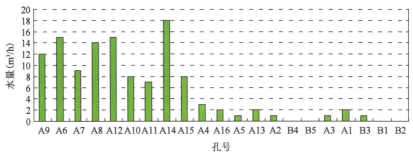

图 2-5-106　注浆孔的涌水随时间变化效应图

602溶腔加固注浆施工过程,注浆量和注浆压力随注浆时间变化情况绘制 P-Q-t 曲线,主要表现为2种形式,如图2-5-107所示。

根据本循环钻孔注浆施工过程,注浆量和注浆压力随注浆时间变化情况绘制 P-Q-t 曲线,主要表现为2种形式。

图2-5-107a)为注浆过程中前期施作的注浆孔和溃口处的注浆孔以定量控制充填较大块石堆积体的孔隙为主所表现出来的 P-Q-t 曲线。一般初试注浆压力脉冲压力位0.5MPa,经过相对较长的注浆期压力和流量保持不变,当地层孔隙充填到一定密实度后,注浆流量随注浆压力上升迅速减小,达到设计结束标准。

图2-5-107b)为后期完成的外圈孔和溃口处内圈孔注浆过程表现出来的 P-Q-t 曲线。表现前期注浆压力上升较慢,当注浆压力达到1~2MPa时,大的孔隙被充填,压力随注浆流量下降随即上升,注浆压力快速上升达到设计终压,即停止注浆。

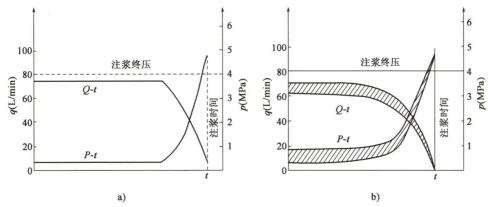

图2-5-107 加固注浆过程中 P-Q-t 曲线

b. 浆液填充率分析

对于坍塌堆积的孔隙率按20%理论计算,野三关隧道602溶腔处理按注浆体的体积为6500m³,则理论设计注浆量为1300m³,从目前正、反面注浆合计注浆量约为1234m³,考虑到有部分浆液在注浆过程中流失,损失率为10%,其浆液的充填率达到90%,满足设计要求。

c. 检查孔

注浆孔注浆结束后,根据该段钻孔注浆施工过程地层吸浆量分布情况,全断面布设6个检查孔兼补充注浆孔,并重点对工作面右侧溃口范围进行检查,检查孔的终孔左侧为开挖轮廓线外3m处,右侧溃口处为开挖轮廓线外4m处,纵向长度为18.5m,底部的两个检查孔孔深至基岩。管棚兼做顶部和溃口处的检查孔兼补充注浆孔,检查孔终孔位置如图2-5-108所示。

检查孔的钻设及注浆情况见表2-5-8。

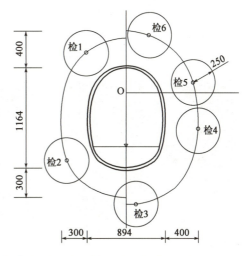

图2-5-108 检查孔的终孔布置图(尺寸单位:cm)

检查孔各段钻孔和注浆情况　　　　　　　　　表 2-5-8

孔号	钻进速度（m/h）	终孔出水量（L/min·m）	下锚杆（m）	注浆量（m³）	是否达标	备　注
检 1	13.7	0	18	0.92	是	钻进速度：为钻孔净速度，钻孔时间出去穿越拱架和螺纹钢及上下钻杆时间。正常钻孔速度为 13～16m/h
检 2	13.2	0	18	1.80	是	
检 3	12.1	0	10	1.2	是	
检 4	12.6	0.005	14	1.15	是	
检 5	13.2	0	18	0.92	是	
检 6	13.8	0	18	0.8	是	

从设计的 6 个检查孔钻设情况分析，检查孔在钻设过程中，钻速较快且均匀，正常，未出现卡钻现象，终孔除检 4 孔有微量水外，其他孔都为无水，满足设计要求。

每个检查孔钻设完成后，下入玻璃锚杆，除检 3 孔和检 4 孔局部有塌孔，其他都能下入相对应孔深的玻纤锚杆，说明注浆加固结束后，地层成孔效果良好，无坍孔现象。

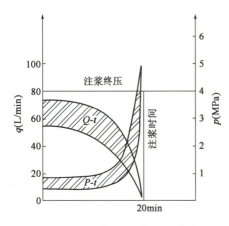

图 2-5-109　检查孔注浆 P-Q-t 曲线

检查孔检查结束后进行注浆，单孔的吸浆量较小，注浆过程中泄水洞未出现跑浆现象且注浆压力都能达到设计标准，地层较为密实；图 2-5-109 为检查孔 P-Q-t 的注浆曲线，注浆流量在短时间内随着注浆压力上升逐渐减小，压力上升到 2MPa 后，注浆压力产生明显突变，迅速上升达到设计终压，注浆流量降低到 5～10L/min 结束检查控注浆，检查孔的平均吸浆量为 1.12m³。

鉴于检 3 孔和检 4 孔局部有塌孔情况现象，等大管棚补充注浆结束后，再在检 3 孔、检 4 孔周围布设一个检查孔，对溃口薄弱环节进行再次检查。

2）高压富水泥砂充填大型溶腔溃口注浆技术

（1）PDK132+990 溶腔突泥、涌水情况

大支坪隧道平导施工至 PDK132+990 处发生突泥涌水，掌子面后方 500m 平导被淤泥充满，突泥量达 8000m³，突泥同时伴随大量涌水，最大涌水量 2 万 m³/d，后稳定在 8000m³/d，部分淤泥被水流携带至洞口流出，如图 2-5-110、图 2-5-111 所示。突泥涌水稳定后，清淤至 PDK132+930（ⅡDK132+912）处施作止浆墙封堵，并向右迂回至突泥（水）点前方进行反向探测。

图 2-5-110　PDK132+990 突泥涌水

图 2-5-111　PDK132+990 突泥从洞口流出

(2) 溶腔水文、工程地质条件

根据 TSP、地质雷达、超前水平钻探地质资料综合分析,结合该地区岩溶发育规律,得出以下结论:

Ⅰ线 DK132+950~DK132+973、DK132+977~DK133+028、Ⅱ线 DK132+913~DK132+921、DK132+970~DK132+997 发育大型充填溶腔,充填物为砂卵石及黏土,富含地下水。溶腔基本上沿层面及岩层走向发育,Ⅰ、Ⅱ线溶腔贯通,尖灭于迂回导坑左边墙附近。Ⅰ、Ⅱ线溶腔地下水属同一含水体系,该溶腔最大涌水量 5 万 m^3/d,正常涌水量 3000 m^3/d 左右,测得地下水水压约 0.3MPa,地表深孔水位测试该处地下水位高程为 934m(2003 年 9 月,雨季),高于隧道约 100m。Ⅰ线 DK132+940~DK133+035 及Ⅱ线 DK132+912~DK133+020 段围岩级别调整为Ⅴ级。

迂回导坑 JYDK1+089~JYDK1+097、JYDK1+111~JYDK1+120、JYDK1+165~JYDK1+174 可能为岩溶发育段;10 号横通道左边墙与Ⅱ线相交处向迂回导坑方向 14m 范围内可能为岩溶发育区,开挖揭示及钻孔验证未见明显溶腔;迂回导坑 JYDK1+083~JYDK1+183 段及 10 号横通道围岩级别调整为Ⅳ级。

(3) 溶腔溃口处理措施

①PDK132+990 溶腔Ⅰ线小里程掌子面(DK132+940),如图 2-5-112、图 2-5-113 所示。

图 2-5-112　DK132+940 掌子面钻孔涌水

图 2-5-113　DK132+940 掌子面钻孔涌泥砂

DK132+940 处施作 1.5m 厚 C20 混凝土止浆墙,DK132+940~DK132+970 段采用 8m 超前帷幕注浆预加固+φ108mm 超前长管棚注浆预支护+K1.0 加强型复合式衬砌,初期支护采用全环Ⅰ20 工字钢架加强、间距 0.5m/榀。

②PDK132+990 溶腔Ⅱ线小里程掌子面(Ⅱ线 DK132+912),如图 2-5-114、图 2-5-115 所示。

图 2-5-114　Ⅱ线 DK132+912 止浆墙排水孔涌水

图 2-5-115　Ⅱ线 DK132+900 施作超前管棚

利用平导Ⅱ线 DK132+912 处止浆墙,对Ⅱ线 DK132+912~DK132+930 段实施全断面 8m 超前帷幕注浆预加固,并采用 φ108mm 超前长管棚注浆预支护,Ⅱ线 DK132+900~DK132+930 段结构采用 K1.0 加强型复合式衬砌,全环 I20 工字钢架、间距 0.5m/榀。

初定开挖施工至Ⅱ线 DK132+922 时,施作 2m 厚 C25 混凝土止浆墙封闭掌子面;进行掌子面前方探测工作,根据探测结果确定下一步处理措施。

③PDK132+990 溶腔Ⅰ、Ⅱ线大里程掌子面(Ⅰ线 DK133+035、Ⅱ线 DK133+020),如图 2-5-116、图 2-5-117 所示。

图 2-5-116　Ⅰ线 DK133+035 掌子面钻孔突水　　　图 2-5-117　Ⅱ线 DK133+020 掌子面突水

大支坪隧道进口 PDK132+990 溶腔大里程方向掌子面以探测为主,要求在 DK132+035、ⅡDK132+020 掌子面施作 3m 厚 C20 混凝土止浆墙封堵,进一步加强掌子面前方的地质探查工作,加强水量、水压测试工作,并进行放水试验。

④PDK132+990 溶腔 10 号横通道及迂回到坑处理措施。

迂回导坑 JYDK1+073~JYDK1+193 段及 10 号横通道(Ⅱ线隧道与迂回导坑之间)网喷混凝土加厚至 25cm、挂 φ8mm 钢筋网、间距 20cm×20cm,系统锚杆间距加密至 1m×1m、长 3m;采用全环 I18 钢架加强、间距 0.5~0.8m/榀;该段迂回导坑及 10 号横通道底部采用 25cm 厚网喷混凝土封闭。Ⅱ线隧道与迂回导坑之间 10 号横通道采用 40cm 厚的 C30 钢筋混凝土衬砌作为永久结构。

迂回导坑 JYDK1+103~JYDK1+128、JYDK1+153~JYDK1+188 段及 10 号横通道部分地段(与Ⅱ线相交处向迂回导坑方向 14m 范围内)采用 5m 全断面径向注浆堵水及加固破碎围岩。

⑤Ⅰ线 990 溶腔 DK133+005~DK133+017 溃破口处理。

a. 溃口工程水文地质条件及规模。

根据前期 990 溶腔多次突水突泥释能降压及水文观测情况综合分析,大支坪隧道 990 溶腔是一横跨Ⅰ、Ⅱ线正洞的大型充填溶腔体系,溶腔内充填大量泥砂,受水谷坝地表降雨径流影响迅速。5 月 16 日强降雨造成的Ⅰ线 DK133+005~DK133+017 溶腔溃破及 6 月 14 日迂回导坑高位排水洞成功揭示主溶腔释能降压后,更表明 990 溶腔Ⅰ、Ⅱ线正洞相互连通,若Ⅰ线溃口封闭后,可通过高位排水洞将溶腔内积聚泥水排放,确保溶腔段隧道结构安全。溃口与高位排水洞水文地质关系及溃口规模详见图 2-5-118,DK133+005~DK133+017 段突水突泥及溃口处情况如图 2-5-119 所示,其他现场情况如图 2-5-120 ~ 图 2-5-123 所示。

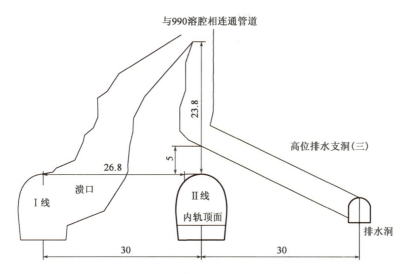

图 2-5-118　溃口与高位排水洞水文地质关系及溃口规模(单位:m)

a)　　　　　　　　　　　　　　　　　b)

图 2-5-119　DK133 + 005 ~ DK133 + 017 段突水突泥及溃口处情况

图 2-5-120　彻底报废挖掘机　　　　　　　图 2-5-121　水毁挖掘机

图 2-5-122　溃口双层初期支护毁坏情况　　　　　　　图 2-5-123　溶腔突出的充填物

b. 处理措施。

根据大支坪隧道 990 大型充填溶腔释能降压后工程水文地质条件及工程进展情况，DK133+005～DK133+017 溃破口段采用 C20 混凝土内嵌型钢骨架封堵墙+封堵墙预留临时钢管排泄孔+衬砌前利用钢管注浆回填+抗水压加强复合式衬砌的综合处理措施。

溃口采用 C20 混凝土内嵌Ⅰ18 型钢封堵墙进行回填处理。封堵墙施工前，基底清理成向溃口内侧不小于 1∶10 的内嵌坡；封堵墙高 12.5m，采用泵送混凝土满灌回填，确保初期支护内轮廓线外 5m 回填厚度；内嵌Ⅰ18 型钢内外两层设置，每层纵横形成型钢骨架，里层间距纵×横为 1.5m×1.5m，外层间距纵×横为 1m×1m，两层型钢间用 φ22mm 螺纹钢系统连接，间距纵×横为 1.0m×1.0m。底板及边墙位置在型钢与围岩接触处打设 $L=3m$、φ22mm 锚杆，且与型钢焊接牢固；封堵墙纵横每 3m×3m 预留 φ76mm 注浆钢管，顶部预留一排 φ200mm 临时排泄孔，衬砌前采用注水泥浆或泵送混凝土进行回填封堵，截断Ⅰ线岩溶水，将高位排水洞作为溶腔充填物主要排泄通道。溃口封堵墙结构如图 2-5-124 所示。

封堵墙浇筑以型钢骨架为支撑，内外侧挂 2cm 厚竹胶板作模板，泵送 C20 混凝土。封堵墙分层浇筑，每层高度控制在 2～3m。

5.5.2　局部断面处治技术

岩溶隧道施工中，溶洞处治最为常见，若措施不当，不但会影响施工安全，还会给后期线路运营埋下隐患。施工过程中，根据超前探测，现场揭露的溶洞具体特征，采取针对性的技术措施处理溶洞。

1）洞穴的处治

（1）跨越处治

当溶洞规模较大，溶洞内充填物松软，基础处理工程修建困难、耗资巨大，或者溶洞虽小但要求不堵塞水流时，可根据具体条件采用相应的梁跨、板跨等形式跨越岩溶地段，如图 2-5-125 所示。

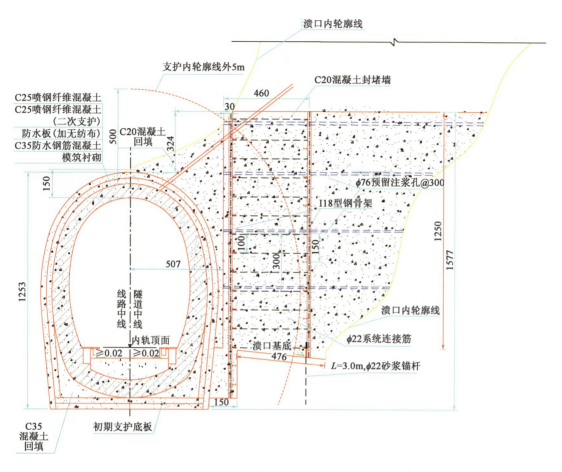

图 2-5-124　溃口封堵墙结构图(尺寸单位:cm)

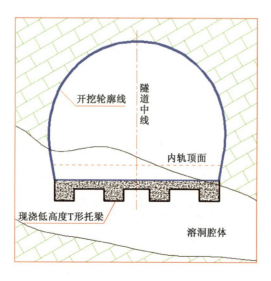

图 2-5-125　跨越溶洞处理示意图

（2）封闭处治

已停止发育的干溶洞,可采用混凝土、浆砌片石或干砌片石堵塞、充填,为降止洞穴壁或顶板坍塌,在清除松动岩石困难的情况下,可采用锚杆、钢管或钢轨加固岩体,如图 2-5-126 所示。

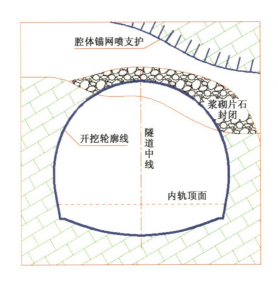

图 2-5-126　溶洞封闭处理示意图

2）局部岩溶水处治

对岩溶水的处理原则是"以排为主,截、堵、排、防相结合"的综合处理措施。对于隧道局部断面而言,当隧道岩溶水较大时,应连接泄水洞排除岩溶水,降低地下水位,保持隧道干燥;对于管道水流发育的溶洞,可施作隧底局部涵洞排水,并维系该断面处岩溶管道畅通,如图 2-5-127 所示。

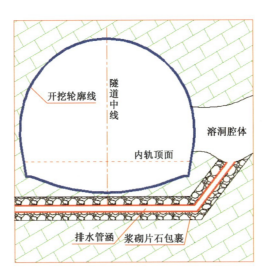

图 2-5-127　涵洞排水处理示意图

3) 岩溶洞穴堆积物处治

洞穴堆积物的特点是松软、下沉量大、强度低、稳定性差。当隧道必须穿越洞穴堆积物地段时,可采用桩基、换填、注浆等加固岩体的处理措施,如图 2-5-128 所示。

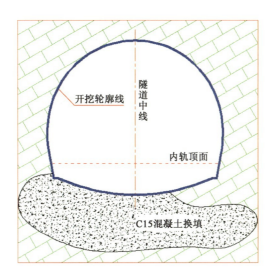

图 2-5-128　溶洞换填处理示意图

4) 溶洞处理工程案例

在贵昆铁路曹家沟隧道进口岩溶垂直渗流带施工中,开挖揭示发育溶腔 16 个,最大的位于隧道线路左侧,长 12m、宽 7m、竖向深度不明,最小的长 2.8m、宽 1.2m、竖向 2.2m。

(1) 隧道里程 DK293+065 处隧底及边墙小型溶洞处理如图 2-5-129 所示,用浆砌片石或洞渣回填。

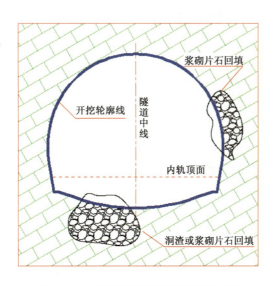

图 2-5-129　隧底及边墙小型溶洞处理示意图

(2) 隧道里程 DK293+072 处拱顶小型溶洞处理如图 2-5-130 所示,溶腔顶部岩壁施作

ϕ22mm 砂浆锚杆,长 3m,间距 1m,梅花形布置;铺挂 ϕ8mm 钢筋网;喷射 C20 混凝土,厚度 8cm。隧道初期支护施工完成后,向拱顶空腔内吹砂防护。

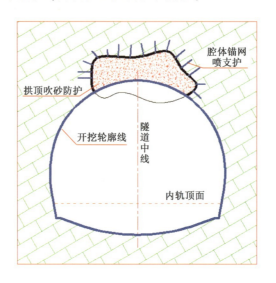

图 2-5-130 拱顶小型溶洞处理示意图

(3)隧道里程 DK293+091 处左侧边墙发育有竖向溶洞,长 12m、宽 7m,竖向深度不明,并有少量水流。初期支护外施作 C30 混凝土护墙,厚 40cm,左侧溶腔采用 C15 混凝土回填,并预留 ϕ200mm 排水钢管,维系溶洞流水通道,如图 2-5-131 所示。

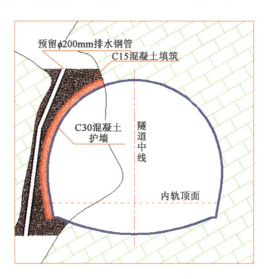

图 2-5-131 边墙大型溶洞处理示意图

(4)隧道里程 DK293+100~DK293+115 段隧底为小型充填溶洞群,填充物为碎石土、角砾,岩土体松散,地基承载力不能满足设计要求。仰拱开挖后,利用全环钢架初期支护作为止浆墙,ϕ75mm 钢管桩对隧底进行注浆加固,钢管长度 8~12m,间距 1m,梅花形布设;间隔 5m 预留注浆检查孔,对注浆效果进行取芯检查,如图 2-5-132 所示。

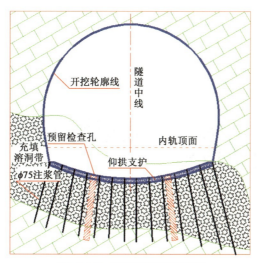

图 2-5-132　隧底注浆处理示意图

第6章

高压富水岩溶隧道施工防灾预警及救援技术

复杂岩溶隧道施工过程中面临的不确定性因素多,尤其在遇到高压富水隐伏岩溶构造时,预测及处治不当可能会突发大规模突水突泥、堵塞坑道等地质灾害,给施工安全造成严重威胁。其主要风险的突发性和影响范围明显区别于一般隧道,传统的防灾预警及救援技术难以满足安全要求。因此,对于复杂岩溶隧道,为保证现场人员能够安全快速躲避、撤离、免受伤害,应建立专门的防灾救援技术体系。

6.1 富水岩溶隧道风险分级与安全管理技术

6.1.1 富水岩溶隧道风险分级

1)岩溶隧道风险辨识

宜万铁路是最早系统提出风险管理的铁路工程项目。秉持"安全第一、预防为主、综合治理"的原则,宜万铁路于开工前对岩溶等不良地质隧道开展风险评估,将传统的管理思想与现代风险理论相结合,通过风险识别、风险估计、风险评价、风险控制和风险监控这样一个重复的循环过程,以最小的代价,提高抗击高风险的能力,将建设过程中的多种风险减轻到可接受的水平。

宜万铁路风险管理是对岩溶隧道工程的风险进行分析、评价和控制的过程,其风险管理体系如图 2-6-1 所示。

一般而言,风险管理包括风险识别、风险估计、风险评价、风险控制和风险监控 5 个阶段,具体流程如图 2-6-2 所示。

风险识别是整个风险管理系统的基础,岩溶隧道有七大类基本风险,归纳如下。

(1)地质类风险:岩溶突水突泥突石、岩溶突水突泥、岩溶和断层突水、岩溶突泥突石、充填溶腔拱部突石、干溶腔掉落石块、深溶腔人员坠入。

(2)施工类风险:反坡排水失效、掌子面失稳、止浆墙失稳、注浆失效。

(3)监测类风险:洞口崩石、洞内塌方、洞内岩爆、洞内瓦斯突出。

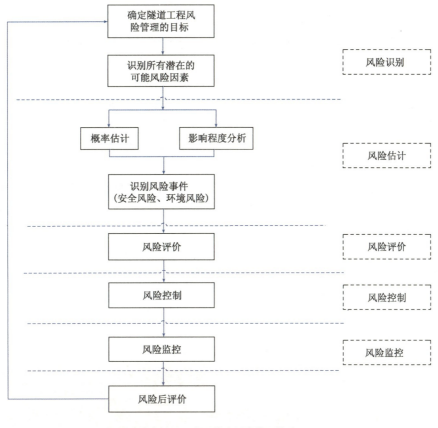

图 2-6-1 宜万铁路风险管理体系

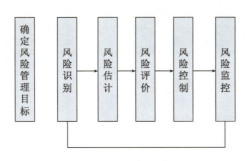

图 2-6-2 风险管理流程图

(4)变形风险:初期支护大变形、衬砌开裂、衬砌变形;边仰坡失稳、山体开裂变形、山体滑动、地表失水、周围建筑物破坏或开裂。

(5)电器设备与机械类风险:钻机、矿车等设备因灾害损坏。

(6)施工管理类风险:工期延误影响铺架、工期延误影响总工期;投资增加、措施费用增加、增加抢险费用、结构破坏引起费用增加;项目经理选择失误、现场管理人员经验不足、现场作业队伍选择不当。

(7)设计勘测类风险:钻探描述不清和判断失误、地质判断不准、决策失误引起事故、决策失误引起费用增加、洞内交通事故、用电事故、火灾。

2)岩溶隧道风险分级

宜万铁路岩溶隧道确定了以下风险分级原则。

(1)根据地质调绘、水文地质调查、物探、钻探、测试试验等资料,对每座隧道可能发生突水突泥地段、规模、危害程度等进行重新确认。

(2)全面清理已施工的隧道发生的突水突泥地段、规模等。

(3)对已施作的物探资料进行重新分析,确定物探异常的发育位置、长度、规模、性质等。

(4)根据宜万线的物探资料分析其异常体的位置、性质、规模等。

(5)根据复杂岩溶隧道排查情况,对可能存在严重工程地质问题(突水、突泥及其他重大灾害问题)的段落,逐座、逐段对相应地段的地层加固(超前帷幕注浆、径向注浆)、超前支护(是否采用长管棚等超前支护)、初期支护(厚度、钢架加强等)及衬砌(衬砌结构选用的可靠性)的设计情况进行核查。

根据事故发生的概率和后果等级,将风险等级分为四级,见表2-6-1。

风险等级　　　　　　　　　　　　　　　　　　　　　表2-6-1

概率等级		后果等级				
		轻微的	较大的	严重的	很严重的	灾难性的
		1	2	3	4	5
很可能	5	高度	高度	极高	极高	极高
可能	4	中度	高度	高度	极高	极高
偶然	3	中度	中度	高度	高度	极高
不可能	2	低度	中度	中度	中度	高度
很不可能	1	低度	低度	中度	中度	高度

6.1.2　高风险隧道安全管理制度

(1)施工地质勘察与超前地质预测预报专项机制

施工地质勘察与超前地质预测预报工作综合采用地质素描、TSP隧道地震探测法、地质雷达探测法、激发极化法、掌子面单反射法、地震负视速度法、红外超前探水法、超前水平钻探法、超前导坑法等方法进行。勘察与超前预报应根据揭示的地质情况进行调整,实施动态管理。规定了建设、设计、施工和监理的职责。

(2)突发性事件防范应急预案专项机制

突发性事件是指建设期间由人为或自然因素引起突发的人员伤亡、财产损失严重或产生严重危害的事故和灾害,对此要制订突发性事件应急预案,并确定应急预案的启动程序。

(3)应对复杂地质、工程难题的设计和施工预案专项机制

参建单位均应对宜万铁路可能出现的隧道突泥、突水、瓦斯(天然气)突出、坍塌冒顶、高

地应力(硬岩岩爆、软岩大变形)等,以及隧道反坡排水、帷幕(径向)注浆、陡坡顺层路基、堆积体、滑坡、软土路基、特殊结构桥梁施工等复杂地质、工程难题,分别制订详细的设计、施工预案,并根据施工进展和所揭示的地质情况适时进行优化调整,实施动态管理。

同时,构建并规范重难点工程监控专项机制,隧道施工量测监控专项机制,施工工艺监控专项机制,考核奖罚专项机制,信息收集、反馈和快速反应专项机制。

6.2 防灾报警系统

在风险隧道施工中必须安装配置合适的防灾害声光报警装置,报警装置应形成系统,一旦有灾害预警应立即发出警报,传给洞口工区的项目经理部值班室,值班室立即启动应急通信、应急照明,并指挥洞内人员安全撤离;正洞、各辅助坑道、横通道必须配置足够数量的应急照明装置,并应确保在有灾害发生时能提供足够亮度的照明指示以利洞内人员逃生;在正洞与平导(如有)之间,在预测高风险段落增设逃生横通道。

6.2.1 声光报警系统

声光报警系统是根据现场施工情况和设备维护使用方式,利用计算机、网络等技术而开发的隧道施工应急报警系统。通过该系统可在第一时间警报施工人员撤离现场,为现场施工人员赢得时间,从而能最大限度地减少伤亡。

系统由应急报警按钮(无线和有线方式兼容)、声光报警器、报警装置、报警主机、系统软件等组成。

1)主要功能

实时记录报警发起点、报警时间、系统状态等数据;当现场突发灾害时施工人员或安全检查人员按下附近的应急报警按钮,系统立即(10s以内)启动全线声光报警器提示人员撤离。报警装置的显示窗可指示逃生撤离的路径方向,当确认险情后,由洞外值班员通过报警主机的操作界面人工设定最佳逃生路线,洞内撤离方向指示窗给出相应指示;报警发生后值班室授权人员可解除报警并自动记录;报警装置具有独立的地址码,并显示在报警主机的电子地图上,使值班员可以及时获知报警地点,为洞外人员组织抢险提供依据;系统具有设备故障自诊断、自恢复的功能,若某个设备出现故障(或电缆断裂),主机会发出提示信息并显示故障地点,通知人员去维修,此时现场设备不报警;具有分段保护能力(中继和通道迂回连接),单一的故障点不影响前方网络的工作;系统具有防水、防潮、防雷击、防爆功能;报警主机留有与其他系统连接的串口。

2)系统组成

声光报警系统包括系统硬件和系统软件两部分。

主机系统软件主要完成电子地图的组态设计(值班员完成电子地图的绘制)、报警信息采集、控制室外设备报警及显示窗的显示、故障自诊断、网络系统的控制等任务。隧道报警点控制软件主要完成采集来自有线报警接收器或无线报警按钮的报警信息,并将地址码传回报警主机,由报警主机软件记录报警地点、时间并显示在电子地图上,配合指挥人员设定合理的撤离路线并发送至报警装置显示窗。隧道报警装置接收来自主机的命令,接通声光报警器和显示撤离方向;隧道报警点控制软件还定时接收来至主机系统软件的巡检信息并回送自己的工作状态。

系统硬件由室内设备(工区内)和室外设备(隧道内)两部分组成(图2-6-3)。

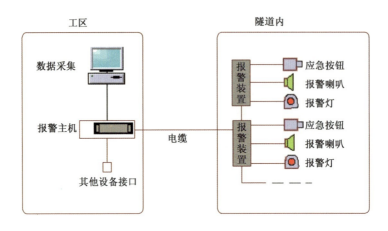

图2-6-3 报警系统

室内设备:系统室内设备由报警主机、系统控制盘、系统室外电源防雷隔离箱和室外设备电源开关箱等四部分组成。

室外设备:系统室外设备由报警遥控器、有线报警按钮、声光报警器、报警装置(包括:无线报警接收器和网络中继器、撤离方向指示器)等部分组成。

3)系统设计要点

(1)总线式结构、模块化安装,各单元模块采用手拉手方式连接。

(2)报警主机的电子地图可显示与现场一致的隧道监控模型,可监视系统各设备的工作状态(正常、故障、报警)。现场报警装置设有撤离方向指示窗,采用发光箭头标识作为向导。

(3)在每个掌子面处、横通道拐角处和设有安全监督员的位置,设置应急报警按钮、声光报警器和报警装置,其他地段以不超过240m间隔为原则设置声光报警器和报警装置,根据需要也可增设应急报警按钮。

(4)各报警装置互为中继,在主副洞远端通过横通道进行电缆迂回连接一次,迂回线随施工进度前移,以满足网络的分段保护和通道的断缆检查,有效隔离和保护了通信网络。

6.2.2 应急通信及人员定位系统

1)应急通信

在隧道内的施工工作面地段、隧道内其他有人值班地段设置共电电话机,在隧道两边洞口或斜井洞口的工棚内,分别设置电话集中机,构成以洞口工棚内值班员为中心的电话系统。

2）人员定位系统

在隧道内的各个位置和所有人员可能经过的通道中安放若干个信号收发器，具体数量和位置根据现场实际工况和要实现的功能要求而定，并且将它们通过网络布线和隧道外控制中心的计算机联网。同时在每个进洞人员佩戴的安全帽上安置信号感应器，当施工人员进入隧道以后，通过或接近放置在隧道内的信号收发器，信号收发器即会感应到信号同时立即上传到控制中心的计算机上，计算机马上就可判断出具体信息（如：姓名，位置，具体时间），同时把它显示在控制中心的大屏幕或电脑显示屏上并做好备份，管理者也可以根据大屏幕上或电脑上的分布示意图点击隧道某一位置，计算机即会把这一区域的人员情况统计并显示出来。同时控制中心的计算机会根据一段时间的人员出入信息整理出这一时期的每个施工人员的各种出勤报表（如：出勤率、总出勤时间、迟到/早退记录、未出勤时间等）。此外，一旦隧道内发生事故，可根据电脑中的人员定位分布信息马上查出事故地点的人员情况，然后再采用特殊的探测器在事故处进一步确定人员定位位置，以便以准确快速的方式营救被困人员。

6.2.3 电视监控系统

1）监控系统设置

为掌握施工现场情况、及时发现施工隐患、提前防患做好准备，电视监控必须实时无误地反映施工现场情况。由于隧道施工的情况复杂，沿线施工跨度大，而模拟视频信号在300~500m的距离内传输，信号的衰减较小；超过该距离，模拟视频信号增加一级视频放大器可延长传输距离200m左右（如进行两级以上放大，图像就会明显失真，严重时图像会发生扭曲变形）。

2）监控设备

前端设备：隧道内施工现场光照低，为保证图像的清晰度，使用微光低照度摄像机，且在发生事故或突然断电时能主动提供红外补偿功能；同时考虑到隧道内施工场地灰尘、水、汽等恶劣环境因素，用防尘、防水和防暴的防护罩，因此摄像机采用带防护罩的微光红外高速球形摄像机。

终端设备：采用数字硬盘录像机，具备软件监测、虚拟键盘等功能，使系统更加稳定，实时录像监控，运用视频压缩技术与动态检测录像，可最大限度提升硬盘效率，搜索快捷，使用动态录像抽取搜索，提高回放率。

监视器：分辨率为450线，具有4路复合视频输入（可自动切换）/1路复合视频输出。监视器清晰度较高，可以监视任意摄像机摄取的图像或进行时序显示。

3）监控系统线路

近距离视频传输方式：隧道施工现场设有值班室，电视监控系统的控制中心均设在值班室内，其位置一般距离隧道的入口不超过500m，在所有隧道（或平导）入口处安装摄像机，此处的摄像机拍摄图像均采用同轴视频缆传输至控制中心的数字硬盘录像机，实现近距离视频的传输与存储，经视频监视器显示所拍摄图像。

远距离视频传输方式：在摄像机距离现场控制中心（值班室）超过1km时，每一摄像机均配置一对视频光端机来解决远端的视频传输，图像经光纤通道传输至数字硬盘录像机，完成远距离视频的传输与存储，经视频监视器显示远端图像。

4）监控中心图像管理系统

在控制中心分别设置数字硬盘录像机和彩色视频监视器,对所在前端摄像提供图像进行存储、检索、回放。

6.3 逃生救援技术

6.3.1 逃生通道及疏散标志设计

1）逃生通道设计

为避免进洞观察时出现掌子面不可预见突发性突水时,应选择设计好的合理撤离线路进行逃生。正洞与平导之间,尽量利用现有设计横通道(间距400m左右)作为逃生横通道,对于反坡施工极可能发生大型突水突泥的地段,可适当增设逃生横通道,以规避施工风险。逃生横通道内应设置应急照明装置,并严禁放置杂物,确保人行畅通。顺坡施工地段掌子面后方设逃生爬梯,以供人员暂避。每处施工掌子面应至少保持有 1 名安全警戒人员。在距每处掌子面最近的 2 处横通道(逃生通道)两侧设置安全防护门,每处防护门处常设安全警戒人员 1 名,在有灾害预警时根据具体灾情决定防护门的关闭时机。对无轨运输的隧道要保障隧道内通道畅通,有轨运输的隧道要专门劈出一条供逃生车辆运行的通道。

如图 2-6-4 所示,当顺坡施工后部全贯通的掌子面突水时,将最靠近涌水掌子面的横通道按半封堵进行设计及实施,用来作为进洞观察的安全通道。进洞观察遇到险情时,应尽快由安全通道进入相邻洞室,并迅速撤离到相邻隧道掌子面,待安全时再出洞。

图 2-6-4 顺坡施工后部全贯通时进洞观察撤离线路

如图 2-6-5 所示,当顺坡施工后部未全部贯通,掌子面突水时,按图示线路进行排水设计。应尽快进入相邻洞室,并迅速撤离到相邻隧道掌子面,待安全时再出洞。

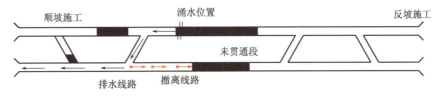

图 2-6-5 顺坡施工后部未全贯通时进洞观察撤离线路

综合顺坡施工隧道撤离线路,当进洞观察遇到险情时,下游总是不安全的,撤离原则是"进邻洞、向上走"。

如图 2-6-6 所示,当反坡隧道施工,当遇到险情时,向上游撤离直接出洞。

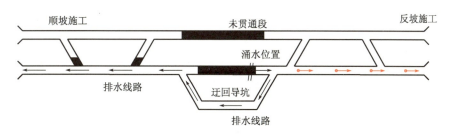

图 2-6-6　反坡施工时进洞观察撤离线路

2）疏散路线

疏散路线是在灾害发生时,施工人员应采取最佳的逃生路线,施工中情况复杂,发生灾害时施工作业人员分散,施工单位应结合现场的具体施工情况,合理运用,并结合应急报警系统输入到电脑软件中,以便找到最佳逃生路线。

结合应急照明等设置位置在疏散横通道口顶部设置标志箱或标志牌,并显著标识"XX 疏散通道"等字样,以便于人员疏散、集中管理等,疏散通道实行统一编号。

6.3.2　应急排水

对于岩溶隧道而言,洞内(井内)应设置满足施工期排水需要的机具设备和材料。以下以野三关隧道项目为例进行介绍。

1）人员配置

项目部组织成立专业抽水队,并任命队长、副队长各一名,配备维修车一辆、专职司机一名。排水系统人员配置见表 2-6-2。

人员配置表　　　　　　　　　　　　　表 2-6-2

泵　站	抽水(人)	维修(人)	临时泵站	抽水(人)	维修(人)
一泵站	3	1	一泵站	3	1
二泵站	3	1	二泵站	3	1
三泵站	3	1	三泵站	3	1
四泵站	3	1	四泵站	3	1
五泵站	6	1	五泵站	3	1

2）设备、潜水泵设置

野三关隧道斜井设计全长(变更后)1844.5m,由于平导未与出口贯通,反坡隧道施工排水困难。针对 DK124+824"F18"断层涌水量大、断层及影响带宽约 70m 的特殊地质情况,为预防涌水、突泥等地质灾害的威胁,确保正、反坡隧道施工正常,确保施工人员的安全,在斜井综合设置五级泵站(图 2-6-7),日排水能力达到 24000m^3。为达到确保机械良好率的实现每级备有一台连接就位的同量水泵,另外准备三台水泵备用。野三关隧道斜井洞口高程为 1060.78m,五级泵站如下设置。

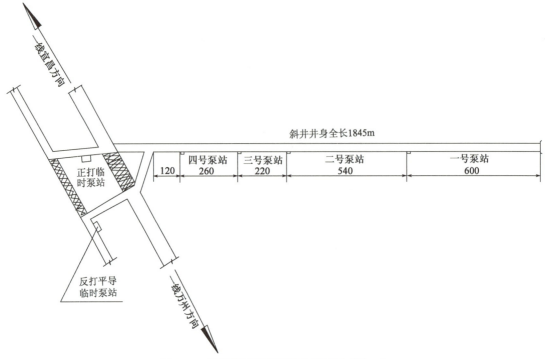

图 2-6-7 斜井排水泵站平面布置图(尺寸单位:m)

一号泵站:

设置里程 XDK0+600(高程991.1 高差为70m),在井身左侧设置,配置5台功率45kW子弹头水泵、扬程90m、流量200m³/h,布设管道 φ200mm 两条、φ150mm 两条、φ100mm 一条,积水井体积 $2.5×6×3=45m^3$,日排水量按75%计算,可排水18000m³/d。

为增加一号泵站的排水量,在XDK0+560右侧设置辅助泵站,主要配合一泵站在水量较大时将水抽至洞外,配置30kW、扬程44m、流量150m³/h 泵两台,日排水能力按75%计算可达到5400m³,积水井体积 $2×4×3=24m^3$。合计一号泵站日排水能力达到23400m³。

二号泵站:

设置里程 XDK1+140(高程946.9 高差44.2m),在井身左侧设置,配置三台功率45kW子弹头水泵,扬程45m,流量200m³/h,配置二台泥浆泵,扬程45m,流量200m³/h;抽至XDK0+600一号泵站;在洞身右侧设置一台150m扬程、流量为105m³/h 的泥浆泵,作为洞身排水及综合排水直抽出洞外,日排水量按75%计算可排水19890m³。

为增加2号泵站的排水量,在XDK1+160右侧设置辅助泵站,主要配合二号泵站在水量较大时将水抽至一号泵站,配置30kW、扬程70m、流量150m³/h 的水泵两台,日排水能力按75%计算可达到5400m³,积水井体积 $2×4×3=24m^3$。合计二号泵站日排水能力达到25290m³。

三号泵站:

设置里程 XDK1+360(高程908.0 高差39m),在井身左侧设置,配置四台功率45kW子弹头水泵,扬程45m,流量200m³/h,配置一台泥浆泵,扬程45m,流量200m³/h;抽至XDK1+140;一台150m扬程、流量为105m³/h 的水泵作为洞身排水及综合排水泵直抽至一号泵站。日排水量19890m³。

为增加三号泵站的排水量,在 XDK1+380 右侧设置辅助泵站,主要配合三号泵站在水量较大时将水抽至二号泵站,配置 30kW、扬程 70m、流量 150m³/h 的水泵两台,日排水能力按 75% 计算可达到 5400m³,合计二号泵站排水能力日排水能力达到 25290m³。

四号泵站:

设置里程 XDK1+620,在洞身左侧设置四级泵站(及辅助集水坑为洞身集水),配置三台泥浆泵,扬程 45m 流量 200m³/h,两台功率 45kW 子弹头水泵,扬程 45m,流量 200m³/h;一台扬程 90m、流量 150m³ 的水泵作为洞身排水及综合排水泵直抽至二号泵站。日排水量 20700m³。

为增加四号泵站的排水量,在 XDK1+770 右侧设置四号临时泵站,配置 30kW、扬程 90m、流量 105m³/h 的水泵两台。日排水能力达到 3780m³,抽至 XDK1+360 三号泵站。合计四号泵站日排水量达到 24480m³。

五号泵站:

设置里程 DK125+110,五号在积水仓形成之前设临时泵站两处,每处配置三台泥浆泵,扬程 45m,流量 200m³/h,每处抽水量达到 10800m³/h,抽至四级泵站。日排水总量能力达到 21600 m³。

在反打方向正洞左边墙 6m 处和正打方向正洞左边墙分别设置五级一分泵站、二分泵站,功率 45kW,流量 200m³/h,扬程 45m 的泥浆泵各四台,将水抽至四号泵站。合计日排水总量能力达到 28800 m³。

6.3.3 供电保障

隧道施工应急疏散电源在隧道进出口或斜井处就近接引施工用变压器低压侧 380V/220V 电源,隧道洞内电源接引洞内隧道施工用 380V/220V 电源。

信号报警设施由各隧道及平导进出口附近施工工区内设置的应急电源(Emergency Supplg,EPS)设备及配电箱供电,电源接引各施工单位工区 220V 电源;EPS 电源设备当外部电源失电后,持续供电时间为 90min。

给排水设备供电就近接引永临结合贯通线 35kV 电源。在隧道及平导进(出)口或斜井处设置 35kV/6kV 箱式变电站,以 6kV 电源供给排水高压电机供电。

照明应急灯具选用密封性能好,美观耐用,拆卸灵活,光线集中灯具;变压器选用 S11 型节能变压器;降压起动柜选用高压液阻软起动柜,具有起动平稳,对电网影响小,结构简单,维护方便等特点。

6.3.4 应急救援设施

应急救援设施布置如图 2-6-8 所示。

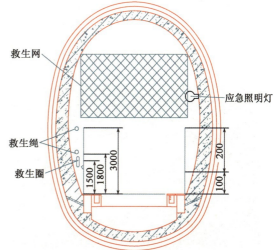

图 2-6-8　救援设施布置图(尺寸单位:mm)

(1) 应急救援车

在洞内作业集中区设置救援马槽车及梭矿车,作为专门救援值班车,24 小时待命。

(2) 救生绳

在隧道已施工段边墙两侧,悬挂安全绳,安全绳贯通全洞,如图 2-6-9 所示。

(3) 救生圈

在隧道洞内各工作面边墙处每隔 30~50m 放置救生圈 1 个,如图 2-6-10 所示。

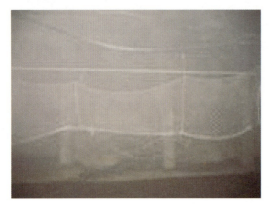

图 2-6-9　救生绳及救生网

图 2-6-10　安全平台及救生圈

(4) 安全平台

在隧道内主要作业区搭设安全平台,并在平台上配备部分救生器材,如图 2-6-10 所示。

(5) 救生网

在隧道边墙或洞顶布设救生网,如图 2-6-9 所示。

(6) 救生衣

在隧道施工各掌子面均根据施工人员数量配置足救生衣,并易于获取。必要高风险面须随身穿带,如图 2-6-11 所示。

(7) 救生爬梯

各风险作业面及人员集中地段均设置救生爬梯。爬梯长 3m,下端距离地面 1m,且满足对侧每 50m 一组,并涂彩色反光漆及配置应急灯,确保紧急情况下易于发现,如图 2-6-12 所示。

图 2-6-11　救生衣

图 2-6-12　救生爬梯

除上述所列救生设施外,遇紧急情况还可以利用洞内施工机具及设备进行自救,如衬砌台车、施工台架、木料及空油桶等。

(8)应急照明设计

在隧道进出口及斜井处各设一套应急照明配电箱,接引施工用变压器低压侧380V/220V电源;对于特长隧道,可根据隧道照明等负荷容量,在隧道内分段设置配电箱供电,其电源接引洞内隧道施工用380V/220V电源。

应急照明灯具在隧道内(平导内)每隔40m设一盏,灯具为自带蓄电池应急照明灯,灯具应急时间为90min,灯具容量每盏按20W计,采用电缆沿隧道壁挂钩敷设,由应急照明回路接引电源;隧道横通道处设置横通道灯箱。

6.3.5 工程实例

2008年4月30日晚,大支坪隧道ⅡDK132+913.9处上半断面掌子面进行钢架支护作业,掌子面共有作业人员9名,其中工人7名,领工员1名,专职安全员1名。21时零40秒,右侧拱腰下部突发突水突泥,现场值班安全员组织掌子面作业人员迅速撤离,并启动警报系统,监控室也及时发现情况,按预案启动快速反应机制,及时组织抢险和救援,洞内156名施工人员安全撤出洞外。

该突水突泥,持续10余分钟,突泥至掌子面后方约200m处,掌子面涌泥砂高度约3m,涌泥砂量约3000m³,后水量稳定在300m³/h,如图2-6-13所示。

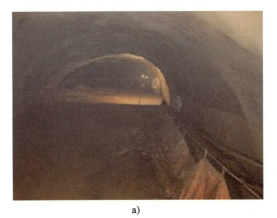
a)

b)

图2-6-13 ⅡDK132+914揭示溶腔后突水突泥

施工单位强化对预报过程的监管力度,以保证地质预报的可靠性,提高预报成果的准确度,便于有效指导施工;进一步研究、制定与施工地质需求相适应的超前地质预报的有效时段,重点研究加强异常段开挖界面外5~8m岩层、加固圈固结情况的钻探方案,力保探明掌子面前方围岩或加固情况。

鉴于大支坪隧道DK132+914突水突泥是因为隧道揭穿了略高于或与隧道高程大致相当的与暗河连通的溶腔所致,其突水携带有大量砂、卵石表明,突水的来源为过水通道的暗河补给,当时采用封堵、全断面帷幕注浆加固的方案是可行的,同时应充分考虑暗河通道规模及其补给范围。若暗河水头高,腔内水压过大,那么采用注浆加固完全封堵难度将会增大。因此,在封堵注浆加固前,进一步采用地质雷达、加密钻探等手段探明溶腔水压,若水压过大,宜增加排水降压点密度、强度,有效降低溶腔高水压,如进一步加大迂回到坑侧壁和反打掌子面的排水减压孔密度、范围等。

通过采取超前地质预报、降雨量量测、涌水量量测和水压力监测,加上隧道内完善的视频监控系统,最终成功地预报了 430 溶腔发生突泥突石事故,成功地避免了人员伤亡和设备损失。

第3篇
高压富水断层破碎带隧道修建关键技术

本篇阐述了地下水对高压富水断层破碎带隧道的影响,在此基础上分析了突水突泥机理;通过新关角隧道、齐岳山隧道的工程实践,形成了分水降压、全断面注浆、信息化注浆、顶水注浆和上堵下排注浆技术,降低了隧道开挖断面水压,提高了注浆效率;通过秀宁隧道、荆西隧道的工程实践,形成了四台阶九步隧道施工技术和突泥涌水段落整治技术,有效提升了断层破碎带隧道施工速度。

第1章

概述

中国位于世界两大地震带——环太平洋地震带与欧亚地震带之间,受太平洋板块、印度板块和菲律宾海板块的挤压,地震断裂带十分活跃。中国境内主要分布的区域断裂带包括古亚洲断裂带、华夏—滨太平洋、特提斯、贺兰—康滇四大断裂体系域。

随着交通建设的深入,越来越多的隧道出现在第一、第二地形阶梯上,昆仑山脉—阿尔金山脉—祁连山脉—横断山脉沿线多条铁路、公路干线正在建设或已经完成规划设计。上述地区除了大型的区域断层带之外,也包括了大量局部丧失连续性和完整性的岩体,这些破碎的岩体大多是由构造运动和变动中产生的岩石节理发育而成,其中相当一部分是具有一定宽度和延伸长度的非单一裂缝组成的破碎岩石条带。由断层所生成的破碎带含有断层角砾岩、碎裂岩、糜棱岩或断层泥等;由斜坡破坏生成的破碎带也可含有角砾、碎裂块石和糜棱状黏土等,这类围岩强度普遍较低,开挖后暴露在潮湿空气极易劣化。

上述地层隧址区地下水主要为基岩构造裂隙水和风化裂隙水,地下水可以受大气降水和附近河流双重补给。水源常常沿裂隙带径流补给深部地下承压水,大埋深隧道开挖后极易在隧道临空面形成高压射流。高压富水断层的封堵一直是工程界的难题,其中断层破碎带突水突泥机理尚不清晰,传统注浆封堵技术存在一定的注浆盲点,效率有待进一步提高。衬砌厚度与分水降压、注浆圈及隧道内排水效果密切相关,如何经济有效地增加注浆圈厚度并充分利用隧道内外排水结构达到排堵结合的工程效果,也一直受到行业内专家学者的关注。上述问题的突破,能够为高压富水断层破碎带施工技术进步提供有力支撑。

第 2 章

高压富水断层破碎带突水突泥机理分析

高压富水断层破碎带充填物构成复杂,流水路径分布广泛,难以准确探明。富水环境对松散岩体、构造角砾、泥质充填物软化作用明显,在隧道施工扰动作用下,发生突水突泥风险极大。分析高压富水断层破碎带突水突泥的影响因素、模型及机理,有利于建立有针对性的灾害防控及处治技术,减少隧道重大地质灾害事故,保障隧道建设安全。

2.1 地下水对隧道围岩力学性质的影响

2.1.1 地下水对破碎带岩石抗压强度的影响

岩石的软化系数 k_R 一般是通过室内岩石抗压强度试验测定的,它被定义为岩石试件饱水状态抗压强度 R_{cd} 与其干燥状态抗压强度 R_c 之比,即:

$$k_R = \frac{R_{cd}}{R_c} \tag{3-2-1}$$

所有的岩石浸水后都有强度降低的现象,只是强度降低的程度略有不同。《工程地质手册》中将岩石按软化系数 k_R 分为软化岩石($k_R \leqslant 0.75$)和不软化岩石($k_R \geqslant 0.75$),软化系数体现了水对岩石强度的影响。表 3-2-1 给出了部分岩石的软化系数。

部分岩石软化系数的经验数据   表 3-2-1

岩 石 分 类		极限抗压强度(MPa)		软化系数
		干燥	饱和	
坚硬的岩石	岩浆岩	花岗岩、闪长玢岩、辉绿岩、闪长岩、花岗闪长岩、流纹斑岩、玄武岩、安山岩、凝辉岩、凝灰角砾岩、火山角砾岩	100.00~280.0	80.0~250.0	0.70~1.00
	沉积岩	砂质砾岩、石英砂岩、砂质页岩、石灰岩、白云质灰岩	74.0~160.0	60.0~120.0	0.70~0.90
	变质岩	角闪片麻岩、花岗片麻岩、长英角岩、石英片岩、角闪片岩、砂质板岩	80.0~150.0	62.5~120.0	0.69~0.84

续上表

岩 石 分 类			极限抗压强度（MPa）		软化系数
			干燥	饱和	
半坚硬的岩石	岩浆岩	半风化花岗岩、半风化流纹斑岩、半风化辉碧岩、二叠系凝灰岩、凝灰熔岩	25.0~68.0	4.6~32.0	0.16~0.50
	沉积岩	泥质砂岩、侏罗系砂岩、砾岩、角砾岩	30.0~80.0	5.0~45.0	0.21~0.75
		侏罗系黏土岩、白垩系黏土岩、侏罗系页岩、白垩系页岩、灰岩、泥灰岩	20.0~45.0	10.0~30.0	0.40~0.66
			50.0~60.0	13.0~40.0	0.24~0.55
			13.4~100.0	7.8~52.4	0.44~0.54
	变质岩	片麻岩、绿泥石片岩、云母片岩、碳质板岩、千枚岩	40.0~90.0	20.0~30.0	0.40~0.68

从表 3-2-1 可以看出：半坚硬岩石的软化系数普遍比坚硬岩石的大，对照岩石坚硬程度分类表，上述软化的岩石基本上属于软质岩石的范畴，即岩石的单轴饱和抗压强度 $R_c<30\mathrm{MPa}$，而不软化的岩石基本上属于硬质岩石，即岩石的单轴饱和抗压强度 $R_c\geqslant30\mathrm{MPa}$，说明岩石越硬地下水的软化效果越差，岩石越软地下水的软化效果越明显。

2.1.2 地下水对破碎带岩块抗剪强度参数的影响

为研究地下水对岩石抗剪强度影响的程度，对大量的试验结果进行调研，为表征岩石在饱和状态下抗剪强度参数的降低程度，引入抗剪弱化系数的概念，并分别用 η_c 与 η_φ 表示岩石黏聚力与内摩擦角的降低程度。其中，η_c 与 η_φ 可分别按下式计算：

$$\eta_c = \frac{c - c_{\mathrm{sat}}}{c} \qquad (3\text{-}2\text{-}2)$$

$$\eta_\varphi = \frac{\varphi - \varphi_{\mathrm{sat}}}{\varphi} \qquad (3\text{-}2\text{-}3)$$

式中：c_{sat}、φ_{sat}——饱和状态下的黏聚力与内摩擦角。

岩石抗剪强度参数降低程度如图 3-2-1 所示。

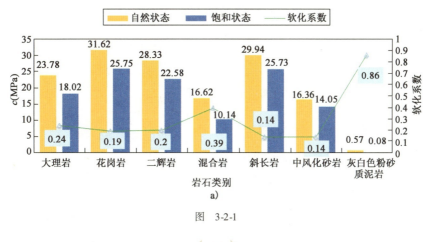

图 3-2-1

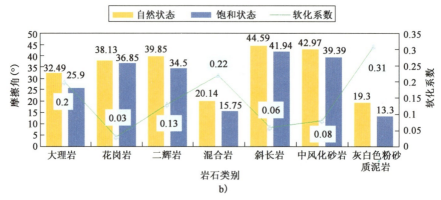

图 3-2-1　岩石抗剪强度参数降低程度

从图 3-2-1 中可看出,地下水对岩石抗剪强度的影响表现为降低岩石的黏聚力与摩擦角;从不同岩性的降低幅度可看出,岩石坚硬程度越高,抗剪强度的弱化作用越小。对于大理岩等硬岩,其弱化系数较小,而对于泥岩等软岩,其弱化系数较大。对于同一种岩性,其黏聚力的弱化程度大于内摩擦角的弱化程度。

2.1.3　地下水对破碎岩体结构面强度的影响

岩体的完整程度由结构面性质、组数、张开度以及充填物性质所决定,可划分为完整、较完整、较破碎、破碎、极破碎五个等级。由此可见,岩体完整程度完全由结构面的状况所决定。地下水对结构面的影响实际上可归结为对岩体完整性的影响,一般而言,岩体完整性越差,则岩体结构面越多,结合也越差,因而地下水对岩体结构面强度降低程度越大,对岩体结构面产生的力学作用也越大,进而对岩体完整性的影响也就越大。

经过调研总结得出了不同完整程度条件下地下水对岩体完整性的影响,见表 3-2-2。

不同完整程度条件下地下水对岩体完整性的影响　　　　表 3-2-2

完整程度	主要结构面结合程度	相应结构类型	地下水对岩体完整性的影响
完整	好或一般	整体状或巨厚层状结构	地下水对岩体结构无影响
较完整	差、好或一般	块状或厚层状结构、块状结构	泥化结构面的充填物质,降低结构面的抗剪强度
较破碎	差	裂隙块状或中厚层状结构	地下水能泥化软弱结构面的充填物质,降低其抗剪强度
较破碎	好	镶嵌碎裂结构	地下水对结构面有一定的渗透压力,从而降低结构面强度
较破碎	一般	中、薄层状结构	地下水对结构面有渗透压力,同时对结构面强度有一定的弱化作用
破碎	差	裂隙块状结构	地下水对软弱结构面的抗剪强度影响较大,地下水较大时,能冲刷结构面中的充填物质
破碎	一般或差	碎裂状结构	地下水对软弱结构面的抗剪强度影响较大,地下水较大时,能冲刷结构面中的充填物质
极破碎	很差	散体状结构	地下水能明显降低结构面的结合强度,能冲刷带出结构面中的充填物质,分离岩体

从表3-2-2看出，围岩完整程度越差，围岩越破碎，地下水对岩体完整性影响越大；特别当水量大的时候，地下水能冲刷带出结构面中的充填物质以及破碎带，分离岩体，对围岩造成很大的影响。

2.2 富水环境下隧道稳定性影响因素分析

使用有限元软件，采用流固耦合单元建立模型计算富水地层中隧道围岩的力学性能。为方便比较位移控制效果，各级围岩均采用Ⅳ级围岩初期支护参数，围岩及初期支护物理力学参数见表3-2-3。

围岩及初期支护物理力学参数　　　表3-2-3

围岩及支护结构	密度（kg/m³）	弹性模量（GPa）	泊松比	摩擦角（°）	黏聚力（MPa）	渗透系数（m/s）
Ⅱ级围岩	2000	20	0.20	50	1.500	1×10^{-6}
Ⅲ级围岩	2000	6	0.25	39	0.70	3×10^{-6}
Ⅳ级围岩	2000	1.3	0.30	27	0.20	8×10^{-6}
Ⅴ级围岩	2000	1	0.35	20	0.05	1×10^{-5}
Ⅵ级围岩	2000	0.5	0.40	18	0.03	3×10^{-5}
初期支护	2500	30	0.20	—	—	1×10^{-7}

2.2.1 地下水位

地下水位变化，特别是地层由无水到有水环境的改变时，对围岩的变形和应力影响明显。

1）围岩变形

分别计算水头高度0m、10m、50m、100m、130m、200m时围岩的变形情况，拱顶沉降量见表3-2-4，拱顶相对下沉如图3-2-2所示。

不同水头高度时拱顶沉降量（单位：mm）　　　表3-2-4

水头高度（m）	Ⅱ级围岩	Ⅲ级围岩	Ⅳ级围岩	Ⅴ级围岩	Ⅵ级围岩
0	1.544	5.03	21.02	28.31	36.28
10	1.714	5.592	23.28	30.76	39.64
50	2.246	7.21	30.04	38.22	50.54
100	2.742	8.766	36.66	45.46	61.18
130	3.046	9.702	40.66	49.82	67.56

由表3-2-4看出，随着水头高度增大，Ⅱ、Ⅲ级围岩隧道拱顶沉降增幅很小。而对于Ⅳ、Ⅴ、Ⅵ级围岩，随着水头高度的增大，隧道拱顶沉降增幅较大。以上规律说明，隧道围岩质量越差，地下水的影响越明显。

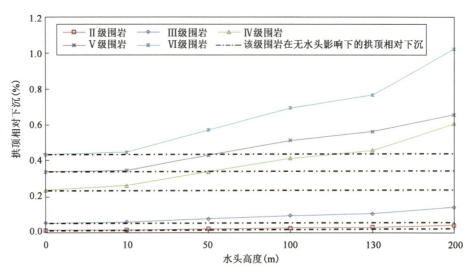

图 3-2-2　拱顶相对下沉随水头高度的变化规律

由图 3-2-2 看出,不同的围岩级别,拱顶相对下沉随水头高度的变化规律不同。表现为:在水头高度为 0~10m 时,各级别围岩拱顶相对下沉增量都不大,且均处于其相应级别的相对下沉允许区间内。当水头高度从 10m 上升至 50m 时,对于Ⅳ、Ⅴ级围岩,隧道拱顶相对下沉均出现较大的增幅,根据图 3-2-2 所标示的围岩位移基准,分别降至Ⅴ、Ⅵ级的位移分级标准范围。因此,考虑到地下水的影响,此时围岩级别应做降一级处理。当水头高度超过 100m 之后,对于Ⅳ级围岩,其相对拱顶沉降量降至Ⅵ级围岩的位移分级标准范围,围岩级别应做降两级处理。当水头高度为 200m 时,Ⅱ、Ⅲ级围岩拱顶相对下沉分别为 0.047%、0.145%,Ⅲ、Ⅳ级围岩的位移基准为 0.057%、0.239%,Ⅱ、Ⅲ级围岩若要达到降级的位移标准需要更大的水头高度。

根据上述计算结果可以看出,水头高度对于Ⅱ、Ⅲ级围岩影响不大,不会出现降级的现象,而对于Ⅳ、Ⅴ级围岩均会降 1~2 级。Ⅳ、Ⅴ级围岩富水区是坍塌、初期支护开裂的高发地段。

2)围岩应力分布

地下开挖后,洞壁的应力集中最显著,当它超过围岩屈服极限时,洞壁围岩就由弹性状态转化为塑性状态,并在围岩中形成一个塑性松动圈。随着距洞壁距离增大,径向应力 σ_r 由零逐渐增大,应力状态由洞壁的单向应力状态逐渐转化为双向应力状态,围岩也就由塑性状态逐渐转化为弹性状态。弹性区以外则是应力基本未产生变化的天然应力区(或称原岩应力区)。

塑性松动圈的出现,使圈内一定范围内的应力因释放而明显降低,而最大应力集中由原来的洞壁移至塑、弹性圈交界处,使弹性区的应力明显升高。与开挖前的初始应力相比,围岩中的塑性区应力可分为两部分:塑性区外圈是应力高于初始应力的区域,它与围岩弹性区中应力升高部分合在一起称作围岩承载区;塑性区内圈应力低于初始应力的区域称作松动区。塔罗勃(J. Talober)、卡斯特奈(H. Kastner)等给出了弹塑性围岩中的应力图形(图 3-2-3)。基于以上分区方法,分析各级围岩和不同水头高度下的洞周围岩应力分布。

①绘出各级围岩在无水时的弹塑性应力图形。Ⅱ~Ⅵ级围岩隧道外侧水平各点竖向应力绘制如图 3-2-4 所示。

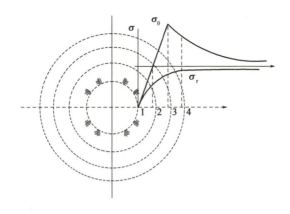

图 3-2-3 弹塑性围岩应力状态图
1~2-松动区;2~4-围岩承载区;1~3-塑性区;3~4-弹性区应力升高区

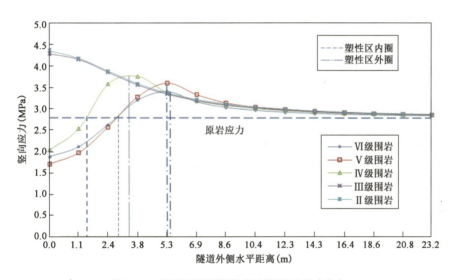

图 3-2-4 各级围岩隧道外侧水平各点竖向应力分布

由图 3-2-4 看出,围岩越差,隧道开挖引起的松动区和塑性区范围越大,并且竖向应力最大值越小。其中Ⅱ、Ⅲ级围岩无塑性区出现;Ⅳ级围岩塑性区约 3.4m,松动区约 1.5m;Ⅴ级围岩塑性区约 5.3m,松动区约 2.8m;Ⅵ级围岩塑性区约 5.5m,松动区约 3.1m。

②绘出围岩在不同水头高度时的弹塑性应力图形。以Ⅴ级围岩为例,水头高度为 0m、50m、100m、130m 时围岩隧道外侧水平各点竖向应力分布如图 3-2-5 所示。

由图 3-2-5 看出,随着水头高度的增大,塑性区范围逐渐增大,松动区范围减小,并且竖向应力最大值逐渐减小。0m 水头高度时,塑性区约 5.3m,松动区约 2.8m;50m 水头高度时,塑性区约 5.7m,松动区约 3.1m;100m 水头高度时,塑性区约 6.3m,松动区约 3.8m;130m 水头高度时,塑性区约 6.7m,松动区约 4.4m。130m 水头高度时塑性区厚度比 0m 水头高度时增大约 26.4%,松动区增大约 57.1%。其中松动区与塑性区厚度之比,0m 水头高度时为 52.8%,130m 水头高度时为 65.7%。

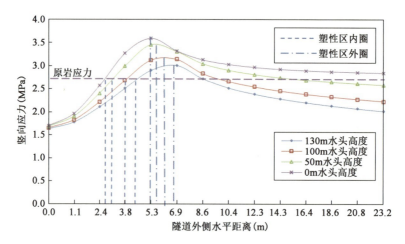

图 3-2-5　不同水头高度下隧道外侧水平各点竖向应力分布

由以上研究结果看出,增大水头高度会产生和围岩变差(围岩等级提高)时一样的效果,导致隧道周边的塑性区和松动区范围变大,并且松动区占塑性区比例显著增大。因此,增大水头高度会恶化围岩的受力状态,导致围岩的破坏失稳。

2.2.2　埋深

分别计算埋深 130m、300m、500m、1000m 在水头高度 0m、50m、100m、200m、400m 时 V 级围岩的变形情况,拱顶沉降量见表 3-2-5,不同埋深时拱顶沉降随水头高度增大的增幅如图 3-2-6 所示。

不同水头高度时拱顶沉降量(单位:mm)　　　　表 3-2-5

水头高度(m)	埋 深			
	130m	300m	500m	1000m
0	18.2	42.9	72.9	150.0
50	27.9	52.6	81.6	155.0
100	35.2	59.9	88.9	162.3
200	—	74.5	103.5	176.9
400	—	—	132.7	205.6

由表 3-2-5 和图 3-2-6 看出,同一埋深时,拱顶沉降量随水头高度的增大而增大;同一水头高度时,随着埋深的增加,拱顶沉降量增幅逐渐减小。50m 水头高度时,130m 埋深增幅为 53%,300m 埋深增幅为 22.6%,500m 埋深增幅为 12.1%,1000m 埋深增幅为 3.3%。400m 水头高度时,500m 埋深增幅为 40%,1000m 埋深增幅为 19.1%。

由此看出,当隧道埋深较小时,围岩变形量主要受地下水作用控制;当隧道埋深较大时,围岩变形主要受地应力控制。

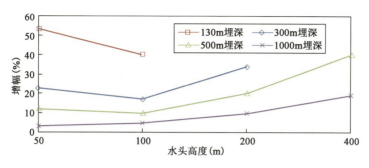

图 3-2-6　拱顶沉降随水头高度增大的增幅

2.2.3　初期支护

（1）分别计算初期支护刚度 18GPa、27GPa、36GPa、45GPa 在水头高度 0m、10m、50m、100m、130m 时 V 级围岩的变形情况,拱顶沉降量见表 3-2-6,不同支护刚度时拱顶沉降随水头高度增大的降幅[降幅 =（各级支护刚度沉降量 − 18GPa 支护刚度沉降量）/18GPa 支护刚度沉降量]如图 3-2-7 所示。

不同水头高度时各支护刚度的拱顶沉降量(单位:mm)　　表 3-2-6

水头高度(m)	初期支护刚度			
	18GPa	27GPa	36GPa	45GPa
0	28.3	18.2	14.2	11.9
10	30.8	20.6	16.5	14.2
50	38.2	27.9	23.8	21.5
100	45.5	35.2	31.2	30.2
130	49.8	40.4	38.5	37.4

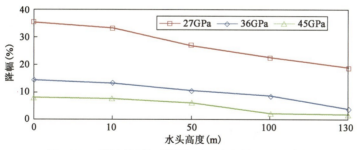

图 3-2-7　不同支护刚度时拱顶沉降随水头高度增大的降幅

由表 3-2-6 可知,在各级水头高度时,拱顶沉降量随着支护刚度的增大而减小,并且水头高度越高,沉降量减小的程度越小。水头高度为 0m 时,支护刚度从 18GPa 增大到 45GPa,沉降量从 28.3mm 减小为 11.9mm,降幅为 58%;水头高度为 130m 时,支护刚度从 18GPa 增大到 45GPa,沉降量从 49.8mm 减小为 37.4mm,降幅为 24.9%。

由图 3-2-7 看出,各级支护刚度的拱顶沉降量降幅随着水头高度的增大而减小。其中 45GPa 支护刚度在 50m 水头高度时降幅为 6.1%,100m 水头高度时降幅突降为 2.2%;36GPa

支护刚度在100m水头高度时降幅为8.7%,130m水头高度时降幅陡降为3.9%,可以认为从最经济的角度,当水头高度达到50m时,支护刚度不应超过45GPa;当水头高度达到100m时,支护刚度不应超过36GPa。

分析原因是当水头高度较大时,由于地下水对围岩的弱化作用,围岩受力状态恶化严重,变形破坏主要发生在初期支护施作前,此时再提高支护刚度对围岩的变形控制效果改善甚微。

(2)分别计算在水头高度0m、10m、50m、100m、130m下围压应力释放率10%~90%时的Ⅴ级围岩毛洞变形情况,各水头高度下拱顶沉降随围岩应力释放系数的变化规律如图3-2-8所示。

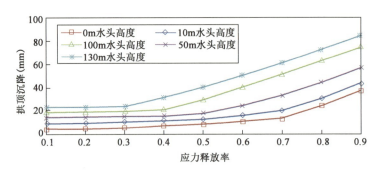

图 3-2-8 不同水头高度时拱顶沉降量随应力释放率的变化曲线

由图3-2-8看出,同一应力释放率时,拱顶沉降随着水头高度的增大而增大;同一水头高度时,拱顶沉降随着应力释放率的增大而增大,并在应力释放率达到限值时出现突变,其中水头高度越大,拱顶沉降出现突变时的应力释放率越小。在0m水头高度时,应力释放率大于70%后位移出现突变;在10m水头高度时,应力释放率大于70%后位移出现突变;在50m水头高度时,应力释放率大于50%后位移出现突变;在100m水头高度时,应力释放率大于40%后位移出现突变;在130m水头高度时,应力释放率大于30%后位移出现突变。

由以上结果看出,在水压力作用下,松动区、塑性区范围变大,应力释放率较小时围岩位移会突然增大。可以说明,从发生时间上看,地下水使隧道围岩破坏发生得更早、更突然。因此,在富水破碎围岩地段,尽量采用超前支护措施,尽早初喷,封闭开挖面,提供足够的支护刚度,以控制围岩的变形,保证围岩的稳定性。

2.3 现存各类规范对地下水状态的考虑

《铁路隧道设计规范》(TB 10003—2016)中规定,围岩基本分级中,按照岩石的坚硬程度以及岩体的完整性状态组合进行分类,岩石的坚硬程度按岩石的单轴饱和抗压强度进行分类,说明已经考虑了地下水对岩石的软化作用。水的其他作用在基本分级中得不到反映,需采用修正措施来反映它们对岩体质量的影响。

地下水状态是一个连续的变量,很难直接使用,在国内外的各种围岩分级方法中,一般选择出水量、水压、水头高度作为评价地下水状态的指标,并按照对围岩稳定性的影响程度划分为 2~3 个等级，表 3-2-7 对围岩分级方法中地下水状态等级划分标准进行了总结。

常用规范地下水状态等级统计　　　　表 3-2-7

资料来源	地下水状态等级		
	渗水滴水	线状流水	涌流状出水
《工程岩体分级标准》(GB/T 50218—2014)	$P \leq 0.1\text{MPa}$ 或 $q \leq 25$	$0.1 \leq P \leq 0.5\text{MPa}$ 或 $0.1 \leq q \leq 125\text{L/min}$	$P > 0.5\text{MPa}$ 或 $q > 125\text{L/min}$
《水利水电工程地质勘察规范》(GB 50487—2008)	$q \leq 25\text{L/min}$ 或 $H \leq 10\text{m}$	$25\text{L/min} < q \leq 125\text{L/min}$ 或 $10\text{m} < H \leq 100\text{m}$	$q > 125\text{L/min}$ 或 $H > 100\text{m}$
《铁路隧道设计规范》(TB 10003—2016)	$q \leq 25\text{L/min}$	$25\text{L/min} < q \leq 125\text{L/min}$	$125\text{L/min} < q$
RMR 分级法	$\xi \leq 0.2$ 或 $q \leq 25\text{L/min}$	$0.2 < \xi \leq 0.5$ 或 $25\text{L/min} < q \leq 125\text{L/min}$	$\xi > 0.5$ 或 $q > 125\text{L/min}$
RSR 分级法	$q \leq 25\text{L/min}$	$25\text{L/min} < q \leq 125\text{L/min}$	$q > 125\text{L/min}$

注：1. 表中流量均为 10m 洞长水量，《工程岩体分级标准》(GB/T 50218—2014) 流量由单位延米洞长换算为 10m 洞长水量。
　　2. RMR 法地下水状态分为 5 级，本表将 $q \leq 25\text{L/min}$ 三级合并为一级。
　　3. ξ 为裂隙水压力与最大主应力的比值。

由表 3-2-7 看出，各规范划分相邻等级的出水量界限，主要以 25L/min、125L/min 为主，由此确定地下水状态的等级划分情况，见表 3-2-8。《铁路隧道设计规范》(TB 10003—2016) 对地下水状态的划分值较其他规范小，在一定程度上反映了铁路隧道设计时，考虑的地下水影响权重较大。

地下水状态等级划分　　　　表 3-2-8

评价指标 (10m 洞长)	地下水状态		
	渗水滴水	线状流水	涌流状出水
出水量	$q \leq 25\text{L/min}$	$25\text{L/min} < q \leq 125\text{L/min}$	$q > 125\text{L/min}$
水压	$P \leq 0.2\text{MPa}$	$0.2\text{MPa} < P \leq 0.5\text{MPa}$	$P > 0.5\text{MPa}$
水头高度	$H \leq 10\text{m}$	$10\text{m} < H \leq 100\text{m}$	$H > 100\text{m}$

目前国内外在围岩分级中，对水的影响处理主要有四种方法：修正法、降级法、限制法、不考虑。因各规范采用的方法不完全一致，不便于比较，故将各规范换算成修正法，换算后见表 3-2-9。

地下水状态对围岩基本级别影响修正系数　　　　表 3-2-9

地下水状态	资料来源	围岩基本级别				
		Ⅰ	Ⅱ	Ⅲ	Ⅳ	Ⅴ
渗水滴水	《工程岩体分级标准》(GB/T 50218—2014)	0	0	0.1	0.2~0.3	0.4~0.6
	《大型水电站地下洞室围岩分类》(水电部昆明勘测设计院)	0	0	0~0.1	0.2~0.4	0.4~0.5
	《隧道工程岩体(围岩)分级》(铁道科研院西南研究所)	0	0.1	0.1~0.25	0.1~0.25	0.1~0.25

续上表

地下水状态	资料来源	围岩基本级别				
		Ⅰ	Ⅱ	Ⅲ	Ⅳ	Ⅴ
渗水滴水	《国防工程喷锚支护技术暂行规定》[中国人民解放军总参谋部(简称总参)1984年提]	0	0	0.1	0.25	0.5
	《水利水电工程地质勘察规范》(GB 50487—2008)	0	0~0.1	0.1~0.3	0.3~0.5	0.5~0.7
	《铁路隧道设计规范》(TB 10003—2016)	0	0	0	0	0
线状流水	《工程岩体分级标准》(GB/T 50218—2014)	0	0.1	0.2~0.3	0.4~0.6	0.7~0.9
	《大型水电站地下洞室围岩分类》(水电部昆明勘测设计院)	0	0~0.1	0.1~0.25	0.3~0.6	0.6~0.9
	《隧道工程岩体(围岩)分级》(铁道科研院西南研究所)	0	0.1	0.1~0.5	0.1~0.5	0.1~0.5
	《国防工程喷锚支护技术暂行规定》(总参,1984年提)	0	0.1	0.25	0.5	0.75
	《水利水电工程地质勘察规范》(GB 50487—2008)	0~0.1	0.1~0.3	0.3~0.5	0.5~0.7	0.7~0.9
	《铁路隧道设计规范》(TB 10003—2018)	0	0	1	1	1
涌流状出水	《工程岩体分级标准》(GB/T 50218—2014)	0	0.2	0.4~0.6	0.7~0.9	1
	《大型水电站地下洞室围岩分类》(水电部昆明勘测设计院)	0	0~0.2	0.2~0.5	0.4~0.8	0.8~1.0
	《隧道工程岩体(围岩)分级》(铁道科研院西南研究所)	0	0.25	0.25~0.75	0.25~0.75	0.25~0.75
	《国防工程喷锚支护技术暂行规定》(总参,1984年提)	0	0.25	0.5	0.75	1
	《水利水电工程地质勘察规范》(GB 50487—2008)	0.1~0.3	0.3~0.5	0.5~0.7	0.7~0.9	0.9~1
	《铁路隧道设计规范》(TB 10003—2016)	1	1	1	1	1

注:1. 昆明院、西南所、《水利水电工程地质勘察规范》(GB 50487—2008)和《水工隧洞设计规范》(SL 279—2016)都是用评分法确定岩体质量指标,水的影响采用评负分对岩体质量进行修正,表中所列系数是按负分值和极差换算的。
2. 《铁路隧道设计规范》(TB 10003—2016)采用降级法对岩体基本分级进行修正,表中所列系数是按照降级系数为1、不降级系数为0换算的。

从前面的研究可以知道,地下水对岩体质量的影响,不仅与水的赋存状态有关,还与岩石性质和岩体完整程度有关。岩石越致密、强度越高、完整性越好,水的影响越小;反之,水的不利影响越大。

遵循这一客观规律,分析表3-2-9 发现:采用评分法和修正系数法的规范,不仅考虑了出水状态,还考虑了岩体的基本质量级别,即在同一出水状态下,基本质量越差的岩体,对其影响程度越大,修正系数也随之增大;在同一基本级别下,出水量越大或水压越高,修正系数越大。采用降级法的《铁路隧道设计规范》(TB 10003—2006),换算的修正系数仅为0或1,即水对岩体无不利影响或水对岩体有极大不利影响。在同一出水状态下,水的作用对基本质量的变化无敏感性。

2.4 断层破碎带突水突泥的模式

2.4.1 断层破碎带突水突泥诱因分析

断层破碎带常因导水、富水而成为富水带,张性断裂常因张开性好、构造角砾胶结松散、孔隙较大而容易形成较大储水空间和宽大径流通道,张性断裂横切褶皱或挤压性断裂,使褶皱不同部位的地下水互相连通,共轭出现的扭性断裂组常成为地表水下渗和地下水径流的通道,控制地下水的分布形态。在可溶岩地层中,张性断裂及张性断裂横切褶皱带更容易导致形成强岩溶带和暗河径流带或管道流,隧道建设风险较非可溶岩地层更大。

在隧道施工之前,岩体处于自然平衡状态,隧道开挖时扰动了岩体,形成临空面,并在隧道周边形成松动圈,导致原有裂隙扩张和出现新的裂隙,改变了围岩的应力状态和地下水的流动状态,加速了水循环,而岩体的破裂首先是从围岩内的节理裂隙面开始的,当充水裂隙垂直方向受拉应力作用或者裂隙面上受剪应力作用时,不高的水压即可使其产生破裂,从而引起裂隙进一步扩展,水流在扩展方向的流动和劈裂又加剧了裂隙的扩展,从而诱发隧道突水突泥,其主要表现在以下3个方面。

1) 隧道开挖直接诱发断层带突水突泥

(1) 爆破或非爆破开挖直接破坏含水构造周围的地层,导致止水岩柱或关键岩块失稳和破坏,高压水突然涌出。

(2) 隧道开挖直接揭穿隔水岩层造成隧道突水突泥。

(3) 爆破或非爆破施工导致岩体溶隙扩张,造成岩体局部应力集中和破裂,高压水突然涌出。

2) 隧道开挖间接诱发突水突泥

爆破或非爆破开挖后导致止水岩柱和关键岩块出现变形和位移,不足以抵抗水压力、土压力和构造应力,止水岩柱受力和变形过大或关键岩块位移过大,逐渐失稳或破坏造成突水突泥。

3) 隧道开挖面后方的突水突泥

隧道开挖扰动地层造成围岩松散压力增大或大气降雨造成水压力突然升高,使隧道后部的支护结构不足以抵抗地层中的土压力和水压力,支护结构局部或整体发生失稳和破坏,造成隧道突水突泥。

2.4.2 突涌水水文地质概念模型

高压富水断层破碎带突涌机理十分复杂,目前学术界尚无统一认识,仅以新关角隧道为例研究了突涌水灾害的发生机理,分析突涌水的形成条件、类型,提炼了几类突涌水的水文地质概念模型和突涌水模式。

新关角隧道地处西北高原区,由于气候和地质条件的不同,断层破碎带普遍发育强径流带,地下暗河极不发育。

断层破碎带地下水系统不论是地下水赋存空间,还是径流空间,主要受构造裂隙控制,主干裂隙是径流通道(强径流带),次级裂隙为赋存空间。新关角隧道围岩含水介质为裂隙—溶隙含水介质。按照隧道所处的地下水系统的垂向循环带、季节变动带、水平循环带、深部循环带和强径流带,可将其大概分为以下五种水文地质概念模型。

(1)垂直循环带突涌水模型。隧道位于区域最高地下水位以上,一般不存在稳定明显的突涌水问题,主要表现为沿裂隙和溶隙的滴水和渗水,雨季会有短期的小流量股状涌水,由于埋深浅,没有形成自由水面,基本不会形成较大的水压力,对工程正常施工影响不大,风险性较小。这种模式通常位于隧道的进出口部位。

(2)季节变动带突涌水模型。隧道处于区域地下水最高水位和最低水位之间,主要表现为沿裂隙和溶隙的渗水、涌水现象,在枯水期水量较小或无水,在雨季或丰水期洞内裂隙出水量增大可能会形成新的涌水点,量集中、变幅大、突发性强,危害性也较大,在排水能力充足的情况下,对工程正常施工影响不大。

(3)水平循环带突涌水模型。隧道位于区域最低地下水位下方数十米范围,基岩裂隙发育程度较低,主要表现为沿裂隙和溶隙的涌水现象,雨季时涌水量会增大,涌水量相对比较稳定,揭示涌水量与正常涌水量差异不大,在采取相应的堵水、排水措施后,对工程正常施工影响不大,一般不存在严重的突水问题。

(4)深部循环带突涌水模型。隧道位于区域地下水位下方数百米,其突水的特征一般以清水为主,裂隙—溶隙不发育,水量相对比较稳定,初次揭示涌水量与正常涌水量差异不大。由于地下水的水压力较大,易发生大规模突涌水,风险性较大。

(5)强径流带突涌水模型。隧道处于裂隙—溶隙极发育的构造破碎带含水介质中,属于地下水系统的强径流带,隧道涌突水量与地表降雨和地表水体关系极为密切,当隧道处于地下水系统的下游,在高水压作用下容易同时诱发破碎围岩崩塌,突水灾害的危害性巨大。该模式突涌水特征为初次揭示涌水量、正常涌水量和水压力极大,且相对比较稳定。

隧道突涌水发生除与水文地质概念模型有关外,还与降雨期有关,不同降雨时期降水量不同,洞内涌水量大小也不一样。如根据天峻县气象站2008年的降雨资料(表3-2-10),新关角隧道地区7月份最大降雨量为153.7mm,为30年一遇的强降雨,相比历史同期增加了92%,单日最大降雨量为7月28日的42.8mm。

2008年1月—8月降雨量统计表　　　　表3-2-10

月份	1	2	3	4	5	6	7	8
降雨量(mm)	4.7	2.4	1.3	17.1	34.7	53.7	153.7	34.9

新关角隧道4号斜井2008年7月19日和7月30日,实测洞内涌水量分别为8617.2m³/d和9200m³/d,之后水量持续增大,9月16日和9月28日实测水量分别为16456.0m³/d(峰值涌水量为23000m³/d)和24000m³/d;涌水量动态变化如图3-2-9所示。可见不同时期的涌水

量相差巨大,隧道在雨季的突涌水风险性大,而枯水季节突涌水的风险性相对较小。

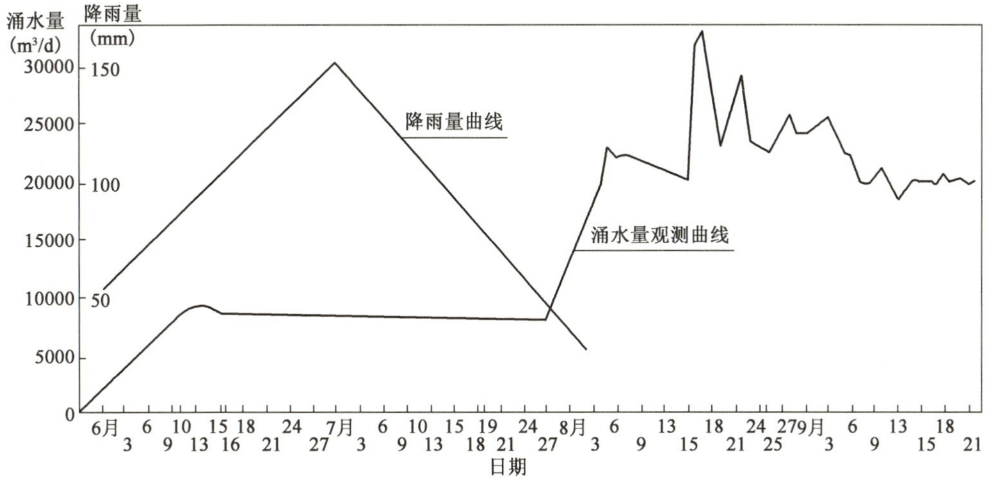

图 3-2-9　4 号斜井涌水量动态观测曲线图

2.4.3　突涌水模式及机理

通过以上对不同水文地质模型下隧道涌突水特点的分析可以看出,新关角隧道是揭穿型突涌水,受蓄水构造和地区大气降水因素的影响明显。将各种突涌水按发生条件和机理划分为洞身突涌水型和掌子面突涌水型两种突涌水模式。当两种突涌水模式处于不同地下水系统时,突涌水特征见表 3-2-11。

突涌水模式及特征　　　　　　　　　　表 3-2-11

突涌水模式	所处地下水系统	突涌水特征
掌子面突涌水	垂直循环带、季节变动带、水平循环带	地下水压力不高,沿掌子面点滴或成股流下
	深部循环带	地下水压力较高,沿裂隙、溶隙喷出,涌水变化较大
	强径流带	隧道掌子面前方围岩地下水赋存丰富,地下水压力很大,沿掌子面喷出,出水量很大
洞身突涌水	垂直循环带、水平循环带	地下水压力不高,沿隧道洞壁点滴状或汇集后成股流下
	季节变化带	枯水期地下水位低,洞身无水或仅滴水;丰水期地下水高,地下水压力很大,原出水点出水量剧增,出现新出水点
	深部循环带	掌子面施工时采取堵水措施,洞身出水量不大

1)掌子面突涌水模式

掌子面突涌水模式根据掌子面前方地下水来源分为裂隙—溶隙突涌水模式和构造带突涌

水模式,两种模式的突水机理差异较大,如图 3-2-10 所示。

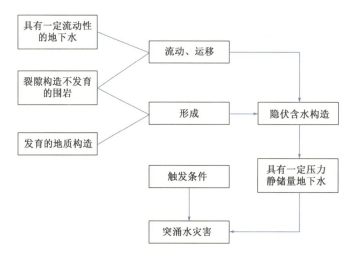

图 3-2-10　构造带突涌水模式示意图

（1）裂隙—溶隙型突涌水模式主要表现为地下水从掌子面局部节理和裂隙中淋出或涌出,由于裂隙—溶隙含水介质的过水和蓄水能力有限,涌水的水量和水压较小（图 3-2-11）。

（2）构造带突涌水模式主要是掌子面前方的构造带中赋存丰富的地下水,由于储水构造形成时间较长,赋存了较大的水量,具有较大水压,当较完整的隔水层不足以承受构造带的水压发生破坏时,大量的地下水随之突然涌出（图 3-2-12）。

图 3-2-11　裂隙—溶隙型突涌水

图 3-2-12　构造带突涌水

2009 年 7 月 4 日—5 日,关角隧道 4 号斜井施工至 X4+88 处掌子面大规模突涌水。由于断裂构造本身具有较大的静储量和静水压力,加上掌子面上部进行超前钻探并未探测到此隐伏蓄水构造,从而在未采取超前注浆加固措施下进行爆破开挖,导致了此次突水灾害的发生（图 3-2-13）。

2）洞身突涌水模式

洞身突涌水模式包括强径流带洞周突涌水模式和弱径流带洞周突涌水模式两种,如图 3-2-14、图 3-2-15 所示。

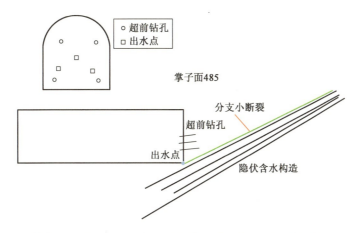

图 3-2-13 新关角隧道 4 号斜井突水构造示意图(2009 年 7 月 5 日)

图 3-2-14 强径流带洞周突涌水模式

图 3-2-15 弱径流带洞周突涌水模式

与弱径流区(裂隙—溶隙不发育)比较,强径流带地下水动态相当稳定,无论是地下水位还是流量,其变化幅度都比弱径流小得多,这是巨厚的包气带及弱径流区对地下水调蓄作用的结果。强径流区地下水位年变幅一般为 3~13m,弱径流区地下水位年变幅可达 16~112m,隧道通过强径流区时可不考虑地下水变化的影响。

当洞身穿越季节变动带段,在枯水期时,地下水处于低水位,洞身地下水状态主要为无水或渗水。在丰水期时,地下水达到高水位,巨大的水位差会造成洞身段出水点涌水量剧增或出现新的涌水点(图 3-2-16)。这种枯水期和丰水期涌水量的巨大差距,往往会导致在枯水期施工时不能准确判断地下水状态,没有采取相应的处理措施就继续施工。而在丰水期时,由于斜井内反坡排水能力有限,当涌水量高于排水量时就会酿成大型突涌水灾害。

2008 年 7 月份以来,3、4 号斜井地区出现连续性降雨,降水量持续增大,并出现了 30 年一遇的特大降雨,强降雨造成克德拢沟地表水明显增大。4 号斜井洞内既有涌水点(段)的涌水量均出现明显增大,涌水集中分布在 X14+10~X12+56 段(段长 154m),其中 X13+70~X13+03 段、X12+95~X12+56 段的涌水沿起拱线发育的溶蚀槽"喷射"(图 3-2-17,涌水量大)。3 号斜井洞内涌水段主要分布在 X14+85~X12+35 段(长 250m,图 3-2-18),其中 X12+52 处左右边墙底部地下水以股状涌水形式出露,估测水量为 1500m³/d;X12+35 处掌子面左右侧边墙及墙角地下水以股状涌水形式出露,估测水量为3000~4000m³/d。2008年7月31日4号斜井洞内因停电(停电长达17h),排水设备能力不足,导致出现淹井事故,最大淹没至X14+95处,距离掌子面(X11+72)长度达323m。

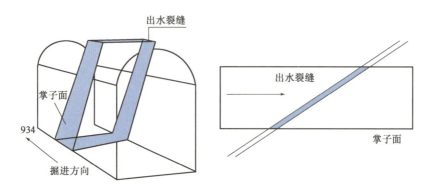

图3-2-16 洞身突涌水模式示意

图3-2-17 4号斜井X12+95处左侧起拱线处涌水　　图3-2-18 3号斜井X14+85~X12+35段涌水

当洞身段处于垂直循环带和水平循环带时,由于水头不高,主要表现为地下水沿隧道壁汇集,成股流下或成点滴落,通过后注浆措施即可控制。当洞身段处于深部循环带时,高压突水地段,在开挖施工时已进行超前封堵处理,洞身也不会出现大的涌水点,因此一般不会对地下工程造成很大的排水压力,对地下工程的衬砌也不会产生很大的水压力。综上所述,洞身突涌水模式应以洞身处于季节变动带时为典型进行预防和处理。

第3章

高压富水断层隧道分水降压技术

高压富水断层涌水量大、出水点压力高。施工过程中,采用直接注浆方案浆液难以形成注浆层,堵水效率低;运营过程中,隧道衬砌结构往往承受巨大水压力,容易诱发渗漏水灾害,甚至造成停运事故。为此,提出了以合理布置平行导洞为核心的分水降压技术,有效提高了高压动水封堵效果,进一步保障了隧道衬砌结构的耐久性。

3.1 分水降压方案

以齐岳山隧道为例,高位泄水支洞在出口12号横通道内增设,如图3-3-1所示。支洞距正洞距离17m(中—中),距离平导13m(中—中)。泄水支洞开口位置高程为1063.5m,坡度为8%。泄水支洞最终位于正洞拱顶以上5m,通过泄水支洞设置泄水孔,降低渗流场高度,形成对正洞分水降压。

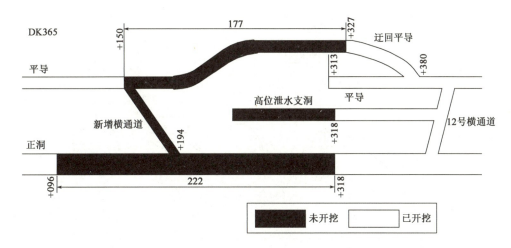

图3-3-1 齐岳山隧道F11断层高位泄水支洞平面布置图(尺寸单位:m)

3.2　分水降压与超前注浆协同作用

为了研究分水降压情况下隧道周边渗流场的情况,利用3D-FLOW渗流软件进行计算分析。根据齐岳山隧道工程地质概况及设计参数,模型渗透系数取值如下:围岩 $k=2\times10^{-6}\mathrm{m/s}$、初期支护(一衬) $k=1\times10^{-8}\mathrm{m/s}$、注浆圈 $k=0.8\times10^{-7}\mathrm{m/s}$。模型宽度取80m,总长度取50m。模型自隧道轴线向上取253m的计算范围,即取到地下水位线,设定为自由面;向下取45m,认为是不透水边界;从计算模型底面到顶面的距离 $h=90\mathrm{m}$。模型如图3-3-2所示。

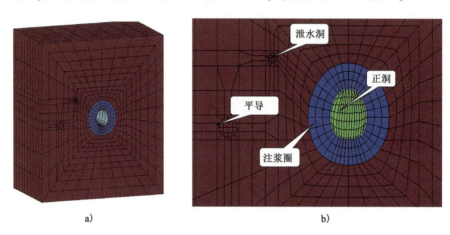

图3-3-2　考虑分水降压情况下3D-FLOW模型

在考虑分水降压的情况下,计算所得的渗透压总体分布情况如图3-3-3所示。

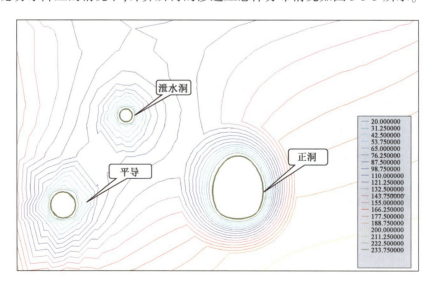

图3-3-3　分水减压后渗透压总体分布图

3.2.1 不降水时渗流场及围岩稳定性分析

只有全断面帷幕注浆而没有泄水支洞降水时,渗流场及围岩稳定性分析的计算参数见表 3-3-1。计算结果如图 3-3-4～图 3-3-6 所示。

计 算 参 数 表　　表 3-3-1

材　料	渗透系数 (m/s)	弹性模量 (GPa)	黏聚力 (MPa)	内摩擦角 (°)	泊松比	重度 (kg/m³)
围岩	2×10^{-6}	0.8	0.12	21	0.35	1700
初期支护	1×10^{-8}	24.7	—	—	0.2	2300
注浆区域	0.8×10^{-7}	2.5	0.3	35	0.3	2000

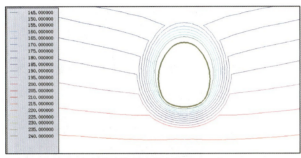

a) 渗透压(初期支护水压1.40MPa)　　b) 塑性区

图 3-3-4　帷幕注浆条件下(加固圈 3m)隧道渗透压与塑性区

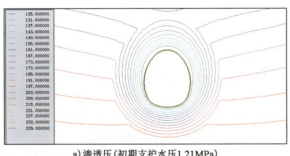
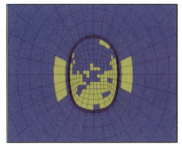

a) 渗透压(初期支护水压1.21MPa)　　b) 塑性区

图 3-3-5　帷幕注浆条件下(加固圈 5m)隧道渗透压与塑性区

从图 3-3-4～图 3-3-6 可以看出:仅采取注浆而不进行泄水洞降水时,不论是 3m、5m 还是 8m 注浆范围,各种情况掌子面塑性区基本贯通,处于不稳定状态,不满足掌子面稳定性要求。说明仅采用注浆方案时掌子面水压太大,施工安全受到影响,因此应考虑降低水压措施。

3.2.2 降水时渗流场及围岩稳定性分析

全断面帷幕注浆加泄水支洞降水时,渗流场及围岩稳定性分析的计算结果如图 3-3-7～

图 3-3-9 所示。

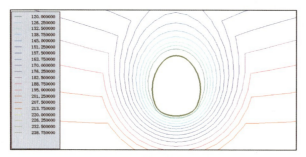 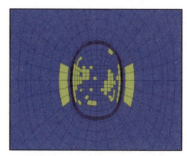

a) 渗透压(初期支护水压1.21MPa)　　　　　　b) 塑性区

图 3-3-6　帷幕注浆条件下(加固圈 8m)隧道渗透压与塑性区

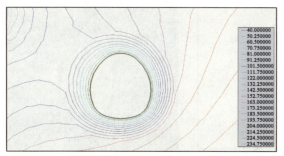 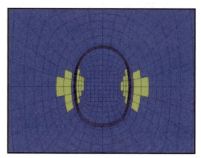

a) 渗透压(初期支护水压0.42MPa)　　　　　　b) 塑性区

图 3-3-7　帷幕注浆条件下(加固圈 3m)隧道渗透压与塑性区

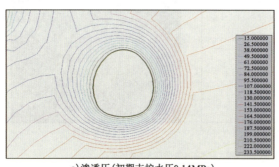 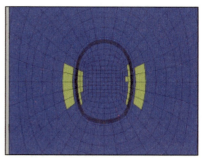

a) 渗透压(初期支护水压0.14MPa)　　　　　　b) 塑性区

图 3-3-8　帷幕注浆条件下(加固圈 5m)隧道渗透压与塑性区

从图 3-3-7～图 3-3-9 可以看出：在相同的注浆条件下，采用泄水支洞分水降压后，初期支护及掌子面的水压力大大降低，只有不降压时的 1/10，掌子面围岩的塑性区也明显减小，这充分反映了分水降压有利于掌子面的稳定。

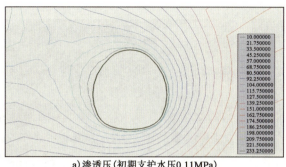 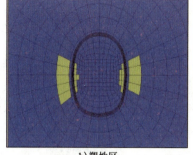

a) 渗透压(初期支护水压0.11MPa)　　　　　b) 塑性区

图 3-3-9　帷幕注浆条件下(加固圈 8m)隧道渗透压与塑性区

3.3　分水降压与抗水压衬砌协同作用

3.3.1　隧道衬砌水压力模型试验

1) 试验目的

根据对高压富水断层破碎带隧道的初步研究,表明注浆圈、衬砌背后的水压力分布规律是高水压隧道衬砌结构设计中非常关键的问题,但这一问题未在以往的研究中得到很好的解决。为明确地下水压力作用下,注浆圈外和衬砌背后水压力大小和分布规律,需要进行三维模型试验研究,模型试验主要研究以下内容:

(1) 全封堵条件下隧道衬砌背后和注浆圈外侧水压力分布特征。

(2) 在限量排放情况下衬砌背后水压力特征及其与排量的关系。

(3) 衬砌结构在土压力、水压力耦合作用下的结构变形规律研究。

2) 试验方案

(1) 试验系统组成

模型试验系统是国内首例可同时施加水压力和围岩压力的模型试验装置,如图 3-3-10 所示。

① 试验台架

台架尺寸为 260cm×100cm×180cm。竖向 4 个液压加载千斤顶,水平方向左右各有 2 个液压加载千斤顶,每个最大加载 500kN。同时可在上顶面加 0~0.5MPa 的水压。液压加载系统与水压加载系统无干涉。

试验台架系统分为液压控制系统、支反架机构、水压系统以及数据采集系统。其中,液压控制系统主要保证加载的精度,可以灵活选择加载方式,实现函数加载;支反架机构用于支撑加载千斤顶,保证竖向可以承受最大 2000kN,侧面最大 1000kN 力,支架不变形;同时,支反架机构具有良好的密封能力性,保证试验过程中无明显漏水;水压系统可提供 0~0.5MPa 的可调水压,同时可以为密封和冷却提供水源;数据采集系统预留 40 个通道数据接口,方便试验中的测试和数据处理工作。

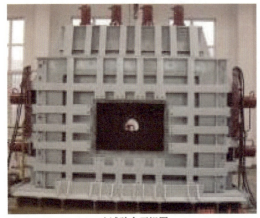
a) 试验台正视图

b) 试验台侧视图

c) 液压站实物图

d) 水站实物图

e) 施加围岩压力的液压千斤顶

图 3-3-10　模型试验台架系统

②应变数据采集系统

应变数据的采集采用 8 通道光纤光栅网络分析系统,此系统不仅测试精度高,还能解决试验中水对电路的干扰等一系列问题。将光纤光栅应用于模型试验数据的采集,在国内尚属首例,采集系统如图 3-3-11 所示。

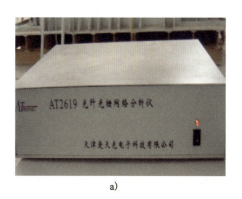
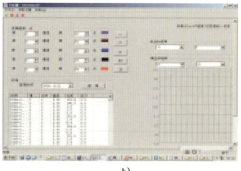

a)　　　　　　　　　　　　　　　　　b)

图 3-3-11　光纤光栅采集系统

光栅传感器是近几年正在研发的新型传感器,光纤光栅传感器可集信息的传感与传输于一体,与传统的传感器相比它具有很多优势,如防爆、抗电磁干扰、抗腐蚀、耐高温、体积小、重量轻、灵活方便。它克服了电阻应变片易受电磁干扰、易损坏、寿命短和不能重复使用的缺点。光纤光栅传感器与传统的传感系统的波长编码不同,因此不受光源起伏、光纤弯曲、连接损耗和探测器等老化而影响测量精度。

③水压数据的采集系统

围岩中的水压力的采集,传统方式常采用渗压计或测压水管。渗压计具有量程大、易于埋设的特点,但由于精度较低,使用过程中要进行排气,程序烦琐且不能保证使用质量,因此在高精度的室内试验中不宜采用;测压水管较好地解决了渗压计的问题,但对于高水压山岭隧道而言,室内不具备测量高水头的条件。因此本试验采用 U 形水银压力计进行测试,既解决了渗压计的精度问题,又解决了测压水管的量程问题。

试验中采用了 12 支 U 形水银压力计,其中 6 支用来测量衬砌背后水压,另外 6 支用来测试注浆圈外侧水压,如图 3-3-12 所示。左、右连通水银柱的高差可直观地反映所测水压值。

(2)相似理论

采用量纲分析法推导模型试验的相似准则,量纲分析方法有瑞利(Rayleigh)法和布金汉(Buckinghan)π 定理方法,本试验采用 π 定理方法。

根据本模型试验的特点,本模型试验的目的主要是分析隧道结构不同排导水条件下,土压力与水压力共同作用下隧道衬砌水压力分布规律及结构受力特征。因为考虑水土共同作用(耦合),理论分析复杂,故在相似准数推导中采用量纲分析法。

图 3-3-12　U 形水银压力计

根据量纲分析法,先取三个独立的物理量,对于几何尺寸 l、重度 γ、渗透系数 k 的因次系数矩阵如下:

$$\begin{array}{c|ccc} & M & L & T \\ l & 0 & 1 & 0 \\ \gamma & 0 & -2 & -2 \\ k & 0 & 1 & -1 \end{array} \neq 0 \qquad (3\text{-}3\text{-}1)$$

故可取这三个物理量为基本物理量,根据 π 定理可得各个物理量相似常数计算公式见表 3-3-2。

物理量相似常数计算表 表 3-3-2

物理量	符号	量纲	相似常数计算公式	备注
几何尺寸	l	L	α_l	
容重	γ	ML-2T-2	α_γ	
渗透系数	k	LT-1	α_k	
时间	t	T	$a_t = a_l / a_k$	
渗流量	Q	L3T-1	$\alpha_Q = a_l^2 / a_k$	
应力	σ	ML-1T-2	$\alpha_\sigma = \alpha_\gamma \cdot \alpha_l$	
弹性模量	E	ML-1T-2	$\alpha_E = \alpha_\gamma \cdot \alpha_l$	
应变	ε	—	1	相似定数
内摩擦角	φ	°	1	相似定数
泊松比	μ	—	1	相似定数

从以上相似常数计算表可知,在考虑土压力与水压力共同作用下,确定几何尺寸、重度与渗透系数这三个物理量的相似常数,再根据 π 定理确定其他物理量的相似常数。因此,这三个物理量是模型试验中的最基本的物理量,并最终确定为相似参数。

模型试验主要研究隧道穿越高压富水断层破碎带隧道衬砌水压力的分布规律,隧道采用抗水压衬砌,通过相似参数控制调配衬砌材料,并选择与围岩材料的物理力学指标相似的砂性黏土作为围岩相似材料,进行模型制作。

土压力相似参数由弹性力学基本方程和边界条件推出;水压力相似参数根据岩体渗流力学,采用量纲分析法确定;按之前确定的相似准则,结合原型结构形式及模型试验台架的几何尺寸,选取几何相似常数:$\alpha_l = 16$。根据相似准则式有:

重度相似常数:$\alpha_\gamma = 1$;

泊松比相似常数:$\alpha_\mu = 1$;

弹性模量相似常数:$\alpha_E = \alpha_\gamma \cdot \alpha_l = 16$;

渗透系数相似常数:$\alpha_k = 1$。

根据前述相似条件,模型试验相似材料选择砂性黏土。通过土工试验可完成相似材料的选配,见表 3-3-3。

围岩相似材料物理力学指标的土工试验值 表 3-3-3

试验指标	试验值	试验指标	试验值
颗粒分析	10~0.002mm	干密度(g/cm³)	1.787
(初始)弹性模量(MPa)	25	渗透系数(cm/s)	1.8×10^{-4}
相对密度	2.647	饱和重度(kN/m³)	23.92
压缩模量(MPa)	<10	无侧限抗压强度(kPa)	60.72
切弹性模量(MPa)	55.5	抗剪指标	$c = 45.29 \text{kPa}, \varphi = 35°$

对原料取样进行土工试验,测得其物理力学参数见表 3-3-4。

原型与模型主要物理力学指标比值　　　　表 3-3-4

项　　目	几何尺寸	重度 γ	弹性模量 E	泊松比 μ	计算摩擦角 φ	渗透系数 k
原型材料	16	19kN/m³	1GPa	0.46	30°	2.05×10^{-4} cm/s
模型材料	1	17.43kN/m³	0.06GPa	0.41	35°	1.8×10^{-4} cm/s
比例	16	1.09	17	1.12	0.86	1.14

(3) 测试内容

分别测试全封堵、不同排水量条件水压与土压共同作用下注浆圈外侧水压、衬砌背后水压及衬砌结构内外侧应变。

(4) 测点布置

①水压测点布置

衬砌背后及注浆圈外侧各布置 6 个水压测点,如图 3-3-13 所示。为调试试验时水压稳定,在模型上方距离顶盖 30cm 的位置,布置 13 号测点。

②应变测点布置

在衬砌结构内、外侧表面各布置 8 个应变测点,布置如图 3-3-13 所示,具体布置如图 3-3-14 所示。变水压和变排量情况下都要求测试各点应变。

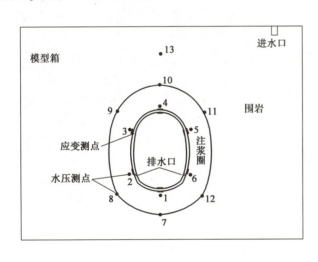

图 3-3-13　水压及应变测点布置图

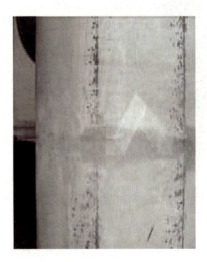

图 3-3-14　衬砌上应变传感器

(5) 试验过程

模型试验测试流程:制作模型→应变传感器的粘贴→模型外表面涂抹防水涂料→防排水系统设置→模型封装与测试点的埋设→施加土压力至稳定状态→施加水压力至稳定状态→全封堵条件下水压力特征和结构应变→调整不同排水量并测试注浆圈内、外侧水压和衬砌结构应变。

具体模型试验步骤可归纳为以下四步:

第一步:模型制作。

本模型试验的目的主要是研究水土共同作用下衬砌水压力分布规律和结构的受力特征,

而承受全部水压荷载和部分土压荷载的是二次衬砌,同时二次衬砌的形状决定了隧道模型及形式与原型设计断面的几何相似,所以二次衬砌的结构模型在试验中至关重要。隧道结构的模型试验相似材料选用与原型材料相同的混凝土材料组成,初期支护和二次衬砌的模型相似材料的选用见表 3-3-5。

隧道结构模型材料与原型材料的比较 表 3-3-5

衬砌类型	初 期 支 护				二次衬砌
原型材料	φ22mm 注浆锚杆 $L=2.5$m	φ8mm 钢筋网双层 20cm×20cm	C25 钢纤维混凝土厚 25cm	20b 工字钢间距 50cm	厚度 50cmC30 钢筋混凝土,φ22mm 钢筋
模型材料	—	细铁丝网	C25 水泥砂浆 0.77cm	φ4mm 钢筋间距 5cm	厚度 3.1cm C30 混凝土

按照 1:16 的几何比例预制隧道二次衬砌模板,其形状根据双线大断面隧道典型的抗水压衬砌断面形状确定,尺寸为原型的 1/16。模型模板由内模板拼装而成,为了便于拼装,模板分成三块,制作好的模型如图 3-3-15 所示。

模型采用原型相似材料,表面涂抹环氧树脂提高模型自防水能力,如图 3-3-16 所示。排水口在两侧设置各 6 处,总共 12 个排水口。

图 3-3-15 隧道二次衬砌模型

图 3-3-16 模型表面防水涂料

注浆圈采用围岩材料加注水泥—水玻璃溶液,其渗透系数要求小于围岩材料渗透系数的 1/10。

纵向盲管与环向盲管由塑料水平管制作而成,外表壁设置大量透水口,外由纱布包扎,防止砂土的流入。

第二步:测点布置。

注浆圈外侧和衬砌背后各布置 6 个测点。为调试试验时水压稳定,在模型上方距离顶盖 30cm 的位置,沿模型纵向布置 2 个测点,编号为 13、14。

在衬砌结构内、外表面各布置 8 个应变测点,变水压和变排水量情况下都要求测试各点应变,模型测点布置如图 3-3-17 ~ 图 3-3-19 所示。

变排水量过程中还需测试排水量,12 个排水管引出后有一个管径较大的水管收集涌水,并通过这一个大水管控制排水量大小。

图 3-3-17　模型及内侧光栅

图 3-3-18　模型端部防水垫层

图 3-3-19　刚封装好的模型

第三步：试验加载控制。

试验中的荷载值需要根据相似准则导出值和试验设备的加载能力确定，以尽可能地满足相似条件。试验中分别通过控制液压千斤顶和进水口处水压表的水压值来实现围岩压力和水压力的施加，如图 3-3-20、图 3-3-21 所示，加载、调试由计算机全程控制完成。

图 3-3-20　模型排水系统

图 3-3-21　注浆圈及顶部测压管

原型：

①水压应力取 2.0MPa，即 200m 水头高度。

②土压应力按照《铁路隧道设计规范》（TB 10003—2016）计算。

$$q = \gamma h \tag{3-3-2}$$
$$h = 0.41 \times 1.79^s \tag{3-3-3}$$

式中：q——围岩垂直均布压力（kPa）；

γ——围岩重度（kN/m³）；

h——围岩坍落拱计算高度（m）；

s——围岩级别。

则垂直应力为：$q = 135.62$ kPa。

模型：

①水压应力:$P_m = 2.0/16 = 0.125 \text{ MPa} = 125 \text{kPa}$
试验过程中逐级加载,试验台架最小稳定水压为40kPa,故试验中从40kPa开始。
②土压应力:$q_m = 135.62/16 = 8.48 \text{kPa}$
土压力:$F = 8.48 \times 2.6 \times 1.0 = 22.04 \text{kN}$
每支液压千斤顶加载值:$F' = F/4 = 5.51 \text{kN}$
第四步:试验数据采集。
数据的采集系统包括:隧道结构的应变采集,围岩中的水压分布采集,隧道的排水量采集,如图3-3-22、图3-3-23所示。

图3-3-22 水压及应变采集系统　　图3-3-23 排水管及光栅

3)全封堵条件下试验结果及分析

(1)注浆圈外侧和衬砌背后水压力分布规律

根据测试数据中水头值计算得到不同加载条件下各测点水压值,绘制出衬砌背后各点水压规律曲线,如图3-3-24、图3-3-25所示。

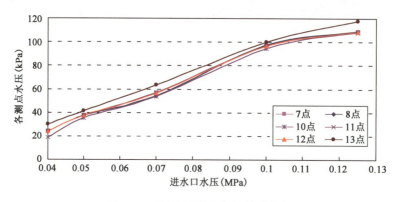

图3-3-24 注浆圈外侧各点水压规律曲线

以上曲线表明在全封堵条件下,衬砌背后和注浆圈外侧各点水压力均随进水口水压增大而增大,各点水压增长趋势基本一致。注浆圈外侧和衬砌背后水压基本一致,注浆圈对水压无折减作用。

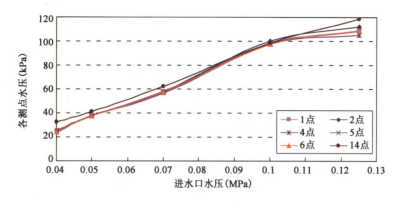

图 3-3-25　衬砌背后各点水压规律曲线

为方便分析全封堵条件下水压折减效应,绘制各级荷载作用下注浆圈外侧和衬砌背后水压分布图,如图 3-3-26～图 3-3-29 所示;折减系数见表 3-3-6、表 3-3-7。

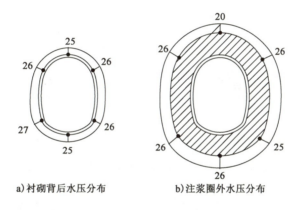

a) 衬砌背后水压分布　　　b) 注浆圈外水压分布

图 3-3-26　外水压为 0.04MPa 时注浆圈外及衬砌背后水压分布(单位:kPa)

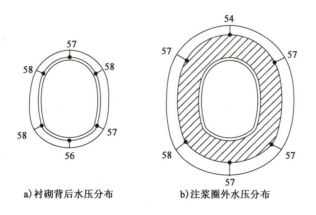

a) 衬砌背后水压分布　　　b) 注浆圈外水压分布

图 3-3-27　外水压为 0.07MPa 时注浆圈外及衬砌背后水压分布(单位:kPa)

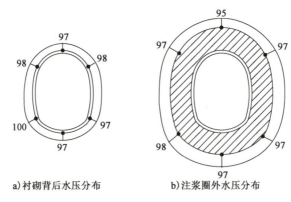

图 3-3-28　外水压为 0.1MPa 时注浆圈外及衬砌背后水压分布

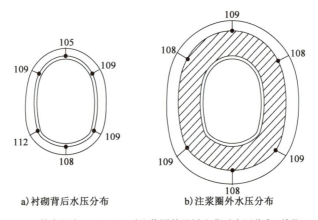

图 3-3-29　外水压为 0.125MPa 时注浆圈外及衬砌背后水压分布(单位:kPa)

注浆圈外侧水压折减系数　　　　　　　　　　　　　　　　表 3-3-6

进水口水压(MPa)	测　点					
	7 点	8 点	10 点	11 点	12 点	13 点
0.04	0.61	0.60	0.47	0.61	0.61	0.75
0.05	0.75	0.75	0.71	0.75	0.75	0.83
0.07	0.82	0.78	0.77	0.81	0.81	0.91
0.1	0.97	0.98	0.95	0.97	0.97	1.00
0.125	0.87	0.87	0.87	0.86	0.87	0.94

衬砌背后水压折减系数　　　　　　　　　　　　　　　　表 3-3-7

进水口水压(MPa)	测　点					
	1 点	2 点	4 点	5 点	6 点	14 点
0.04	0.60	0.61	0.60	0.63	0.61	0.81
0.05	0.75	0.75	0.75	0.75	0.75	0.83
0.07	0.80	0.82	0.81	0.82	0.82	0.89

续上表

进水口水压(MPa)	测点					
	1点	2点	4点	5点	6点	14点
0.1	0.97	1.00	0.97	0.98	0.97	0.98
0.125	0.87	0.89	0.84	0.87	0.87	0.95

从上述图表可以看出,在全封堵条件下,注浆圈外侧和衬砌背后水压分布规律基本一致,注浆圈对水压折减作用不明显。注浆圈外侧和衬砌背后各点水压均随进水口水压的增大而增大,且二者增长趋势一致。可见全封堵条件下隧道衬砌将承受巨大水压力,折减效应不明显。

(2)结构应力测试结果分析

根据土压测试应变数据,可计算不同加载情况下模型各测点的应力。11kN 土压作用下衬砌结构应力分布如图 3-3-30 所示(拉应力为正)。

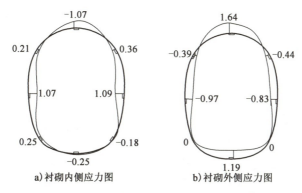

a)衬砌内侧应力图　　b)衬砌外侧应力图

图 3-3-30　11kN 土压作用下衬砌结构应力图(单位:MPa)

22kN 土压作用下衬砌结构应力分布如图 3-3-31 所示(拉应力为正)。

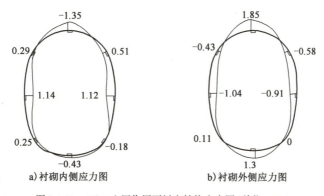

a)衬砌内侧应力图　　b)衬砌外侧应力图

图 3-3-31　22kN 土压作用下衬砌结构应力图(单位:MPa)

从土压作用下衬砌结构应力图可以看出,隧道排水口处及拱腰上部应力较小,拱顶、仰拱及拱腰的应力较大,应力最大值出现在拱顶。衬砌内侧拱顶和仰拱应力较外侧大,衬砌外侧拱腰应力较内侧大。

在全封堵、仅水压力作用的条件下测试得到衬砌应变,计算并绘制出在不同外水压作用下衬砌结构应力分布图,如图 3-3-32 ~ 图 3-3-36 所示(拉应力为正)。

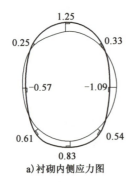 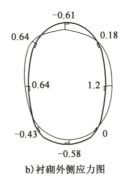

a) 衬砌内侧应力图　　　　　　b) 衬砌外侧应力图

图 3-3-32　0.04MPa 水压作用下衬砌结构应力图（单位：MPa）

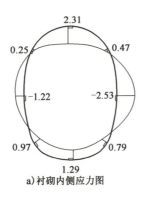 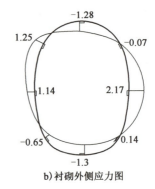

a) 衬砌内侧应力图　　　　　　b) 衬砌外侧应力图

图 3-3-33　0.05MPa 水压作用下衬砌结构应力图（单位：MPa）

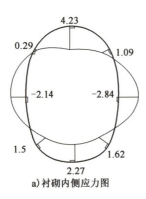 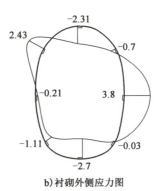

a) 衬砌内侧应力图　　　　　　b) 衬砌外侧应力图

图 3-3-34　0.07MPa 水压作用下衬砌结构应力图（单位：MPa）

　　从上述试验结果可以得出以下规律：从不同水压下衬砌内侧各点应变图可看出，隧道应力最大截面为拱腰截面。衬砌外侧各点应力随水压增大逐渐增大，水压不超过 0.05MPa 时拱腰处应变最大。随着水压逐渐增加，仰拱、拱顶和拱腰处应力急剧增大，其余各点应力增长速率趋于平稳。衬砌外侧拱腰处应力较大。

　　4）不同排水量条件下试验结果及分析
　　(1) 注浆圈外侧和衬砌背后水压力分布规律

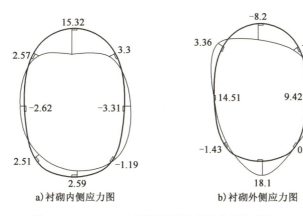

图 3-3-35　0.10MPa 水压作用下衬砌结构应力图(单位:MPa)

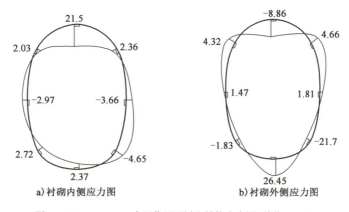

图 3-3-36　0.125MPa 水压作用下衬砌结构应力图(单位:MPa)

水压加载到 0.07MPa 时,保持进水口水压 0.07MPa 不变,改变隧道排水量,测试了 5 组变排水量时各测点水压,根据测试数据中水头值计算得到各测点水压值,如图 3-3-37、图 3-3-38 所示。

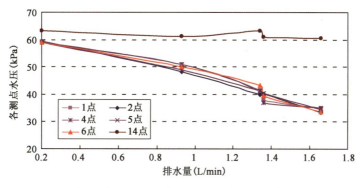

图 3-3-37　衬砌背后各点水压与排水量关系曲线

从排水量不同时注浆圈外侧和衬砌背后各点水压力分布规律曲线可以看出,随着盲管排水量的增加,注浆圈外侧和衬砌背后各点水压均逐渐减小。注浆圈外侧各点水压分布规律曲线较为分散。排水量越大,各测点减压规律越明显,且基本呈直线下降。第 4 组变排水量和第

5组变排水量时,排水量大小相差太小,所以曲线出现个别点离散的情况。

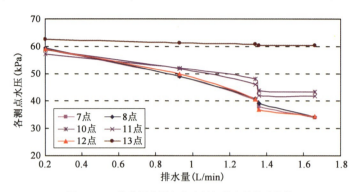

图 3-3-38　注浆圈外侧各点水压与排水量关系曲线

为比较注浆圈外侧和衬砌背后各点相应位置水压折减规律,根据不同排水量时的水压测试值,绘制排水量不同时各测点水压总体分布规律图,如图 3-3-39、图 3-3-40 所示;具体折减系数见表 3-3-8、表 3-3-9。

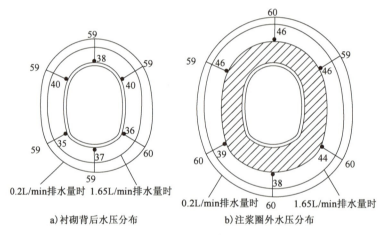

a) 衬砌背后水压分布　　　　　　　　b) 注浆圈外水压分布

图 3-3-39　排水量不同时衬砌背后及注浆圈外水压分布(排水量:0.2L/min、1.65L/min;应力单位:kPa)

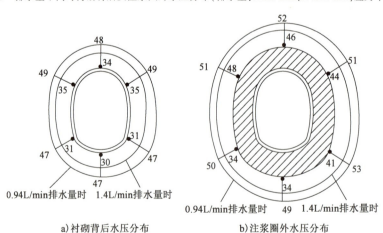

a) 衬砌背后水压分布　　　　　　　　b) 注浆圈外水压分布

图 3-3-40　排水量不同时衬砌背后及注浆圈外水压分布(排水量:0.94L/min、1.4L/min;应力单位:kPa)

注浆圈外侧水压折减系数　　　　　　　　　　　表 3-3-8

排水量(L/min)	测 点					
	7点	8点	10点	11点	12点	13点
0.2	0.84	0.85	0.82	0.84	0.84	0.89
0.94	0.70	0.70	0.74	0.74	0.71	0.88
1.35	0.58	0.59	0.69	0.66	0.58	0.87
1.4	0.54	0.56	0.63	0.60	0.53	0.86
1.65	0.49	0.49	0.62	0.60	0.49	0.86

衬砌背后水压折减系数　　　　　　　　　　　表 3-3-9

排水量(L/min)	测 点					
	1点	2点	4点	5点	6点	14点
0.2	0.84	0.85	0.85	0.84	0.84	0.90
0.94	0.73	0.69	0.73	0.70	0.71	0.88
1.35	0.59	0.57	0.59	0.59	0.62	0.90
1.4	0.54	0.57	0.53	0.58	0.56	0.87
1.65	0.50	0.48	0.50	0.49	0.48	0.86

从以上分布图及折减系数表可看出,排水后衬砌背后各点水压明显减小。排水量大时,排水口处衬砌背后水压减小趋势明显。随着排水量减小,排水口处水压减小程度减弱,拱顶、仰拱、拱腰处排水量减小趋势仍明显。

(2) 结构应变测试结果分析

在不同排水量、水压及土压共同作用的条件下测试得到衬砌应变,计算并绘制不同外水压作用下衬砌结构应力分布图,如图 3-3-41 ~ 图 3-3-45 所示(拉应力为正)。

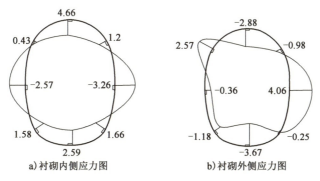

图 3-3-41　土压及水压作用共同下衬砌应力(排水量:0.20L/min;应力单位:MPa)

根据上述试验结果,可以得出以下规律:

①排水条件下隧道衬砌内侧应力最大值出现在拱顶,衬砌外侧应力最大值出现在拱腰,隧道排水口处水压较小;排量增大到一定程度后,结构应力不再继续减小,说明虽然设置了一定的排导系统,但隧道衬砌仍承受一定的水压。

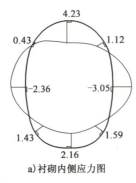 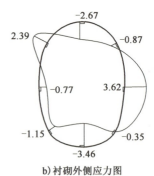

a)衬砌内侧应力图　　　　　　b)衬砌外侧应力图

图 3-3-42　土压及水压作用共同下衬砌应力(排水量:0.94L/min;应力单位:MPa)

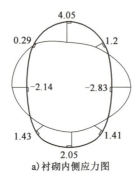 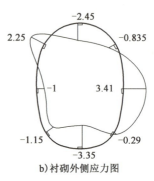

a)衬砌内侧应力图　　　　　　b)衬砌外侧应力图

图 3-3-43　土压及水压作用共同下衬砌应力(排水量:1.35L/min;应力单位:MPa)

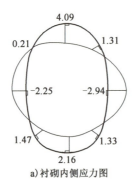 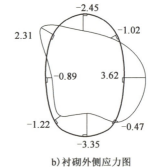

a)衬砌内侧应力图　　　　　　b)衬砌外侧应力图

图 3-3-44　土压及水压作用共同下衬砌应力(排水量:1.40L/min;应力单位:MPa)

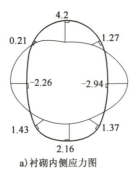 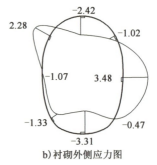

a)衬砌内侧应力图　　　　　　b)衬砌外侧应力图

图 3-3-45　土压及水压作用共同下衬砌应力(排水量:1.65L/min;应力单位:MPa)

②水压分布规律表明,隧道开始排水后,衬砌背后水压均开始减小。排量越大,减压规律越明显。而应力规律却与此不同。排水条件下,结构应变测试结果显示,结构依然承受很大的应力,由此可以判断出水的渗流确实改变了土体结构,同时水渗流所产生的渗流体积力、渗透压力也施加在了结构上,因此隧道结构上产生了应力增量,对结构安全产生较大的危害。

③仅土压荷载作用下,隧道衬砌结构应力较小;外加水压后,衬砌受力特征发生变化,随着水压的增大,衬砌内、外侧各点应力逐渐增大,特别是仰拱、拱顶和拱腰处应力增大明显;在水土荷载共同作用下,衬砌结构受力情况相当复杂。

3.3.2 隧道衬砌水压力数值分析

通过模型试验研究得到了高压富水断层破碎带隧道衬砌外水压力分布规律,但单一的研究方式并不能充分证明结果的准确性。本节采用数值模拟方法,对高压富水隧道衬砌水压力进行数值计算与分析,分别选取相同注浆效果不同注浆厚度与相同注浆厚度不同注浆效果条件下的计算结果进行对比与分析,研究渗流场各个影响因素对隧道涌水量和衬砌水压力的影响,得到其影响曲线,并研究全堵及限量排放时,不同排水量对衬砌水压力的排水减压作用,以验证模型试验所得隧道衬砌水压力分布规律。

计算模型单元与计算工况分别如下:

采用日本软脑集团开发的 3D-FLOW 渗流三维分析软件对隧道的渗流进行了模拟计算,采用灰岩进行分析;模型总长度为 270m。模型自隧道轴线向上取 293m 的计算范围,即取到地下水位线,设定为自由面;向下取 160m,认为是不透水边界。从计算模型底面到顶面的距离为 h。计算模型共划分 45840 个单元,总节点数为 49817 个节点。这里分别计算了无注浆圈、3m、4m、5m、6m、7m、8m 和 10m 注浆圈时的流场情况,初期支护厚度取 20cm,二次衬砌厚度取 1m,盲管设在初期支护与二次衬砌之间。分别选取相同注浆效果不同注浆厚度与相同注浆厚度不同注浆效果条件下的计算结果进行对比与分析。

计算参数主要是渗透系数,取值如下:

灰岩:$k = 4 \times 10^{-7}$ m/s;初期支护:$k = 2 \times 10^{-7}$ m/s;二次衬砌:$k = 1 \times 10^{-10}$ m/s;盲管:$k = 1 \times 10^{-5}$ m/s;注浆圈:$k = 1 \times 10^{-8}$ m/s。由于防水板厚度相对于模型尺寸过小,模型中无法设置,只能将它考虑到二次衬砌中,因此将二次衬砌的渗透系数降低至所取值。模型中还考虑了盲管的排水作用,所设盲管直径为 10cm,沿隧道轴向,取环向间距 5m。隧道衬砌水压力计算模型如图 3-3-46 所示。

边界条件:

(1)顶面为自由地下水面:法向无渗流通过。

(2)左右侧面为稳定边界:各点的水头为等水头,$H = h$。

(3)底面为不透水边界:法向流速为0,流量为0。

(4)模型前后边界:各点的水头为等水头,$H = h$。

(5)将排水口的排水表面设置为浸出面。

1)注浆对衬砌水压力分布规律的影响分析

(1)注浆圈厚度对衬砌水压力分布规律的影响分析

不同注浆圈厚度时隧道每环盲管排水量和二次衬砌最大水头见表 3-3-10,流量与注浆圈关系如图 3-3-47 所示,二次衬砌最大水压力与注浆圈厚度关系如图 3-3-48 所示。

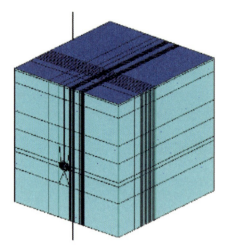

图 3-3-46　隧道围岩分析区域

不同注浆厚度计算结果数据　　　　　　　　　　　　表 3-3-10

注浆圈厚度（m）	0	3	5	7	10
每环盲管排水量 Q（cm³/s）	40	30	26	22	20
二次衬砌最大压力水头（m）	270	245	223	202	186

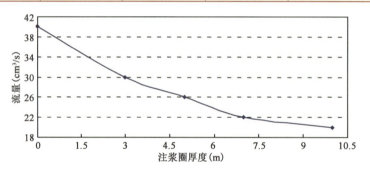

图 3-3-47　流量与注浆圈厚度关系曲线

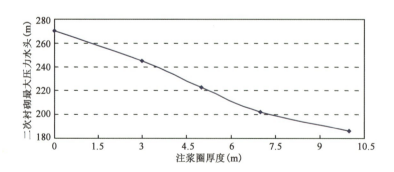

图 3-3-48　二次衬砌最大水压力与注浆圈厚度关系曲线

由计算结果拟合可知,隧道内排水量和衬砌水压力与注浆圈厚度大致呈如下关系:
$$Q = 1.1429x^2 - 11.657x + 50 \tag{3-3-4}$$
式中:Q——隧道内排水量;
x——注浆圈厚度。
$$H = 1.3571x^2 - 29.243x + 298 \tag{3-3-5}$$
式中:H——衬砌水压力;
x——注浆圈厚度。

由上述图表可看出,因隧道内渗流水的流量和二次衬砌上作用的最大水压随着注浆圈厚度的增大而减小,且呈二次抛物线关系,因此增大注浆圈厚度在一定范围内是比较经济有效的措施。由计算结果得:注浆圈厚度不宜超过8m,且不低于4~5m。

(2)注浆效果对砌水压力分布规律的影响分析

同一注浆厚度,不同注浆效果时,可得流量与抗渗指标关系曲线及二次衬砌作用最大水头与抗渗指标提高倍数关系曲线。

①3m注浆圈结果如表3-3-11、图3-3-49、图3-3-50所示。

不同注浆效果计算结果数据　　　　表3-3-11

抗渗指标提高倍数	5	10	20	50
流量(cm³/s)	48	44	38	28
二次衬砌最大压力水头(m)	273	265	261	232

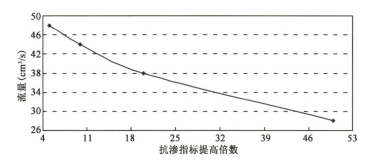

图3-3-49　流量与抗渗指标提高倍数关系曲线

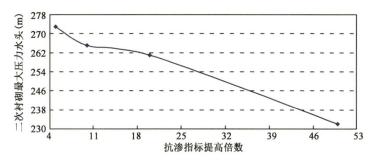

图3-3-50　二次衬砌最大压力水头与抗渗指标提高倍数关系曲线

由计算结果可知:当注浆圈厚度为3m时,隧道内渗流水的流量随着注浆效果的提高而降低,大致呈抛物线性关系;隧道内二次衬砌最大压力水头随着注浆效果的提高而减小,大致呈图中所示的线性关系。

$$Q = -1.5x^2 + 0.9x + 48.5 \tag{3-3-6}$$

式中:Q——隧道内排水量;

x——抗渗指标提高倍数。

$$H = -5.25x^2 + 13.55x + 263.25 \tag{3-3-7}$$

式中:H——衬砌水压力;

x——抗渗指标提高倍数。

②5m 注浆圈结果如表 3-3-12、图 3-3-51、图 3-3-52 所示。

不同注浆效果计算结果数据　　　　表 3-3-12

抗渗指标提高倍数	5	10	20	50
流量(cm³/s)	48	42	32	22
二次衬砌最大压力水头(m)	269	263	250	206

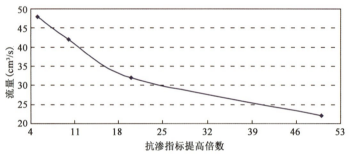

图 3-3-51　流量与抗渗指标提高倍数关系曲线

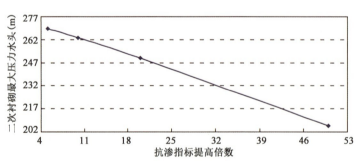

图 3-3-52　二次衬砌最大压力水头与抗渗指标提高倍数关系曲线

由计算结果可知:当注浆圈厚度为5m时,隧道内渗流水的流量随着注浆效果的提高而降低,大致呈图中所示对数关系;隧道内二次衬砌最大压力水头随着注浆效果的提高而减小,大致呈图中所示的线性关系。

$$Q = -x^2 - 3.8x + 53 \tag{3-3-8}$$

式中:Q——隧道内排水量;

x——抗渗指标提高倍数。

$$H = -9.5x^2 + 27.3x + 250 \quad (3\text{-}3\text{-}9)$$

式中：H——衬砌水压力；

x——抗渗指标提高倍数。

③7m 注浆圈结果如表 3-3-13、图 3-3-53、图 3-3-54 所示。

不同注浆效果计算结果数据 表 3-3-13

抗渗指标提高倍数	5	10	20	50
流量（cm³/s）	46	40	30	20
二次衬砌最大压力水头（m）	265	261	237	188

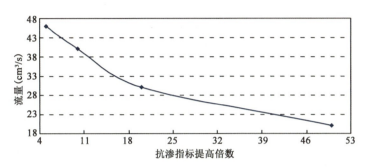

图 3-3-53　流量与抗渗指标提高倍数关系曲线

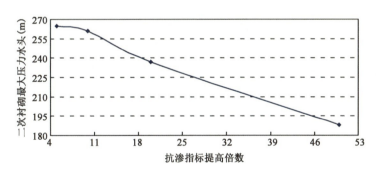

图 3-3-54　二次衬砌最大压力水头与抗渗指标提高倍数关系曲线

由计算结果可知：当注浆圈厚度为 7m 时，隧道内渗流水的流量随着注浆效果的提高而降低，大致呈图中所示对数关系；隧道内二次衬砌最大压力水头随着注浆效果的提高而减小，大致呈图中所示的线性关系，但在提高 20 倍以上时，效果更加明显。

$$Q = -x^2 - 3.8x + 51 \quad (3\text{-}3\text{-}10)$$

式中：Q——隧道内排水量；

x——抗渗指标提高倍数。

$$H = -11.25x^2 + 30.75x + 245.25 \quad (3\text{-}3\text{-}11)$$

式中：H——衬砌水压力；

x——抗渗指标提高倍数。

④10m 注浆圈结果如表 3-3-14、图 3-3-55、图 3-3-56 所示。

不同注浆效果计算结果数据　　　　　　　表 3-3-14

抗渗指标提高倍数	5 倍	10 倍	20 倍	50 倍
流量（cm³/s）	46	38	28	18
二次衬砌最大压力水头（m）	263	252	245	170

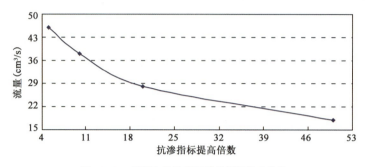

图 3-3-55　流量与抗渗指标提高倍数关系曲线

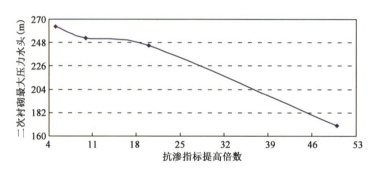

图 3-3-56　二次衬砌最大压力水头与抗渗指标提高倍数关系曲线

由计算结果可知：当注浆圈厚度为 10m 时，隧道内渗流水的流量随着注浆效果的提高而降低，大致呈图中所示对数关系；隧道内二次衬砌最大压力水头随着注浆效果的提高而减小，大致呈图中所示的线性关系。

$$Q = -0.5x^2 - 6.9x + 53.5 \tag{3-3-12}$$

式中：Q——隧道内排水量；

　　　x——抗渗指标提高倍数。

$$H = -16x^2 + 51.4x + 224 \tag{3-3-13}$$

式中：H——衬砌水压力；

　　　x——抗渗指标提高倍数。

对比模型试验中数据，在具体数值上存在一定偏差，数值计算结果较小。造成这点的原因主要是数值计算考虑的是连续均匀介质，而实际工程和模型则不同，为不连续介质，其渗透系数较数值计算中采用的渗透系数大，其压力值必然较数值计算结果大，但基本规律一致，均说明了渗透系数的增大或抗渗系数的减小能增大二次衬砌上的水头。无论注浆圈厚度为多少，隧道排水量和衬砌水压力都随着注浆水平的增大而减小，且呈二次抛物线关系。因此提高注浆水平是一种比较有效的措施。另外，衬砌水压力随着注浆水平的提高而减小越来越明显。

故提高注浆水平是减小衬砌水压力更加有效的方法。

2）不同排水量对衬砌水压力分布规律的影响分析

在原模型的基础上，通过设置不同的排水量，可得到衬砌上作用的水压力和排水量之间的关系，这与研究中所贯彻的"以堵为主，限量排放"的准则吻合，可以在施工中通过调整排水管的流量来控制衬砌上的水压，保障衬砌的安全性。

原模型中，通过调整排水管处节点的渗水量控制流量。所设置每根水管的排水量分别为 $2.0 \times 10^{-5} m^3/s$、$3.2 \times 10^{-5} m^3/s$、$4.0 \times 10^{-5} m^3/s$、$4.8 \times 10^{-5} m^3/s$、$5.2 \times 10^{-5} m^3/s$、$6.0 \times 10^{-5} m^3/s$，所得计算结果如表 3-3-15 及图 3-3-57 所示。

不同排水量计算结果数据　　　　　　　　　　表 3-3-15

不同排水量（m^3/s）	2×10^{-5}	3.2×10^{-5}	4.0×10^{-5}	4.8×10^{-5}	5.2×10^{-5}	6×10^{-5}
二次衬砌最大压力水头（m）	274	270	267	263	261	257

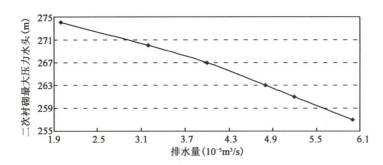

图 3-3-57　排水量与水头之间的关系曲线

由计算结果可知：衬砌水压力与排水量大致呈图中所示线性关系。其回归公式总结为：

$$H = -3.3143Q + 276.93 \tag{3-3-14}$$

式中：H——衬砌水压力（m）；

Q——隧道内排水量（$1.0 \times 10^{-4} m^3/s$）。

与模型试验结果对比，数值模拟的计算结果数值较小。其原因与前文相似，主要是数值模拟对岩体介质的前提假设与模型试验有一定区别。但两者基本规律一致，可说明排水量增大能减小二次衬砌上的水头，证明了以堵为主，有限排放方针的有效性。

3.3.3　高压富水断层破碎带隧道衬砌结构实施案例

1）抗水压衬砌调研

目前，国内外隧道工程对地下水的处理方式基本上可分全封堵方式、堵水限排方式和排导方式三种。全封堵方式衬砌结构承受全水头压力，如圆梁山隧道 3 号溶腔段、狮子洋隧道及武汉长江隧道等；堵水限排方式是采取地层注浆等方式减少进入隧道内的地下水量，并通过排导系统将进入隧道内的地下水排走，衬砌结构承受部分水压力，如歌乐山隧道、大伙房输水隧洞及浏阳河隧道等；排导方式是通过辅助洞室及隧道排水系统等排导隧道周边的地下水，衬砌不考虑水荷载的作用。典型隧道抗水压衬砌结构形式统计见表 3-3-16。

典型隧道抗水压衬砌结构形式统计表

表 3-3-16

序号	隧道名称	工程地质	水文地质	处理措施 预加固措施	处理措施 隧道结构	备注
1	圆梁山隧道	毛坝向斜富水段3号溶腔,溶腔充填物为黄褐、黄色黏土、空洞间夹大量溶蚀灰岩	与浅部岩溶水体或地下暗河系统存在密切水力联系,水压4.35~4.44MPa	8m全断面超前帷幕注浆,拱部与隧底采用超前管棚预支护	圆形断面(内径4.17m),25cm喷射混凝土初期支护+100cm C40型钢(双层钢轨)混凝土二次衬砌	全封堵
2	歌乐山隧道	观音峡背斜,两翼为泥岩夹砂岩,核部为灰岩、白云岩、泥灰岩等	背斜两翼为基岩裂隙水,核部以岩溶水为主,最高水压2.2MPa	6m全断面超前帷幕注浆,注浆后涌水量达到1m³/(m·d)	蛋形断面,8.48m×10.15m(宽×高);10cm喷射混凝土初期支护+80cm钢筋混凝土二次衬砌	堵水限排
3	荆竹岭隧道	下穿暗河段为灰岩、岩溶角砾岩、白云岩	暗河位于隧道上方30m处,水压0.3MPa	4.5m全断面超前帷幕注浆,拱部采用小导管预支护	三心圆断面,10.66m×11.84m(宽×高);24cm喷射混凝土初期支护+70cm钢筋混凝土二次衬砌	全封堵
4	大瑶山隧道	9号断层为强烈挤压破碎带,厚层石英砂岩,间夹泥质细砂岩及粉砂岩,顺层压性断裂发育,节理密集	断裂结构,强富水带,最大出水量为2万m³/d	小导管注浆预支护	三心圆断面,10.22m×10.5m(宽×高);16cm喷射混凝土初期支护+64cm钢筋混凝土二次衬砌	排导方式
5	别岩槽隧道	茨竹垭断层由碎裂岩、角砾岩、断层泥岩及挤压透镜体构成,围岩强度和稳定性低	管道流可沿断层与隧道贯通,可能引起大规模突水、突泥。主断层实测水压1.1MPa	8m全断面超前帷幕注浆,拱部采用超前管棚预支护,注浆后平均涌水量为1.5m³/(m·d)	椭圆形断面,7.47m×10.42m(宽×高);25cm喷射混凝土初期支护+65cm钢筋混凝土二次衬砌	堵水限排
6	狮子洋隧道	下穿珠江段为粉质黏土、淤泥质黏土、细砂、中砂、粗砂地层,中部下穿全风化~弱风化泥质砂岩,粉砂岩、细砂岩,基岩裂隙发育	下穿珠江出海口,水压0.67MPa	—	盾构、圆形断面(内径9.8m),管片为50cm厚预制C50钢筋混凝土	全封堵
7	梨树湾隧道	华蓥山埠状褶皱束之中梁山背斜,灰岩、白云岩等	隧道涌水量为8.631m³/(m·d),最大水压1.5MPa	5~6.5m全断面超前帷幕注浆,注浆后涌水量达到1m³/(m·d)	三心圆断面,15cm喷射混凝土初期支护+50cm钢筋混凝土二次衬砌	堵水限排

续上表

序号	隧道名称	工程地质	水文地质	处理措施		备注
				预加固措施	隧道结构	
8	大伙房输水隧洞	六河施工段埋深63m,处于三条大断层构造的交汇部位,岩体破坏严重	透水性强,局部发育溶蚀管状溶腔,与地表河流关系密切	全断面超前帷幕注浆	马蹄形断面,8.3m×7.85m(宽×高);15cm喷射混凝土初期支护+70cm钢筋混凝土二次衬砌	堵水限排
9	翔安海底隧道	强风化深槽段为强风化花岗闪长岩和二长岩脉组成,围岩软弱、节理、裂隙发育	海水易通过薄弱带导入隧道,水压0.35MPa	5m全断面超前帷幕注浆,拱部采用超前管棚预支护	三心圆断面,30cm喷射混凝土初期支护+70cm C45高性能混凝土二次衬砌	限排
10	钱塘江隧道	隧道处于钱塘江两岸的透水性较强的粉砂层和强度低、灵敏度高的淤泥质粉质黏土地层	钱塘江涌潮和潮汐的频繁作用对施工及运营造成影响;地下水位高,受承压水影响	—	盾构,内径13.8m,管片为65cm厚预制C60钢筋混凝土	全封堵
11	武汉长江隧道	江中段为粉细砂、中粗砂、砾砂地层,江中局部地段切入泥质粉砂岩和砂岩的全、强风化岩层,切入长度250m,切入最大深度2.5m	透水性强,最大水压0.57MPa	—	盾构、内径10.0m,管片为50cm厚预制C50钢筋混凝土	全封堵
12	浏阳河隧道	河中段为遇水软化的泥质砂岩	最大水头高度为31.4m	全断面超前注浆、管棚、小导管超前预支护	三心圆断面,11.9m×10.38m(宽×高);25cm喷射混凝土初期支护+50cm钢筋混凝土二次衬砌	堵水限排
13	南京长江隧道	江中段为粉细砂、淤泥质粉质黏土、砂乱石地层为主	透水性强,最大水压0.65MPa	—	盾构、管片为60cm厚预制C60钢筋混凝土	全封堵

2)衬砌结构设计及检算

以齐岳山隧道抗水压衬砌为例,确定衬砌水压力是衬砌结构设计的关键因素。假设注浆厚度为5m,采用上述计算方法及计算参数,计算泄水洞不同排水量时衬砌上的水压分布,计算结果如图3-3-58、图3-3-58所示。

从图3-3-59可以看出:随着泄水洞的排水量增加,衬砌水压力逐渐降低。当泄水洞排水量为5000m^3/d时,衬砌水压力为0.8MPa。

考虑到渗流场以及注浆加固作用,衬砌结构设计为65cm厚的C40钢筋混凝土,如图3-3-60所示。

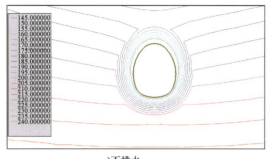
a)不排水

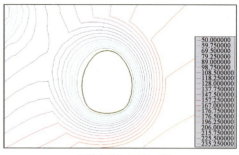
b)排水量为10000m³/d

图 3-3-58　泄水洞不同排水量时渗流场(单位:MPa)

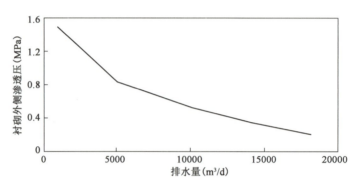

图 3-3-59　泄水洞不同排水量与衬砌水压力的关系

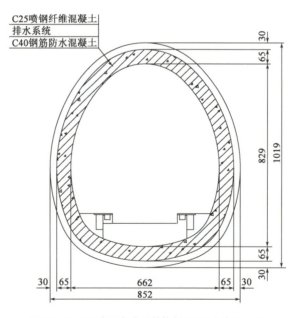

图 3-3-60　F11 断层优化后结构断面(尺寸单位:cm)

采用"荷载—结构"模式对衬砌结构受力进行反算,通过反分析可知,衬砌结构可以承受 5m 土柱高的土压力和 100m 水柱高的外水压力。检算结果见表 3-3-17。

典型截面内力值及安全系数　　　　　　　表 3-3-17

典型截面	轴力（kN）	弯矩（kN·m）	截面高度（m）	配筋面积（mm^2）（10 根 $\phi25$）	安全系数
拱顶	5207	1222	0.65	4909	2.28
最大跨度	4845	1084	0.65	4909	2.51
边墙脚	5405	1241	0.65	4909	2.31
仰拱中部	5111	324.4	0.65	4909	3.74

3）防排水系统细部构造

隧道初期支护与二次衬砌之间拱、墙铺设复合式防水板（加无纺布），防水板应铺设至边墙脚泄水孔处。在隧道两侧墙脚水沟底高程以上 30cm 处沿隧道纵向设置通长的纵向透水盲沟，纵向盲沟采用 $\phi100mm$ 加筋透水管。纵向盲沟在铺设防水板之后，浇筑二次衬砌之前设置。在隧道两侧边墙脚处设置 $\phi50mm$ 泄水孔，泄水孔与纵向透水盲沟连接。

4）隧道衬砌结构受力长期监测

对于高压富水隧道，水压力是作用在衬砌上的主要荷载。了解隧道衬砌背后实际水压的大小及变化规律，可以验证理论计算及模型试验的成果及设计水压的合理性，并验证防排水措施是否起到应有的作用，为高压富水隧道的动态设计与施工提供依据。实际工程中，隧道衬砌水压力并不是一个定值，由于水压力大小与施工时防水、断层裂隙与地表联系程度及排水系统堵塞等因素有关，必须在实际工程中进行长期监测，了解隧道衬砌水压力的长期特征，从而为高压富水隧道的修建和运营安全提供依据和保障。

齐岳山隧道高压富水断层位置埋设了长期监测点，监测断面位置与监测内容见表 3-3-18。

重点隧道监测断面及监测内容　　　　　　　表 3-3-18

齐岳山隧道 F11 高压富水断层	DK365+111	渗水压力、围岩与初期支护间接触压力、初期支护内力、初期支护与二次衬砌间接触压力、二次衬砌内力
	DK365+315	
	DK365+331	

齐岳山隧道结构防排水实施效果如图 3-3-61 所示。

图 3-3-61　齐岳山隧道结构防排水实施效果

（1）DK365+111 断面

DK365+111 断面渗水压力时态曲线如图 3-3-62 所示，围岩与初期支护接触压力时态曲线如图 3-3-63 所示,初期支护型钢应力时态曲线如图 3-3-64 所示,初期支护与二次衬砌间接触压力时态曲线如图 3-3-65 所示,二次衬砌钢筋应力时态曲线如图 3-3-66 所示。

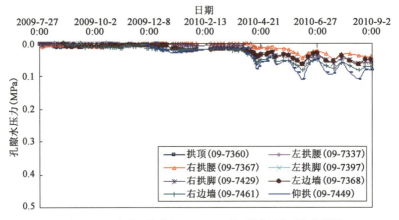

图 3-3-62　齐岳山隧道 DK365+111 断面渗水压力时态曲线图

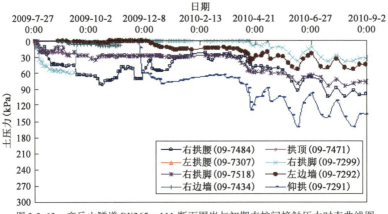

图 3-3-63　齐岳山隧道 DK365+111 断面围岩与初期支护间接触压力时态曲线图

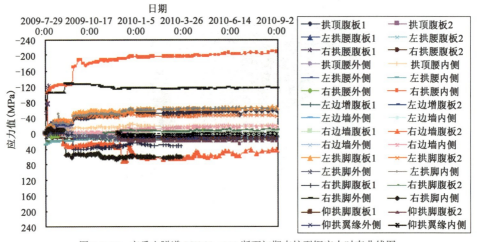

图 3-3-64　齐岳山隧道 DK365+111 断面初期支护型钢应力时态曲线图

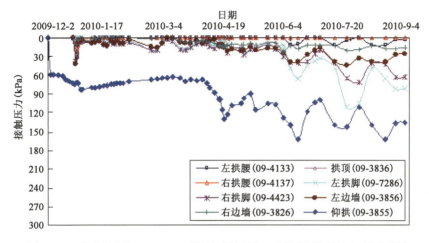

图 3-3-65　齐岳山隧道 DK365+111 断面初期支护与二次衬砌间接触压力时态曲线图

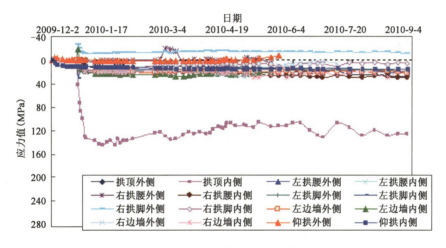

图 3-3-66　齐岳山隧道 DK365+111 断面二次衬砌钢筋应力时态曲线图

(2) DK365+315 断面

DK365+315 断面渗水压力时态曲线如图 3-3-67 所示,围岩与初期支护接触压力时态曲线如图 3-3-68 所示,初期支护型钢应力时态曲线如图 3-3-69 所示,初期支护与二次衬砌间接触压力时态曲线如图 3-3-70 所示,二次衬砌钢筋应力时态曲线如图 3-3-71 所示。

(3) DK365+331 断面

DK365+331 断面渗水压力时态曲线如图 3-3-72 所示,围岩与初期支护接触压力时态曲线如图 3-3-73 所示,初期支护型钢应力时态曲线如图 3-3-74 所示,初期支护与二次衬砌间接触压力时态曲线如图 3-3-75 所示,二次衬砌钢筋应力时态曲线如图 3-3-76 所示。

(4) 监测结论

通过长期监测数据分析,齐岳山隧道 F11 高压富水大断层各测试断面渗水压力、围岩与初期支护间接触压力、初期支护型钢应力、初期支护与二次衬砌间接触压力、二次衬砌钢筋应力测试数据均较小,结构本身受力较小,处于安全状态。

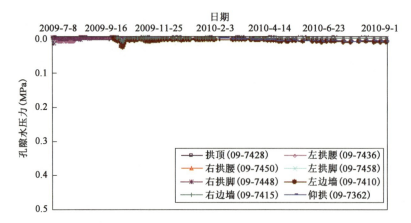

图 3-3-67　齐岳山隧道 DK365+315 断面渗水压力时态曲线图

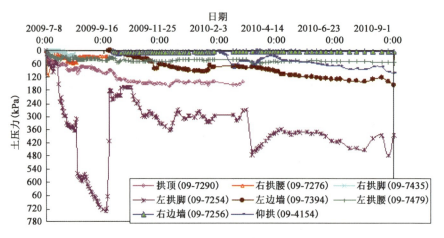

图 3-3-68　齐岳山隧道 DK365+315 断面围岩与初期支护间接触压力时态曲线图

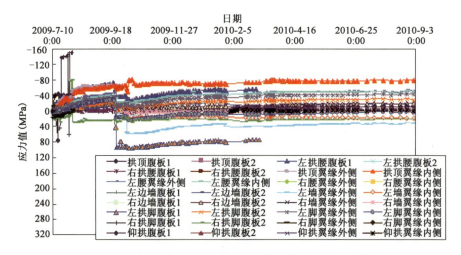

图 3-3-69　齐岳山隧道 DK365+315 断面初期支护型钢应力时态曲线图

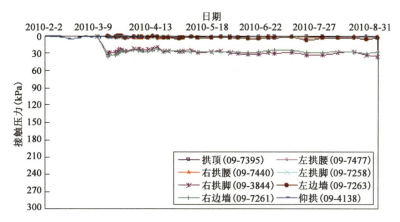

图 3-3-70　齐岳山隧道 DK365+315 断面初期支护与二次衬砌间接触压力时态曲线图

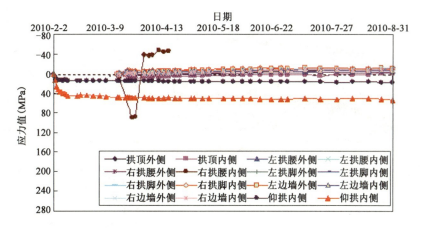

图 3-3-71　齐岳山隧道 DK365+315 断面二次衬砌钢筋应力时态曲线图

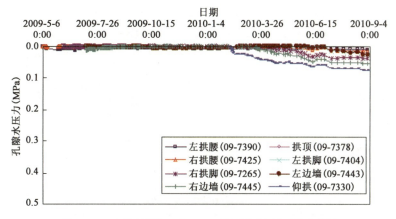

图 3-3-72　齐岳山隧道 DK365+331 断面渗水压力时态曲线图

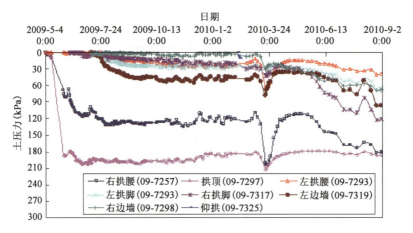

图 3-3-73　齐岳山隧道 DK365+331 断面围岩与初期支护间接触压力时态曲线图

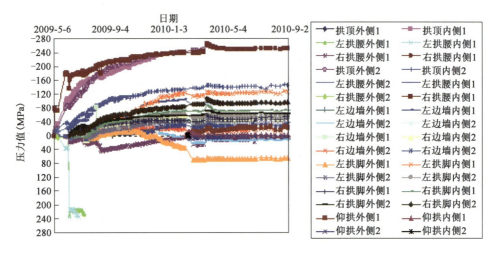

图 3-3-74　齐岳山隧道 DK365+331 断面初期支护型钢应力时态曲线图

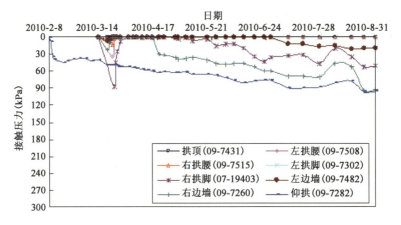

图 3-3-75　齐岳山隧道 DK365+331 断面初期支护与二次衬砌间接触压力时态曲线图

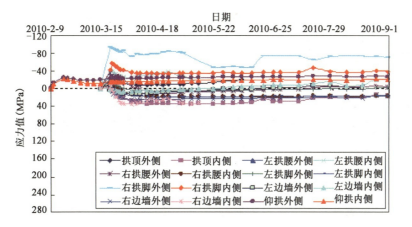

图 3-3-76　齐岳山隧道 DK365+331 断面二次衬砌钢筋应力时态曲线图

第 4 章

高压富水断层隧道注浆技术

高压富水断层破碎带充填着大量松散介质,如断层糜棱岩、断层泥、角砾岩等,在工程扰动、地应力和高压地下水的影响下,易诱发突水、突泥、滑坡、塌方等工程地质灾害。根据以往的工程经验总结与创新,提出了包括全断面帷幕注浆、信息化注浆、顶水注浆及上堵下排的高压富水断层隧道注浆系列技术。

4.1 全断面帷幕注浆技术

地下水直接补给型高压富水断层隧道,地表裸露的断层裂隙直接接受大气降水和地表径流的补给,由于径流带比弱径流区导水性强,所以狭长的径流带在断层含水层中起着类似排水渗渠的作用。它不断汇集两侧弱径流区的地下水,又不断地向下游输泄,有稳定的水源补给,水量大而稳定,不易疏干,"分水降压"方法不适用。因此,构造破碎带突水应遵循"以堵为主,能堵尽堵"的原则,遇到条件复杂不能完全堵水时,应采取"疏堵结合"的方法,在人为控制下将突水排出洞室,在施工中通过超前帷幕注浆加固的方法实现。

以新关角隧道为例。新关角隧道 4 号斜井正洞 DK290+535~DK290+562 段岩层破碎,且水量较大,施工风险较高。施工至 DK290+538 处时,右侧起拱线附近出现一股状水,具有一定的压力,其余部位也出现了散状水。为保证施工安全,对掌子面采用 C6 钻机进行了超前探孔,超前探孔共施作了 6 个,孔深 30m,每个探孔均在钻至 8m 左右时出水,起初为黄泥水,数量较大,呈喷射状,水流约 3h 后开始变清。根据堵排水措施的选择标准,确定全断面帷幕注浆(图 3-4-1),由于岩层破碎,设置止浆墙(DK290+535~DK290+538)。

4.1.1 浆液种类及配合比选择

注浆浆液共有两种:①普通 42.5 水泥单液浆(水泥:水 =1:1);②普通 42.5 水泥—水玻璃双液浆(水:水泥:水玻璃 =1:1:0.6~0.7)。水玻璃浓度 35°Bé′,模数 3.2。

4.1.2 施工工艺

(1)止浆墙及预埋孔口管施工

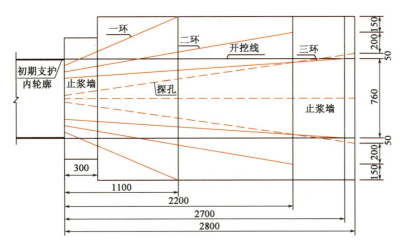

图 3-4-1　全断面帷幕注浆设计图(尺寸单位:cm)

一次注浆长度为 27m,注浆的加固范围为超过隧道开挖轮廓线外 3m。由于掌子面 DK291+538 处集中出水点水压较大,无法施工孔口管,且围岩较破碎,为确保安全,不能进行扩孔及加强支护,因此决定先强行施工止浆墙,在施工过程中,预埋端部带法兰盘的孔口管。止浆墙设计厚度为 3m,采用 C25 混凝土浇筑,嵌入隧道开挖周边轮廓 1m。

(2)止浆墙出水部位埋设孔口管及封闭止浆墙施工

止浆墙施工完成后,在周边及拱部局部出现涌水,故在止浆墙出水部位钻孔后安装端部带法兰盘的孔口管,孔口管采用锚固剂及棉、纤维、木楔等物固定于钻孔内,并安装阀门。安装完成后进行封闭止浆墙注浆施工,注浆材料采用水泥—水玻璃双液浆,水灰比为 1:1,水玻璃浓度 35°Be′,模数 3.2,水泥浆与水玻璃体积比为 1:0.7,保证浆液的胶凝时间在 20s 之内。注浆封闭效果达到孔口管阀门关闭时,止浆墙整体不能出现渗水、漏水现象。

(3)钻机钻孔并埋设孔口管(导向管)

采用 C6 钻机根据标记的钻孔位置及设计角度在止浆墙上钻孔,钻孔深度控制在 2.5~3m,然后安装端部带法兰盘的 $\phi 100$mm 孔口管,并对孔口管进行加固处理。

(4)钻孔及前进式注浆

采用 C6 钻机通过预埋孔口管间隔钻孔,先钻最外圈的注浆孔,考虑注浆扩散半径对注浆效果的影响,一次性钻孔长度为 8m,然后进行注浆,待浆液基本凝固后,再次对原注浆孔进行钻孔注浆,直至达到设计长度。按照上述前进式注浆施工工序,依次完成三环超前帷幕注浆孔的钻孔及注浆施工。为了保证浆液的扩散半径、强度及耐久性,采用水泥—水玻璃双液浆,水灰比为 1:1~1:0.6。

(5)止浆墙出水部位孔口管注浆施工

打开原止浆墙出水部位孔口管的阀门,发现局部出水较大,进行了顶水补充注浆。采用水泥—水玻璃双液浆,水灰比为 1:1~1:0.6。

(6)施工注浆效果检查孔

浆液经 24h 后基本达到强度,施工注浆效果检查孔,检查孔根据注浆前现场的出水情况重新钻孔进行检查(不可利用既有注浆孔),施工 8 个检查孔,检查孔深度 22m,沿斜井方向钻孔,钻孔结果显示没有出现较大的出水。

(7)掌子面开挖掘进

探孔完成后,没有发现探孔内出现较大的涌水后,掌子面开始开挖掘进。由于止浆墙与掌子面交接处属帷幕注浆薄弱部位,止浆墙开挖到2m时,采用长度为4m的超前小导管进行注浆加固,确保掌子面开挖安全稳定。为减小对围岩的扰动,爆破开挖时遵循"短进尺、弱爆破"的原则,且掘进长度每循环不能超过2m,确保预留5m长岩盘作为下循环超前周边帷幕注浆的止浆墙。

(8)补注浆处理

如开挖施工后掌子面周边继续出现较大的涌水,则再次对掌子面进行周边补注浆;如开挖后在拱墙范围出现较大的集中出水点,则对此点进行局部顶水注浆;如开挖后在拱墙范围出现大面积出水,且水量较大时,则进行大范围的径向注浆堵水。

4.1.3 注浆效果

通过帷幕注浆,该段涌水量显著降低,破碎围岩也得到很好的加固。注浆前后效果对比如图3-4-2所示。

a) b)

图3-4-2 全断面帷幕前后对照图

4.2 信息化注浆技术

全断面帷幕注浆技术(图3-4-3)在高压富水断层应用广泛,但对于长段落高压富水断层破碎带,若采取全断面帷幕注浆堵水措施,施工进度将极其缓慢,根据大量施工经验,日进尺仅能达到一个循环。若以此进度,施工工期难以保证,因此,寻求更加高效、合理的注浆技术方案势在必行。信息化注浆技术就是在这种背景下被提出并经实践发展起来的。

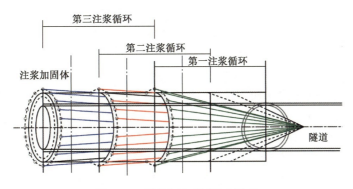

图 3-4-3　隧道全断面注浆加固流程

4.2.1　信息化注浆原理

1）全断面帷幕注浆设计思路

全断面帷幕注浆的基本思路如图 3-4-4 所示。设定随着隧道开挖,将会产生一定的松动范围,在松弛区外侧一定范围内进行注浆并形成一个止水带,用该止水带与水压抗衡,这样强大的水压就不能直接作用于支护上。

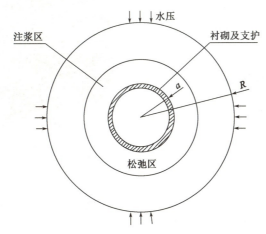

图 3-4-4　全断面帷幕注浆设计思路

全断面帷幕注浆设计时,假定地层是均匀的,外侧水压力均匀分布。因此,需要对松弛区进行注浆堵水加固,注浆堵水加固范围与水压力有关,水压力越高、水量越大,加固范围也就越大。根据日本青函隧道研究结果,对于高压富水断层,注浆加固半径 R 与隧道半径 a 的关系为:$R = (4 \sim 6)a$。

2）信息化注浆设计思路

信息化注浆设计思路如图 3-4-5 所示。同样,设定随着隧道开挖,将要产生一定的松动范围,在松弛区外侧一定范围内进行注浆并形成一个止水带,用该止水带与水压抗衡,这样强大的水压就不能直接作用于初砌或支护上。但对于止水带的形成,信息化注浆设计与全断面注浆设计存在着本质的不同。信息化注浆设计时,假定地层是不均匀的,受不均匀地层所影响,具有不均匀的透水性,因此,外侧水压力不是均匀分布。通过前期顶水注浆改变透水场条件,然后按均匀地层进行基本注浆加固,保证隧道开挖安全的基本要求,最后,对水量大、水压力高区域强化注浆。将地层认为是不均质的,根据超前探孔资料进行分区定位。其设计理念与全断面帷幕注浆有着本质的不同。

信息化注浆设计是根据工程地质(地层破碎程度、地层围岩特性等),参考水文地质(水量和水压力参数等),确定周边注浆加固圈数(一圈或两圈)的一种注浆设计理念。注浆时,先通过"分区定位"进行无约束注浆堵水,使地层中水量得到有效控制,然后按"合理步距、封堵水流;由外到内、环环相扣;间隔跳孔、锁定水源;增加补孔、区域加强"的注浆理念进行注浆过程控制,从而达到"减少注浆孔数量、提高注浆效果"的目的。

信息化注浆按四步进行:分区定位、基本注浆、区域加强、效果检查。

(1)分区定位

信息化注浆分区定位如图 3-4-6 所示。

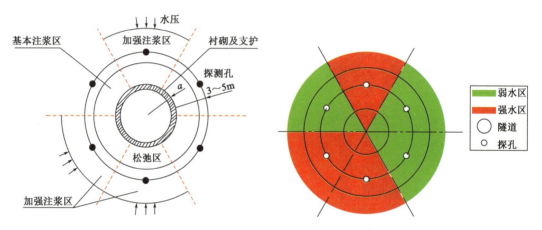

图 3-4-5　信息化注浆设计思路　　　　图 3-4-6　信息化注浆分区定位图

①假定地层不均匀,处于灰色状态。

②按注浆加固的理念进行基本注浆区设计。注浆加固范围为隧道开挖轮廓线外 3~5m,即隧道周边 0.5~1 倍洞径范围。注浆设计时,按内、外两圈注浆孔设计,外圈孔为隧道开挖轮廓线外 3~5m,内圈孔为隧道开挖轮廓线外 1~3m。

③选取 4~6 个外圈注浆孔,对隧道周围灰色地层进行分区探测(如图 3-4-6 所示分为 6 个区)。通过探测,根据探孔的水量和水压力,将隧道外划分为弱水区和强水区。探孔作为注浆孔应严格按要求进行注浆。

④对于超前探孔,根据水量大小确定注浆参数。对于水量大的孔,以顶水注浆为原则,采取定压注浆,注浆压力为水压力的 2~3 倍,从而有效地封堵地下水裂隙通道。经过顶水注浆,使强水区的水量和水压力降低。

(2)基本注浆

信息化注浆基本注浆如图 3-4-7 所示。

①根据注浆预设计,对基本注浆区设计进行注浆。注浆时,严格按"先外圈后内圈、同圈

孔间隔跳孔"的注浆顺序进行。

②注浆严格采取前进式分段注浆。根据钻孔出水量和钻孔成孔状况,对注浆分段长度(注浆步距)采取三级控制标准进行等级管理。

信息化注浆设计的总体注浆机理为:堵裂隙、减少水量;固围岩、改良地层。注浆时,先通过区域定位孔进行无约束注浆堵水,从而使地层中水量得到有效控制,然后按"合理步距、封堵水流;由外到内、环环相扣;间隔跳孔、锁定水源;增加补孔、区域加强"的注浆理念进行注浆施工。

环环相扣注浆顺序:外圈孔→内圈孔→稳面孔→补强孔→检查孔→管棚孔。

过程控制:为确保注浆效果,应严格按注浆顺序进行注浆施工。注浆过程中,每个注浆孔都必须严格执行注浆参数。

(3)区域加强

如图3-4-8所示,基本注浆区注浆完成后,将强水区作为加强注浆区,增加钻孔进行补注浆,同时检查区域出水情况,加强范围为基本注浆区外2~3m。

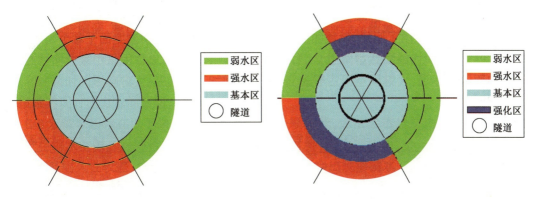

图3-4-7 信息化注浆基本注浆图　　图3-4-8 信息化注浆强化注浆图

(4)效果检查

针对高压富水断层,注浆的作用既要达到堵水要求,又要满足加固地层的需要,因此,检查项目必须包含对堵水和加固双重作用的检查,同时注重过程控制的检查。对堵水作用的检查主要应进行堵水率和注浆后地层渗透水能力的检查。对加固作用的检查主要进行地层密实度检查和注浆后地层稳定性检查。结合目前国内外注浆效果检查评定方法,确定采取 $P\text{-}Q\text{-}t$ 曲线分析法、钻孔出水量分析法、注浆量分析法、检查孔出水量测定、检查孔稳定分析(成孔试验)。其中,钻孔出水量分析法和检查孔出水量测定是对堵水作用的检查,$P\text{-}Q\text{-}t$ 曲线分析法、注浆量分析法和检查孔稳定分析是对加固作用的检查。注浆检查孔布置如图3-4-9所示。

3)技术对比

为了比较全断面帷幕注浆与信息化注浆的

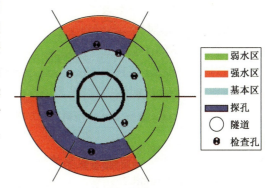

图3-4-9 信息化注浆效果检查孔布置图

效果,采用数值计算进行分析。全断面帷幕注浆的计算参数见表3-4-1,信息化注浆的计算参数见表3-4-2。

全断面帷幕注浆计算参数表　　　　　　　　　　　表3-4-1

材料	渗透系数（m/s）	弹性模量（GPa）	黏聚力（MPa）	内摩擦角（°）	泊松比	重度（kg/m³）
围岩	2×10^{-6}	0.8	0.12	21	0.35	1700
初期支护	1×10^{-8}	24.7	—	—	0.2	2300
注浆区域	0.8×10^{-7}	2.5	0.3	35	0.3	2000

信息化注浆计算参数表　　　　　　　　　　　表3-4-2

材料	弹性模量（GPa）	黏聚力（MPa）	内摩擦角（°）	泊松比	重度（kg/m³）
围岩	0.8	0.12	21	0.35	1700
初期支护	24.7			0.2	2300
堵水注浆区域	2.5	0.3	35	0.3	2000
加固注浆区域	1.7	0.25	30	0.35	1800

(1)掌子面水平位移对比

不同注浆圈厚度,信息化注浆法和全断面注浆法掌子面最大纵向水平位移对比见表3-4-3。

不同注浆方式的掌子面水平位移　　　　　　　　　　　表3-4-3

注浆圈厚度(m)	掌子面最大纵向水平位移(cm)	
	信息化注浆	全断面帷幕注浆
3	6.60	5.77
5	5.23	4.38
8	5.00	4.15

从上表可以看出:信息化注浆与全断面帷幕注浆的掌子面水平位移都不太大,掌子面都稳定,信息化注浆的掌子面水平位移比全断面帷幕注浆仅大13%~17%,说明两种注浆方式对稳定掌子面的效果相差不大。

(2)支护变形对比

计算得到不同注浆方式下隧道施工拱顶沉降和水平收敛,见表3-4-4。根据隧道初期支护极限相对位移和稳定性判别方法,隧道稳定性可根据隧道施工实测位移 U、隧道极限位移 U_0 进行判别。当 $U \leq U_0$ 时隧道稳定,当 $U > U_0$ 时隧道不稳定。

不同注浆方案的拱顶沉降及水平收敛　　　　　　　　　　　表3-4-4

注浆圈厚度		U(mm)			U_0(mm)
		3m	5m	8m	
拱顶沉降值	信息化注浆	35.1	34.4	33.9	50.34
	全断面帷幕注浆	34.2	33.5	33.1	

续上表

注浆圈厚度		U(mm)			U_0(mm)
		3m	5m	8m	
拱腰水平收敛值	信息化注浆	104.7	94.2	86.1	265.27
	全断面帷幕注浆	102.9	92.5	84.6	

从上表可以看出:信息化注浆与全断面帷幕注浆的隧道拱顶沉降基本相等,水平收敛也基本相等,且无论是信息化注浆还是全断面帷幕注浆,注浆圈厚度为3m、5m或8m的注浆均能满足隧道稳定性的要求。

4.2.2 探孔注浆模式

1)工程背景

宜万铁路齐岳山隧道F11断层由构造角砾岩、泥质灰岩夹页岩、断层泥组成,岩体极其破碎,断层内富含高压水,超前探孔单孔最大涌水量为1800m³/h,水压力为2.5MPa(图3-4-10)。F11断层发育于得胜场槽谷区。得胜场槽谷呈狭长带状展布,长度约68km。槽谷可分为两段,西流水—响水洞段长约25km,宽400~600m,槽谷紧闭,是得胜场暗河发育地段。响水洞—石芦河段为横向开口式槽谷,是地表径流和地下泉排泄出口。得胜场槽谷地形地貌如图3-4-11所示。

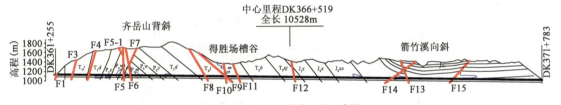

图3-4-10 齐岳山隧道工程地质图

T_1j-三叠系嘉陵江组;T_1d-三叠系大冶组;P_2c-二叠系长兴组;P_2w-二叠系吴家坪组;P_1m-二叠系茅口组;T_2b-三叠系巴东组;T_3xj-三叠系须家河组;J_1z-侏罗系珍珠冲组;J_2x-侏罗系新田沟组;J_2xs-侏罗系下沙溪庙组;J_2s-侏罗系上沙溪庙组

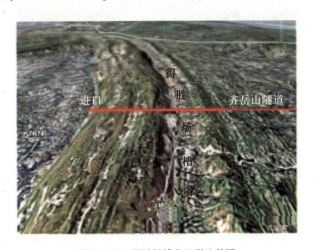

图3-4-11 得胜场槽谷地形地貌图

地表深孔钻探显示,得胜场槽谷竖向体现出自地表向下的垂直分带性,依次可分为:断层裂隙强烈发育带、断层裂隙中等发育带、断层裂隙弱发育带。

(1)工程地质

针对 F11 断层及得胜场槽谷区,设计单位进行了大量的野外地质测绘、物探、深孔钻探、孔内综合测试、孔内摄影、水文试验和电磁波法层析技术(CT)等综合勘探,基本查清了 F11 断层和得胜场槽谷区工程地质及水文地质状况。

F11 断层(得胜场逆断层)垂直切割线路,断裂带地表出露在 DK365+030～DK365+145 段,走向 NE35°～45°,倾角 50°～70°,断层破碎带宽 60～100m,局部可达 150m 左右,发育于 T_1^1j 灰岩、角砾状灰岩与 T_2^1b 页岩、泥灰岩分界面附近。

经综合勘察对比分析,F11 断层上盘边界的地表出露位置基本确定在里程 DK365+180 附近,在隧道洞身里程位置基本确定在 DK365+340 附近。断层下盘在隧道边界 DK365+110 附近。F11 断层主要特征如下:

①断层破碎带岩体破碎,岩性成分复杂,主要由构造角砾岩、碎裂岩和断层泥组成,胶结较松散,饱水使岩土性态恶化。钻进中有掉钻、塌孔、缩孔等现象,成孔效果差,采用水泥浆护壁或固结以及套管措施,对摄影、测井、水文试验等影响很大。

②断层破碎带下盘与可溶岩接触带,岩溶发育,多为充填式,岩体较破碎。断层破碎带上盘与泥岩、砂岩接触带,次级断层异常发育,虽岩体成分单一,但岩体较破碎。断层破碎带岩芯如图 3-4-12 所示。

图 3-4-12 F11 断层破碎带地表深孔岩芯

F11 断层及影响带的岩性特征决定了其工程性质:类似于含碎石粉质黏土或碎石土状,只是胶结程度稍好,水文性质表现为饱和含水。由于泥质或黏土质含量较大,导水能力偏弱,工程性质表现为围岩强度低、稳定性差,在水的浸泡下,工程性质更加恶化,隧道施工开挖中,将面临涌泥、坍方等严重威胁。

(2)水文地质

得胜场槽谷实施的钻孔中有 3 个孔钻到了 F11 断层破碎带,其测井显示的断层破碎带层位和含水层见表 3-4-5。

F11 断层带孔内测井确定的破碎带和含水层　　　　　　表 3-4-5

钻孔编号	钻孔位置	分层高程(m)	分层深(m)	孔内测试
JZ-Ⅲ03-齐5	DK365+100 右20m	1202.9~1081.7	133.8~254	124~173m 构造含水带,涌水强,水流由下向上,渗透系数为 0.2m/d
Jz-Ⅳ05-齐3	DK365+200 左10m	1307.5~1067.0	51.1~291.6	水泥封孔有影响
Jz-Ⅳ05-齐4	DK365+350 右20m	1116.65~1105.95	247.5~253.4	含水层
		1050.75~1015.35	308.6~344.0	岩体破碎

JZ-Ⅲ03-齐 5 孔局部见溶孔,149.58~155.96m 段及 164.19~168.17m 段漏水。JZ-Ⅳ05-齐 3 孔 104m 深度明显漏水,222~236m 段有掉钻现象,230~242m 段不返水。JZ-Ⅲ03-齐 5 孔测得水位 1327.76m,埋深 8m。JZ-Ⅳ05-齐 3 孔测得水位 1325.95m,埋深 32.6m。JZ-Ⅳ05-齐 4 孔测得水位 1326.15m,埋深 33.2m。F11 断层带内的地下水位基本在 1326~1328m 段,体现出断层带内的地下水位基本一致。此外在 EH-4 高频大地音频电磁法探测的 8 条测线中均有明显的低阻异常显示,是构造带岩性软弱破碎和富水性的综合体现。

根据得胜场槽谷 F11 断层及影响带的补给来源,采用大气降雨入渗法进行隧道涌水量预测,预测计算结果见表 3-4-6。另外,根据 2003 年 9 月 1 日—2004 年 8 月 31 日所观测到的得胜场暗河出口一个水文年的降雨—流量资料,得胜场暗河的最大暗河流量实测值为 940000m³/d,对应前 5 日降雨量观测累计值为 155.5mm(据统计分析暗河流量的响应主要与前 5 日降雨量的相关性最大),相当于 10 年一遇的降雨引起的暗河流量。

得胜场槽谷 F11 断层及影响带隧道涌水量预测表　　　　　　表 3-4-6

项　目	数　值	
多年平均降雨量参数(mm)	1131.9	1131.9
多年最大降雨量参数(mm)	1701.9	1701.9
换算系数	2.74	2.74
集水面积 $F(km^2)$	F11 断层及影响带	T_2b^{2+3} 斜坡迳流区
	1.45	1.96
斜坡径流区径流系数	1	0.8
降雨入渗系数 α	0.2	0.2
各段产生的正常涌水量(m^3/d)	899	973
各段产生的最大涌水量(m^3/d)	1352	1462
预测暗河产生的正常流量的补给量(m^3/d)	9420	
预测暗河产生的最大流量的补给量(m^3/d)	111817	
预测隧道正常涌水量 Q_1(m^3/d)	11292	
预测隧道最大涌水量 Q_2(m^3/d)	114632	

2)传统的先探后注循序渐进模式

针对高压富水断层,设计单位在勘察阶段做了大量的工作,对断层的水文地质和工程地质特征进行了宏观评定。但施工阶段传统的做法是:首先在掌子面进行超前深孔钻探,以确定隧道前方断层的富水情况、地质条件;然后根据地质条件做出相应的注浆设计,由施工单位按注浆设计组织注浆施工;最后在注浆结束后进行注浆效果检查评定,注浆效果达到设计要求时,进行开挖支护。该模式称为循序渐进模式。

台湾省坪林隧道在遭遇断层时,由国外著名的专业队伍进行超前深孔钻探,钻探情况见表3-4-7。

台湾省坪林隧道超前深孔钻探统计表　　　　表3-4-7

隧道里程	钻探用时(d)	钻探深度(m)	地质条件		钻探效率(m/h)
			探孔出水量(m^3/h)	水压力(MPa)	
K39+150	105	107.25	76	2	0.04
K39+119.4	39(1997年5月1日—5月8日)	105.5	421	1.8	0.11
K39+019.2	68(1998年3月3日—5月9日)	126.4	360	1.4	0.08
K38+436.4	72(1999年12月13日—2000年2月23日)	262.7	47	1.2	0.15

由钻探情况来看,只要是遭遇高压水,就很难达到理想的钻探效果。同时,为了做好超前钻探,对突水和卡钻位置还要进行注浆堵水、加固,从而使钻探所反映的情况也与原地质条件不符。

宜万铁路针对断层同样采取传统的先探后注循序渐进模式,齐岳山隧道前期也不例外。齐岳山隧道DK365+096按传统循序渐进模式施工情况统计见表3-4-8。

齐岳山隧道DK365+096超前深孔钻探统计表　　　　表3-4-8

探孔编号	钻探时间	钻探用时(h)	钻探深度(m)	地质条件		钻探效率(m/h)
				探孔出水量(m^3/h)	水压力(MPa)	
T1	2009年4月17日13:58—4月19日5:57	40	23.8	25	1.2	0.6
T2	2009年4月20日19:07—4月30日4:17	—	40	200	1.6	—
T3	2009年4月17日4:15—5月3日9:25	—	23.2	28	1.4	—
T4	2009年4月22日0:00—5月3日18:05	—	26.5	170	1.5	—
T1→T4	2009年4月17日4:15—5月3日18:05	398(16.6d)	∑113.5	25~200	1.2~1.6	0.3

由齐岳山隧道DK365+096超前深孔钻探统计表来看:超前深孔钻探一个循环需要约半个月时间,钻探效率极低。

结合国内外超前深孔钻探,由于断层高压富水,钻探过程中经常会遇到坍孔、卡钻现象,并受大水量和高水压力所影响,完成一个循环的超前深孔钻探工作耗时长、效率低。在完成超前深孔钻探后,仍然需要实施钻孔注浆工艺进行高压富水断层处理,因此,有效地将钻孔与注浆进行结合,对提高工程处理是有利的。

3)探注相结合模式

施工阶段,施工单位如何对地质进行微观确定,针对高压富水断层制订合理的处治方案是工程实现突破的关键。

现场实施超前深孔钻探后,超前深孔钻探时间长、效率低,虽然超前深孔钻探(取芯)对地质评定起到了一定的指导作用,但对注浆方案并未能起到决定性作用。也就是说,只要隧道前方是高压富水断层,水量大、水压高、地层软,隧道穿越该区段就必须采取注浆堵水加固措施,否则,隧道是无法完成开挖支护作业的。而单纯的超前深孔钻探工作占用的时间很长,且工程处理作用较小,因此,现场通过理论分析、实践检验,提出"灰色地层、分区定位;探注结合、环环相扣"的"探测—注浆—检查"系统化过程控制施工理念,这对判断地质、确定方案起到指导作用,并有效地节约了时间。齐岳山隧道 F11 断层处理模式调整如图 3-4-13 所示。

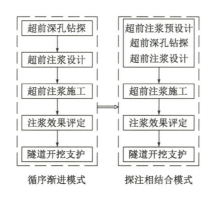

图 3-4-13 齐岳山隧道 F11 断层处理模式调整图

探注相结合模式是依托齐岳山隧道 F11 断层提出,并进行应用的一套新的施工理念。该理念依托勘察设计单位前期的地质勘察工作。施工阶段,根据前期地质勘察设计,F11 断层具有"高压富水、软弱破碎"的特点,提出超前注浆预设计,选择注浆预设计的拱顶、左拱腰、右拱腰、左边墙、右边墙、拱底共 6 个注浆孔,既作为注浆孔进行前进式分段注浆,又作为超前钻孔达到地质预测预报的目的,形成"一孔两用"。通过 6 个孔的实施,达到既对前方不良地层(灰色地层)进行判断,又对注浆预设计进行试验的目的。在注浆施工过程中,严格按"由外到内、间隔跳孔"的注浆顺序进行钻孔注浆施工,从而形成"后序孔对前序孔注浆的检查、内圈孔对外圈孔的检查",环环相扣,实现"探测—注浆—检查"系统化。

4.2.3 注浆作业断面

1)上下半断面钻孔注浆平行作业试验

为加快钻孔注浆进度,在齐岳山隧道出口正洞第二循环(DK365+333~DK365+313 段)进行上下半断面钻孔注浆平行作业试验。

(1) 注浆设计

针对正洞断面大的特点,为加快钻孔注浆进度,采取上下半断面平行作业进行施工。考虑到所选择的钻机特点,上半断面高 4.2m,台阶长 8m。为避免下半断面注浆时上半断面底板抬升,同时为上半断面提供良好的作业环境,在上半断面底板上铺设 50cm 厚的钢筋混凝土。注浆设计参数见表 3-4-9。总体设计思路纵断面如图 3-4-14 所示。

注浆设计参数表　　　　　　　　表 3-4-9

参 数 名 称	上 半 断 面	下 半 断 面
止浆墙厚度(m)	2.5	2
纵向加固长度(m)	20(不含止浆墙)	
注浆孔圈数(圈)	外部2圈、下部1圈	2圈
加固范围(m)	开挖轮廓线外5m、上半断面以下3m	开挖轮廓线外5m
终孔位置(m)	一圈孔位于开挖轮廓线外4m,二圈孔位于开挖轮廓线外1m	
浆液扩散距离(m)	2	
终孔间距(m)	2.8	
注浆孔数量(个)	46	27
	合计 73	

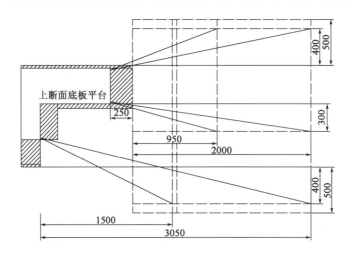

图 3-4-14　上下半断面平行作业钻孔注浆设计纵剖面图(尺寸单位:cm)

根据注浆设计参数进行注浆设计,如图 3-4-15、图 3-4-16 所示。

(2) 现场试验

现场进行了上下台阶平行作业注浆试验,如图 3-4-17 所示。

试验表明:下半断面前 8m 为上半断面钻机作业平台,覆盖层厚度仅为 3~4m,且围岩破碎。尽管在台阶上施作了 50cm 厚混凝土,并在混凝土内嵌入 I20 钢架,但仍然无法承受注浆压力。当注浆压力达到 1.5MPa 时,台阶产生隆起,台阶表面及下半断面止浆墙开裂,跑浆、漏浆十分严重,注浆压力难以达到设计终压,从而使浆液无法扩散到钻孔深度,注浆效果无法保证。因此,在高压富水地层中采取上下半断面平行钻孔注浆是很难实现的。

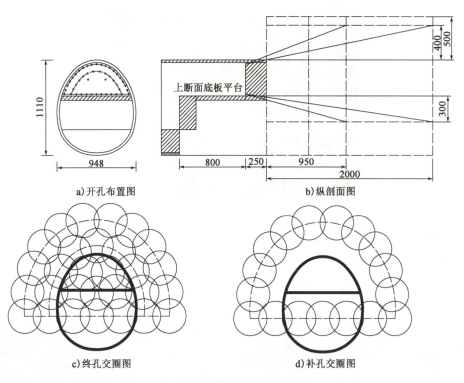

图 3-4-15　上半断面注浆设计图(尺寸单位:cm)

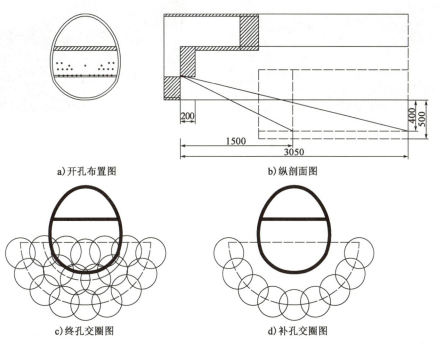

图 3-4-16　下半断面注浆设计图(尺寸单位:cm)

图 3-4-17　上下半断面钻孔注浆平行作业试验

(3)袖阀管后退式分段注浆工艺试验研究

在高压富水断层地层中能否采用袖阀管后退式分段注浆工艺进行注浆,这对提高注浆速度有着重要的意义,因此在齐岳山隧道出口正洞第二个循环进行袖阀管后退式分段注浆工艺试验。试验照片如图 3-4-18 所示。

a)下入袖阀管　　　　　　　　　　　　　　b)下入芯管

图 3-4-18　高压富水断层袖阀管注浆试验

试验表明:①当水压力或水量较大时,袖阀管难以下入钻孔中;②当地层极其破碎时,坍孔现象严重,影响袖阀管下入深度;③由于钻孔深度达到 30m 以上,止浆塞下入孔底进行注浆,注浆结束时,注浆芯管拔出困难。

通过现场注浆试验,在高水压作用下,采用聚氯乙烯(PVC)袖阀管进行后退式分段注浆是很难实现的。

2)注浆工作合理化断面试验研究

现场进行了上下半断面钻孔注浆平行作业试验,由于上台阶覆盖层薄,注浆时,一旦注浆压力上升到 3MPa 以上,上台阶基底钢筋混凝土层出现隆起并开裂。随后进行袖阀管后退式分段注浆试验,由于水压力大,极易造成袖阀管破裂,因此,采取上下半断面钻孔注浆平行作业难以实现。

根据试验结果,进行注浆设计调整,利用上台阶实现全断面钻孔注浆施工。具体方案为:①上半断面注浆设计不变;②延伸上半断面注浆设计 E 排孔(补孔断面)底部孔长度到终孔断面;③增加 F 排圈孔和 G 圈孔(补孔)。调整后注浆设计参数见表3-4-10,注浆设计如图3-4-19 所示。

DK365+333~DK365+313 段注浆设计参数表　　　表 3-4-10

参 数 名 称		参 数 值
止浆墙厚度(m)		2.5
纵向加固长度(m)		20(不含止浆墙)
注浆孔圈数(圈)		2
加固范围		开挖轮廓线外5m
终孔位置		一圈孔位于开挖轮廓线外4m,二圈孔位于开挖轮廓线外1m
浆液扩散距离(m)		2
终孔间距(m)		2.8
注浆孔数量(个)	外圈孔	21
	二圈孔	14
	补断面孔	21
	掌子面孔	11
	合计	67

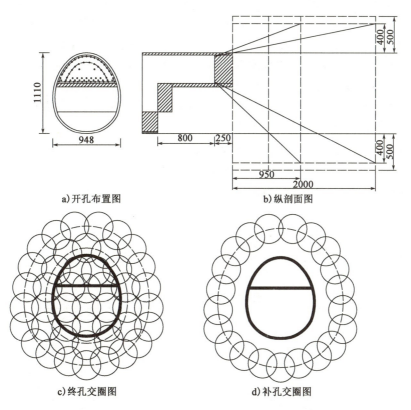

图 3-4-19　DK365+333~DK365+313 段注浆设计图(尺寸单位:cm)

经过现场注浆后开挖证明,开挖效果良好,因此,根据 C6 等同类型钻机特点,完全可以采用高度为 3.8~4.2m 的净空断面,通过上半断面完全实现全断面加固,这样,可以有效地减少止浆墙封堵工程量,加快施工进度。同时,断面的缩小也降低了施工风险。

4.2.4 注浆材料选择

信息化注浆采用普通水泥单液浆、普通水泥—水玻璃双液浆,同时,研究并推广应用了硫铝酸盐水泥单液浆,试验了超早强加固型 TGRM 灌浆和超细水泥。通过试验,证明在 F11 断层条件下,采用 TGRM 浆和超细水泥浆同样也难以达到均匀渗透加固破碎岩体的要求。F11 断层的注浆机理为:有效封堵裂隙水、减少水量,填充围岩裂隙,固结围岩,改良地层,提高地层自稳能力。通过试验研究,最终形成了信息化注浆材料使用体系:普通水泥单液浆、硫铝酸盐水泥单液浆、普通水泥—水玻璃双液浆,其中以硫铝酸盐水泥浆为主。注浆材料配比参数如下:

硫铝酸盐水泥单液浆浆液配比为:水灰比 0.8:1~1:1。

普通水泥单液浆浆液配比为:水灰比 0.6:1~0.8:1。

普通水泥—水玻璃双液浆浆液配比为:水灰比 0.6:1~0.8:1、水泥浆与水玻璃体积比 1:1、水玻璃浓度 35°Be′。

1)硫铝酸盐水泥

硫铝酸盐水泥是以铝质原料(如矾土)、石灰质原料(如石灰石)和石膏,经适当配合后,煅烧成含有适量无水硫铝酸钙的熟料,再掺入适量石膏共同磨细所得的水硬性胶凝材料。硫铝酸盐水泥主要矿物为无水硫铝酸钙($3CaO \cdot 3Al_2O_3 \cdot CaSO_4$)、硅酸二钙($2CaO \cdot SiO_2$)和铁相($2CaO \cdot Fe_2O_3\text{-}6CaO \cdot 2Al_2O_3 \cdot Fe_2O_3$)。硫铝酸盐水泥简称为 R·SAC。

硫铝酸盐水泥水化过程主要是无水硫铝酸钙、硅酸二钙和铁相的水化。无水硫铝酸钙水化使水泥早期强度增长较快,硅酸二钙水化使水泥后期强度增大,石膏的掺入使水泥快硬不收缩、微膨胀。对于硫铝酸盐水泥外加剂,加入柠檬酸、糖蜜、亚甲基二萘二磺酸钠等可使水泥凝结速度变慢。硫铝酸盐水泥水化反应如下:

① $3CaO \cdot 3Al_2O_3 \cdot CaSO_4 + 18H_2O \rightarrow 3CaO \cdot Al_2O_3 \cdot CaSO_4 \cdot 12H_2O + 2(Al_2O_3 \cdot 3H_2O)(gel)$

② $2CaO \cdot SiO_2 + 2H_2O \rightarrow CaO\text{-}SiO_2\text{-}H_2O(gel) + Ca(OH)_2$

③ $2(2CaO \cdot Fe_2O_3) + 16H_2O \rightarrow 4CaO \cdot Fe_2O_3 \cdot 13H_2O + 2Fe(OH)_3$

④ $6CaO \cdot Al_2O_3 \cdot 2Fe_2O_3 + 15H_2O \rightarrow 2\{3CaO \cdot [xAl_2O_3 \cdot (1-x)Fe_2O_3] \cdot 6H_2O\} + 4xFe(OH)_3 + (2-4x)Al(OH)_3$

硫铝酸盐水泥具有早期强度高、长期强度稳定、低温硬化性能好的特点,物理性能指标见表 3-4-11。

硫铝酸盐水泥物理性能 表 3-4-11

项目		指标
比表面积(m^2/kg)		≥350
凝结时间(min)	初凝	≤25
	终凝	≤180
28d 自由膨胀率(%)		0.05~0.15

硫铝酸盐水泥按照其 3d 抗压强度可分为 42.5、52.5、62.5、72.5 四个强度等级,水泥龄期强度指标见表 3-4-12。

硫铝酸盐水泥指标 表 3-4-12

强度等级	抗压强度(MPa)			抗折强度(MPa)		
	1d	3d	28d	1d	3d	28d
42.5	30.0	42.5	45	6	6.5	7
52.5	40.0	52.5	55	6.5	7	7.5
62.5	50.0	62.5	65	7	7.5	8
72.5	55.0	72.5	75	7.5	8	8.5

注:本表摘自国家标准《硫铝酸盐水泥》(GB 20472—2006)。

2) 硫铝酸盐水泥单液浆研究

基于快硬硫铝酸盐水泥具有早强、高强的特点,对隧道工程"注浆堵水、加固地层"十分有利,且特别适宜于前进式分段注浆工艺要求,因此,对快硬硫铝酸盐水泥单液浆进行研究,从而推广应用,推进注浆技术的发展。

(1) 原材料

①快硬硫铝酸盐水泥:强度等级为 42.5。

②水:宜万铁路齐岳山隧道出口工地用水。

(2) 浆液配比

根据注浆堵水施工经验,选择水灰比 0.6∶1、0.8∶1、1∶1 三种配合比配制硫铝酸盐水泥单液浆进行室内试验。

(3) 凝胶时间

浆液凝胶时间采用倒杯法测试,根据试验数据绘制浆液凝胶时间曲线,如图 3-4-20 所示。

由浆液凝胶时间曲线来看,在水灰比为 0.6∶1 ~ 1∶1 之间,随着水灰比的增大,浆液凝胶时间增长。

(4) 抗压强度

采用尺寸为 4cm×4cm×16cm 的试件制作试块,试件脱模后放入 20℃±5℃ 水中养护,测定 8h、12h、3d、7d、28d 无侧限抗压强度,测试结果见表 3-4-13。

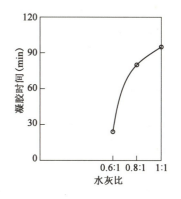

图 3-4-20 不同水灰比浆液凝胶时间曲线

硫铝酸盐水泥单液浆性能指标 表 3-4-13

浆液配合比 W∶C	凝胶时间	抗压强度(MPa)				
		8h	12h	3d	7d	28d
0.6∶1	24min	8.8	20.8	22.6	27.8	28.9
0.8∶1	1h20min	6.2	17.1	18.8	21.0	22.4
1∶1	1h35min	5.3	13.8	15.5	18.6	19.7

根据试验数据绘制浆液不同龄期抗压强度随水灰比变化曲线,如图 3-4-21 所示。绘制不同水灰比抗压强度随龄期变化曲线,如图 3-4-22 所示。

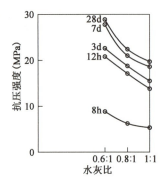 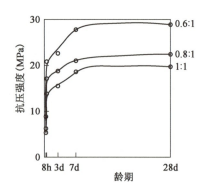

图 3-4-21 不同龄期抗压强度随水灰比变化曲线　　图 3-4-22 不同水灰比抗压强度随龄期变化曲线

由抗压强度变化曲线来看:

(1)不同龄期浆液抗压强度随水灰比增大而降低。

(2)不同水灰比下,浆液抗压强度随龄期强度增大,一般在 8h 后浆液抗压强度达到 5MPa 以上,7d 时基本达到最大强度,7d 后强度增高不大,浆液表现为早强特点。

3)硫铝酸盐水泥单液浆性能特点

根据硫铝酸盐水泥单液浆性能指标,结合注浆工程特点,与普通硅酸盐水泥单液浆、普通硅酸盐水泥—水玻璃双液浆相比,具有以下特点:

(1)凝结可控性。采用 0.8:1 ~ 1:1 水灰比硫铝酸盐水泥单液浆,浆液凝胶时间可以控制在 1h30min 左右,这种凝胶时间特别适合现场注浆操作。

(2)高强可靠性。采用 0.8:1 ~ 1:1 水灰比硫铝酸盐水泥单液浆,浆液注入地层 8h 后抗压强度可以达到 5MPa 以上,7d 后强度可达到 18MPa 以上,浆液固结体强度高,注浆加固效果可靠。

(3)操作简单性。硫铝酸盐水泥浆属于单液浆,与普通硅酸盐水泥—水玻璃双液浆相比,既能获得较短的凝胶时间,达到堵水目的,同时,浆液为单液浆,配置简单,不容易发生堵管现象,适合现场工人操作。

(4)扩散控域性。硫铝酸盐水泥浆凝胶时间为 1h30min 左右,适合现场堵水要求,同时,早期强度高,从而可以有效地控制浆液扩散距离,因此,具有较好的扩散控域性。

(5)工艺匹配性。硫铝酸盐水泥浆具有短凝胶时间、早期强度高的特点,从而使浆液特别适合于前进式分段注浆施工工艺要求。采用普通硅酸盐水泥浆,一般分段注浆后需要静置 3h 以上才能进行扫孔注浆,而采用硫铝酸盐水泥浆一般在注浆结束后 30min 即可进行再次钻孔注浆作业,从而提高了注浆效率。

(6)经济适用性。硫铝酸盐水泥目前价格约为 800 元/t,配置浆液比普通水泥—水玻璃双液浆便宜约 50%。

(7)绿色环保性。硫铝酸盐水泥浆属水泥基浆液,注浆后不会产生环境污染。

(8)堵水高效性。硫铝酸盐水泥浆具有早凝、早强、微膨胀的特性,因此,注浆堵水效果好、注浆加固地层强度高的优点。

4）应用效果

齐岳山隧道出口正洞施工到里程 DK365+333 处，处于 F11 断层中，通过进行超前水平钻探，隧道前方地层以泥岩、钙质泥岩、泥灰岩、泥质灰岩、角砾灰岩为主，围岩裂隙发育。超前探孔单孔涌水量为 35~50m³/h，水压力为 1.7MPa。根据超前地质钻探资料，确定对隧道前方地层采用"注浆堵水、加固围岩"的技术措施，以确保开挖安全。

注浆材料采用硫铝酸盐水泥单液浆为主，辅以普通水泥单液浆、普通水泥—水玻璃双液浆。硫铝酸盐水泥单液浆配合比为：水灰比 0.8:1~1:1。普通水泥单液浆配合比为：水灰比 0.6:1~0.8:1。普通水泥—水玻璃双液浆配比为：水灰比 0.6:1~0.8:1、水泥浆与水玻璃体积比 1:1、水玻璃浓度 35°Be′。

采用 C6 钻机钻孔，采取前进式分段注浆工艺，严格按"由外到内、间隔跳孔"的顺序进行施工。采取压力控制作为注浆结束标准，注浆终压力为 6~8MPa，结束注浆时注浆速度为 5~10L/min。

钻孔注浆施工自 2009 年 3 月 25 日开始，到 4 月 17 日完成，历时 24d。

注浆结束后，采用钻设检查孔方法对注浆效果进行检查。检查孔按"全覆盖、有重点、无盲区"的原则，重点对钻孔注浆施工过程出水量较大岩层破碎的区域进行检查。在纵向上共布置三个检查断面 7 个检查孔，其中 1 个为取芯孔。检查孔终孔在开挖轮廓线外 3m 处。由检查孔出水情况分析，检查孔纵向钻深到 15m 内出水量均小于 2L/(min·m)标准，达到注浆堵水要求。对 1 个孔进行取芯，从取芯情况分析，芯样成短柱状，可明显看到被浆液充填的裂隙及已经被浆液固结的破碎岩体，浆液充填饱满，加固效果明显，如图 3-4-23 所示。

图 3-4-23　检查孔取芯照片

对 3 个检查孔进行孔内摄像，从孔内摄像可以明显看出，前方破碎岩层以及裂隙被浆脉充填，除局部存在缩孔外，大部分区段孔壁顺滑，不坍孔，自稳能力较强。

注浆结束经效果检查评定后进行拱部管棚和掌子面锚管预支护施工。施工完成后取三台阶法进行开挖。开挖共完成 15m，达到预设计开挖进尺的 100%。开挖过程表明，经注浆后地层裂隙水得到封堵，破碎地层得到有效改良，除个别区段有渗流水外，大部分区段注浆效果能保证注浆堵水、固结围岩，达到了确保安全开挖的目的。

4.2.5　注浆参数控制

注浆是一项隐蔽性很强的工法，注浆的好坏除在注浆结束后进行注浆效果检查外，注浆过程控制十分关键，只有将每一个注浆孔按设计要求进行控制，才能得到良好的注浆效果。信息化注浆特别注重注浆参数的控制。

1)注浆压力控制

原则上以定压注浆为主进行注浆控制,以确保破碎地层浆液填充密实。注浆终压按下式计算。

$$P_{终} = (2 \sim 3)P_{水} \tag{3-4-1}$$

式中:$P_{终}$——注浆终压(MPa);

$P_{水}$——水压力(MPa)。

2)注浆顺序控制

信息化注浆总体注浆机理为:堵裂隙、减少水量;固围岩、改良地层。钻孔注浆顺序严格按由外向内,同一圈孔采取间隔跳孔的原则进行施工。这样,外圈孔注浆时为无约束(发散)注浆,可以得到很好的注浆量,注浆后在外圈形成一个闭合体,从而使内圈注浆时形成约束注浆,达到填充、挤压密实的目的。

注浆时,先通过区域定位孔进行无约束注浆堵水,从而使地层中水量得到有效控制,然后按"合理步距、封堵水流;由外到内、环环相扣;间隔跳孔、锁定水源;增加补孔、区域加强"的注浆理念进行注浆施工。

环环相扣的注浆顺序:外圈孔→内圈孔→稳面孔→补强孔→检查孔→管棚孔。

过程控制:为确保注浆效果,应严格按注浆顺序进行注浆施工。注浆过程中,每个注浆孔都必须严格执行注浆参数。

3)注浆分段长度控制

注浆分段长度是前进式分段注浆的一个最重要的参数。针对注浆分段长度,必须进行严格的控制管理,否则,会形成不连续的注浆体,造成注浆盲区,影响注浆质量。

注浆施工过程中,采取注浆过程分级控制,严格控制注浆工艺,以保证注浆效果。注浆质量控制根据钻孔的出水量、钻孔成孔情况进行,从而选择合理的注浆分段长度。

按钻孔出水量分为三档:≤10m³/h 为第一档、10～30m³/h 为第二档、>30m³/h 为第三档。按钻孔成孔状况分为三档:无坍孔为第一档、轻微坍孔为第二档、严重坍孔为第三档。等级划分按红、黄、绿三种情况进行控制管理。钻孔注浆等级划分见表 3-4-14,参数选择见表 3-4-15。

钻孔注浆等级划分表　　　　表 3-4-14

管理等级		钻孔出水量		
		≤10m³/h	10～30m³/h	>30m³/h
钻孔成孔状况	无坍孔	绿	黄	红
	轻微坍孔	黄	黄	红
	严重坍孔	红	红	红

钻孔注浆等级划分参数选择表　　　　表 3-4-15

等级	分段长度选择
绿	5～8m
黄	3～5m
红	立即注浆

4)强化注浆控制

基本注浆区注浆完成后,将强水区作为加强注浆区,增加钻孔进行补注浆,同时检查区域出水情况,加强范围为基本注浆区外 2~3m。

5)注浆结束标准控制

(1)单孔单段注浆结束标准

采取定压注浆,达到设计注浆终压时,注浆速度小于 5~10L/min。

(2)全孔注浆结束标准

①所有注浆孔均符合单孔单段注浆结束标准。

②设计的注浆孔无漏注现象。

③对注浆效果进行检查评定,达到设计标准。

4.2.6 注浆效果检查评定

目前,注浆法是处理高压富水断层和高压富水充填型溶洞的一种有效工法。如衡广复线大瑶山隧道施工中遭遇 F9 高压富水断层,断层上盘为挤压破碎的砂岩,下盘为强烈片理化、千枚化并受强烈切割的灰岩,核心带为膨胀性断层泥,施工中发生突水,峰值涌水量为 1750m³/h,现场采取超前注浆堵水通过断层。京九铁路五指山隧道施工中遭遇 DK500+480~DK500+505(长25m)富水断层,断层由块状花岗岩、碎屑岩、糜棱岩及砾石组成,现场采取超前注浆堵水加固后通过断层。渝怀铁路圆梁山隧道施工中遭遇 DK354+460~DK354+490(长30m)高压富水充填溶洞,溶洞内充填粉细砂,超前探孔单孔涌水量 860m³/h,水压力 2.7MPa,现场采取超前注浆堵水加固后通过。渝怀铁路歌乐山隧道施工中多次遭遇高压裂隙水,超前探孔单孔最大出水量600m³/h,水压力 1.6MPa,现场采取注浆堵水后通过高压富水裂隙。宜万铁路别岩槽隧道遭遇 DK404+101~DK404+550(长449m)F1 高压富水断层,断层位于可溶岩与非可溶岩接触带,断裂带由可溶的灰岩、白云质灰岩钙质胶结而成,超前探孔单孔出水量 10~160m³/h,水压力 0.6~1.8MPa,现场采取超前堵水加固后通过断层。精伊霍铁路北天山隧道遭遇 DK114+796~DK114+828(长32m)高压富水断层,断层带为断层角砾岩夹断层泥,断层角砾主要为凝灰岩、页岩碎块,超前探孔单孔出水量 15~20m³/h,水压力 2MPa,现场采取超前注浆堵水加固后通过断层。日本青函海底隧道施工中遭遇 F15 断层突发涌水,涌水量 660m³/h,水压力 2.6MPa。现场采取超前注浆堵水后通过。台湾坪林隧道施工中遭遇金盈断层,断层带为深灰至黑色断层泥及断层角砾岩,超前探孔最大出水量 420m³/h,水压力1.8MPa,现场采取超前注浆堵水后通过断层。

通过以上工程实例,说明注浆法是目前处理高压富水不良地层的一套有效的施工工法。但是,注浆法隐蔽性极强,往往因经验不足或处理措施不当,在注浆完成后隧道开挖过程中,出现突发性的突水、突泥、突砂、突石等灾害,造成重大的经济损失,甚至人员伤亡。因此,建立注浆效果检查评定方法及标准,提高注浆施工质量,是目前急需解决的一项课题。

针对注浆效果检查评定,《地下工程防水技术规范》(GB 50108—2008)第 7.4.7 条规定:对单孔注浆结束的条件,应符合下列规定:①预注浆各孔段均应达到设计要求并应稳定10min,且进浆速度应为开始进浆速度的 1/4 或注浆量达到设计注浆量的 80%;②衬砌后回填注浆及围岩注浆应达到设计终压。第7.4.8条规定:预注浆和衬砌后围岩注浆结束前,应在分析资料的基础上,采取钻孔取芯法对注浆效果进行检查,必要时应进行压(抽)水试验。当检查孔的吸水量大于1.0L/(min·m)时,应进行补充注浆。《铁路隧道设计规范》(TB 10003—2016)第10.2.7条和第10.2.8条也做出相应的规定。以上规范对注浆效果检查评定方法和标准的界定不够系统与明确,难以被现场实践者所接受。

采取注浆法处治高压富水地层,在注浆效果检查评定时,对于检查孔出水量的标准规定相差很大,如渝怀铁路圆梁山隧道高压富水充填型溶洞注浆处理时,检查孔出水量标准规定为 $1m^3/h$,折合0.6L/(min·m);宜万铁路别岩槽隧道F1高压富水断层注浆处理时,检查孔出水量标准规定为0.2L/(min·m);舞鹤排水隧洞通过海底破碎围岩进行注浆处理时,检查孔出水量标准规定为0.5L/(min·m);日本青函海底隧道F15高压富水断层注浆处理时,检查孔出水量标准规定为坚岩0.4L/(min·m)、软岩0.2L/(min·m)、个别小于10L/(min·m)。

F11断层具有"高压富水、软弱破碎"的地质特征,注浆设计理念主要为"堵裂隙、减少水量;固围岩、改良地层",因此,注浆完成后如何对注浆效果进行检查评定,确定注浆效果检查评定标准,这对注浆质量控制,保证注浆完成后隧道的安全顺利开挖十分关键。目前相应的规范中都没有明确规定,或者规定难以在现场得到实践,因此,有必要在F11断层工程实践中对注浆效果检查评定项目和标准进行研究。

针对高压富水断层,注浆的作用既要达到堵水要求,又要满足加固地层的需要,因此,检查项目必须包含对堵水和加固双重作用的检查,同时注重过程控制的检查。对堵水作用的检查主要应进行堵水率和注浆后地层渗透水能力的检查。对加固作用的检查主要进行地层密实度检查和注浆后地层稳定性检查。结合目前国内外注浆效果检查评定方法,确定采取P-Q-t曲线分析法、钻孔出水量分析法、注浆量分析法、检查孔出水量测定、检查孔稳定分析(成孔试验)。其中,钻孔出水量分析法和检查孔出水量测定是对堵水作用的检查,P-Q-t曲线分析法、注浆量分析法和检查孔稳定分析是对加固作用的检查。信息化注浆效果检查评定方法如图3-4-24所示。

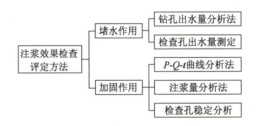

图3-4-24 信息化注浆效果检查评定方法

1)P-Q-t曲线分析法

P-Q-t曲线分析法是通过对注浆施工过程中所记录的注浆压力P、注浆速度Q、注浆时间t,绘制P-t、Q-t曲线,根据地质特征、注浆机理、设备性能、注浆参数等对P-Q-t曲线进行分析,从而对注浆加固效果检查评定。

对于注浆过程P-Q-t曲线,一般要求P-t曲线呈上升趋势,Q-t曲线呈下降趋势,注浆结束时,注浆压力必须达到设计终压,注浆速度达到设计速度,只有这样,才能证明原地层已被浆液填充饱满,达到注浆加固效果。以齐岳山隧道出口 DK365+333~DK365+313 段钻孔注浆过程 P-Q-t 曲线为例,如图 3-4-25 所示。

由注浆过程 P-Q-t 曲线来看:总体趋势表现为注浆压力随注浆进行呈上升趋势,最终达到设计终压。随着注浆压力升高,注浆速度明显下降,出水裂隙被浆液逐步充填密实,地层破碎岩体得到有效加固,地层取得较好的改良效果。

2) 钻孔出水量分析法

钻孔出水量是地层透水能力最直接的反映,通过分析钻孔注浆过程中出水量变化规律,定性、定量地判断地层透水能力的变化,从而评定注浆堵水效果。

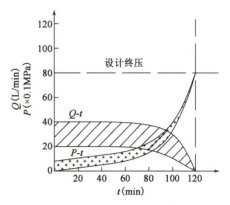

图 3-4-25 注浆过程 P-Q-t 曲线

钻孔出水量分析法通过分析钻孔出水量时间效应分布和注浆堵水率变化,评判注浆堵水效果。总体来说,随着钻孔注浆的进行,地层被逐渐填充密实,透水率越来越小,因此,钻孔出水量应呈逐渐减少趋势,注浆堵水率会不断地提高,最终注浆堵水率应达到 80% 以上。以齐岳山隧道进口 DK365+096~DK365+116 段钻孔出水量时间效应图为例,如图 3-4-26 所示。

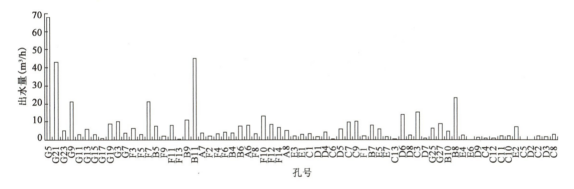

图 3-4-26 钻孔出水量时间效应图

由钻孔出水量时间效应直方图来看:

(1) G5→A8 孔为上半断面注浆孔,注浆过程中,前期出水量较大,为 20~70m³/h,随着注浆进行,钻孔出水量减少到 10m³/h 以下,但个别孔(如 B11 孔)仍表现出较大的出水量,这与地层的不均匀性有关。

(2) E3→C8 孔为下半断面注浆孔,除个别孔出水量大外,钻孔出水量一般都较小,随着注浆的进行,钻孔出水量越来越小。

将探孔阶段、注浆阶段和检查阶段钻孔单孔最大出水量进行对比分析,以确定注浆过程堵水率。统计结果见表 3-4-16。

由钻孔注浆各阶段注浆堵水率统计数据来看:经过探孔注浆,在单序孔注浆时,注浆堵水率达到 73.2%。通过单序孔注浆,双序孔注浆时,注浆堵水率达到 94.8%。检查孔实施检查时,注浆堵水率为 98.9%,达到了很高的注浆堵水率。

钻孔注浆各阶段堵水率　　　　　　　　表 3-4-16

阶　　段		出水量（m³/h）	堵水率（%）
探孔阶段		250	
注浆阶段	外圈孔阶段（注浆堵水阶段）	68	73.2
	内圈孔阶段（注浆固结阶段）	13	94.8
检查阶段		2.8	98.9

3）注浆量分析法

注浆量是地层吸浆能力的直接反映。地层注浆量越大说明地层越松软，透水能力也越强，因此，钻孔注浆过程中注浆量时间效应分布可以说明随着注浆的进行地层加固密实度的变化规律，从而达到对注浆加固效果的检查评定。

注浆量分析法首先根据注浆顺序绘制注浆量时间效应分布直方图。直方图应呈降趋势，注浆结束时，后序注浆孔基本应达到吸不进浆液的状态。以齐岳山隧道出口 DK365 + 318 ~ DK365 + 292 段钻孔注浆过程注浆量时间效应为例，如图 3-4-27 所示。

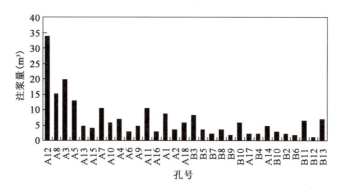

图 3-4-27　钻孔注浆量时间效应图

由钻孔注浆量时间效应图可以看出：

（1）注浆仍以封堵岩层出水裂隙为主，出水量和注浆量有明显的对应关系，涌水量大的孔注浆量也大。随着注浆进行，出水裂隙逐渐被封堵，地层吸浆量明显降低，堵水效果明显。

（2）先施作的孔吸浆量明显大于后施作的孔，外圈孔吸浆量大于二圈孔，这说明随着注浆进行，透水裂隙被封堵，地层逐渐密实，从而达到堵水与加固效果。

对超前加固注浆孔纵向各分段吸浆量进行统计，计算各分段地层吸浆量参数，计算结果见表 3-4-17。

注浆量纵向分布表　　　　　　　　表 3-4-17

项　　目	纵 向 分 段			
	0 ~ 10m	10 ~ 18m	18 ~ 25m	25m 到终孔
注浆量（m³）	44.8	64.48	91.02	43.68
延米注浆量（m³/m）	4.5	8.1	13	10.9
延米注浆比例（%）	13	23	34	30

由注浆量纵向分布来看:地层吸浆能力与超前探孔所揭示的地质情况基本对应,18m前地层较为致密,出水量小,吸浆能力低。18m以后裂隙发育,地层破碎富水,吸浆能力强,占总注浆量的64%,进一步印证该段地质情况及注浆堵水加固效果。

4)检查孔出水量分析

检查孔法是分析钻孔注浆效果最直接的方法,也是目前被认为最可靠的方法。对注浆可能存在的薄弱环节(一般为注浆量少的孔、涌水量大的孔、注浆终孔交圈位置等)钻检查孔,测定检查孔出水量,从而判断注浆堵水效果。检查孔原则上钻孔深度小于钻孔注浆段落长度1m,径向加固厚度小于预设计加固厚度1m。

检查孔允许出水量标准对注浆设计、注浆材料的使用等因素有着极其重要的影响。如果标准过低,注浆质量难以保证。反之,如果标准过高,那么注浆设计时就需要布设大量的注浆孔,同时需要注入超细型水泥基材料,或者化学注浆材料,这不但使工程造价很高,同时,工程进度无法保证。参考类似工程检查孔允许出水量标准,前期针对信息化注浆施工时,采用0.2L/(min·m)的检查孔允许出水量标准。针对该标准,在齐岳山隧道出口平导PDK365+330~PDK365+308段钻孔注浆施工时进行试验研究。

钻孔注浆结束后,采用钻设检查孔方法对注浆效果进行检查。检查孔按"全覆盖、有重点、无盲区"的原则,重点对钻孔注浆施工过程出水量较大岩层破碎区域进行检查。共布置14个检查孔,其中8m断面2个,12m断面3个,19m断面5个,27m断面4个,检查孔终孔在开挖轮廓线外6m处。

现场根据情况实施检查孔10个(4个未实施),检查孔出水量情况统计见表3-4-18。

检查孔出水量统计表 表3-4-18

检查孔编号	检查孔出水量[L/(min·m)]							终孔深度(m)	检查孔完整情况
	5m断面	10m断面	15m断面	18m断面	21m断面	24m断面	终孔		
检1	0	0	0.89	1.3	1.19	1.11	1.08	27.7	无坍孔
检2	0	0	0.29	1.02	0.87	1.94	1.78	26.2	无坍孔
检5	0	0	0.44	1.11	1.67	2.5	2.48	26.8	无坍孔
检4	0	0	0.33	1.44				18.9	无坍孔
检6	0	0	1.44	1.6				18.6	无坍孔
检7	0	0	0.17	0.4				18.7	无坍孔
检10	0	0	0.28					14.3	无坍孔
检11	0	0.1	2.24					13.4	无坍孔
检13	0	0	0.05					9.1	无坍孔
检14	0	0						9.5	无坍孔

由检查孔出水量来看:

(1)现场实施的10个检查孔中有2个检查孔满足原设计要求的0.2L/(min·m)标准,其余孔单孔出水量在2.5L/(min·m)以内。

(2)根据检查孔出水情况分析,纵向钻深到15m深时,孔内开始有渗漏水现象出现,随着钻深增加,水量逐渐增加,径向孔内开始出水均在开挖轮廓线外 3m。

因检查孔出水量超过 0.2L/(min·m)标准要求,在检查孔注浆结束后,对出水量较大区域进行补孔注浆,共布置注浆补孔 8 个,注浆材料采用硫铝酸盐水泥单液浆,浆液水灰比为 1:1。

根据补充注浆情况分析,补充注浆施工过程中,附近钻设的检查孔均未出现串浆现象,水量无明显变化,地层吸浆量都比较小,这说明岩层结理裂隙发育但地层相对比较致密,浆液在地层中扩散区域较小。补孔注浆结束后,再次进行注浆效果检查,检查孔允许渗水量无明显变化。针对平导掌子面,掌子面布孔密度已达到 2.1 个/m²,因此,针对 F11 断层,制定检查孔允许渗水量为 0.2L/(min·m)的标准过于严格,不符合现场实际,应进行检查孔检查标准的修正。

通过现场试验研究,并结合 F11 断层的特点,注浆机理主要为"堵裂隙、控制水量,固围岩、改良地层",因此,调整检查孔允许出水量标准为 2L/(min·m)。这一检查孔允许出水量标准在随后的钻孔注浆循环中经过多次检验,是合理的。

事实上,针对断层注浆后地层渗水压力按 1MPa 考虑(现场实测为 0.8~1.2MPa),按 2L/(min·m)计算地层透水率为 2Lu[1Lu = 1L/(min·m·MPa)],地层渗透系数为 2.6×10^{-5}cm/s,这一标准已完全达到地层防渗标准,因此,采用 2L/(min·m)检查孔允许出水量标准是合理的、可靠的。

为进一步研究确定检查孔允许出水量,在出口平导第三个循环注浆时,对部分孔采用超细水泥进行浆液可注性试验。从现场超细水泥注浆试验情况来看,在同等出水量情况下,超细水泥可注性优于普通硅酸盐水泥和硫铝酸盐水泥,表现在随着注浆压力上升,注浆速度减小,当压力上升到 6~8MPa 时,在保持小流量情况下,还能持续一段时间,而普通硅酸盐水泥和硫铝酸盐水泥在压力缓慢上升至 4~5MPa 时,就会产生突变,压力急剧上升,瞬间达到甚至超过设计的 6~8MPa 控制标准。经过注入超细水泥浆后,单孔出水量基本都在 0~3m³/h,未能达到设计的 0.2L/(min·m)标准。

普通水泥及超细水泥注浆施工过程 P-Q-t 曲线如图 3-4-28、图 3-4-29 所示。

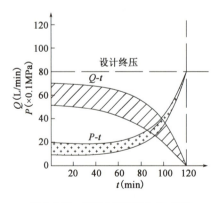
图 3-4-28　普通水泥注浆 P-Q-t 曲线

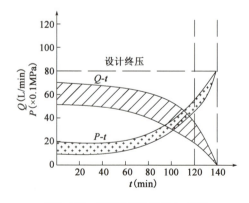
图 3-4-29　超细水泥注浆 P-Q-t 曲线

综合而言,采用普通水泥注浆材料在断层中能达到可注目的,采用超细型注浆材料从本质上并没有提高过多的注入量,同时,根据开挖后注浆效果观察,在断层地质条件下,浆液主要通过填充大的裂隙达到堵水目的,填充小的裂隙达到加固地层目的。对于细小的裂隙,很难产生浆液劈裂现象,因此,针对断层没有必要采用超细型注浆材料。

5) 检查孔稳定分析

对检查孔进行观察,判断检查孔是否完整,检查孔放置一段时间后是否不坍孔,从而判定经注浆加固后地层的稳定性。目前,可采用更先进的孔内成像技术,对检查孔进行孔内摄像,要求检查孔完整、不坍孔、不缩孔,从而检查评定注浆加固效果。以齐岳山隧道出口正洞 DK365+333~DK365+313 段注浆结束后检查孔孔内摄像为例,如图 3-4-30 所示。

a) 孔内成像照片

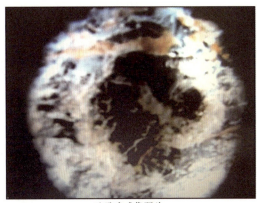
b) 孔底成像照片

图 3-4-30 检查孔孔内成像照片

由检查孔孔内成像可以明显看出:前方破碎岩层以及裂隙被浆脉充填,除局部存在缩孔外,大部分区段孔壁顺滑,不坍孔,自稳能力较强。

4.2.7 信息化注浆工法评价

信息化注浆法经研究后,在齐岳山隧道 F11 断层进行了试验与应用。信息化注浆法应用情况统计见表 3-4-19。

信息化注浆法应用情况统计表　　表3-4-19

循环		注浆循环段落					开挖段落		备注
		里程	长度(m)	孔数(个)	时间	天数(d)	里程	长度(m)	
平导(迂回平导)	进口	第一循环	PDK365+102~PDK365+130	28	21	2009年1月27日—2月11日	16	PDK365+102~PDK365+124	22	试验段
		第二循环	PDK365+124~PDK365+143	19	21	2009年3月4日—3月24日	21	PDK365+124~PDK365+135	11	
		第三循环	PDK365+135~PDK365+155	20	27	2009年6月4日—6月24日	21	PDK365+135~PDK365+150	15	
		第四循环	PDK365+150~PDK365+170	20	28	2009年5月24日—6月11日	19	PDK365+150~PDK365+165	15	

续上表

循环			注浆循环段落					开挖段落		备注
			里程	长度(m)	孔数(个)	时间	天数(d)	里程	长度(m)	
平导(迂回平导)	进口	第五循环	PDK365+165~PDK365+195	30	35	2009年7月6日—7月20日	15	PDK365+165~PDK365+190	25	
		第六循环	PDK365+190~PDK365+220	30	31	2009年8月10日—8月19日	10	PDK365+190~PDK365+215	25	
		第七循环	YHPDK365+215~YHPDK365+244	32	47	2009年9月8日—9月25日	18	PDK365+215~贯通	28	曲线
	出口	第一循环	YHPDK365+335~YHPDK365+320	15	66	2009年5月1日—5月18日	18	YHPDK365+333~YHPDK365+326	9	曲线
		第二循环	YHPDK365+326~YHPDK365+311	15	82	2009年6月16日—7月3日	18	YHPDK365+326~YHPDK365+316	10	曲线
		第三循环	YHPDK365+316~YHPDK365+291	25	90	2009年7月22日—8月7日	17	YHPDK365+316~YHPDK365+296	20	
		第四循环	YHPDK365+296~YHPDK365+266	30	66	2009年8月24日—9月9日	17	YHPDK365+296~YHPDK365+271	25	
		第五循环	YHPDK365+271~YHPDK365+242	32	68	2009年9月25日—10月5日	11	YHPDK365+271~贯通	28	曲线
横通道		第一循环	HTDK0+000~HTDK0+015	15	28	2009年5月24日—6月11日	19	HTDK0+000~HTDK0+010	10	
		第二循环	HTDK0+010~HTDK0+035	25	33	2009年7月6日—7月20日	15	HTDK0+010~HTDK0+030	20	
		第三循环	HTDK0+035~HTDK0+051	21	31	2009年8月10日—8月19日	10	HTDK0+030~HTDK0+046	16	曲线、三岔口
正洞	进口	第一循环	DK365+333~DK365+313	20	129	2009年3月22日—6月19日	29	DK365+333~DK365+318	15	试验段
		第二循环	DK365+318~DK365+293	25	98	2009年6月13日—7月5日	23	DK365+318~DK365+300	18	
		第三循环	DK365+300~DK365+275	25	86	2009年7月28日—8月10日	14	DK365+300~DK365+280	20	
		第四循环	DK365+280~DK365+250	30	85	2009年9月4日—9月19日	16	DK365+280~DK365+255	25	
		第五循环	DK365+255~DK365+235	20	84	2009年10月28日—11月5日	9	DK365+255~贯通	18	

续上表

循环		注浆循环段落					开挖段落		备注
		里程	长度(m)	孔数(个)	时间	天数(d)	里程	长度(m)	
正洞	进口	第六循环	DK365+173~DK365+196	23	34	2009年10月25日—10月30日	6	DK365+173~DK365+189	16	三叉口
		横洞切入第一循环	DK365+194~DK365+214	20	46	2009年9月8日—9月28日	21	DK365+194~DK365+209	15	挑顶
	出口	第一循环	DK365+333~DK365+313	20	129	2009年3月22日—6月19日	29	DK365+333~DK365+318	15	试验段
		第二循环	DK365+318~DK365+293	25	98	2009年6月13日—7月5日	23	DK365+318~DK365+300	18	
		第三循环	DK365+300~DK365+275	25	86	2009年7月28日—8月10日	14	DK365+300~DK365+280	20	
		第四循环	DK365+280~DK365+250	30	85	2009年9月4日—9月19日	16	DK365+280~DK365+255	25	
		第五循环	DK365+255~DK365+235	20	84	2009年10月28日—11月5日	9	DK365+255~贯通	18	

注：注浆孔数含注浆孔、锚固稳定孔、检查孔和管棚孔，为注浆循环总孔数。

1) 可靠性分析

以出口正洞第三个循环（DK365+318~DK365+293段）为例。按信息化注浆法进行施工，统计各阶段钻孔中最大涌水量，分析各阶段堵水率，见表3-4-20。

各阶段钻孔出水量与注浆堵水率分析　　　　表3-4-20

施工时间段	单孔平均最大水量(m^3/h)	注浆孔数(个)	堵水率(%)
初始探测阶段	90(最大150)	5	
外圈孔阶段	50	13	45
二圈孔阶段	14.8	13	83.6
补充注浆阶段	5.4	8	94
效果检查阶段	2	8	97.8

从上表可以看出，前期5个注浆孔兼超前探孔钻孔施工过程中，平均涌水量达到$90m^3/h$，最大$150m^3/h$。注浆结束后，在外圈孔施工过程中，单孔平均最大涌水量为$50m^3/h$，这就意味着前5个孔的堵水率达到45%。随着由外及内注浆施工的逐渐推进，二圈孔施工完成后堵水率达到83.6%，补充注浆孔后检查孔施工过程堵水率达到97.8%，达到了预期的堵水效果。另外，由外及内的施工工序，后续钻孔出水量减小后，有利于快速施工，也达到了约束注浆的目的。注浆堵水过程统计分析如图3-4-31所示。

总体来讲，由信息化注浆法堵水历程来看，可以将堵水加固分为五个阶段来评定。

(1) 第一阶段。第一阶段是定位孔堵水阶段，也是探孔堵水阶段。该阶段充分利用设定的5个探孔进行无约束性注浆堵水，注浆后堵水率达到45%。

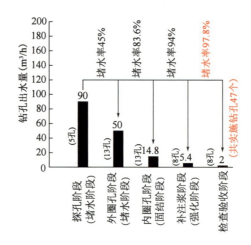

图 3-4-31　信息化注浆法注浆堵水过程统计分析图

（2）第二阶段。第二阶段是外圈孔堵水阶段。该阶段通过对外圈孔按间隔跳孔模式进行注浆，利用设定的 13 个注浆孔进行无约束性注浆，注浆后堵水率达到 83.6%。

（3）第三阶段。第三阶段是内圈孔固结堵水阶段。该阶段主要以加固地层为主，且通过浆液加固地层，进一步提高堵水率。通过设定的 13 个注浆孔进行约束性注浆，注浆后堵水率达到 94%。

（4）第四阶段。第四阶段是补注浆阶段，也是区域加强阶段。该阶段是通过分析已完成的注浆孔，结合探孔时确定的强水源区进行注浆强化。通过增加 8 个孔进一步研究并确定水源、水量、水压力等水文情况。注浆后堵水率达到 97.8%。

（5）第五阶段。第五阶段是效果检查评定验收阶段。对整个注浆过程进行分析评定，进一步确定注浆盲区，通过钻孔检查，进行效果评定及验收。检查孔共施作 8 个。

综合来讲，通过以上 47 个孔，已完全达到注浆堵水和加固目的。

2）适应性分析

由统计情况来看，信息化注浆法在齐岳山隧道平导（或迂回平导）应用 12 次、横通道应用 3 次、正洞应用 12 次，共 27 个循环，如图 3-4-32 所示。

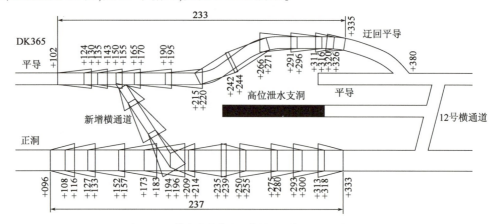

图 3-4-32　信息化注浆法注浆循环示意图（尺寸单位：m）

针对 F11 高压富水断层,采用信息化注浆法,注浆方案既有平导小断面方案,又有正洞大断面方案;注浆设计既有直线段设计,又有曲线段设计,并涉及三叉口注浆设计、横通切入正洞挑顶注浆设计;同时,结合工程情况,试验了 15m、19m、20m、21m、23m、25m、28m、30m、31m 和 32m 十种段落循环长度的注浆情况,并结合开挖进行了验证。统计现场方案情况,统计结果见表 3-4-21。

信息化注浆法应用情况统计表　　　　　　　　　　表 3-4-21

方案划分标准		应用次数(次)	合计(次)
按断面大小划分	小断面设计	15	27
	大断面设计	12	
按线路特点划分	直线设计	23	27
	曲线设计	4	
按方案的特殊性划分	常规设计	25	27
	三岔口设计	1	
	挑顶设计	1	
按注浆循环段落长度划分	15～20m(不含)	4	27
	20～25m(不含)	8	
	25～30m(不含)	6	
	30m 以上	9	

根据统计数据绘制应用情况分析图,如图 3-4-33 所示。

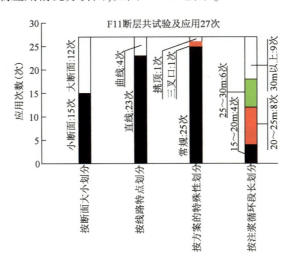

图 3-4-33　信息化注浆法应用情况分析

根据以上统计情况分析,信息化注浆法基本上在现场做到了"段段有变化、环环有提高"的动态设计理念,并以此来验证该注浆工法的适应性。

3)经济性分析

(1)注浆孔数量比较

绘制 F11 高压富水断层各注浆循环注浆孔数量柱状图,如图 3-4-34、图 3-4-35 所示。

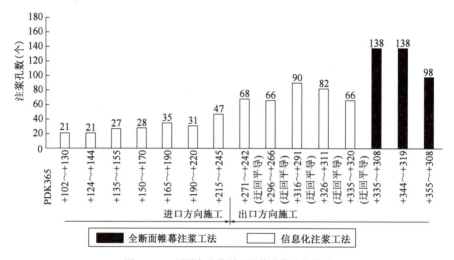

图 3-4-34　平导各注浆循环注浆孔数量柱状图

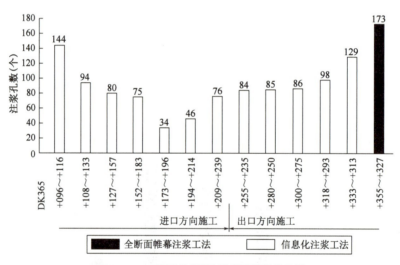

图 3-4-35　正洞各注浆循环注浆孔数量柱状图

由 F11 高压富水断层各注浆循环注浆孔数量柱状图来看,采用信息化注浆工法比采用全断面帷幕注浆工法注浆孔数量要少。

平导共实施全断面帷幕注浆 3 个循环,平均循环注浆孔数量为 125 个,共实施外堵内固精细化注浆工法 12 个循环,平均循环注浆孔数量为 49 个,实施信息化注浆法循环注浆孔数量为全断面帷幕注浆孔数量的 39.2%。

正洞共实施全断面帷幕注浆 1 个循环,循环注浆孔数量为 173 个,共实施外堵内固精细化注浆工法 12 个循环,平均循环注浆孔数量为 86 个,实施信息化注浆法循环注浆孔数量为全断面帷幕注浆孔数量的 49.7%。

两种注浆工法注浆数量比较如图 3-4-36 所示。

两种注浆工法现场注浆孔完成后注浆孔数量对比照片如图 3-4-37、图 3-4-38 所示。

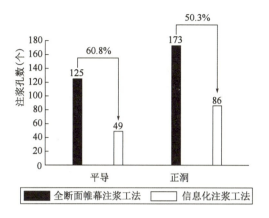

图 3-4-36　两种注浆工法注浆孔数量比较图

图 3-4-37　全断面帷幕注浆注浆孔数量照片

图 3-4-38　信息化注浆注浆孔数量照片

(2) 循环作业时间比较

绘制 F11 高压富水断层各注浆循环作业时间柱状图,如图 3-4-39、图 3-4-40 所示。

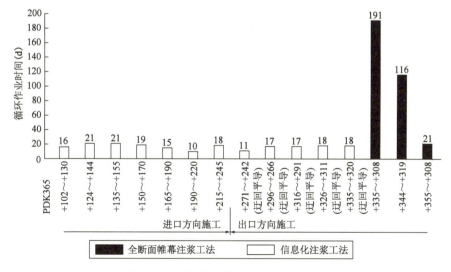

图 3-4-39　平导各注浆循环作业时间柱状图

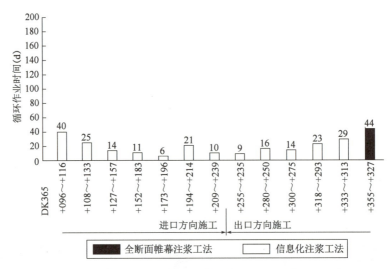

图 3-4-40 正洞各注浆循环作业时间柱状图

由 F11 高压富水断层各注浆循环作业时间柱状图来看,采用信息化注浆工法比采用全断面帷幕注浆工法循环作业时间要短。

平导共实施全断面帷幕注浆 3 个循环,平均循环作业时间为 109d,共实施信息化注浆工法 12 个循环,平均循环作业时间为 17d,实施信息化注浆法循环作业时间为全断面帷幕注浆工法循环作业时间的 15.6%。

正洞共实施全断面帷幕注浆 1 个循环,循环作业时间为 44d,共实施信息化注浆工法 12 个循环,平均循环作业时间为 18d,实施信息化注浆工法循环作业时间为全断面帷幕工法循环作业时间的 40.9%。

两种注浆工法循环作业时间比较如图 3-4-41 所示。

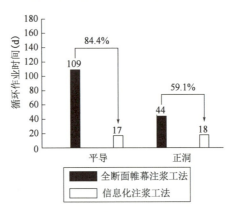

图 3-4-41 两种注浆工法循环作业时间比较图

(3)注浆量比较

采用注浆量计算公式进行两种工法注浆量计算。注浆量计算公式如下:

$$\sum Q = Vn\alpha(1+\beta) \tag{3-4-2}$$

式中:$\sum Q$——总注浆量(m^3);

V——注浆加固体体积(m^3);
n——地层裂隙度,取15%;
α——地层裂隙充填率,取80%;
β——浆液损失率,取5%。

采用以上公式计算延米浆量,平导全断面帷幕注浆工法延米注浆量为50.2m^3,正洞为63.8m^3;平导信息化注浆工法延米注浆量为21.3m^3,正洞为36.1m^3。经比较,平导延米注浆量减少57.6%,正洞减少43.4%。

根据计算数据,绘制两种注浆工法延米注浆量比较直方图,如图3-4-42所示。

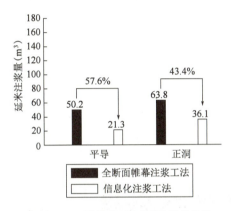

图3-4-42 两种注浆工法延米注浆量比较

4.3 顶水注浆技术

4.3.1 局部顶水注浆

新关角隧道的涌水主要为裂隙水,由于溶隙比较发育,延伸长度大,如果加固范围小,则地下水在经过局部顶水注浆后很容易从其他部位涌出,根据现场注浆试验结果,最终确定注浆范围为10m,此取值可达到两个目的:①在围岩深部对溶隙进行充填,阻断地下水向周边流出;②抗水压效果好,耐久性也较好。局部顶水注浆示意如图3-4-43所示。

4.3.2 超前顶水注浆

根据掌子面裂隙—溶隙型突涌水模式的机理,当水量较小、出水点比较分散时,采取"以排为主"的原则,后续施工中,一般情况下应带水作业,强行通过,以保证掘进为主。当涌水量较大、出水比较集中时,采用"以堵为主、超前封堵"的原则,当未开挖段掌子面单孔涌水量大于40m^3/h时,采取以对出水点顶水注浆(图3-4-44)为主的方式进行治水。

超前顶水注浆技术是基于新关角隧道的高水压特点研发并在工程中广泛应用,如图3-4-45所示。超前顶水注浆技术采用以动变静、平衡水压的技术措施进行注浆堵水施工。

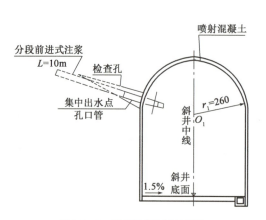
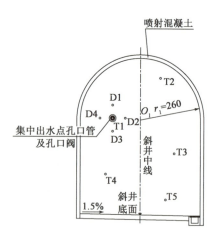

图 3-4-43　局部顶水注浆示意图　　　　　图 3-4-44　超前顶水注浆

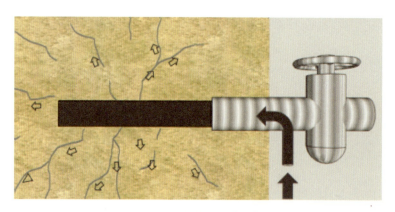

图 3-4-45　超前顶水注浆示意图

具体技术要点如下：

(1)以围岩表面涌水点为中心进行钻孔,钻孔深度 10m,钻孔完成后,安装孔口管、孔口阀(孔口阀为开启状态),在孔口管或孔口阀前端安装止浆阀。

(2)利用高分子材料、木楔等对孔口管周边进行封堵,关闭孔口阀观察孔口管周边涌水情况,如仍有涌水则继续进行封堵,经过多次封堵后孔口管周边以渗流为主后开始注浆堵水施工。

(3)注浆堵水设备、材料等准备齐全后,接通注浆管,关闭孔口阀,使注浆体内富含的水处于静止状态,注浆开始打开止浆阀。

(4)注浆前期利用遇水膨胀化学浆液材料进行浅层封堵,后期采用水泥—水玻璃或水泥浆液进行深层堵水,注浆压力高于涌水压力的 2~3 倍,注浆终压不小于 3MPa 且根据水压最终确定。

(5)注浆结束后,及时关闭止浆阀,待浆液凝固期满后,施作 4 个检查孔,在注浆效果以渗流为主后开始注浆堵水施工。未达到要求(单孔涌水量 >5m^3/h)时,检查孔可做补注浆处理,直到注浆效果达到要求。注浆过程如图 3-4-46 所示。

a) 注浆前　　　　　　　　　　b) 注浆中　　　　　　　　　　c) 注浆后

图 3-4-46　超前顶水注浆过程示意图

4.3.3　注浆材料对比分析

1) C-S 双液浆

在帷幕注浆中采用 C-S 双液浆,由于施作了止浆墙,漏浆率相对较低,注浆能达到预期的效果,在多个掌子面实施帷幕注浆后,涌水得到了成功的封堵,保证了施工安全和工程质量。

在径向注浆中采用 C-S 双液浆时,漏浆率很高;配合比调整及凝结时间很难控制,对注浆效果和注浆时间影响较大;注浆施工时间长,机械设备等占用空间较大,影响掌子面的正常施工;很难实现对压力水的封堵。

C-S 双液浆还存在以下缺点:其材料为大分子颗粒状,无法渗透岩层内微小的裂隙,凝固后会产生缩水空隙。另外传统注浆的材料为脆性材料,应力变化时,会产生新的裂隙。因此 C-S 双液浆耐久性较差,注浆堵水后经过一段时间后仍会出现渗漏水。

2) 跨越 2000 系列化学浆

跨越 2000 系列化学浆是单液树脂类材料,该材料以水为固化剂,从而达到止水堵漏的目的。浆液遇水反应时,能使浆液二次扩散,从而使多孔性结构或地层能完全充填密实。这也是水泥基类浆液所不具备的优点。

3) 马丽散注浆材料

马丽散浆液的特点是黏度较小,流动性较好,是一种非常易于注浆和扩散的材料,遇水即发生膨胀,实现快速封堵水流,从而达到堵水效果。可通过调整反应时间来控制浆液的封堵和加固范围,这是水泥基类浆液所不具备的优点。

三类注浆材料对比具体见表 3-4-22。

注 浆 材 料 对 比　　　　　　　　　表 3-4-22

注浆材料	优　点	缺　点
C-S 双液浆	属于常规堵水材料,成本较低,投资容易控制	(1) 工序复杂,帷幕注浆循环时间长,导致掘进进度慢。 (2) 施工难度大、浆液损失大。 (3) 很难实现对压力水的封堵。 (4) 颗粒大,渗透范围较小。 (5) 耐久性较差,有二次涌水的风险

续上表

注浆材料	优 点	缺 点
跨越2000系列化学浆	(1)材料性能好,以水为固化剂,膨胀率达10~20倍,能降低堵水难度。 (2)属于专业注浆材料,材料生产商负责指导堵水,对堵水工程有经验,工序时间相对较短,注浆时间相对较短。 (3)扩散范围大,采用多种材料辅助堵水,堵水效果好,难度相对较低,能实现对压力水的封堵。 (4)耐久性相对较好	材料成本高、专业性强,工程投资大
马丽散化学浆	(1)材料性能好,遇水固化,膨胀率达10~25倍,能降低堵水难度。 (2)属于专业注浆材料,材料生产商负责指导堵水,对堵水工程有经验,工序时间相对较短,注浆时间相对较短。 (3)扩散范围大,堵水效果好,能实现对压力水的封堵。 (4)耐久性相对较好	材料成本高、专业性强,工程投资大

4.4　上堵下排注浆技术

4.4.1　"上堵下排,泄水降压"的注浆设计理念

受隧道开挖影响,在开挖轮廓线周围会产生一定的松动区,对松动区的围岩进行注浆加固,降低了围岩渗透系数,相当于在隧道周围形成了一个止水圈,利用该止水圈将地下水阻挡在隧道外轮廓一定范围以外,避免水压力直接作用于初期支护结构上。因此隧道径向注浆加固范围随着水压力的增加而增大。根据日本青函隧道研究结果,对于高压富水断层,注浆加固半径与隧道半径的关系为:$R = (4 \sim 6)a$。

全断面帷幕注浆与"上堵下排,泄水降压"的注浆原理对比如图3-4-47所示。全断面帷幕

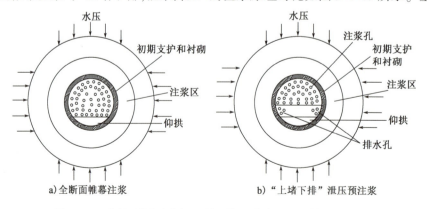

图3-4-47　全断面帷幕注浆与"上堵下排,泄水降压"的注浆原理对比图

注浆讲究以堵为主,通过提高注浆压力,顶水注浆以达到止水效果,但在面对水压较大的情况下,注浆压力难以出现,浆液扩散不均匀,尤其在水压大的地方没有浆液,从而达不到止水效果。

与全断面帷幕注浆的设计理念截然不同的是,上堵下排注浆讲求"堵""排"结合,在山岭隧道高压富水的情况下,掌子面上断面设置注浆孔,下断面设置排水孔,在注浆的同时通过排水孔将前方围岩的水排走,降低水压力,以达到更好的注浆效果。

4.4.2 "上堵下排,泄水降压"的注浆参数设计

1)注浆加固圈设计

周边帷幕注浆是堵水加固软弱围岩,保证隧道施工安全的重要举措。在设计注浆参数时,对于注浆加固范围的选取,应综合考虑围岩的物理力学特征和地下水压力,以及注浆成本、注浆效果和注浆工期要求。

注浆加固模式如图3-4-48所示。

(1)理论公式法

注浆帷幕固结体主要承受外部静水压力,因此,帷幕厚度可按厚壁筒公式,依据第四强度理论计算。

$$B_1 = \left(\sqrt{\frac{\sigma}{\sigma - \sqrt{3}\,P_w}} - 1\right) \cdot \frac{D}{2} \quad (3\text{-}4\text{-}3)$$

式中:B_1——帷幕厚度(m);

σ——围岩固结体允许抗压强度(MPa);

P_w——最大静水压力(MPa);

D——隧道开挖等效直径(m)。

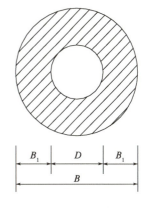

图3-4-48 注浆加固范围

D-隧道开挖等效直径(m);B-注浆加固范围(m);B_1-帷幕厚度(m)

(2)经验公式法

根据以往隧道工程注浆加固和堵水施工经验,按下式计算加固范围和帷幕厚度。

$$B = (2 \sim 3)D \quad (3\text{-}4\text{-}4)$$

$$B_1 = \frac{B - D}{2} = (0.5 \sim 1)D \quad (3\text{-}4\text{-}5)$$

计算时,当水量和水压力较大时,取高限;当水量和水压力较小时,取低限。

(3)经验数值法

根据圆梁山隧道施工经验,对注浆帷幕厚度可根据地质特征(水量大小和水压力高低)选取,选取方法见表3-4-23。

注浆帷幕厚度选取表 表3-4-23

序号	地 质 条 件	帷幕厚度选取
方案一	(1)可溶岩与非可溶岩接触带,断层破碎带及向斜、背斜核部,施工中可能发生严重突水涌泥地段。 (2)物探异常地段,超前地质探孔单孔涌水量:$Q_{单} \geq 40\text{m}^3/\text{h}$。 (3)实测水压力:$P_水 \geq 2\text{MPa}$	全断面超前帷幕注浆,注浆加固范围为开挖工作面及开挖轮廓线外正洞8m,平导5m

续上表

序号	地质条件	帷幕厚度选取
方案二	(1)可溶岩与非可溶岩接触带,断层破碎带及向斜、背斜核部,施工中可能发生严重突水涌泥地段。 (2)物探异常地段,超前地质探孔单孔涌水量:$Q_\text{单} \geq 40\text{m}^3/\text{h}$。 (3)实测水压力:$1\text{MPa} \leq P_\text{水} < 2\text{MPa}$。	全断面超前帷幕注浆,注浆加固范围为开挖工作面及开挖轮廓线外正洞5m,平导3m

通过经验公式计算得注浆帷幕加固圈厚度 $B_1 = 5 \sim 10\text{m}$;对掌子面进行超前钻孔测得水压力为 $0.5 \sim 1\text{MPa}$,利用经验数值法,可选取注浆帷幕加固圈厚度 B_1 为6m。

2)止浆墙设计

止浆墙的主要作用是抵抗注浆施工过程中的注浆压力,防止漏浆、跑浆。另外,利用止浆墙固定孔口管,减少钻孔注浆过程中因安设孔口管而影响钻孔注浆施工进度。

止浆墙厚度通过计算得出的数值一般较大,与现场实际不符,因此多采用经验数值进行止浆墙厚度取值。根据圆梁山隧道帷幕注浆施工经验,渝怀铁路与宜万铁路在进行帷幕注浆时,按照注浆帷幕加固圈厚度,采用如表3-4-24所示数值进行止浆墙厚度取值。

铁路工程止浆墙厚度经验选取表(单位:m) 表3-4-24

参 数 值	注浆帷幕加固圈厚度(m)			
	2	3	5	8
平导	—	0.8~1.0	1.0~2.0	—
下导坑	0.5~0.8	0.8~1.0	—	—
正洞	—	—	1.5~2.0	2.0~3.0

上一节通过对注浆加固圈范围进行数值模拟,得出右洞隧道过F1断层时的帷幕注浆厚度取6m,对照表3-4-24中的经验数值,因此选取止浆墙厚度为2m。

3)纵向注浆段长度

纵向注浆段长度与地质条件、钻机能力、注浆工艺等因素有关。地质条件越差,注浆效果受到的影响越大。如果现场采用的钻机能力较差时,钻孔距离越长,岩粉不易排出,钻机工效越低,同时,钻孔倾角增大,会影响注浆效果,因此,注浆段落应适当缩短。同时,大量的注浆工程实践表明,注浆存在"楔形效应",即越向前浆液越难以扩散,注浆效果越差,因此,注浆段落宜取合理的范围。

(1)注浆段落长度的确定

①经验公式法

对于注浆段落长度的选取可按经验公式(3-4-6)计算。

$$L_\text{注} = (3 \sim 5) B_1 \quad (3\text{-}4\text{-}6)$$

式中:$L_\text{注}$——注浆段落长度(m);

B_1——帷幕厚度(m)。

②经验数值法

据目前国内外施工机械水平现状,结合圆梁山隧道、别岩槽隧道、齐岳山隧道施工经验,注浆段落长度一般宜选择 20~30m。现场实施过程中,以保证钻孔机械设备的工效为依据。

(2)注浆段落长度、开挖段落长度、余留段落长度的相互关系

在注浆施工中,应遵从"注浆一段、开挖一段、余留一段,段段推进、稳扎稳打"的施工理念。因此,注浆加固完成后,为确保掌子面的稳定,以及下一循环的止浆,应余留一段作为下一循环注浆时的止浆岩盘。例如日本青函海底隧道(正洞)注浆段落长度为70m,开挖段落长度为60m,余留10m不开挖作为下一循环的止浆岩盘。注浆段落长度、开挖段落长度和余留段落长度之间的关系如图 3-4-49 所示。

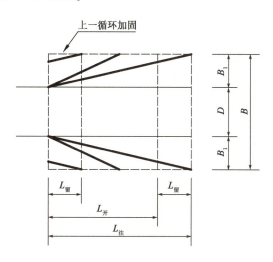

图 3-4-49 注浆加固范围示意图

$L_{注}$-注浆段落长度(m);$L_{开}$-注浆后开挖段落长度(m);$L_{留}$-余留段落长度(m)

对于注浆完成后开挖段落长度和余留段落长度可按经验公式(3-4-7)、公式(3-4-8)进行计算确定。

$$L_{开} = (0.7 \sim 0.8) L_{注} \tag{3-4-7}$$

$$L_{余} = (0.2 \sim 0.3) L_{注} \tag{3-4-8}$$

通过以上研究分析可得,对右洞富水区掌子面前方帷幕注浆长度取 30m,留 5m 作为下一段超前注浆的止浆岩盘。

4)注浆设计参数

"上堵下排,泄水降压"的注浆设计是根据工程地质(地层破碎程度、地层围岩特性等),参考水文地质(水量和水压力参数等),确定周边注浆加固圈数(一圈或两圈)的一种注浆设计理念,根据前面对泄压预注浆的计算分析得到注浆设计参数。

对新疆某隧道 F1 富水断层剩余段进行全断面帷幕注浆加固,注浆方法:"上堵下排,泄水降压",每循环注浆 30m,采用前进式分段注浆,每次钻进 3~5m 开始注浆,每循环开挖 25m,预留 5m 作为下一循环的止浆岩盘;每循环设置 90 个注浆孔,注浆孔前段安设 $\phi 108mm \times 4mm$ 套管;注浆浆液采用水泥—水泥水玻璃浆液或使用硫铝酸盐水泥单液浆(水灰比:1.0:1.0),浆液配合比可根据现场注浆效果进行调整。初拟参数为水泥:水玻璃(体积比) = 1:(0.6~1.0),水泥浆水灰比 = (0.8~1):1,水玻璃模数 2.6~2.8,水玻璃浓度 35°Be′,一般采用 2.5~3 倍静水压

力;具体根据现场测定水压确定;结合地下水情况及现场试验添加水玻璃等速凝剂。注浆设计参数见表3-4-25,泄压预注浆设计如图3-4-50所示。

"上堵下排,泄水降压"注浆设计参数   表3-4-25

序号	参数名称	参数值
1	止浆墙厚度(m)	2
2	纵向加固长度(m)	每循环30m
3	环向加固范围(m)	6
4	注浆终压(MPa)	1.5~3
5	注浆方式	前进式注浆
6	浆液扩散距离(m)	2
7	注浆孔数	每循环90个
8	注浆孔口管	$L=1.5m,\phi108mm$,壁厚5mm

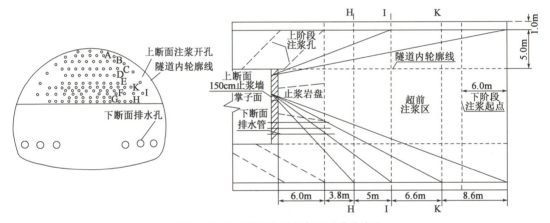

图3-4-50 "上堵下排,泄水降压"注浆设计图

5)分阶段注浆设计

在径向注浆范围、纵向注浆长度确定以后,考虑到隧道在断层中施工风险因素较多,应尽量快速通过。由于径向注浆范围较大,注浆耗时较长,因此兼顾施工安全和运营安全,径向注浆可分阶段完成,先保证隧道施工安全通过,然后采用径向补浆的方式,完成注浆工作,以达到加固围岩,降低围岩渗透系数的作用,保证隧道运营安全。

4.4.3 "上堵下排,泄水降压"的注浆施工工艺

1)止浆墙施工

止浆墙从护拱后退50cm进行施作,贴掌子面浇筑混凝土,立单层模板。止浆墙采用C40混凝土浇筑,厚2.0m,周边采用3排环向间距1.2m,排距0.8m,长3m的$\phi42mm$注浆锚管,嵌入围岩2.5m。止浆墙施工纵剖面图如图3-4-51所示,断面图如图3-4-52所示。

施工顺序:

(1)施工之间先在掌子面下方打设泄流孔,将上方流水泄至下方集中排放。

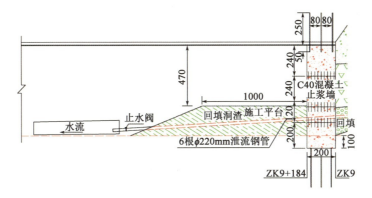

图 3-4-51 止浆墙施工纵剖面图(尺寸单位:cm)

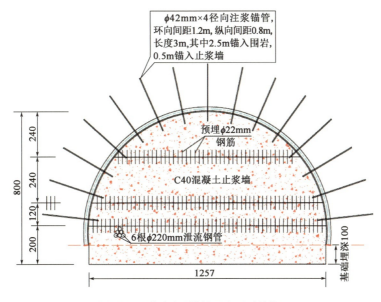

图 3-4-52 止浆墙施工横断面图(尺寸单位:cm)

(2)开挖止浆墙基础,分左右幅进行开挖浇筑,地面线以上 1m 采用沙袋作为模板。

(3)浇筑前向下打设 $\phi42mm\times4$ 钢管,2 排,长度 3m。基础浇筑完成后预埋 $\phi22mm$ 连接钢筋,长度为 80cm,外露 40cm,间距 50cm,3 排。

(4)基础浇筑前预埋工字钢作为止浆墙模板骨架,埋深 1.5m,间距 1m。埋设过程采用横向钢管定位,控制好工字钢的垂直度。

(5)基础浇筑完成后,安装止浆墙模板,模板采用 I20 工字钢为竖向骨架,横向铺设 5cm 厚模板,斜向采用 3 排 $\phi108mm$ 钢管支撑,竖向间距 2m。在模板顶部预埋泵送混凝土管及溢浆管。

(6)模板安装完成后,用 C40 泵送混凝土一次浇筑完成。浇筑过程中注意控制混凝土浇筑速度,并随时观察模板情况,出现异常情况立即停止混凝土浇筑,并加固模板,确保不爆模。

2)注浆工艺

纵向超前预注浆施工工艺:

（1）标定孔位,确定钻进外插角后,采用 $\phi 130mm$ 钻头低速钻进至 2.0m,安设孔口管。

（2）孔口管采用 $\phi 108mm$, $\delta = 5mm$ 无缝钢管加工,管长 2.0m,孔口管外壁缠绕 50~80cm 长的麻丝成纺锤形,采用钻机冲击到设计深度,并用锚固剂锚固,以保证孔口管安设牢固、不漏浆。

（3）为防止钻孔过程中突发涌水突泥,孔口管安设完成前端须安设高压闸阀,通过高压闸阀进行钻孔注浆施工。

（4）钻孔注浆施工过程,原则每次钻深 3~5m 后,退钻进行注浆施工,注浆达到设计结束标准后,再钻进 3~5m,并进行注浆,如此循环直到钻注到设计深度。

（5）为避免下半断面施工过程中浆液压力过高引起上台阶隆起、冒浆等,下半断面前 10m 可适当降低注浆压力至 2~3MPa。

（6）为了保证开挖工作面底部注浆效果,采用下管注浆方式形成封闭的桶底。

3）注浆过程控制

注浆过程控制的好坏对最终的注浆效果影响很大,因此在注浆过程中应严格控制每一个注浆孔的注浆作业按照设计要求进行,才能得到良好的注浆效果。

其具体过程可参考 4.5 节相关内容。

第 5 章

四台阶九步隧道施工技术

断层隧道围岩由于裂隙发育,结构面相互交织,随机分布,没有明显的方向性。整体抗压强度较低,隧道开挖后围岩稳定性差,塑性区易连通,极易失稳破坏。因此,在常规开挖方法的基础上,创新了四台阶九步隧道施工技术,通过多分步、短进尺开挖,控制了开挖面的稳定性。通过缩短支护成环距离和时间,提高了隧道的整体稳定性。

5.1 技术概况

1)工艺原理

大拱脚超短四台阶法施工,就是在隧道施工过程中针对围岩承载力不足,扩大中台阶钢架拱脚,打设锁脚锚管,以增加拱脚的承载力,从而在开挖下台阶时发挥大拱脚支撑拱部的重要作用,减少围岩沉降。大拱脚与钢架的连接如图 3-5-1 所示。

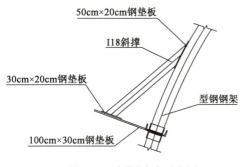

图 3-5-1 大拱脚钢架示意图

采用四台阶九步预留核心土开挖方法,每循环进尺控制在 1~2 榀钢架距离,缩短台阶长度,加强锁脚锚管,及时施作仰拱封闭成环形成稳定支护体系,减少初期支护收敛变形。同时利用初期支护监控量测数据对施工进行分析和指导。

2)工法特点

(1)施工作业可使用大型机械,各作业面可平行施工,干扰小,工效高。

(2)在围岩变形较大时,可根据量测数据,增设临时支撑或调整支护参数,便于灵活调整施工方法。

(3)临时支护少,投入小,节省投资。

(4)工艺简单,施工操作方便,易于推广。

3)适用范围

大拱脚超短四台阶九步开挖工法适用于 V~VI 级松散地层大断面隧道施工,尤其适用于富水糜棱岩地层的施工。其核心先采用超前预注浆及施作大管棚超前支护等措施对岩体进行加固,然后运用该工法进行施工。

5.2 施工工艺与流程

四台阶九步开挖工法的施工工艺流程如图 3-5-2 所示。

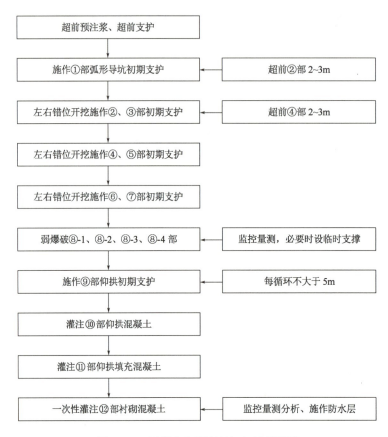

图 3-5-2　四台阶九步开挖法施工工艺流程图

具体操作步骤如下：

（1）针对Ⅵ级围岩富水断层糜棱岩地层易涌泥溜坍的特性，隧道开挖前采用"全断面超前预注浆 + φ108mm 大管棚超前支护"加固围岩，大管棚环向间距 40cm，每根长不小于 25m。

（2）上部弧形开挖。弱爆破或机械开挖①部，施作①部周边的初期支护：初喷混凝土，铺钢筋网，架立钢架（设锁脚锚管），钻设径向锚杆，复喷混凝土至设计厚度。

（3）左、右侧中台阶开挖。在滞后①部一段距离后，弱爆破或机械开挖②、③部（左、右侧台阶错开 2~3m），施作②、③部初期支护：初喷混凝土，铺钢筋网，架立钢架（设锁脚锚管），钻设径向锚杆，复喷混凝土至设计厚度。

（4）左、右侧下台阶（三台阶）开挖。在滞后②、③部一段距离后，弱爆破或机械开挖④、⑤部（左、右侧台阶错开 2~3m），施作④、⑤部边墙初期支护，即初喷混凝土，铺钢筋网，架立钢架（设锁脚锚管），钻设径向锚杆，复喷混凝土至设计厚度。

(5)左、右侧下台阶(四台阶)开挖。在滞后④、⑤部一段距离后,弱爆破或机械开挖⑥、⑦部(左、右侧台阶错开2~3m),施作⑥、⑦部边墙初期支护。

(6)上、中、下台阶预留核心土。弱爆破开挖⑧-1、⑧-2、⑧-3、⑧-4 部各台阶预留核心土,开挖进尺与各台阶循环进尺相一致;另外在中部核心土开挖后应根据围岩情况,必要时在中部增设临时横撑、竖撑,以免拱部下沉过大造成初期支护开裂、侵限等。

(7)隧底开挖。弱爆破或机械开挖⑨部,施作⑨部仰拱初期支护,即初喷混凝土,安装仰拱钢架,复喷混凝土至设计厚度,使初期支护及时封闭成环。

(8)灌注⑩部仰拱混凝土;待仰拱混凝土初凝后,灌注仰拱填充⑪部至设计高度;

(9)根据监控量测分析,确定二次衬砌时机,铺设防水层,利用衬砌模板台车一次性灌注⑫部衬砌。

大拱脚超短四台阶法施工工序如图 3-5-3 所示;施工作业劳动力组织见表 3-5-1。

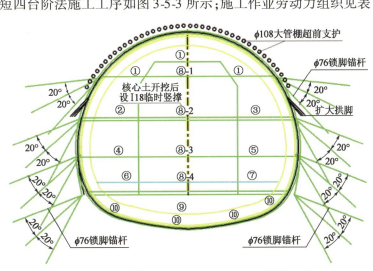

图 3-5-3　大拱脚四台阶九步开挖法施工工序横断面图

大拱脚四台阶九步开挖法施工作业劳动力组织　　　　　表 3-5-1

序 号	工作项目	作业内容	人 数	说 明
1	开挖	风镐手	4	—
		钻锚杆孔	4	
		清理岩渣	6	
		装载机司机	2	
		挖掘机司机	1	
		出渣车司机	4	
2	初期支护	制作钢架	3	—
		洞内安装、焊接	6	
		安装钢筋网、锚杆	2	
		混凝土喷射手	2	
		喷锚机处供料	6	

续上表

序 号	工作项目	作业内容	人 数	说 明
2	初期支护	运料	1	
		搅拌机司机	1	
		搅拌机处供料	1	
3	量测	测量技术员	1	负责测量和监控量测工作
		测量工	1	负责所有测量和量测工作
4	二次衬砌	钢筋工	11	
		立模	5	
		灌注混凝土	6	
		运输混凝土	3	
		搅拌机司机	1	
5	超前预注浆	钻机操作手	4	如需要(共计43人)
		拆卸钻杆	12	
		水泥浆搅拌	24	
		工班长	3	
6	其他	技术主管	1	
		专职安全员	2	
		电工	1	
		修理工	1	
		空压机司机	1	
		杂工	3	
合计			121	

5.3 施 工 要 点

1)隧道掘进开挖

对于Ⅴ级围岩采用弱爆破开挖方法;Ⅵ级围岩富水地层施工地段,在对围岩进行超前预注浆加固和加强超前支护后,按四台阶预留核心土九步开挖施工,可采用人工配合机械开挖方法,循环进尺一般控制在0.6~1.4m为宜。

2)初期支护施工

初期支护主要由锚杆、钢筋网、大拱脚钢架、锁脚锚管和喷射混凝土组成。初期支护要求尽早封闭成环。

(1)初喷及喷射混凝土

高压风自上而下吹净岩面,如岩面涌水,应埋管做好引排工作,初喷厚度一般在 4~5cm。喷射混凝土采用湿喷工艺,减少回弹量,确保喷射混凝土质量。喷射作业分段、分片、分层施工,喷射路线应自下而上,呈 S 形运动,先喷边墙后喷拱部。

(2)施作结构锚杆,挂设钢筋网

锚杆采用 φ22mm 砂浆锚杆及 φ25mm 中空注浆锚杆,长 3.0~3.5m,间距 0.8~1.0m,梅花形布置。特殊地段采用 φ42mm 小导管长 5.0m,作为系统锚杆,间距 1.0m×1.0m 布置。钢筋网一般为 φ8mm 钢筋网焊接而成,网格为 20cm×20cm,钢筋网应与锚杆连接牢固。

(3)安装大拱脚钢架

钢架为隧道初期支护的重要组成部分,加工质量至关重要,应按设计要求进行加工制作和架设。钢架材料主要为 I20b、I25 型钢,间距 0.5~0.8m 全环布置,特殊地段可采用 H175~H200 型钢钢架 0.6m 全环布置。

在施工中台阶时,在中部钢架增大拱脚,以增加拱脚的承载力,可在开挖下台阶时发挥大拱脚支撑拱部的重要作用,减少围岩沉降。

(4)打设锁脚锚管

钢架安装完毕后,在钢拱架拱脚处紧贴钢架两侧打设锁脚锚管,每处 3 根,锚管角度为斜向下方向,每根锚管角度相差 20°。锚管与钢架焊接牢固,确保钢架基础稳定。

3)仰拱施工

为形成稳定的支护体系,初期支护应尽早封闭成环。仰拱开挖长度不宜超过 5m,以开挖 2~3m 为宜。V~VI级糜棱岩隧道施工时,为保证仰拱距掌子面距离,可不采用仰拱栈桥施工,即仰拱施工时停止掌子面开挖,当仰拱填充混凝土凝固后,再进行掌子面施工。

4)二次衬砌施工

采用自制防水层台架按设计要求进行防水层施工,台架长度一般为 4~6m,确保二次衬砌紧跟仰拱施工,对拱部衬砌预留注浆孔并及时实施回填注浆。

5.4　施工设备与质量控制

5.4.1　施工设备

大拱脚超短四台阶法使用的施工机械设备详见表 3-5-2。

主要施工机械及设备表　　　　　表 3-5-2

序　号	名　　称	规格型号	数量(台/套)
1	空压机	4L-20/8	4
2	侧卸装载机	2L50	2
3	气腿式凿岩机	YT-28	8
4	挖掘机	PC220-6	1
5	自卸汽车	东风	4

续上表

序 号	名 称	规 格 型 号	数量(台/套)
6	湿喷机	PBF-20	2
7	注浆泵	ZSNS	1
8	电焊机	BX1-500	5
9	防水板铺设台车	自制	1
10	皮卡车	长城	1
11	钢筋调直切断机	GQ40	1
12	发电机	250kW	1
13	发电机	120kW	1
14	自卸车	福田 30t	1
15	冷弯机	40B	1
16	搅拌机	JSY750	2
17	轴流风机	DF-110kW55	1
18	输送泵	HTB-60A	1

5.4.2 施工质量控制

(1) 以《铁路隧道工程施工质量验收标准》(TB 10417—2003)等为标准进行质量控制。

(2) 严格按照要求进行围岩监控量测工作,以量测数据为依据指导施工。监控量测项目及频率见表 3-5-3(表中 4、5 项为富水糜棱岩地层施工需注浆加固时施作)。

(3) 控制变形主要通过扩大拱脚及锁脚锚管,同时辅以超短四台阶预留核心土九步法开挖,施工期间应严格控制钢架制作质量及锁脚锚管施工质量,加强台阶步距控制。

(4) 应做好技术交底,对关键工艺、工序实行技术人员跟班作业,指导、监督现场施工。

监控量测内容及频率一览表　　表 3-5-3

序号	量测项目	量测目的	量测断面间距	量测频率	仪 器
1	洞内、外目测观察	了解开挖面自稳及支护变形开裂、地表沉降和裂缝情况	—	1 次/d	地质罗盘等
2	初期支护、拱顶及拱脚沉降	了解施工过程支护结构拱顶及拱脚沉降,判断围岩及初期支护的稳定性	间隔 5m 布置 1 个监测断面	仰拱封闭前 1 次/d,封闭后到衬砌施作时 1 次/2d	全站仪等
3	初期支护水平、收敛及水平位移	了解施工过程支护结构水平收敛及水平位移绝对值,判断围岩及初期支护的稳定性	间隔 5m 布置 1 个监测断面	仰拱封闭前 1 次/d,封闭后到衬砌施作时 1 次/2d	收敛仪、全站仪等

续上表

序号	量测项目	量测目的	量测断面间距	量测频率	仪器
4	围岩压力及接触压力	了解围岩压力及接触压力分布规律及围岩、初期支护的稳定性	每一注浆循环中部布置1个监测断面	仰拱封闭前1次/d,封闭后到衬砌施作时1次/2d	土压力盒频率读数仪
5	初期支护、钢架内力及衬砌受力	了解初期支护钢架内力及衬砌内力分布规律,分析初期支护稳定性	每一注浆循环中部布置1个监测断面	仰拱封闭前1次/d,封闭后到衬砌施作时1次/2d	钢筋计、压力盒频率读数仪

第 6 章

突泥涌水段落整治技术

已经发生突水突泥的高压断层破碎带隧道,软弱围岩仍含有大量地下水,施工期间地下水压会影响开挖及注浆加固,对于浅埋段,有时还会引起地表塌陷,地表塌陷通道往往会构成地表水汇集通道。

以荆西隧道为例,隧道在 DK93+615 里程穿越高压富水破碎带,长度约为 170m。该侵入接触带埋深较大,本身自重应力较大,围岩基本为土状和砂土状的粉质黏土和黏土,潮湿~饱和,性质较差,力学强度较低,不排水抗剪强度仅为 23~49kPa,属于Ⅴ级围岩。进行隧道开挖施工,洞室本身的稳定性较差,施工过程中出现了坍塌和突泥灾害。为保障正洞清理涌泥施工安全,提出了采用辅助导坑及支洞进行降压排水和侧向加固的处置技术;为防止地表水下渗引发突水突泥加重,提出了地表塌陷区综合加固处理技术,主要包括防水截水处理技术、塌陷区回填封闭技术和塌陷区地表注浆技术。

6.1 辅助导坑降压排水与侧向加固技术

6.1.1 辅助导坑总体方案

辅助导坑位于隧道右侧,隧道与导坑间净距离为 30m;辅助导坑全长 382m,起点对应正洞里程 DK93+560,终点对应正洞里程 DK93+910,与正洞交接处导坑坑底高程较正洞轨面高程低 0.8m;采用无轨运输单车道+错车道断面,根据现场实际情况断面净空尺寸为 6m(宽)×6m(高),错车道为 7.5m(宽)×6.2m(高)。

辅助导坑接近突泥处设置 2 处 20m 长支洞用于提前对突泥进行注浆加固处理,对应正洞的里程分别为 DK93+700、DK93+715,支洞向辅助导坑方向设置 3‰的排水坡,平面布置如图 3-6-1 所示。

辅助导坑及支导坑长度共计 422m,其中Ⅱ级围岩 21m,Ⅲ级围岩 66m,Ⅳ级围岩 125m,Ⅴ级围岩 210m。其中支导坑 2 条,每条 20m,均为Ⅴ级围岩。

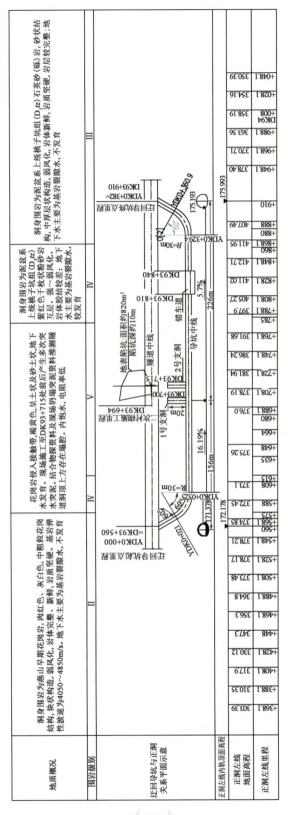

图3-6-1 辅助导坑平面布置图

辅助导坑及支导坑均采用台阶法开挖,台阶法为先开挖上半断面,待开挖至一定长度后同时开挖下半断面,上下半断面同时并进的施工方法。台阶法施工Ⅱ、Ⅲ级围岩台阶长度不超过10~50m,Ⅳ、Ⅴ级围岩台阶长度3~10m。

隧道开挖后应及时施作初期支护并封闭成环,Ⅳ、Ⅴ级围岩封闭位置距离掌子面不得大于35m,仰拱距开挖面的距离宜控制在40m以内。二次衬砌距掌子面的距离:Ⅳ级围岩不得大于90m;Ⅴ级围岩不得大于70m。

辅助导坑支护设计及辅助施工措施见表3-6-1。

6.1.2 辅助导坑开口处加强处理

与正洞接合处小里程端(DK93+560),由于正洞二次衬砌施工完毕(Ⅱb衬砌),开口前隧道拱顶130°范围采用5m长的φ22mm砂浆锚杆(间距1.2m×1.2m)对隧道拱墙进行加强处理,辅助导坑施工完毕后,拆除该段12m范围内拱墙二次衬砌,重新浇筑该段拱墙二次衬砌;同时开口处21m辅助导坑采用无轨运输单车道Ⅲ级围岩复合式衬砌进行加强。

6.1.3 辅助导坑进入正洞加强处理

辅助导坑与正洞接合处大里程端(DK93+910)辅助导坑(YDK0+360~YDK0+382段)按降低一级围岩加强支护,采用无轨运输单车道Ⅳ级围岩复合式衬砌,交叉段正洞衬砌按降低一级围岩进行加强支护。

6.1.4 辅助导坑超前帷幕注浆加固

为保障辅助导坑施工安全,辅助导坑临近突泥地段YDK0+150~YDK0+190段、2处支洞地段采用3m超前预注浆对围岩进行注浆加固处理,主要设计和施工参数如下:

(1)每一循环注浆长度为20m,开挖15m,保留5m止浆盘。第一循环采用1.0m厚C20混凝土止浆墙,止浆墙应封闭整个开挖面,基础及四周采用3m长φ22mm锚杆与围岩加固,埋入止浆墙0.5m,植入围岩不小于2.5m。

(2)按照开挖轮廓外3m扩散半径控制,每一循环共设置4环42个注浆孔。

(3)注浆孔开孔直径为108mm,终孔直径不应小于90mm,孔口埋设孔口管,孔口管采用φ108mm、壁厚5mm的热轧无缝钢管,管长3m,孔口管埋设牢固,采用砂浆封堵管壁与围岩之间的空隙。

(4)钻孔和注浆顺序由外向内,同圈孔间隔施工。围岩成孔稳定时,采用后退式注浆,即一次成孔,注浆管直接插入至孔底,封闭距孔底3~5m处,对孔底3~5m加压注浆,然后将封闭位置向孔口移动3~5m,继续加压注浆,循环至孔口;如围岩破碎容易塌孔,则采用前进时注浆,即埋设孔口管后钻孔深度3~5m,封闭孔口进行加压注浆,然后原孔再向前钻孔3~5m,封闭孔口进行加压注浆,循环至设计深度。

(5)采用硫铝酸盐水泥与水1:1的水泥浆,注浆压力为静水压力加0.5~1.5MPa,注浆前应进行注浆试验,合理确定注浆参数,确保注浆加固效果。

辅助导坑支护设计及辅助施工措施一览表

表 3-6-1

位置	里程段落 起始里程	里程段落 终止里程	段落长度(m)	围岩级别	支护结构设计 衬砌类型	钢架设计 类型	钢架设计 纵向间距(m)	预支护措施设计 超前支护措施 类型	预支护措施设计 超前支护措施 纵向间距(m)	预支护措施设计 注浆措施 类型	施工方法
辅助导坑	YDK0+000	YDK0+021	21	Ⅲ	Ⅲ级围岩复合式衬砌						台阶法
辅助导坑	YDK0+021	YDK0+071	50	Ⅳ	Ⅳ级围岩复合式衬砌						台阶法
辅助导坑	YDK0+071	YDK0+150	79	Ⅴ	Ⅴ级围岩复合式衬砌	I16	0.8	超前小导管，长4.5m	2.4		台阶法
辅助导坑	YDK0+150	YDK0+190	40	Ⅴ	Ⅴ级围岩加强复合式衬砌	I20	0.6	超前小导管，长4.5m	2.4	3m超前预注浆	台阶法
辅助导坑	YDK0+190	YDK0+241	51	Ⅴ	Ⅴ级围岩复合式衬砌	I16	0.8	超前小导管，长4.5m	2.4		台阶法
辅助导坑	YDK0+241	YDK0+256	15	Ⅳ	Ⅳ级围岩复合式衬砌	150格栅	0.8	超前小导管，长4.5m	2.4		
辅助导坑	YDK0+256	YDK0+286	30	Ⅳ	无轨运输双车道Ⅳ级围岩复合式衬砌						
辅助导坑	YDK0+286	YDK0+316	30	Ⅳ	Ⅳ级围岩复合式衬砌						台阶法
辅助导坑	YDK0+316	YDK0+360	44	Ⅲ	Ⅲ级围岩复合式衬砌						台阶法
辅助导坑	YDK0+360	YDK0+382	22	Ⅲ	Ⅳ级围岩复合式衬砌						
支洞	对应正洞里程 DK93+700		20	Ⅴ	Ⅴ级围岩加强复合式衬砌/支洞衬砌	I20	0.6	超前小导管，长4.5m	2.4	3m超前预注浆	台阶法
支洞	对应正洞里程 DK93+715		20	Ⅴ	Ⅴ级围岩加强复合式衬砌/支洞衬砌	I20	0.6	超前小导管，长4.5m	2.4	3m超前预注浆	台阶法

(6)注浆效果检查。注浆完成后,在开挖轮廓线范围内打设一检查孔,检测注浆效果,检查孔直径为110mm,长度为20m,出水量小于5L/min,或进行压水检查,在1.0MPa压力下,吸水量小于2L/min,则达到注浆效果,否则应进行补充注浆。

辅助导坑3m超前注浆示意如图3-6-2~图3-6-4所示。

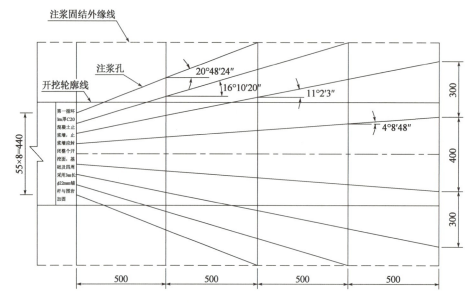

图3-6-2 辅助导坑3m超前注浆剖面图(尺寸单位:cm)

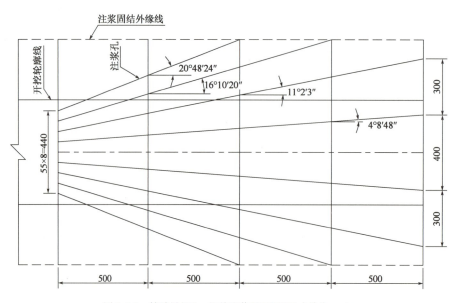

图3-6-3 辅助导坑3m超前注浆平面图(尺寸单位:cm)

6.1.5 辅助导坑完毕后封闭处理

正洞与辅助导坑连接处施工完毕后采用C20混凝土封闭,厚3m,并设置5根ϕ100mm聚氯乙烯（PVC）排水盲管，如图3-6-5所示。

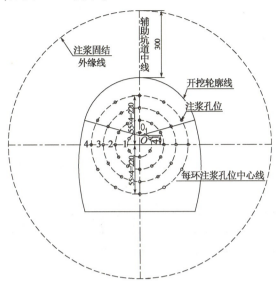

图3-6-4 辅助导坑3m超前注浆正面图（尺寸单位：cm）

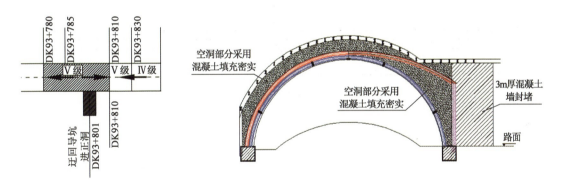

图3-6-5 辅助导坑封堵示意图

6.1.6 辅助导坑支洞对正洞突泥溃口进行排水降压

为减少施工期间地下水压对开挖及注浆加固的影响，保障正洞清理涌泥施工安全，需利用辅助导坑支洞侧向钻孔进行排水降压，如图3-6-6～图3-6-8所示，主要设计和施工参数如下：

（1）钻孔布置：在支洞内纵向布置2排钻孔进行排水，每排3孔，排水孔孔深至隧道开挖轮廓线以外不小于10m；设置里程为YDK0+156、YDK0+171（对应正洞里程DK93+700、DK93+715）。

（2）排水孔直径130mm，孔内置直径为100mm的打孔波纹管。

（3）所有排水孔孔口均安装3m长孔口管、法兰盘及阀门，孔口管采用φ108mm、壁厚3mm的无缝钢管。

（4）排水孔施工顺序：间隔跳孔施作。

（5）排水孔施工中可根据泄水孔揭示地质及出水情况对泄水孔位置及数量进行调整。

（6）注浆施工期间应经常对排水孔进行扫孔，防止排水孔堵塞造成水压上升。

（7）水压力监测，纵向每10m排水钻孔布置1孔不受开挖及注浆影响的排水孔进行水压监测。孔口设置孔口管、安装法兰盘、Q形管、空气室及压力表。采用注浆封闭孔口管与岩壁间空隙，避免孔口周边透水，影响水压测试效果。施工期间每天8:00及20:00各监测1次水压；降雨期间或雨后一定时间内每2h监测1次水压。

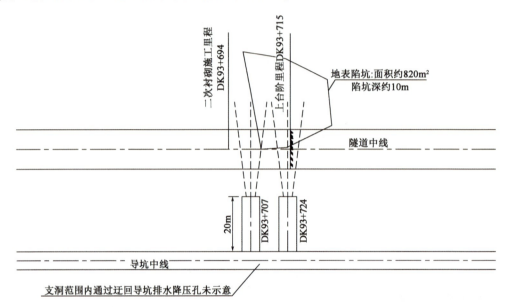

图3-6-6　钻孔排水降压平面示意图

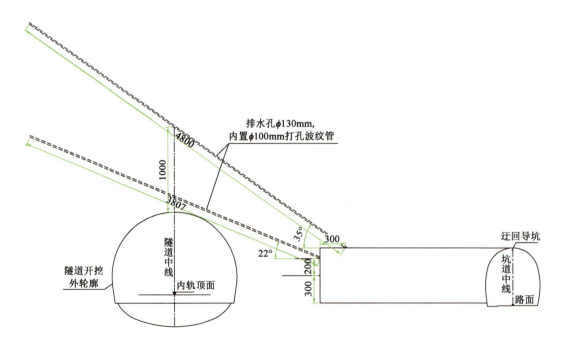

图3-6-7　钻孔排水降压断面示意图(尺寸单位:cm)

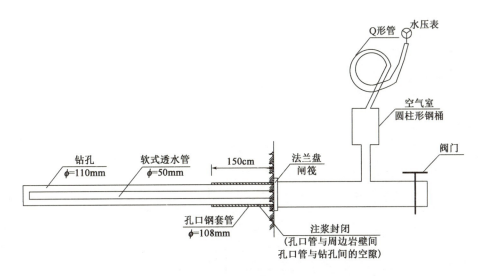

图 3-6-8　水压力检测示意图

6.1.7　辅助导坑支洞对正洞突泥溃口进行侧向注浆加固处理

辅助导坑开挖至对应正洞里程 DK93+700、DK93+715 隧道右侧时,垂直于辅助导坑向正洞方向设置 20m 长的支洞,通过支洞对正洞内突泥溃口进行侧向注浆加固处理,如图 3-6-9~图 3-6-12 所示,主要设计和施工参数如下:

(1)注浆加固范围:隧道拱墙开挖轮廓线以外不小于 5m。

(2)浆液扩散半径 2m,孔底间距 2.4m(竖向)×3m(纵向),孔口间距 0.4m(横向)×0.5m(竖向),每个支洞共设 9 排注浆孔,共 122 个注浆孔,孔深 32~40m。

(3)注浆孔直径不小于 100mm,孔内设置 ϕ89mm、壁厚 5mm 的热轧无缝钢花管作为注浆管,注浆管应埋设牢固,并有良好的止浆措施。

(4)钻孔和注浆顺序由两侧向中间,由下至上进行,采用下排孔作为注浆孔时,上排孔则作为排水孔,通过注浆将水挤出加固范围以外。

(5)注浆方式采用全孔一次性注浆加固。

(6)注浆施工前应采取综合超前地质预测预报手段探明掌子面前方的地质情况,根据超前探水孔的出水情况进行超前注浆,并根据压水试验对注浆参数(如注浆浓度、扩散半径等)进行适当优化和调整,并据此调整优化钻孔布置及孔数。

(7)围岩空隙率:暂按 20% 计算,具体根据现场施工注浆试验确定。

(8)注浆材料:先采用 M10 水泥砂浆对大的空洞进行回填注浆,再采用水灰比为 1∶1 的水泥浆液进行注浆加固。

(9)注浆压力:3~5MPa。

(10)注浆结束标准:注浆量达到设计注浆量,注浆压力达到设计注浆压力。

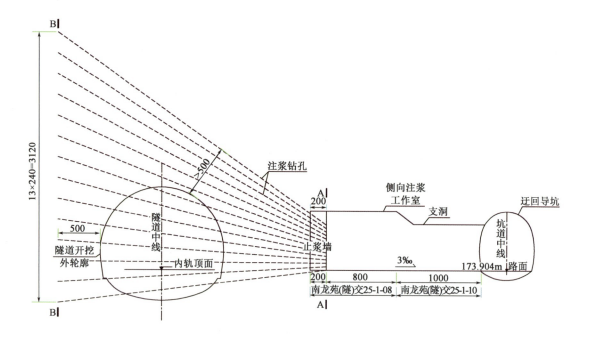

图 3-6-9　辅助导坑支洞侧向注浆断面图(尺寸单位:cm)

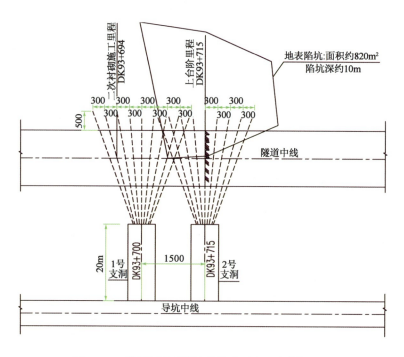

图 3-6-10　辅助导坑支洞侧向注浆平面图(尺寸单位:cm)

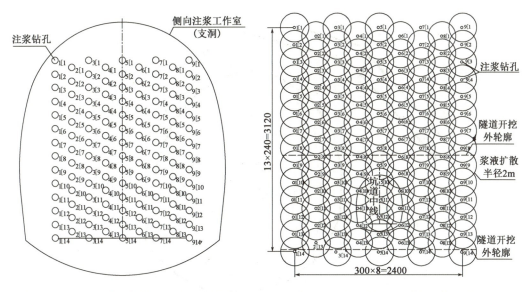

图 3-6-11　辅助导坑支洞侧向注浆开孔断面图　　图 3-6-12　辅助导坑支洞侧向注浆终孔断面

6.2　塌陷区地表注浆处理技术

6.2.1　防水截水处理技术

设置临时防水措施,在塌陷处铺设彩条布,避免塌陷处地表水下渗。在塌陷处 30m 范围外设置 C30 混凝土截水沟,将原有自然流水沿截水天沟引至下游自然沟槽内。截水天沟平面图如图 3-6-13 所示。

地表截水天沟施工采用 GPS 测量放出天沟中心线,中心线距离坍塌体大于 30m,采用人工挖基坑,混凝土罐车运送 C30 混凝土。由于施工便道距离截水天沟平面距离超过 200m,且施工现场处山地丛林深处,混凝土浇筑选用混凝土地泵接管泵送至天沟附近,人工运送至工作面后浇筑。天沟混凝土初凝后人工抹面找平。

6.2.2　塌陷区回填封闭

对于塌陷处采用泡沫混凝土回填封闭。

(1)首先将坍塌体内的松土及树木清除至坍塌体外,自坍塌体底部至顶部修整成台阶状,台阶宽度大于 2m。

(2)利用改扩建便道运输泡沫混凝土,用混凝土输送泵接管直接灌入坍塌体顶边,灌至混凝土顶面与原地表相顺接。

(3)坍塌体底面用泡沫混凝土封闭后,暴露的坍塌边坡采用 C25 混凝土喷锚封闭,混凝土喷射厚度为 20cm,锚杆采用 ϕ22mm、长 3m,梅花形布置,间距 1m,并挂设 ϕ8mm 钢筋网,网格间距为20cm,网片与锚杆采用焊接连接。

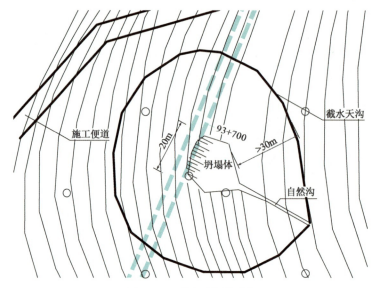

图 3-6-13 截水天沟平面图

6.2.3 塌陷区地表注浆

为了进一步防止地表水通过塌陷区进入隧道内,增加塌陷区地表的稳定性,对塌陷区地表进行注浆处理。

1)注浆设计参数

注浆材料采用水泥浆,水灰比为1:1,注浆范围为塌陷区周边20m范围以内,注浆深度为坑底以下30m范围。注浆压力为2~3MPa,钻孔直径100mm,注浆管为ϕ42mmPVC管,坍腔范围内坍塌体20%。注浆顺序为从塌陷周边斜向塌坑方向(与水平面夹角为45°)进行注浆,每排注浆孔中先灌注两端的孔,然后间隔交错灌注。注浆各段进浆量小于0.3L/min,或总注浆量与设计大致相当,并达到设计终压后稳定10min,检查孔吸水量小于0.2L/min。注浆完成后,在注浆孔范围内打设检查孔,平均每20个孔中部设一个检查孔,孔深等于原钻孔深度,进行压水试验,在1MPa压力下平均吸水量小于0.2L/min,则满足条件,认定注浆达到效果,否则重新补充注浆达到注浆效果,检查孔在检查完成后及时采用M10砂浆进行检查孔封堵。荆西隧道DK93+715处地表塌陷注浆钻孔如图3-6-14所示。

2)地表注浆工艺

(1)钻孔。采用全站仪、钢尺等工具按设计要求定出注浆孔孔位。采用地质钻机按标出的孔位垂直于地面进行钻孔,钻孔孔位水平偏差≤5cm,钻孔垂直度误差≤1/100。在钻孔过程中,做好详细的钻孔记录,对钻孔进行地质描述,以便进行变更和指导下一步的注浆作业施工;钻孔时采用膨润土泥浆护壁,易塌孔孔位使用部分套管护壁。在钻孔过程中应做好详细的钻孔记录;成孔后人工下入袖阀管,注入套壳料。

(2)安设袖阀管。钻孔完成后先退钻杆,分节下放袖阀管至孔底,在袖阀管底部加下底盖,将注浆管沿套管下到孔底,注入套壳料,套壳料配比为水:灰:土=1.6:1:1;在孔口部位采用速凝水泥砂浆填充,以防止注浆时返浆。

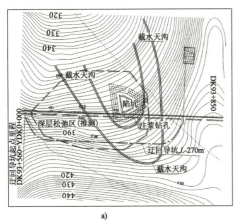 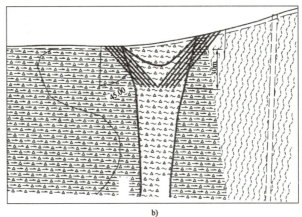

图 3-6-14　荆西隧道 DK93+715 处地表塌陷注浆钻孔图

(3)浆液配制。根据搅拌桶容量和配合比计算现场施工实际配合比,并在搅拌桶的刻度上标示,根据刻度标示首先在搅拌机中加入水,启动搅拌机,加入水泥,强力搅拌,混合均匀待用。

(4)注浆施工。袖阀管注浆采用跳孔注浆,先按照设计孔间距进行周边单序孔注浆,单序孔注浆完成后,进行周边双序孔袖阀管补充注浆;然后对内部孔采用同样原则注 1:1 普通水泥浆。

单孔注浆方式采取后退式分段注浆工艺,即在注浆段内由孔底进行注浆,每次注浆段长 1.0m,注完第一注浆段后,后退注浆芯管,进行第二注浆段的注浆……直至完成注浆段注浆。注浆过程中应做好详细的注浆记录,并对浆液进行凝胶时间的测定,确保注浆施工效果。

3)注浆施工常见问题及对策

(1)成孔问题。注浆孔采用地质钻机成孔,钻机安装要牢固,定位稳妥、固定。注浆孔由边孔逐渐向内施钻,如全部钻孔完成后再注浆,易出现孔位串浆现象,清孔工作量增大。钻孔完成后,及时进行注浆。施工初期,个别孔在成孔后未能及时注浆,施工过程中对已成孔产生了扰动,出现塌孔现象。对于轻微塌孔,重新进行清孔;严重塌孔,回填后重新钻进成孔。

(2)孔口冒浆。产生原因为套管与孔壁不密贴,孔口封闭不严。注浆过程中采用套管有效地控制了孔口冒浆;但由于各孔之间存在差异,套管与孔壁密贴程度不同,仍然存在少数孔口冒浆现象。处理措施:拔出注浆套管,清孔后,在孔口四周开挖深 30cm,下口直径≥20cm 的倒锥形圆坑,将套管加长 1~2m,用麻丝绳在套管外侧中部绕成不小于钻孔直径的纺锤形止浆塞,安装套管后,用砂浆将孔口圆坑封闭重新注浆。

(3)串浆。串浆通常由于单孔注浆量过大、注浆压力过大、注浆速度过快、孔间距过小引起,出现串浆问题时,首先采取调整注浆参数,适当减小注浆压力和速度,或者间歇注浆,后进行跳孔注浆,跳孔距离加大,采取定量注浆、控制单孔注浆量等措施防止串浆发生。

(4)注浆压力长时间不上升。注浆压力长时间不上升,应立即采取措施,防止浆液的继续流失造成浪费。分析原因主要有:浆液浓度过稀、浆液凝胶时间过长、注浆方式控制不合理等。可采取调整浆液浓度及间歇式注浆措施。

第4篇
深厚富水砂层隧道修建关键技术

本篇阐述了深厚富水砂层的物理、力学特性,介绍了该地层下隧道遇到的施工难点,研究了围岩失稳机理和不同含水率下的显著性状变化,通过兰渝铁路胡麻岭隧道和马家坡隧道的工程实践,利用围岩疏干技术、固结技术、旋喷技术和九部双侧壁工法,使得围岩汗状渗水、流塑挤出和涌水流砂得到有效治理。

第 1 章

概述

中国的西北地区广泛分布着饱和富水砂层,这给工程建设带来了巨大的挑战。不仅隧道施工困难、缓慢,而且也给隧道施工人员带来了极大的作业风险。研究在该类围岩(饱和富水砂层)的隧道安全快速施工技术成为在这类地区修建隧道工程的重点性课题。

由于隧道开挖扰动的影响,围岩中的原始应力平衡状态被破坏,应力产生重分布,岩体的受力状态发生改变,致使岩体的强度降低,进而承载能力下降。围岩受水的浸泡,岩体发生塑性变形,形成围岩松动圈,隧道发生收敛变形。由于围岩物理力学性质较差,开挖后围岩自身难以形成支撑环来维持洞室稳定,若施工方法和支护加固措施选取不合理,易造成隧道围岩变形过大,引起围岩坍塌破坏,导致隧道的塌方。

深厚富水砂层与地铁工程常见的富水砂层、粉细砂层类似,国内采取的主要施工方法有台阶法、侧壁导坑法、辅助施工技术,施工工艺主要有超前单排或双排小导管注浆、超前管棚和水平旋喷注浆加固围岩、预留核心土、掌子面注浆、冻结等方法。但是,在山岭隧道施工中,由于其独特的工程特性,围岩自身黏聚力低,自稳能力差,加上山岭隧道的埋深较大,开挖时初期支护上所受到的围岩压力较大,容易引起隧道拱顶的大变形。隧道的开挖对于围岩的扰动,地下水对于围岩的浸泡,进一步导致围岩坍塌、液化,隧道支护严重变形甚至塌方的后果。因此在该类地层中修建隧道工程使得隧道的支护、衬砌结构的受力极为复杂。然而,深厚富水砂层围岩还没有被岩土工程勘察规范和中国铁路总公司相关设计规范列为特殊围岩,没有引起足够重视。因此,本篇关于深厚富水砂层隧道的施工工法、支护参数和辅助降水技术的研究对于以后的类似工程有着重要的意义。

第 2 章

深厚富水砂层工程特征

富水砂层在兰州盆地和定西盆地分布范围较广,沉积厚度较大。兰州除新城盆地(河口、新城一带)基底为白垩系地层外,榆中(定远)、城关、七里河、安宁堡及西固盆地,下伏基岩均为第三系红色砂岩或碎屑岩类,在地貌上多表现为黄土梁峁和河谷阶地上覆风积和冲洪积黄土,下伏第三系泥岩、砂岩及砾岩。在兰渝铁路桃树坪、胡麻岭、马家坡等隧道工程实践中遇到的富水砂层埋深和厚度较大,工程地质特征特殊。为此,在施工前进行了大量取样,并在此基础上进行了针对性室内物理性质试验,全面掌握了深厚富水砂层的水稳性特征。

2.1 富水砂层特性

富水砂层由于其胶结物的性质以及胶结的方式决定了其岩石强度有别于其他的砂岩。深厚富水砂层的工程性质介于砂性土与乳性土之间,在天然状态下,结构松散,在自重的作用下即可压密,粉细砂层埋深较大,密度也较大。在工程上主要表现为:

(1)细砂的粒径分布均匀,且粒径范围很小,结构松散,在外界荷载作用下,很容易变形,其破坏滑移往往是瞬间突然发生的。

(2)细砂体主要靠颗粒间法向压力形成的粒间摩擦力维持本身稳定和承载能力,所以在剪力的作用下土体很容易失稳。

(3)砂层围岩受水的影响变化极大。干燥无水的情况下密实,有较大的承载能力,但是在受水浸泡的作用下,颗粒之间立即分解,失去原有的形态,成为流塑性状态。

2.2 富水砂层物理特性试验

为了解富水砂层地层的物理力学和强度、变形性质,按照相关标准进行了颗粒分析、密度、含水率、渗透系数以及直剪、固结和单轴抗压强度试验。

2.2.1 试验取样

兰渝铁路某隧道穿越富水弱胶结砂岩和圆砾土地层,分别对其 T0、T1、T2、T4 号斜井进行取样并编号。

（1）先用挖土撬挖出一个工作平台，这样可以尽量使得挖出来的原状土体有一个利于削土、量测以及装土样的工作平台。

（2）用挖土撬把工作平台后面的土体切出一个长×宽×高为50cm×30cm×40cm左右的长方体土体，然后再用削土刀把土体切成小的土体，然后把这个土体拿下来。在同一个大的土体里面取小的土样的目的是保持取得土样的连续性以及土的试验特性的一致性。

（3）用削土刀把拿下来的土体削成圆柱状的土体。一边削土一边用钢尺测量土体长度、直径，直到达到要求。原状土的取样最终的圆柱体大致为直径12cm，高25cm。削成这样的土体是保证土样的大小能够大于试验室的环刀直径，长度的确定是理论上大于环刀高度就可以了（图4-2-1），但是考虑到取在同一个土样里面以保证土样的连续性和土样的高度需要小于土样盒的高度。每个位置取4个圆柱状土样。由于取的土样属于含水砂层，在削土的过程中要注意小心搬运、转移，以免损伤土样。

a)   b)

图4-2-1　开挖工作面

（4）将削好的土样用保鲜膜沿土样的周长方向包裹缠绕3～5周，然后折回来将土样的两个圆平面包裹3～5周，然后再折回来沿周长方向包裹1～2周。以便更好地保持土样的含水率。用记号笔在土样上面写上编号。

（5）在土样盒里面放些从土样取样处散落的土，高度大约5cm，作为缓冲层，然后再将用保鲜膜包好的土样竖立放在这层缓冲层上面。然后再在土样的周围撒些土，以保护土样在运输过程中不会由于运输的颠簸而损坏。由于这次取的土样都是含水砂层，稍微扰动就属于散沙，缓冲区的材料就用这样的扰动土样，每个土样盒装8个土样。

（6）把装好土样的土样盒用保鲜膜封装好，进一步保证原状土的土样含水率并且减少在运输过程中外界的影响（图4-2-2）。

（7）将装好的土样盒装车，运送。在运送的过程中需要注意尽量少扰动土样盒，以免损坏试样。

2.2.2　富水砂层物理参数试验

1）颗粒分析试验

颗粒分析就是测定小于某种粒径的颗粒所占总质量的百分数，确定土中各粒径组的相对含量。测定细集料(天然砂、人工砂、石屑)的颗粒级配及粗细程度。试验一般用筛析法,当粒径小于 0.075mm 的颗粒含量占到总量的 10% 以上时,需要采用密度计法或者移液管法测定粒径小于 0.075mm 的颗粒组成。具体试验数据成果见表 4-2-1 和表 4-2-2。

a)

b)

图 4-2-2　土样削取,封装过程

筛分试验数据　　　　　　　　　　　　　　　表 4-2-1

土样编号	筛孔径(mm)	分计筛余(g)	分计筛余百分率(%)	累计筛余(g)	累计筛余百分率(%)
T0	2	0.00	0.00	0.00	0.00
	1	0.00	0.00	0.00	0.00
	0.5	39.58	7.92	39.58	7.92
	0.25	235.32	47.06	274.90	55.00
	0.075	214.75	42.95	489.65	97.97
	<0.075	10.14	2.03	500.00	100.00
T1	2	0.00	0.00	0.00	0.00
	1	0.15	0.03	0.15	0.03
	0.5	19.78	3.96	19.93	3.99
	0.25	169.77	33.95	189.70	37.94
	0.075	302.54	60.51	492.24	98.45
	<0.075	7.76	1.55	500.00	100.00
T2	2	0.00	0.00	0.00	0.00
	1	0.00	0.00	0.00	0.00
	0.5	30.74	6.15	30.74	6.15
	0.25	92.48	18.50	123.22	24.65
	0.075	373.97	74.79	497.19	99.47
	<0.075	2.67	0.53	500.00	100.00

续上表

土样编号	筛孔径（mm）	分计筛余（g）	分计筛余百分率（%）	累计筛余（g）	累计筛余百分率（%）
T4	2	0.00	0.00	0.00	0.00
	1	0.58	0.12	0.58	0.12
	0.5	46.89	9.38	47.47	9.50
	0.25	142.56	28.51	190.03	38.01
	0.075	301.75	60.35	491.78	98.38
	<0.075	8.12	1.62	500.00	100.00

砂 土 分 类　　　　表 4-2-2

土的名称	颗 粒 级 配
砾砂	粒径大于 2mm 的颗粒质量占总质量的 25%～50%
粗砂	粒径大于 0.5mm 的颗粒质量占总质量的 50%
中砂	粒径大于 0.25mm 的颗粒质量占总质量的 50%
细砂	粒径大于 0.075mm 的颗粒质量占总质量的 85%
粉砂	粒径大于 0.075mm 的颗粒质量占总质量的 50%

按照《岩土工程勘察规范》(GB 50021—2001)，砂质土判定依据为：粒径大于 2mm 的颗粒含量不超过质量的 50% 且粒径大于 0.075mm 的细粒含量超过总质量的 50%，即以上所有采集的土样均属于砂质土范畴。

由分计筛余百分率和累计筛余百分率及级配曲线来看，土样的粒径组成中，粒径大于 0.075mm 的颗粒占总质量的 90% 以上，在砂土分类里面列为粉砂。

2) 含水率试验

围岩的含水率是指围岩空隙中水量的多少，一般用烘干法测定。试样烘干前后的质量差值与试样烘干后的质量的比值为围岩试样的含水率，按下式计算：

$$\omega = \frac{m_0 - m_s}{m_s} \times 100\% \qquad (4\text{-}2\text{-}1)$$

式中：ω——试样的含水率(%)；
m_0——试样烘干前的质量(g)；
m_s——干试样的质量(g)。
误差要求：$\omega \leqslant 10\%$ 时，平行误差 $\Delta\omega < 0.5\%$；
$10\% < \omega \leqslant 40\%$ 时，平行误差 $\Delta\omega < 1\%$；
$\omega > 40\%$ 时，平行误差 $\Delta\omega < 2\%$，试验结果见表 4-2-3。

含水率试验数据结果 表 4-2-3

土样编号	试样编号	试样烘干后质量 m_s(g)	试样烘干前后质量差 $m_0 - m_s$(g)	计算含水率 ω	平行误差绝对值 $\Delta\omega$	试验含水率 $\overline{\omega}$
T0	T0-1	26.24	4.17	15.89%	0.07%~0.17%	15.90%
	T0-2	15.42	2.44	15.82%		
	T0-3	23.51	3.76	15.99%		
T1	T1-1	35.59	5.10	14.33%	0.15%~0.46%	14.07%
	T1-2	28.68	4.02	14.02%		
	T1-3	30.58	4.24	13.87%		
T2	T2-1	32.06	1.33	4.15%	0.05%~0.13%	4.08%
	T2-2	38.31	1.56	4.07%		
	T2-3	42.55	1.71	4.02%		
T4	T4-1	24.19	1.39	5.75%	0.14%~0.48%	5.95%
	T4-2	23.27	1.37	5.89%		
	T4-3	33.57	2.09	6.23%		

试验得到围岩的原状含水率在各个斜井之间的分布相差相对明显,说明隧道穿越的地层含水率变化较大。

3) 密度试验

土的密度 ρ 是指土的单位体积质量,是土的基本物理性质指标之一,单位为 g/cm^3。土的密度反映了土体结构的松紧程度,是计算土的自重应力、干密度、孔隙比、孔隙度等指标的重要依据,也是挡土墙土压力计算、土坡稳定性验算、地基承载力和沉降量估算以及路基路面施工填土压实度控制的重要指标之一。土的密度一般是指土的湿密度,除此之外还有干密度、饱和密度、有效密度等,这些指标都可以通过三项基本指标即密度、颗粒密度、含水率来换算得到,一般采用环刀法测定。环刀容积(土样体积)用千分尺测得数据进行计算。

密度 ρ 计算公式:

$$\rho = \frac{m}{V} = \frac{m_2 - m_1}{V} \tag{4-2-2}$$

式中:ρ——原状土密度(g/cm^3),精确至 $0.01g/cm^3$;

m——土样净质量(g);

V——土样体积(cm^3)。

精度要求:相对误差 $\Delta\rho \leq 0.03g/cm^3$。土样的密度试验数据结果见表 4-2-4。

密度试验数据结果　　　　　　　　　　　表 4-2-4

土样编号	试样编号	试样体积 V （cm³）	土样净质量 m （g）	密度 ρ （g/cm³）	密度平均值 $\bar{\rho}$(g/cm³)
T0	T0-1	59.753	126.730	2.121	2.128
	T0-2	59.774	126.960	2.124	
	T0-3	59.876	127.540	2.130	
	T0-4	59.992	128.220	2.137	
T1	T1-1	59.753	126.430	2.116	2.111
	T1-2	59.774	126.670	2.119	
	T1-3	59.876	126.090	2.106	
	T1-4	59.992	126.260	2.105	
T2	T2-1	59.753	112.230	1.878	1.882
	T2-2	59.774	112.910	1.889	
	T2-3	59.876	112.100	1.872	
	T2-4	59.992	113.420	1.891	
T4	T2-1	59.753	120.420	2.015	2.010
	T2-2	59.774	120.810	2.021	
	T2-3	59.876	119.970	2.004	
	T2-4	59.992	120.020	2.001	

4）颗粒密度

土的颗粒密度是指土粒在温度 105～110℃ 下烘至恒重时的质量与土粒同体积 4℃ 时纯水质量的比值。在数值上，颗粒密度与土的相对密度相同，是没有单位的。土的颗粒密度是土的基本物理指标之一，是计算土的孔隙比、饱和度等物理参数的重要依据，也是评价土的主要指标。

根据土粒粒径的不同，土的相对密度试验可分别采用比重瓶法、浮称法或虹吸筒法。对于粒径小于 5mm 的土，采用比重瓶法进行，其中对于排除土中空气可用煮沸法和真空抽气法；对于粒径大于或等于 5mm 的土，且其中粒径大于 20mm 的颗粒含量小于 10% 时，采用浮称法进行；对于粒径大于或等于 5mm 的土，但其中粒径大于 20mm 的颗粒大于 10% 时，采用虹吸筒法进行；当土中同时含有粒径小于 5mm 和粒径大于或等于 5mm 的土粒时，粒径小于 5mm 的部分用比重瓶法测定，粒径大于或等于 5mm 的部分则用浮称法或虹吸筒法测定，并取其加权平均值作为土的相对密度。从颗粒分析试验数据来看，试验土样的粒径都小于 5mm，采用比重瓶法进行颗粒密度试验。

$$\rho_s = \frac{m_{bs} - m_b}{m_{bw} + (m_{bs} - m_b) - m_{bws}} \quad (4\text{-}2\text{-}3)$$

式中：m_{bs}——干土样＋比重瓶的质量（0.001g）；

m_b——比重瓶的质量（0.001g）；

m_{bw}——瓶＋蒸馏水的质量（0.001g），按已标定好的瓶＋蒸馏水的质量—温度关系曲线确定；

m_{bws}——比重瓶 + 土样 + 纯水的质量(0.001g)。

平行误差不超过 0.02g/cm^3，筛选平行误差在规范范围内的两组或三组数据平均，得出各个试样的颗粒密度 ρ_s 的终值。围岩试样颗粒密度试验结果见表 4-2-5。

颗粒密度试验数据及结果　　　　表 4-2-5

土样编号	试样编号	m_b (0.001g)	m_{bs} (0.001g)	m_{bws} (0.001g)	m_{bw} (0.001g)	T (℃)	试验 ρ_s (g/cm³)	平行误差 $\Delta\rho_s$ (g/cm³)	颗粒密度 ρ_s 终值 (g/cm³)
T0-1	T0-1	34.203	50.884	144.669	134.274	20.5	2.654	0.051	2.648
	T0-2	34.014	50.575	143.035	132.838	20.5	2.602	−0.040	
	T0-3	37.400	53.330	148.165	138.264	20.5	2.642	−0.011	
T1-1	T1-1	27.738	43.111	135.799	126.068	29.6	2.725	0.100	2.625
	T1-2	26.626	42.572	136.770	126.900	29.6	2.624	−0.001	
	T1-3	25.706	41.390	135.125	125.414	29.6	2.626	−0.099	
T2-1	T2-1	27.338	44.343	136.836	126.100	28.8	2.713	0.081	2.622
	T2-2	26.626	42.611	136.833	126.922	28.8	2.632	0.018	
	T2-3	25.706	41.725	135.421	125.532	28.8	2.613	−0.099	
T4-1	T4-1	27.738	44.125	136.428	126.068	29.6	2.719	0.097	2.628
	T4-2	26.626	42.416	136.667	126.900	29.6	2.622	−0.013	
	T4-3	25.706	41.864	135.440	125.414	29.6	2.635	−0.084	

深厚富水砂层土样颗粒密度在 $2.62 \sim 2.65\text{g/cm}^3$ 之间，较之于常见的砂土颗粒密度 $2.65 \sim 2.69\text{g/cm}^3$ 的范围(表 4-2-6)偏小。

土颗粒密度常见范围　　　　表 4-2-6

土的名称	砂土	粉土	黏性土		有机质	泥炭
			粉质黏土	黏土		
颗粒密度	2.65~2.69	2.70~2.71	2.72~2.73	2.74~2.76	2.4~2.5	1.5~1.8

5）物理参数计算

土样的 3 个基本指标密度 ρ、颗粒密度 ρ_s、含水率 w 已经得到，土的其他 6 个物理性质指标可以通过以上 3 个指标计算得到。

孔隙比：

$$e = \frac{(1+w)\rho_s}{\rho} - 1 \quad (4-2-4)$$

孔隙率：

$$n = 1 - \frac{\rho}{(1+w)\rho_s} \quad (4-2-5)$$

饱和度：

$$Sr = \frac{w\rho_s\rho}{(1+w)\rho_s - \rho} \quad (4-2-6)$$

饱和密度：

$$\rho_{\text{sat}} = 1 - \frac{\rho}{(1+w)\rho_s} + \frac{\rho}{(1+w)} \quad (4\text{-}2\text{-}7)$$

干密度：

$$\rho_d = \frac{\rho}{(1+w)} \quad (4\text{-}2\text{-}8)$$

浮重度：

$$\rho' = \frac{\rho g}{(1+w)} \times \left(1 - \frac{1}{\rho_s}\right) \quad (4\text{-}2\text{-}9)$$

6 个物理性质指标的计算结果见表 4-2-7。

换算物理性质指标计算结果 表 4-2-7

土样编号	ρ (g/cm³)	w (%)	ρ_s (g/cm³)	e (1)	n (%)	S_r (%)	ρ_{sat} (g/cm³)	ρ_d (g/cm³)	ρ' (g/cm³)
T0-1	2.128	15.90	2.648	0.442	30.66	95.21	2.143	1.836	1.143
T0-2	2.162	14.98	2.632	0.400	28.56	98.63	2.166	1.880	1.166
T1-1	2.111	14.07	2.625	0.418	29.50	88.26	2.146	1.851	1.146
T1-2	2.111	13.78	2.625	0.415	29.32	87.20	2.149	1.855	1.149
T2-1	1.894	4.08	2.622	0.441	30.60	24.27	2.126	1.820	1.126
T2-2	1.882	3.93	2.619	0.446	30.86	23.06	2.119	1.811	1.119
T4-1	2.010	6.27	2.628	0.389	28.03	42.31	2.172	1.891	1.172
T4-2	2.010	5.95	2.628	0.385	27.81	40.59	2.175	1.897	1.175

从以上各斜井的试验数据可以看出：

(1) 各个取样地点土样的密度与含水率相关，含水率越高的土样密度越大，这与取样现场的目测情况一致。T0、T1 号斜井取样过程中土样不易断裂，取样效果较好，能够取到成形的试样，且土样密实。T2、T4 号斜井的取样效果比较差，取样中试样极易断裂，只取到了少量的成形的土样，含水率较低，为 4.5%~5% 之间，相对于其他 4 个斜井的土样的含水率来说相差了 2~3 倍，直观来看土样也显得比较松散；而且饱和度最低，说明土样的孔隙里的水分充填度小。

(2) 规范中粉细砂的密实度可以用孔隙比 e 来确定，$e < 0.7$ 为密实。试验所有斜井土样孔隙比 e 变化范围为 0.36~0.45，全部小于 0.7，因此所有的斜井土样都为密实粉细砂。从斜井土样孔隙比之间的变化趋势来看，T2 土样最松散，孔隙比最大，密度最小。

(3) 饱和度与孔隙比表现出一定的相反变化的特性。即孔隙比越大，饱和度越小，则孔隙的充填度越小，在类似地层中的含水率也就越低。

6) 渗透试验

渗透试验用于测定天然土体的渗透系数。渗透系数定义：当水力坡降等于 1 时的渗透速度。土的渗透是液体在多孔介质中的运动现象，渗透系数是表达此现象的一种定量指标。渗透试验主要是测定砂性土和黏性土的渗透系数，在隧道工程中用以确定土层的注浆参数和降水参数。

试验步骤如下:

(1)进行渗透试验的环刀取样,修平。

(2)在套筒两边各放上洁净的透水石一块及橡皮垫圈,将土样连同环刀装入试验装置的底座上面,拧紧顶紧螺杆。

(3)将下盖的进口与变水头装置中的进水管连接开关夹打开,使供水瓶与测压管相通。

(4)开进水管及排水管夹,使水流入渗透仪,当排气管流出的水不带气泡时,关排气管夹,使水由下而上地饱和试样。

(5)同时开上盖的出水管管夹,当出水管有水流出时,即认为试样已达饱和。当测压管水头距土面有一定高度时,立即关管夹1,随即开动秒表,记录水头 H_1 及时间 t_1,经过时间 Δt 后,再测记水头 H_2 及时间 t_2,并测记出水口的水温,如此再经过相等的时间,重复测记一次。

(6)放置渗透仪或测压管于两个不同高度上,以变更其水力坡度,并重复上述步骤。如此重复测记六次以上。

基于试验温度下的土样渗透系数:

$$K_T = 2.3 \frac{aL}{A \times \Delta t} \log \frac{H_1}{H_2} \quad (4\text{-}2\text{-}10)$$

式中:a——变水头管断面积(cm);

L——渗透长度,这里指环刀的高度(cm);

A——渗透面积(cm^2);

Δt——测读水头的时间差;

H_1、H_2——初始变水头管读数和结束变水头管读数。

通过试验温度时的渗透系数换算成常用的标准温度20℃下的渗透系数时的渗透系数:

$$K_{20} = K_T \frac{\eta_1}{\eta_{20}} \quad (4\text{-}2\text{-}11)$$

其中:η_1——T℃时水的动力黏滞系数;

K_{20}——20℃水的动力黏滞系数;

$\frac{\eta_1}{\eta_{20}}$——水的动力黏滞系数比。

渗透试验数据结果见表4-2-8。

渗透试验结果 表4-2-8

土样编号	T(℃)	K_T(cm/s)	$\frac{\eta_T}{\eta_{20}}$	K_{20}(cm/s)
T0-1	20.4	6.48×10^{-5}	0.9992	7.58×10^{-5}
T0-2	19	8.01×10^{-5}	1.0250	8.21×10^{-5}
T1-1	28.9	1.97×10^{-4}	0.8241	1.62×10^{-4}
T1-2	27.9	2.87×10^{-4}	0.8296	2.38×10^{-4}
T2-1	29.8	2.27×10^{-4}	0.8127	1.84×10^{-4}

续上表

土样编号	$T(℃)$	$K_T(cm/s)$	$\dfrac{\eta_T}{\eta_{20}}$	$K_{20}(cm/s)$
T2-2	28.6	3.01×10^{-4}	0.8249	2.48×10^{-4}
T4-1	28.2	1.80×10^{-4}	0.8327	1.50×10^{-4}
T4-2	28	1.43×10^{-4}	0.8330	1.19×10^{-4}

注：根据土样的断裂情况，有的试验洞有两组数据，有的试验洞只有一组数据。

常见的土的渗透系数见表4-2-9，从表4-2-9来看隧道的几个斜井的土样渗透系数都比较小，深厚富水砂层地层的渗透系数在$10^{-5} \sim 10^{-4}$cm/s范围内，与粉土的渗透系数类似。反映了这种深厚富水砂层地层的黏粒含量比较大，极大程度地充填了空隙，使得土样的渗透性大大降低，比常见的细砂，甚至粉砂地层的土样渗透性小得多。

常见土的渗透系数　　表 4-2-9

土的类别	渗透系数(cm/s)	土的类别	渗透系数(cm/s)
黏土	1.2×10^{-7}	中砂	$6.0 \times 10^{-3} \sim 2.4 \times 10^{-2}$
粉质黏土	$1.2 \times 10^{-6} \sim 6.0 \times 10^{-5}$	粗砂	$2.4 \times 10^{-2} \sim 6.0 \times 10^{-2}$
粉土	$6.0 \times 10^{-5} \sim 6.0 \times 10^{-4}$	砾砂、砾石	$6.0 \times 10^{-2} \sim 1.8 \times 10^{-1}$
粉砂	$6.0 \times 10^{-4} \sim 1.2 \times 10^{-3}$	卵石	$1.2 \times 10^{-1} \sim 6.0 \times 10^{-1}$
细砂	$1.2 \times 10^{-3} \sim 6.0 \times 10^{-3}$	漂石	$6.0 \times 10^{-1} \sim 1.2 \times 10^{0}$

2.2.3　富水砂层力学参数试验

1）直剪试验

直接剪切试验是测定土的内摩擦角φ和黏聚力c的一种常用方法。该试验方法设备简单、便于操作，因此应用广泛。直剪试验可分为快剪(q)、固结快剪(cq)和慢剪(s)三种试验方法。快剪是在试样上施加垂直应力后，立即施加水平力，试样在3~5min内剪坏；固结快剪是在试样上施加垂直应力后，待排水固结稳定，再立即施加水平力，试样也在3~5min内剪坏。慢剪试验是在对试样施加竖向压力后，让试样充分排水固结，待沉降稳定后，以小于0.02mm/min的剪切速率施加水平剪应力直至试样剪切破坏，使试样在受剪过程中一直充分排水和产生体积变形，模拟了"固结排水剪切"过程，得到的抗剪强度指标用φ_s、c_s表示。

土的破坏都是剪切破坏。当试样某一面上出现剪应力等于土的抗剪强度时，该面达到极限平衡状态，试样被剪坏。根据库仑定律可得抗剪强度曲线，其表达式为：

$$\tau_f = \sigma \tan\varphi \quad (\text{无黏性土}) \qquad (4\text{-}2\text{-}12)$$

$$\tau_f = \sigma \tan\varphi + c \quad (\text{黏性土}) \qquad (4\text{-}2\text{-}13)$$

无黏性土的抗剪强度与法向应力成正比，比值为$\tan\varphi$，黏性土的抗剪强度除和法向应力有关外，还决定于土的黏聚力c。土的抗剪强度以抗剪强度指标φ和c表示。

试验采用应变控制式剪力仪，剪切盒由上盒和下盒组成，试样置于剪切盒中，施加不同的垂直应力σ和水平力使试样剪坏，通过量测量力环的变形值，可算出剪应力的大小，得到相应的τ_f，绘制$\sigma\text{-}\tau_f$曲线。该曲线的倾角为内摩擦角φ，在纵轴上的截距即黏聚力c。

剪应力 τ_f 计算公式如下：

$$\tau_f = \frac{C_0 \times R}{A} \tag{4-2-14}$$

式中：C_0——量力环系数，$C_0 = 60.6\text{N}/0.01\text{mm}$；

R——量力环内量表读数（0.01mm）；

A——环刀面积（cm^2）。

斜井土样的 σ-τ_f 曲线和验数据如图 4-2-3 ~ 图 4-2-8 所示。

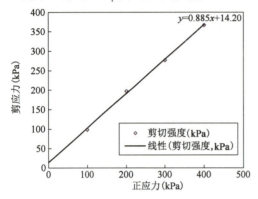

图 4-2-3　T0-1 抗剪强度曲线

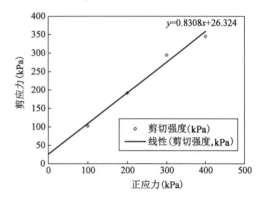

图 4-2-4　T0-2 抗剪强度曲线

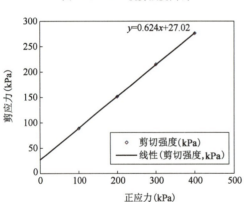

图 4-2-5　T1-1 抗剪强度曲线

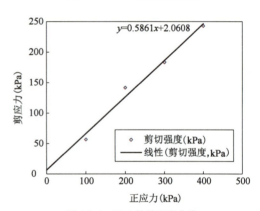

图 4-2-6　T2-1 抗剪强度曲线

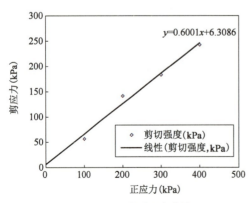

图 4-2-7　T2-2 抗剪强度曲线

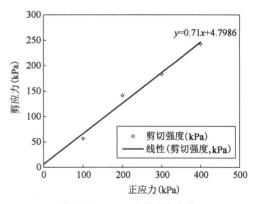

图 4-2-8　T4-1 抗剪强度曲线

表 4-2-10 表示剪切试验数据及结果，对表 4-2-10 中各个斜井的土样抗剪强度结果分析可知：

（1）细砂的内摩擦角经验值为 $\varphi = 28° \sim 36°$。这里实际用直剪试验测出来的内摩擦角值为 $30.4° \sim 41.5°$，大于经验的 $36°$ 最大值。

（2）测试的土样虽然归类为细砂，但是从结果来看，远大于经验值。砂层土样存在黏聚力，这是由于砂土中夹有一些黏土颗粒和毛细黏聚力的缘故。使得部分土样的黏聚力最大达到了近 30kPa。

（3）T2、T4 斜井取到的土样整体含水率较低，比较松散，黏聚力也较小。各斜井所在地层均属于深厚富水砂层，但是由于各个斜井的围岩含水率与密度不同，抗剪强度体现出不同的特点。

剪切试验数据及结果　　　　　　　　　　　表 4-2-10

土样编号	环刀编号	直径 d（mm）	面积 A（cm²）	法向加载 σ（kPa）	剪切位移 R（0.01mm）	剪切强度 τ_f（kPa）	内摩擦角 φ（°）	黏聚力 c（kPa）
T0-1	1	61.80	29.996	100	49	98.99	41.51	14.21
	2	61.78	29.977	200	98	198.11		
	3	61.74	29.938	300	137	277.31		
	4	61.80	29.996	400	182	367.69		
T0-2	1	61.80	29.996	100	51	103.03	39.69	26.32
	2	61.78	29.977	200	95	192.05		
	3	61.74	29.938	300	146	295.53		
	4	61.80	29.996	400	171	345.47		
T1-1	1	61.80	29.996	100	44.2	89.30	31.96	27.02
	2	61.78	29.977	200	75.1	151.82		
	3	61.74	29.938	300	106.3	215.17		
	4	61.80	29.996	400	136.8	276.37		
T2-1	1	61.80	29.996	100	28.2	56.97	30.37	2.060
	2	61.78	29.977	200	70.1	141.71		
	3	61.74	29.938	300	90.7	183.59		
	4	61.80	29.996	400	120.3	243.04		
T2-2	1	61.80	29.996	100	23.5	47.48	30.96	6.308
	2	61.78	29.977	200	69.2	139.89		
	3	61.74	29.938	300	116.1	235.01		
	4	61.80	29.996	400	155	313.14		
T4-1	1	61.80	29.996	100	33.5	67.68	35.37	4.798
	2	61.78	29.977	200	77.9	157.48		
	3	61.74	29.938	300	109.1	220.84		
	4	61.80	29.996	400	140.2	283.24		

注：根据土样的断裂情况，有的试验洞有两组数据，有的试验洞只有一组数据。

2）固结试验

地基土在外荷载作用下,水和空气逐渐被挤出,土的颗粒之间相互挤紧,封闭气体体积减小,从而引起土的压缩变形。土的压缩变形是孔隙体积的减小。由于孔隙水的排出而引起的压缩对于饱和土来说是需要时间的,土的压缩随时间增长的过程称为土的固结。所以土的压缩试验也称固结试验。固结试验就是将天然状态下的原状土样或扰动土样,制成一定规格的土样,然后置于固结仪（图4-2-9）内,分级施加垂直压力,在不同荷载作用下,测定不同时间的压缩变形,直至各级压力下的变形量趋于某一稳定标准为止。然后将在各级压力下最终的变形与相应的压力绘成曲线,从而求得压缩指标值。

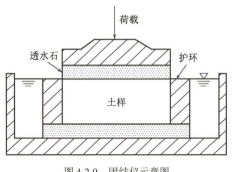

图4-2-9　固结仪示意图

土的压缩主要是孔隙体积的减小,所以关于土的压缩变形常以其孔隙比的变化来表示。试验资料整理时,可根据试样压缩前后的体积变化求出压缩变形和孔隙比的关系,绘制 e-p 曲线和 e-$\lg p$ 曲线。并测定土的单位沉降量,以便确定土的压缩系数、压缩模量、压缩指数。

试验步骤：

（1）在环刀内壁涂上一层薄的凡士林,刀刃向下切取原状土样。置环刀于土样上边压边修,直至试样突出环刀上端,再将下端的土样小心割断,再用刮刀修平两端（图4-2-10）。

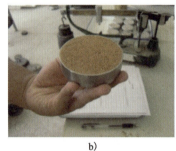

a) b) c)

图4-2-10　试样的制作及加载

（2）将底板放入容器内,底板上依次放透水石、滤纸,借助提环螺钉将土样、环刀及护环放入容器内,土样上面依次放滤纸、透水石。然后放下加压导环和传压活塞,使各部密切接触,保持平稳。

（3）将压缩容器置于加压框架正中,密合传压活塞及横梁。预加 1.0kPa 压力,使固结仪各部分紧密接触,装好百分表,读取百分表的初始读数。

（4）去掉预压荷载,立即加第一级荷载,加载完成后立即开动秒表并调整杠杆水平气泡,使得杠杆处于水平状态,加砝码时应避免冲击和摇晃。荷载等级为 50kPa、100kPa、200kPa、400kPa、800kPa。

（5）每级荷载的记录时刻为 1min、4min、9min、16min、25min、36min、49min、60min、120min。检查每级荷载下 60min 和 120min 的读数相差是否超过 0.01mm,超过了就测 180min 的读数与 120min 读数,以此类推,直到度数相差不超过 0.01mm 为止。

试样初始孔隙比 e_0（由前面的试验数据 ρ_s、ρ、w 计算得出）：

$$e_0 = \frac{\rho_s(1+\omega)}{\rho} - 1 \quad (4\text{-}2\text{-}15)$$

单位沉降量 S_i（mm/m）：

$$S_i = \frac{\sum \Delta h_i}{h_0} \times 1000 \quad (4\text{-}2\text{-}16)$$

各级荷载下变形稳定后的孔隙比 e_i：

$$e_i = e_0 - (1+e_0) \times \frac{S_i}{1000} \quad (4\text{-}2\text{-}17)$$

某一荷载范围的压缩系数 a（MPa^{-1}）：

$$a = \frac{e_i - e_{i+1}}{P_{i+1} - P_i} \quad (4\text{-}2\text{-}18)$$

某一荷载范围内的压缩模量 E_s（MPa）：

$$E_s = \frac{P_{i+1} - P_i}{(S_{i+1} - S_i)/1000} \times \frac{1+e_i}{1+e_0} \quad (4\text{-}2\text{-}19)$$

压缩指数 C_c：

$$C_c = \frac{e_i - e_{i+1}}{\lg P_{i+1} - \lg P_i} \quad (4\text{-}2\text{-}20)$$

为了便于应用和比较，通常采用压缩系数 a_{v1-2} 来评定土的压缩性。

表 4-2-11 为固结压缩试验结果。根据表 4-2-11 计算结果，按压缩系数 a_{v1-2} 来评价土的压缩性，$0.1\text{MPa}^{-1} \leqslant a_{v1-2} < 0.5\text{MPa}^{-1}$，则除 2 号斜井的土样外，其余斜井都属于低压缩性土（表 4-2-12）。从现场取样来看，T2 确实较其余的斜井土样松散，压缩系数自然较高些。进行数值计算时需要地层的弹性模量 E 和泊松比 μ，需要由无侧限抗压试验或者三轴试验测出。但因为土样的特殊性，不能够取得无侧限抗压试验和三轴试验的试样，而土的弹性变化时间很短，土的变形绝大部分由土的弹塑性变形构成。这里进行压缩模量 E_s、变形模量 E_0 的换算，并为数值计算提供一定的参考依据。

固结试验结果 表 4-2-11

土样编号	孔隙比 e_1	压缩系数 a_{v1-2}（MPa^{-1}）	压缩指数 C_{c1-2}	压缩模量 E_s（MPa）
T0-1	0.423	0.072	0.024	19.899
T0-2	0.381	0.061	0.020	22.887
T1-1	0.400	0.066	0.022	15.196
T2-1	0.418	0.122	0.041	11.663
T2-2	0.423	0.124	0.041	11.526
T4-1	0.357	0.075	0.025	18.416
T4-2	0.352	0.071	0.024	19.315

按照压缩性分类　　　　　　　　　　　　　　　　　　　　表 4-2-12

a_{v1-2}	评价
$a_{v1-2}<0.1\text{MPa}^{-1}$	低压缩性土
$0.1\leq a_{v1-2}<0.5\text{MPa}^{-1}$	中压缩性土
$a_{v1-2}\geq 0.5\text{MPa}^{-1}$	高压缩性土

当假定隧道围岩为理想弹性体时,在理论上二者可按理论公式进行换算。
理论公式如下:

$$E_o = \beta E_s = \left(1 - \frac{2\mu^2}{1-\mu}\right) \times E_s \tag{4-2-21}$$

根据《岩土工程试验监测手册》中提供的部分砂质土泊松比参考值 0.32~0.39,分别计算出来由理论公式所确定的变形模量 E_0,见表 4-2-13。变形模量值与岩土工程勘察规范提供的变形模量对比见表 4-2-14,表中还给出了变形模量的经验值。

各个斜井土样 E_s 与计算 E_o　　　　　　　　　　　　　　表 4-2-13

类　别	T0-1	T0-2	T1-1	T2-1	T2-2	T4-1	T4-2
泊松比 μ	0.32~0.39	0.32~0.39	0.32~0.39	0.32~0.39	0.32~0.39	0.32~0.39	0.32~0.39
参数 β	0.50~0.70	0.50~0.70	0.50~0.70	0.50~0.70	0.50~0.70	0.50~0.70	0.50~0.70
压缩模量 E_s	19.90	22.89	15.20	11.66	11.53	18.42	19.32
变形模量 E_o 理论值	9.98~13.91	11.47~15.99	7.62~10.62	5.85~8.15	5.78~8.05	9.23~12.87	9.68~13.50

变形模量值对比　　　　　　　　　　　　　　　　　　　　表 4-2-14

围岩级别	变形模量(MPa)		
	规范	试验	经验值
Ⅵ(密实)	2.5~7	5~16	10~14

由表中可以看出,理论公式系数 β 是由泊松比 μ 控制,β 小于 1,通过试验数据由理论公式计算出来的变形模量比规范和何广纳学者得到的变形模量大,但是与经验值接近。另外,理论公式中的压缩模量和变形模量的关系是建立在弹性阶段来讨论的,而土体并非理想的弹性体,因此对于变形模量的取值还需要进一步的研究,运用在工程中和数值理论计算中时还需要结合适合的经验进行参考。

3) 单轴抗压强度试验

本次试验需要对弱成砂岩在 5 个不同含水率条件下的单轴抗压强度进行测定,试件含水率调节过程如图 4-2-11 所示。利用五联蠕变压缩仪测定所有试件的蠕变特性和单轴抗压强度(图 4-2-12)。试验目的是获得弱成砂岩在不同含水率情况下的单轴抗压强度,以便为蠕变试验应力加载等级提供参考。将试件分成 5 个含水率等级,分别为干燥情况,含水率 2%、5%、8%、12%。每个含水率等级做 3 组试验,最后将试验数据取平均值。

图 4-2-11 试件含水率调节过程

图 4-2-12 五联蠕变压缩仪实物图

为了让试件中各个位置含水率均匀一致,将试件在玻璃容器中放置 12h 以上,在这期间,还要将试件上下倒置一次。由于包裹在试件周围的手帕纸吸收了底部细砂的水分,这使得整个试件周围均处于润湿状态。12h 之后,将玻璃容器中的试件拿出称出试件的含水质量 m_w,砂岩试件含水率用如下公式表示:

$$w_i = \frac{m_w - m_s}{m_s} \tag{4-2-22}$$

式中:w_i——待测试件含水率;

m_w——待测试件总重;

m_s——该试件烘干之后的质量。

2.3 试样暴露时间与物理力学性质的关系

富水砂层地层开挖支护时机很短,防止围岩过度变形而失去围岩自承载能力,需要考虑到围岩开挖暴露时间与其围岩物理力学性质之间的关系,由此设计了围岩关于时间的物理力学性质的关系试验。这里主要考虑时间对于围岩的含水率、密度、剪切强度参数以及压缩模量的影响。以某新建铁路隧道具有典型深厚富水砂层特性的斜井作为试验洞,取足够量的土样并分别进行暴露,暴露时间分别为 0h、2h、4h、6h、8h、10h,暴露环境温度为 27℃。取暴露时间不同的土样进行含水率试验、密度试验、剪切试验以及固结试验。讨论其暴露时间对于 H3 斜井土样的影响关系,并且能够对于数值模拟和施工决策提供数据。土样根据暴露时间的不同编号分别为 H3-0h、H3-2h、H3-4h、H3-6h、H3-8h、H3-10h。以下分别讨论试验土样的含水率、密度、剪切强度参数以及压缩模量 4 个参数与时间之间的关系。试验土样如图 4-2-13 所示。

2.3.1 物理参数与时间的关系

1)含水率与暴露时间的关系

各个暴露时间不同的土样的含水率的试验数据见表 4-2-15,含水率与暴露时间的关系曲线如图 4-2-14 所示。

图 4-2-13 暴露时间不同的试验土样

暴露时间不同的土样含水率 表 4-2-15

土样编号	试样编号	试样烘干质量 $m_s(g)$	原试样含水质量 $m-m_s(g)$	计算含水率 $w(\%)$	平行误差绝对值 $\Delta w(\%)$	试验含水率 $w(\%)$
H3-0h	H3-0h-1	44.99	5.40	12.00	0.09~0.18	12.09
	H3-0h-2	47.38	5.73	12.09		
	H3-0h-3	39.89	4.86	12.18		
H3-2h	H3-2h-1	36.31	4.23	11.65	0.20~0.81	11.99
	H3-2h-2	36.91	4.60	12.46		
	H3-2h-3	43.30	5.13	11.85		
H3-4h	H3-4h-1	49.12	5.63	11.46	0.01~0.55	11.65
	H3-4h-2	52.12	6.26	12.01		
	H3-4h-3	49.67	5.70	11.48		
H3-6h	H3-6h-1	53.76	5.91	10.99	0.17~0.45	11.03
	H3-6h-2	50.39	5.68	11.27		
	H3-6h-3	41.78	4.52	10.82		
H3-8h	H3-8h-1	52.22	5.50	10.53	0.05~0.33	10.61
	H3-8h-2	57.35	6.01	10.48		
	H3-8h-3	48.96	5.29	10.80		
H3-10h	H3-10h-1	45.65	4.38	9.59	0.11~0.29	9.73
	H3-10h-2	48.53	4.71	9.71		
	H3-10h-3	53.71	5.31	9.89		

试样的初始含水率为 12.09%,经过 10h 的暴露,含水率变为 9.73%,相差 2.36%。并且时间与含水率的关系趋势为:暴露时间越长,则土样含水率越低。

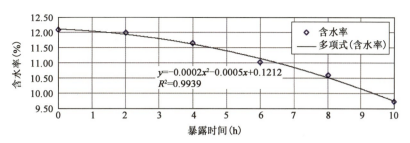

图 4-2-14　含水率与暴露时间关系曲线

2）密度与时间的关系

各个暴露时间不同的土样的密度的试验数据见表 4-2-16，密度与暴露时间的关系曲线如图 4-2-15 所示。

密度—时间试验结果　　　　　　　　　　　　　　　　表 4-2-16

土样编号	H3-0h	H3-2h	H3-4h	H3-6h	H3-8h	H3-10h
密度（g/cm³）	2.13	2.129	2.106	2.092	2.076	2.048

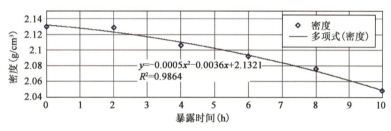

图 4-2-15　密度—时间关系曲线

由图中可以看出，密度与时间的关系与含水率对于暴露时间的变化关系一致，即暴露时间越长，土样的密度越小。这主要是由于土样中的水分蒸发所致。初始土样密度为 2.13g/cm³，经过 2h 的室内暴露，密度变化不大，为 2.129g/cm³。

颗粒密度一般与暴露时间的长短没有直接关系，所以，不考虑颗粒密度与暴露时间的关系。现按照常规室内试验得到 H3 的颗粒密度，H3 的颗粒密度试验过程及试验数据不再赘述。以各暴露时间下测定的土样密度、含水率来计算得出各个暴露时间下的土样的物理参数，见表 4-2-17。

暴露时间不同的土样物理参数　　　　　　　　　　　　表 4-2-17

土样编号	密度 ρ （g/cm³）	含水率 w （%）	颗粒密度 ρ_s （g/cm³）	孔隙比 e	孔隙率 n （%）	饱和度 Sr （%）	饱和密度 ρ_{sat} （g/cm³）	干密度 ρ_d （g/cm³）	有效密度 ρ' （g/cm³）
H3-0h	2.130	12.09	2.601	0.368	26.93	85.32	2.170	1.900	1.170
H3-2h	2.129	11.99	2.601	0.368	26.90	84.75	2.170	1.901	1.170
H3-4h	2.106	11.65	2.601	0.379	27.47	80.01	2.161	1.886	1.161
H3-6h	2.092	11.03	2.601	0.380	27.55	75.45	2.160	1.884	1.160
H3-8h	2.076	10.61	2.601	0.386	27.83	71.56	2.155	1.877	1.155
H3-10h	2.048	9.73	2.601	0.393	28.23	64.33	2.149	1.866	1.149

由表 4-2-17 可以看出,土样除颗粒密度以外的各类密度与时间的变化还是遵循暴露时间越长,密度越小的主线。主要原因就是随着时间增加,土体中水分逐渐蒸发,所以总的土样的质量减小,导致了土样的密度下降。而孔隙比定义为土样中孔隙体积与土颗粒体积的比值,从土样的时间与孔隙比曲线中可以看出,土样的孔隙比随时间的增加而变大(图 4-2-16)。饱和度定义为土体孔隙中水占的体积与土体总的孔隙体积的比值。由时间与饱和度的关系曲线可以看出,暴露时间越长,则土体的饱和度越低,这与土样的含水率、密度变化规律一致(图 4-2-17)。因此,可以推论,土体中由于时间变化而使得土体物理参数变化的最主要的因素是土体中水分随时间的变化而蒸发所引起的。

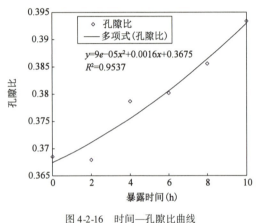

图 4-2-16 时间—孔隙比曲线

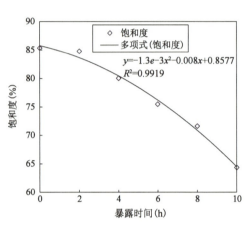

图 4-2-17 时间—饱和度关系

2.3.2 强度力学参数与时间的关系

1)抗剪参数与暴露时间的关系

土样强度参数与时间关系的试验结果见表 4-2-18。

土样强度参数—时间关系试验结果　　表 4-2-18

土样编号	H3-0h	H3-2h	H3-4h	H3-6h	H3-8h	H3-10h
内摩擦角(°)	53.59	51.14	51.32	49.53	48.34	46.12
黏聚力(kPa)	12.62	0.38	2.8	7.86	22.62	32.91

由土样的试验结果(表 4-2-18)可知:

(1)试样内摩擦角的变化范围是 46.12°~53.59°。黏聚力变化范围是 0.38~32.91kPa。

(2)由时间与抗剪强度参数曲线来看,各个土样的黏聚力均可以通过二次方程拟合,拟合方程为 $y = 0.072x^2 - 4.76x + 10.47$, $R^2 = 0.95$(图 4-2-18)。从拟合曲线来看,暴露时间 $x = 3$ 左右时是黏聚力发生变化的关键点。从前面的研究中得出,含水率随着时间的延长而减小,分析认为,$x = 3$ 时刻左右的含水率即该时刻对应的含水率是试样黏聚力最小的时候,往后,随着时间延长,含水率下降,黏聚力逐渐增加。而内摩擦角与时间则呈现递减的关系。即随时间的增加,内摩擦角的值在变小,但变化范围为 46.12°~53.59°(图 4-2-19),变化绝对值不大。

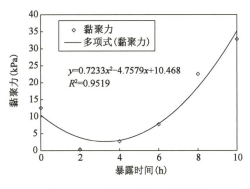

图 4-2-18　时间—黏聚力关系曲线

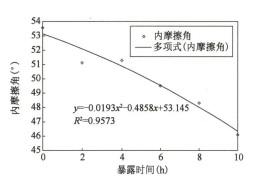

图 4-2-19　时间—内摩擦角曲线图

2）压缩模量与时间的关系

各级暴露时间不同的土样压缩模量试验数据见表 4-2-19，各级暴露时间下的土样 e-$\log P$ 曲线如图 4-2-20 所示，各级暴露时间下土样压缩系数—压力曲线如图 4-2-21 所示，各级压力荷载下的压缩系数、压缩模量与时间的关系曲线分别如图 4-2-22、图 4-2-23 所示。

暴露时间不同的土样抗剪参数　　表 4-2-19

土 样 编 号	压缩系数 a_{v1-2}（MPa^{-1}）	压缩指数 C_{c1-2}	压缩模量 E_{s1-2}（MPa）
H3-0h	0.064	0.021	21.505
H3-2h	0.088	0.029	15.625
H3-4h	0.082	0.027	16.807
H3-6h	0.070	0.023	19.608
H3-8h	0.072	0.024	19.231
H3-10h	0.075	0.025	18.692

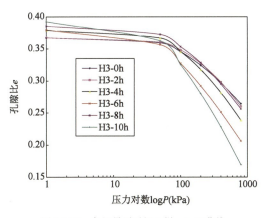

图 4-2-20　各级暴露时间土样 e-$\log P$ 曲线

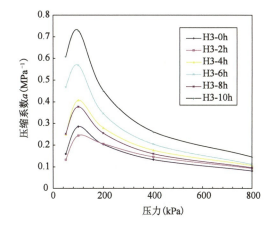

图 4-2-21　各级暴露时间土样压缩系数—压力曲线

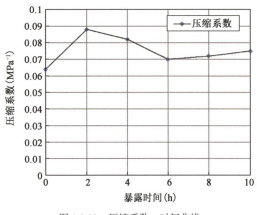
图 4-2-22　压缩系数—时间曲线

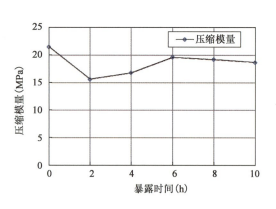
图 4-2-23　压缩模量—时间曲线

由以上图表可以看出：

(1) 土样的压缩曲线与常规的压缩曲线类似，随着压力的增大，孔隙比减小。孔隙比变化从初始的 0.37 左右，随着压力增加，逐渐变小，最小变化到 0.26，最大的变化到 0.16，相差近一倍。e-$\log P$ 曲线都是在 100kPa 附近产生了突变，且随着暴露时间的增加，土样的 e-$\log P$ 曲线呈现出逐渐变陡的趋势。也就是单位压力下孔隙比变化率增大。

(2) 所有土样的压缩系数曲线都在 100kPa 处反弹增加，以后则逐渐放缓。从图上可以推测，随着压力的增大，土样的压缩系数终将趋近于 0。各土样的压缩系数与暴露时间没有直接关系，各级暴露时间下的压缩模量 E_{s1-2} 变化范围在 21.5~15.62MPa，与时间的延长未显示太大关联。

第 3 章

深厚富水砂层隧道围岩失稳机理研究

深厚富水砂层受地下水影响明显,在兰渝铁路桃树坪、胡麻岭、马家坡等隧道工程实践中,随着含水率的增加,围岩逐步由汗状渗水转变为流塑状围岩变形挤出、涌水流砂,隧道围岩自稳能力显著降低,在施工扰动下,极易出现振动液化、拱脚失稳、衬砌开裂等风险。针对深厚富水砂层隧道围岩失稳机理的研究,有助于进一步采取合理防控措施。

3.1 掌子面汗状渗水

含水率达到 11% ~ 16% 时围岩由固态向塑态转变。围岩开挖后受地下水补给在 5 ~ 20min 内产生发汗状渗水,汗状渗水状态如图 4-3-1 所示,渗水影响围岩表面软化为流泥状,渗水持续汇积于断面下方,围岩受渗水浸泡软化,断面持续层层剥离。

图 4-3-1　汗状渗水状态

3.1.1　汗状渗水机理

受高水位的影响,深厚富水砂层开挖后普遍存在汗状渗水,围岩开挖后基本在 5 ~ 20min 内产生发汗性渗水,在渗水影响下围岩表面由湿润状态逐渐泥化,随渗水一起汗状流淌。

围岩未开挖前,富水粉细砂围岩孔隙水处于各向压力平衡状态或动水稳定渗流状态;土体颗粒也可以看作是各向压力平衡的结构稳定状态,颗粒间通过接触点有效压力维持结构稳定平衡,如图 4-3-2 所示。

围岩在开挖后,临空面随之产生,破坏了围岩的原始状态,在临空面上产生汗状渗水,原因有以下两点。

1) 临空面破坏了土体颗粒间的压力平衡状态

临空面产生后,越趋向于临空面的土颗粒越趋近于松散状态,临空面位置土体颗粒间法向有效应力 σ 陡降为 0。这时如果没有孔隙水的渗流,临空面土颗粒间相互空间结构的稳定主要靠临空面孔隙水液面表面张力维持,土颗粒在孔隙水液面表面张力的作用下附着在临空面表面,土颗粒间由于骨架支点作用相互支撑嵌合,临空面表面的土颗粒才没有松散脱落。

2) 临空面破坏了孔隙水的稳定渗流或静水压力平衡状态

临空面产生后,临空面位置土颗粒间初始孔隙水压力 u 陡降为 0,与近距离位置土颗粒间孔隙水压力形成压力差,孔隙水在压力差作用下向临空面方向流动,孔隙水的流动造成近距离位置土颗粒间孔隙水压力随之降低,直至更远距离土颗粒间孔隙水在压力差作用下向临空面方向流动,形成临空面渗水的条件,即水力梯度。不同距离位置孔隙水渗流压力可以表示为:

$$\Delta u = f(u,k,I)\Delta L \tag{4-3-1}$$

式中:u——初始孔隙水压力;

k——渗透系数;

I——水力坡度,$I = h/L$(h 为水头损失,L 为渗流路径长度);

ΔL——距临空面距离。

孔隙水在水力梯度作用下从临空面上不断渗出,临空面渗水的不断积累,造成临空面位置土颗粒间相互支撑嵌合力不再受孔隙水表面张力作用维持,土颗粒在自身重力及渗流压力 Δu(土颗粒表面不平衡孔隙水覆盖压力)作用下开始脱落,悬浮于临空面渗水中,形成临空面液化区,如图 4-3-3 所示。

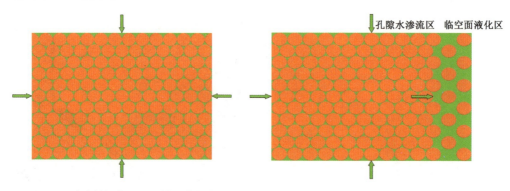

图 4-3-2　富水粉细砂地层土颗粒原始状态　　　图 4-3-3　富水粉细砂地层汗状渗水后状态

随着临空面液化区不断向土体内部深入发展,临空面液化区所受重力作用大于液化区表面张力后,临空面液化区持续或间断向下流淌,形成汗状渗水。

3.1.2　汗状渗水条件

围岩开挖后砂层发生汗状渗水,必须具备一定的特殊工程地质条件。根据线性渗流定律,即达西定律：

$$v = kI \tag{4-3-2}$$

式中：I——水力坡度，$I = h/L$（h 为总水头损失，L 为渗流路径长度）；

k——渗透系数。

这个定律说明水通过多孔介质的速度与水力梯度的大小及介质的渗透性能成正比。由此可见，砂土形成汗状渗水必须同时具备两个基本条件。

1）低渗透性

围岩孔隙水在水力梯度作用下产生渗流，能够形成汗状渗水的必要条件就是围岩的低渗透性，围岩的低渗透性才能形成孔隙水的在土颗粒间的低流动速度，才能形成汗状渗水状态。

2）高水力梯度

根据达西定律可知，水在单位时间内通过多孔介质的渗流速度与渗流路径长度 L 成反比，与总水头损失 h 成正比。地下水在土体孔隙中渗透时，由于渗透阻力的作用，沿程必然伴随着能量的损失。因此，孔隙水在低渗透性土体的孔隙中渗流时，必须要存在一定的水力梯度，形成足够的渗流压力 Δu 去克服渗流阻力。

3.1.3 汗状渗水特性

深厚富水砂层围岩具有高水位、低渗透性的特殊工程地质条件。围岩性质为弱胶结粉细砂岩，经过物性试验得出，含水率为 11.8% ~ 15.6%，孔隙比为 0.36 ~ 0.48，黏粒含量为 8% ~ 22%，渗透系数在 2.0×10^{-4} ~ 5.2×10^{-5} 之间，土层具有低渗透性；水位在隧道拱顶上方约 40m，高水位为地下水在低渗透性富水粉细砂岩地层中渗流提供了可能。因此，在深厚富水砂层施工过程中，汗状渗水状态普遍存在。

根据对深厚富水砂层汗状渗水特性的研究，可以把汗状渗水分为 3 个阶段。

1）渗流准备阶段

在围岩开挖后产生临空面，围岩应力状态重新分布；受机械设备及施工人员施工作业影响，土层原始状态被破坏，近临空面区域围岩土层受扰动，土颗粒间有效应力及孔隙水压力突然降低；同时围岩临空面暴露，在短时间的水和空气的风化作用影响下，临空面位置围岩含水率会有所变化。

因此，在渗流准备阶段，是汗状渗水条件形成的准备时期。在该阶段内，孔隙水在水力梯度作用下，克服围岩应力重分布、土层扰动及临空面短暂风化作用的影响，形成孔隙水渗流区，并产生符合临空面汗状渗水条件的渗流压力 Δu，直至临空面孔隙水渗出，临空面处于湿润状态。该阶段需要 2 ~ 5min，如图 4-3-4 和图 4-3-5 所示。

2）稳定渗流阶段

在围岩孔隙水渗出，临空面开始湿润后，围岩中孔隙水在渗流压力 Δu 作用下开始进入稳定渗流状态。在渗水影响下临空面表层粉细砂颗粒逐渐脱落，与渗水融合，临空面表面由湿润状态逐渐转化为流泥状态，流泥呈汗状流淌。

图 4-3-4　富水粉细砂地层开挖结束时状态　　　图 4-3-5　富水粉细砂地层临空面开始湿润

在稳定渗流阶段,是汗状渗水的稳定渗流时期。在该阶段内,孔隙水在水力梯度作用下不断渗流,随着临空面渗水的不断积累,造成临空面位置土颗粒在自身重力及渗流压力 Δu 作用下开始脱落,形成临空面液化区。临空面液化区不断扩大的同时,不断向土体内部深入发展;同时在重力的作用下临空面下方渗水更多,液化区发展更快。临空面液化区在该阶段内持续或间断性向下流淌。

该阶段持续 5~20min,如图 4-3-6 所示。

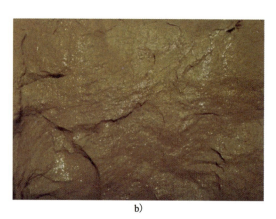

a)　　　　　　　　　　　　　　　　　b)

图 4-3-6　富水粉细砂地层稳定汗状渗水

3) 渗水破坏阶段

临空面液化区呈持续或间断向下流淌,汇集于断面下方,围岩受渗水浸泡不断软化,由固态向流塑态转变,临空面下方围岩抗剪强度不断降低,围岩滑动面破裂趋势不断向掌子面前方发展,造成断面围岩持续层层剥离塌落,施工条件开始恶化,进入渗水破坏阶段,如图 4-3-7 所示。

3.1.4　汗状渗水危害

在饱和富水砂层施工中,掌子面开挖后出现汗状渗水,渗水影响围岩表面软化为流泥状,渗水持续汇积于断面下方,造成围岩进一步恶化,围岩受渗水浸泡软化,断面围岩持续层层剥离;汗状渗水开挖断面喷射混凝土黏结性差、回弹率增高;渗水不断汇集于作业面下方,造成施工不便;开挖支护施工过程中,断面可能随时垮塌,造成开挖、支护施工困难等。因此,汗状渗水为富水粉细砂地层水害之一。

图 4-3-7　断面围岩受渗水浸泡失稳剥落

3.1.5　汗状渗水治理方案

根据现场施工情况,针对富水粉细砂地层高水位、低渗透性的特点,采用注浆技术不能从根本上解决高水位的问题,同时由于粉细砂地层的低渗透性浆液不能有效均匀扩散。因此,降水工作是解决富水粉细砂地层渗水的核心。通过理论分析和现场试验研究、总结、优化,综合确定洞内洞外两部分降水方案。

1)洞内降水短距离围岩疏干

洞内采用掌子面超前水平真空降水,对作业面前方渗水超前疏干;分部台阶斜向轻型井点降水,对开挖轮廓线外及初期支护未封闭段落区域降水;隧底竖直重力式深井负压降水,降低隧底区域水位和疏干围岩,做到仰拱施工在无水状态下进行。

2)洞外降水长距离围岩疏干

洞外采用地表降水深井,超前对正洞线路正前方围岩进行降水,降低隧道线路区域地下水位,长距离疏干围岩,改善施工条件。

3.2　流塑状围岩变形挤出

含水率达 16%～30% 时围岩转变为流塑状。围岩在开挖后极易产生流塑状态从掌子面或初期支护背后滑出或挤出,形成初期支护背后空洞和巨大的掌子面纵向变形,流塑状态如图 4-3-8 所示。

3.2.1　流塑状态产生机理

1)概念

土体含水率超过塑限值时,由固态变成半固态、可塑状态或流动状态,土体本身抗剪强度骤失,丧失自稳能力,在重力或压力作用下呈塑态或液态流动的现象。

图 4-3-8 流塑状态

2)机理

当地层结构、岩性及水文地质条件都具备的情况下,砂土的抗剪强度 τ 与作用在剪切面上的法向应力 σ 和内摩擦角 φ 有关。渗流在土体孔隙中流动产生动水压力 G_d,当其与有效压力 P 方向相反时,土的抗剪强度减小,即:

$$\tau = \sigma\tan\varphi = (P - G_d)\tan\varphi \tag{4-3-3}$$

式中:τ——土的抗剪强度;

σ——作用于剪切面上的法向应力;

φ——内摩擦角;

G_d——动水压力,是地下水因渗流对土单位体积内颗粒骨架产生的压力,$G_d = I \cdot \gamma_w$,其中,γ_w 为水的重度(kN/m^3),I 为水力坡度。

当动水压力 G_d 不断增大趋近于有效压力 P 时,$G_d \rightarrow P$,土的抗剪强度也趋近于 0,即 $\tau \rightarrow 0$。此时,土体含水率达到塑限,土体在重力或压力作用下由固态转变为塑态,即发生塑态流动。

当动水压力 $G_d = P$ 时,土的抗剪强度 $\tau = 0$。此时,土体含水率达到液限,土颗粒呈现为悬浮状态,土体在重力或压力作用下由塑态转变为液态,即发生液态流动。

3.2.2 流塑状态形成条件

流塑态是砂土在动水压力的作用下,含水率达到塑限或液限后,土体在自重或压力作用下形成的。流塑态形成须同时具备以下条件:

(1)地层为砂性土,如细粒、松软的砂土及粉细砂等。

(2)位于地下水位以下,水压作用下形成动水压力的条件,土体中含水率进而随之变化,达到饱和状态。

当砂性土地层同时具备上述条件时,动水压力大于有效压力,土体抗剪强度急剧下降,饱和砂土在自重或侧向水压力(或者附加荷载)的作用下与水一起发生流动,就形成流塑态。

3.2.3 流塑状态形成因素

隧道开挖后围岩经过扫描电镜、变形监测以及松动圈测试研究表明,富水粉细砂岩地层流塑状态形成原因主要是地下水的渗流条件与围岩应力状态变化引起的岩石微观结构变化,包括地下水渗流与黏土矿物流失、颗粒骨架松脱变形以及岩石结构性扩容3个部分。

1)渗流与黏土矿物流失

天然状态下粉细砂地层中地下水的渗流条件与水压力平衡状态发生变化,产生水压力差及水力梯度,促使孔隙水向洞内渗透,形成渗流作用。除孔隙静水压力外,由于水力梯度变化增大了动水压力,加剧了地下水的渗流,黏土矿物流失导致孔隙与含水率增大。

分别取天然状态与开挖后渗流作用过的粉细砂土样,通过扫描电镜观察粉细砂结构(图4-3-9、图4-3-10)。天然状态的砂粒表面粗糙,胶结物呈蜂窝状,典型的蒙脱石具卷边的弯曲薄片状晶型,并常叠置成花朵状;而开挖后渗流作用过后颗粒表面光滑,颗粒间以黏土矿物为主的胶结物含量明显减少,孔隙率与含水率增大,粉细砂结构趋于疏松,土体强度与稳定性显著变差,极易发生流塑变形。

图4-3-9 天然状态粉细砂结构 (×200SE) 　　图4-3-10 渗流作用后粉细砂结构 (×200SE)

2)颗粒骨架松脱变形

隧道开挖改变了原有的地下水渗流条件,引起岩体的含水率明显增大,使围岩稳定性迅速变差,破坏了富水粉细砂地层的初始应力状态,围岩自重应力的调整引起初期支护与围岩变形,形成了松动圈(图4-3-11)。松动圈测试结果显示,拱腰至边墙范围松弛带的厚度为1~4m,松动圈最大厚度为6~8m。松动圈内围岩变形除了渗流作用导致的孔隙率增大,主要是粉细砂中颗粒骨架松动变形、松胀扩容,致使岩石结构破坏,岩体纵波速度大大降低,含水率增大,粉细砂地层强度降低,自稳能力丧失,因此易产生流塑状态。

3)岩石结构性扩容

富水粉细砂地层属于极软岩,隧道开挖后围岩应力调整往往在边墙部位产生一系列平行的中陡或陡倾剪切裂隙,即劈裂现象较多,是结构性扩容的一种,裂隙的发育加剧了地下水渗流,围岩含水率逐渐增大,形成流塑状态的条件,这也是富水粉细砂地层原始地质结构破坏与变形的机理之一。

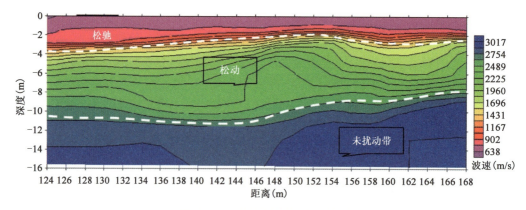

图 4-3-11　左拱腰断面波速分布及解译

3.2.4　流塑状态危害

饱和富水砂层,由于水位高、土质软、强度低,隧道施工过程中常会形成流塑态挤出。随着地下水作用方向不同,以及工程实际水文地质条件,流塑态围岩常发生在掌子面前方、开挖轮廓面以及初期支护背后等位置。流塑状围岩从掌子面或初期支护背后流塑状挤出,常出现边挖边流的现象,造成开挖及支护无法施工;围岩流出形成初期支护背后空洞,易引起初期支护变形沉降等现象,如图 4-3-12 和图 4-3-13 所示。因此,富水粉细砂地层流塑状态为富水粉细砂地层水害之一,直接影响到施工的安全、进度、效益。

图 4-3-12　掌子面流塑状态造成开挖困难

图 4-3-13　流塑状态造成掌子面初期支护背后空洞

3.2.5　流塑状态围岩治理技术

流塑地层具有高压缩性、高灵敏度、低强度等特点,易产生蠕动现象,该地层渗透系数又小,通常认为不能注浆或注浆施工非常困难的地层,采用劈裂注浆,通过合理调整注浆压力、浆液的配比、注浆范围来解决。

饱和富水砂层施工中,隧道开挖支护前采用综合降水辅助施工措施,但水文地质条件复杂多变,当隧道综合降水施工未能有效发挥作用时,围岩受地下水影响常迅速转化或流塑状态。

因此,应选择科学合理辅助施工措施解决富水粉细砂地层流塑状态的难题,施工中应采取超前浅孔、深孔或帷幕注浆加固技术,改善地层条件,提高地层自稳能力。

3.3 围岩涌水流砂

在施工过程中,时常遇水囊、溶腔、岩溶通道或地下河时,会突然间形成涌水流砂不良地质状况(图4-3-14),造成后方初期支护破坏、机械设备损坏、人员伤害,甚至引起变形或塌方,施工受阻。

图4-3-14 涌水流砂

3.3.1 涌水流砂机理

涌水流砂是在地下工程施工中,因自然因素或人为因素造成含水层中的地下水携带泥砂从作业面大量涌出的地质灾害。涌水流砂不但常见,而且突发性强,危害巨大、防治困难。

1)涌水流砂类型

(1)按形成突涌地质条件,可以分为向斜盆地形成的储水构造,断层破碎带、不整合面和侵入岩接触面,岩溶通道、地下河,其他含水构造、含水体等。

(2)按突涌水源,可分为潜水突涌、承压水突涌。

潜水突涌是指水潜含于地表覆盖层可溶性围岩或土体中,施工时受重力影响,由高处向低处渗流,经过地下水通道形成突涌。

承压水突涌是指到承压作用的充满两个隔水层之间含水层中的地下水,在施工过程中,不透水层或低渗透性地层在厚度减小到一定程度时,承压水的水头压力冲破临空面形成突涌。

(3)按突涌范围可分为局部涌水流砂、大范围涌水流砂。

局部涌水流砂是指在作业面局部部位产生涌水流砂,空间影响范围有限,不影响整体施工,处理的难度相对较小。

大范围涌水流砂是指在较大作业面范围产生的涌水流砂,其空间影响范围较大,影响整体施工,处理的难度极大。

(4)按突涌时间可分为瞬时性涌水流砂、持续性涌水流砂。

瞬时性涌水流砂量较小,时间短,突涌后不会产生持续性灾害,便于采取相应处理措施。

持续性突水涌砂具有延续性,水砂呈不间断或间歇性流出,处理时易受到干扰破坏,处理难度较大。

(5)按涌水流砂位置可分为拱顶涌水流砂、掌子面涌水流砂和基底涌水流砂。

2)涌水流砂机理

(1)模拟试验设计

根据富水粉细砂地层水文地质、工程地质条件特点,把现场涌水涌砂的地质模型简化。采用圆柱形容器装满实地采取的砂样模拟含水砂层,利用加压装置模拟含水层的孔隙水压力,在试验容器底部和顶面设置圆形临空面模拟井下钻孔。试验开始前对砂样充分压实,以保证砂体处于弱胶结状态。另外容器底部设有 2 个 0~0.6MPa 的 YCB-100 压力传感器和 4 只量程为 0.6MPa 的水压表。加压装置包括加压水箱、供水水泵、空气泵。水泵给水箱供水,气泵加压,测量装置包括压力传感器、水压表、模拟数字转换器(AD 转换装器)、单片机和打印机。

为保证试验的真实性,样品在隧道施工现场实地采集,共采取 2 种岩样:A 号样为粉细砂,数量 2.0t,取样地点埋深约为 180m,该地层含水丰富,涌水流砂现象频发,具有一定的代表性;B 号样作为试验对照试样,为中砂,数量 1.0t。

模拟试验采用 2 种砂样分别在相同的试验压力下进行,试验过程中控制初始压力为 0.05MPa,最大终压为 0.3MPa,压力增量为 0.05MPa。试验严格按照如下操作步骤进行:①装样:分层装样,充分捣实;②充分饱和:充水并将压力调至预定值,在此压力下强行饱和 2h 以上;③调整到试验压力,并稳定 30min;④打开出砂口,同时进行压力变化、水砂量变化观测;⑤当压力、流砂量趋于零时,一次试验结束。

涌水流砂过程中,水中含砂率大小对事故的危害性至关重要,为此模拟试验对流砂量的变化进行了详细观测记录。图 4-3-15、图 4-3-16 和图 4-3-17 分别为初始试验压力为 0.25MPa 时,粉细砂试样流砂量、水力坡度、水头压力的历时曲线。

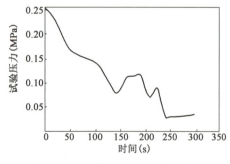

图 4-3-15 粉细砂试验压力变化历时曲线

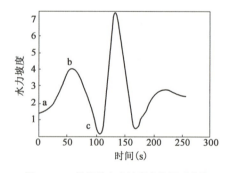

图 4-3-16 粉细砂水力坡度变化历时曲线

从图 4-3-17 中可见,流砂量随时间呈波状间歇性起伏下降。试验压力增高时,该特征越加明显,并且流砂历时过程短,低压力下流砂量变化较小且历时过程较长,这与现场井下实际发生的涌水流砂事故表现出的特点相一致。另外,试验中发现粉细砂试样流砂量远高于中砂的流砂量,说明在粉细砂地层中比中砂地层更容易形成涌水流砂现象。

动水压力是使砂层弱胶结状态破坏并使之移动的本质原因。砂粒最初产生移动所需的动水压力即为临界水力坡度,可见该值的变化具有重要意义。图 4-3-17 中的水力坡度呈尖齿状起伏衰减,最终趋于平稳,这与流砂量变化相一致,说明水力坡度变化控制突砂量的变化。可见同一试验压力下粉细砂产生流砂时的临界水力坡度较小,中砂较高。

不同试验压力下临界水力坡度值见表 4-3-1。

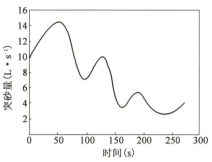

图 4-3-17 粉细砂流砂量变化历时曲线

不同试验压力下临界水力坡度值　　　　　　　表 4-3-1

试样编号	试验压力 (MPa)	曲线上的峰值数据					平均值	总平均值
粉细砂	0.05	2.89	2.85	—	—	—	2.87	3.07
	0.10	3.11	3.04	—	—	—	2.96	
	0.15	3.04	3.04	2.95	2.88	3.03	3.06	
	0.20	3.14	3.14	3.01	—	—	3.14	
	0.25	3.53	3.11	—	—	2.85	3.32	
中砂	0.05	5.02	—	—	—	5.20	—	6.25
	0.15	6.81	5.37	5.11	5.11	5.36	5.73	
	0.20	6.17	6.25	—	—	—	8.17	

(2) 机理分析

从模拟试验所得的初步结果中可以发现,隧道内发生的涌水流砂是一个与多因素相关的复杂的水文地质、工程地质现象。若把研究对象作为一个系统,那么系统的输出即为随时间呈不断衰减的间歇性变化的突水砂量。含水砂层的组成、胶结程度、水头压力、水力坡度、临空面性质都可作为系统要素。综合图 4-3-15 ~ 图 4-3-17 和表 4-3-1 不难发现,三者皆呈周期性间歇式变化的特点,这种间歇性变化过程中,每一个完整的周期内都包含了含水砂层组成、水头压力、水力坡度、突水砂量等有规律的对应变化。其实质是含水层内部能量的聚集、释放循环往复的过程。在一个周期的涌水、流砂过程中,可分成两个阶段:

①第一阶段

该阶段为处于高压状态的含水层在临空面出现的状态下,内部能量释放的过程,表现为出砂口附近水位急速下降,而水力坡度迅速增大。当水力坡度增大到极值点时,涌水流砂亦达到峰值。该阶段以突水涌砂为主。

②第二阶段

该阶段为含水层能量的聚集阶段,表现在水力坡度由大变小,水位回升,突水流砂量逐渐变小。此阶段以流水流砂为主。

当水位恢复到一定程度,又迅速发生突水流砂,开始另一次循环。但由于水位已不可能恢复到原始状态,所以每次循环在程度上、规模上呈不断下降趋势。

根据模拟试验的结果及突砂实际资料调查,涌水流砂发生与否及发生的强度如何,主要取决于砂层颗粒之间的胶结性能、颗粒大小、临空面条件、水力坡度大小。粉细砂层突砂口附近的平均水力坡度($\bar{N}$)是涌水、流砂发生的决定性因素。当 $\bar{N}$ 大于临界水力坡度(I_{cr})时,应判定突水流砂可能发生,发生的规模及危害程度应视砂层厚度而定。根据模拟试验及现场涌水、流砂资料分析,临界水力坡度可按下式计算:

$$I_{cr} = I'_{cr} + c \tag{4-3-4}$$

式中:I_{cr}——临界水力坡度;

I'_{cr}——无胶结松散粉细砂层发生流砂时的临界水力坡度,其值可按马扎林公式计算,即 $I'_{cr} = (d_s - 1)(1 - n) + 0.5n$,$d_s$ 为砂粒的相对密度,n 为空隙度;

c——与砂层性质有关的参数,弱胶结粉细砂岩取 2,黏粒含量大于 10% 时取 3,中砂取 5。

3.3.2 涌水流砂危害

富水粉细砂岩地层在施工过程中,突遇水囊空腔或岩溶通道地下河时,会突然间形成涌水流砂不良地质状况,造成掌子面塌方、后方初期支护变形破坏,甚至导致损坏机械设备和伤害人员等重大事故。支护变形、破坏形态如图 4-3-18 和图 4-3-19 所示。

图 4-3-18 涌水、流砂初期支护开裂破坏

图 4-3-19 涌水、流砂造成临时支护破坏

3.3.3 涌水流砂预防技术

1)超前地质预报

(1)探地雷达(GPR)方法

采用的仪器为 GSSI 公司研发的 SIR3000 超前地质预报系统,该系统主要由主机、天线(本次采用频率为 100MHz 的天线)和电缆组成。

(2)超前探孔

在隧道掘进前方按一定位置和方向布置一定数目的钻孔,探明地下水和工程地质情况,并据隧道探孔的排水流量,判断富水状况,预报掌子面前方涌水流砂的可能性,为确定涌水流砂处理措施提供地质依据。

2）洞内外综合降水

降水工作是解决富水粉细砂岩地层涌水流砂灾害的核心。洞外采用地表降水深井,超前对正洞线路正前方围岩进行降水,降低隧道线路区域地下水位,长距离疏干围岩,改善施工条件。洞内采用斜向、水平及隧底竖向真空型井点降水、疏干围岩,保证施工在无水状态下进行。

3）帷幕注浆技术

饱和富水砂层施工中,因水文地质条件复杂多变,突遇水囊空腔或地下水通道时,会突然间形成涌水流砂。当隧道综合降水施工未能有效发挥作用时,施工中应采取深孔或旋喷注浆加固技术,改善地层条件,提高地层自稳能力。

3.4 其他失稳特征

3.4.1 扰动液化

1）扰动液化的概念

扰动液化是饱和土在动荷作用下由于其原有强度的丧失而转变为一种类似液体状态的现象,它是一种土体强度大幅度骤然丧失的特殊强度问题。处于饱和状态的砂岩(特别是粉细砂、细砂),受到一定强度的振动时,在动荷载的作用下,砂岩有被振密的趋势。这种快速的密实趋势,使砂岩孔隙中的水压力逐渐上升而来不及消散,致使原来由砂粒通过接触点所传递的应力(称为有效应力)减小。当有效应力完全消失时,土的抗剪强度为零,就丧失承载力。这时,土颗粒在失重状态随水漂流。这种在扰动作用下,因孔隙水压力上升使砂岩完全丧失抗剪强度,成为流动状态的现象,称为砂的扰动液化。

地震、爆破、机械振动等均能引起砂土液化,其中尤以地震为广,危害最大。在一般建筑工程中,地基砂土液化可导致建筑物大量沉陷或不均匀沉陷,甚至倾倒,造成极大危害。胡麻岭隧道富水粉细砂地层施工过程中,围岩受机械设备振动、施工人员扰动等人为动荷载的持续影响,饱和粉细砂围岩存在扰动液化现象。

2）扰动液化机理

在饱和粉细砂地层隧道施工中,扰动过程是一个能量加载与传递过程,人员及设备振动就是能量从振源以应力波的形式通过岩土介质向外传播和扩散,导致粉细砂介质质点状态改变,最基本的一点是使之产生位置变动。砂土在扰动作用下,每个颗粒都受到相等的扰动力的反复作用,这种惯性力周期性的反复作用使各颗粒处于运动状态。运动必然使它们之间的相互位置产生调整,以降低其总势能而最终达到稳定状态。如果扰动前砂土呈紧密状态,经过扰动,砂土孔隙度越来越小,但变化不会很大;而扰动前处于疏松状态的砂土,当砂土层位于地下水面以上时,由于孔隙中的气体易排除又可以压缩,砂土也不会液化。而位于地下水面以下的饱和砂土要变得密实就必须排水。通常认为孔隙水是不可压缩的,饱和砂体积减小要求有相应体积的水从孔隙中排出。随着孔隙的减小和水分的排出,疏松砂土将越来越趋于密实,透水性也越来越小。同时,扰动变形需要从孔隙中排出的水来不及排出砂土体之外,必然使孔隙水压力上升,砂粒间有效正应力随之而降低。当孔隙水压上升到使颗粒间有效正应力降为零时,则颗粒完全悬浮于水中,砂体就完全丧失了强度和承载力。其液化形成过程可以用抗剪强度公式简述如下:

砂土在静力条件下的抗剪强度:

$$\tau = \sigma \tan\varphi \quad (4\text{-}3\text{-}5)$$

式中:σ——剪切面的法向应力;

φ——砂土的内摩擦角。

当砂土处于饱水状态时,由于静止孔隙水压力(u)的作用,其有效法向应力将由σ减小到σ_s,$\sigma_s = \sigma - u$。这时的抗剪强度:

$$\tau_f = \sigma \tan\varphi = (\sigma - u)\tan\varphi \quad (4\text{-}3\text{-}6)$$

如果砂土较为松散,在扰动荷载的反复作用下,使颗粒相互紧靠,扰动增密后,对于饱和粉细砂来说,孔隙水不能及时排出,在原来静止孔隙水压力的基础上,产生了附加孔隙水压力(Δu),随着扰动荷载的反复作用,附加孔隙水压力不断积累而逐渐上升,其结果使颗粒间的有效应力降低甚至消失。设附加孔隙水压力为Δu,则有效法向力将进一步减小为:

$$\tau = (\sigma - u)\tan\varphi = (\sigma - u - \Delta u)\tan\varphi \quad (4\text{-}3\text{-}7)$$

式中:Δu——因扰动而产生的附加孔隙水压力;

u——总的孔隙水压力,当$u = \sigma$时,砂土抗剪强度$\tau = \sigma\tan\varphi = 0$。

3)饱和砂岩施工扰动液化现象

在兰渝铁路饱和粉细砂隧道施工中,掌子面开挖后表面软化速度很快,施工时人员、机械对岩体进行了扰动,出现扰动液化现象,围岩扰动后急速弱化,呈流塑状,造成施工难度不断加大,如图4-3-20所示。

a)

b)

图4-3-20 开挖后液化现象

4)饱和砂岩液化特性

在饱和粉细砂岩隧道施工中,扰动过程是一个能量释放与传递的过程,地震振动就是能量从震源以地震波的形式通过岩土介质向外传播和扩散,导致砂岩介质质点状态改变,最基本的一点是使之产生位置变动。地震特性、岩体特征不同,介质内分布的能量密度也不同,所引起的振动及破坏的程度亦不同。砂岩是否发生液化,主要是看振动在多大程度上面改观了砂岩的性状,以及砂岩自身的土水平衡体系。砂的颗粒越粗,黏粒越多,动力稳定性越高,黏土与巨粒土这两极不易液化,而处于中间的粉细砂有可能发生液化,随着荷载的施加砂岩颗粒骨架有趋于紧密的趋势,这使得试样中的超静孔隙水压力逐渐上升,外部荷载的能量逐渐转移到水体中,使得水体处于受压状态。

5) 液化判别的方法

液化判别的方法有很多种,主要方法如下:

(1) 根据地下水位、黏粒含量、沉积年代等因素判断。

(2) 根据原位试验、室内试验及理论计算方法。原位试验方法主要将试验得到的标贯锤击数、静力触探的贯入阻力、剪切波速与规范推荐的经验公式计算的可液化结果进行对比,该法依赖于原位试验结果的准确性和经验公式的可靠性;室内试验主要是利用动三轴或动直剪实验,得到循环次数和频率一定时(循环次数和频率根据地震烈度取值)土体的抗液化强度,该法主要受到土样扰动和荷载波型模拟的影响;理论计算包括总应力法和有效应力法,总应力法不考虑孔压的影响,直接计算地震在土中引起的剪应力,而有效应力法则考虑孔压的增长和消散,可计算地震历时的孔压值。

6) 液化原因分析

影响液化的原因有以下几个方面:

(1) 黏粒含量。细砂较粗砂容易液化,细砂容易液化的主要原因是其透水性差,当黏粒含量超过表 4-3-2 的限制时,即不发生液化。

液化时黏粒含量界限值　　　　表 4-3-2

地震烈度	黏性粒径小于 0.005mm 的含量(%)
7	10
8	13
9	16

(2) 地下水位影响。对下水位浅时较地下水位深时容易液化。对于砂土,一般地下水位小于 4m 时容易液化,超过此水位则不发生液化。

(3) 土层液化深度。

(4) 动荷载影响。除天然地震外,人类工程活动产生的动荷载易使饱和砂土产生超孔隙水压力,而导致其液化。

根据设计文件显示:该段饱和弱成砂岩最小黏粒含量为 6%,平均黏粒含量为 9%,细度模数为 0.7,渗透系数为 10^{-5} m/s,地震等级按照 7 度(烈度)设防,按照影响液化因素分析,黏粒含量在液化范围内,饱和砂岩地下水位小于 4m,且受施工过程中的扰动作用,超静孔隙水压力突现,致使土水体系内有效应力下降,抗剪强度降低,砂岩维持自身形状的能力下降,就造成了液化现象,固态砂岩显示出液态性状。扰动液化给隧道施工造成平衡拱失稳,初期支护变形、开裂,土体呈流塑状流淌,最后造成隧道塌方等严重后果。

7) 液化判定

根据经验表明,影响饱和砂土扰动液化可能性的主要因素有以下几点:

(1) 土性条件(土的颗粒特征、密度特征以及结构特征)。砂的颗粒越粗,黏粒越多,动力稳定性越高,黏土与巨粒土这两极不易液化,而处于中间的粉细砂有可能发生液化。

(2) 起始应力条件(动荷施加以前土所承受的法向应力和剪应力以及它们的组合)。

(3) 动荷条件(动荷的波形、振幅、频率、持续时间以及作用方向等)。随着荷载的施加粉细砂颗粒骨架有趋于紧密的趋势,这使得试样中的超静孔隙水压力逐渐上升,外部荷载的能量逐渐转移到水体中,使得水体处于受压状态。

(4) 排水条件(土的渗透性、排水路径及排渗边界条件)。

扰动液化的判定如下所述:

在隧道施工过程中,围岩经过开挖施工后改变了原始状态,直接受洞内机械设备振动及施工作业人员扰动,影响饱和土体扰动液化的因素见表4-3-3。开挖作业造成原来的土体颗粒间联结强度与结构状态被破坏,受人为动荷载的持续影响,松散土体结构进一步被扰动,有被压密的趋势。土粒之间原先由砂粒间接触点所传递的压力,传给孔隙水来承担,引起孔隙水压力的骤然增高。孔隙水在一定超静水压力的作用下向上排出,而土颗粒在其重力作用下又向下沉落,因此,在土在结构破坏的瞬间或一定时间内,土粒处于局部或全部悬浮(孔隙水压力等于有效覆盖压力)状态,土的抗剪强度局部地或全部地丧失,承载力大幅度下降,出现不同程度的变形或完全液化,围岩由固态逐渐转化为流塑状态,即扰动液化。

影响饱和土体扰动液化的因素 表4-3-3

因素			指标	对液化的影响
土性条件	颗粒特征	粒径	平均粒径 d_{50}	细颗粒较容易液化,平均粒径在0.1mm左右的粉细砂抗液化性最差
		级配	不均匀系数 C_u	不均匀系数越小,抗液化性越差,黏性土含量越高,越不容易液化
		形状	—	圆粒形砂比棱角形砂容易液化
	结构状态		—	原状土比结构破坏土不易液化,老砂层比新砂层不易液化
	密度特征		孔隙比 e 相对密实度 D_r	密度越高,液化可能性越小
	渗透性质		渗透系数 k	渗透性低的砂土容易液化
	固结程度		超固结比 O_{CR}	超压密砂土比正常压密砂土不易液化
埋藏条件	上覆土层		上覆土层有效压力 σ_v	上覆土层越厚,土的上覆有效压力越大,就越不容易液化
			静止土压力系数 K_0	
	排水条件	孔隙水向外排出的渗透路径长度	液化砂层的厚度	排水条件良好有利于孔隙水压力的消散,能减小液化的可能性
		边界土层的渗透性		
动荷条件	扰动强度		动力加速度 a_{max}	扰动强度越大,动力加速度越高,就越容易液化
	持续时间		等效循环次数 N	扰动时间越长,或扰动次数越多,就越容易液化

在富水粉细砂地层特有的物性条件下,人为动荷载破坏了原状岩体结构,同时持续长时间反复压密,是造成富水粉细砂地层围岩局部扰动液化的主因。经过理论判断和现场施工情况

比对，兰渝铁路隧道富水粉细砂地层在人为动荷载影响下，存在围岩局部扰动液化现象。

8）扰动液化的危害

掌子面富水粉细砂地层受施工人员、设备持续振动和扰动影响，超静孔隙水压力突现，致使土水体系内有效应力下降，抗剪强度降低，砂岩维持自身形状的能力下降，固态粉细砂显示出液态性状。扰动液化造成施工过程中人员设备陷入液化后的土体中无法移动，施工难度不断加大；严重时隧底基底扰动液化后造成新浇筑仰拱开裂，初期支护结构基础扰动液化后引起初期结构沉降变形，如图 4-3-21 和图 4-3-22 所示。

图 4-3-21　开挖后液化

图 4-3-22　液化造成新浇筑仰拱表面开裂

9）扰动液化综合治理技术

在施工中振动液化现象使施工难度加大，进度缓慢，工期压力大，安全风险高，为避免施工过程中人员设备对围岩的振动液化，同时控制振动液化引起的初期结构沉降变形，可在施工中采取如下措施：

（1）施工降水

利用超前水平真空降水、台阶轻型井点降水及重力深井负压降水的综合降水技术，有效地降低地下水位，把围岩含水率降低至塑限以下，在低含水率条件下作业，从根本上根除振动液化现象产生的水害条件。

（2）围岩注浆

隧道掌子面开挖后核心土使用早高强混凝土及时封闭，确保开挖面稳定，掌子面前方出现流塑状时，采取双液回退劈裂注浆进行加固稳定；在初期支护封闭后对初期支护背后进行径向回填注浆，有效地固结岩体，规避了运营期列车振动造成围岩液化。

（3）基底换填

将可液化土挖去（部分挖除，或全部挖出）并用非液化土置换。上部回填的土层还有利于防止下部砂层的液化破坏。

隧底开挖后采用级配碎石换填，厚度不小于 50cm。为避免受机械扰动围岩产生液化，施工中机械不直接接触岩体，在已施工换填并浇筑完混凝土面层进行开挖施工，同时在开挖时尽量减轻机械设备对原状围岩的扰动和破坏，在接近开挖轮廓线时，采取人工辅助清渣；人工作业不直接接触原状土体，采取垫设木板及竹排措施，避免人为的"和稀泥"效应，减轻对原状土体的扰动。

（4）其他措施

初期支护钢架拱脚垫设 35cm×35cm×15cm 的 C25 混凝土垫块,扩大拱脚基础承载力面积。通过触探试验数据分析可知,围岩在机械设备、施工人员持续作业振动和扰动下不断弱化,土体承载力大幅度急剧下降。因此,通过采取混凝土垫块扩大土体承载力面积,防止扰动液化造成的沉降变形是一个重要手段。

10）治理效果

在施工中经过采用超前水平真空降水及台阶轻型井点降水、超前劈裂回退注浆、径向回填加固注浆、基底换填、扩大拱脚等综合施工技术后,扰动液化现象得到有效治理,效果如图 4-3-23、图 4-3-24 所示。

图 4-3-23　隧底开挖后换填级配碎石

图 4-3-24　钢架施工拱脚采用混凝土垫块

3.4.2　水囊揭露

岩层裂隙的水连通后在饱和未固结粉细砂之中形成水囊,围岩开挖后受重力或水压的影响,水囊被揭露,形成涌水流砂,造成掌子面后方未封闭的初期支护突然变形（图 4-3-25、图 4-3-26）。

图 4-3-25　施工遇水囊,间隙流水

图 4-3-26　前方水囊

3.4.3 支护变形

在经过富水粉细砂岩段落时,时常出现突水、管涌、流塑状围岩。围岩极不稳定,加以所采取工程措施复杂,结构闭合周期长,所以支护变形大(图 4-3-27、图 4-3-28)。

图 4-3-27 未成环段落下沉

图 4-3-28 二次衬砌整体下沉

任何地下工程的开挖施工,无论其埋深大小,均将扰动地下土体,使其失去原有的平衡状态,地下土体应力重新分布的过程必将伴随着开挖面围岩的位移与变形。隧道掘进时,如不根据围岩物理性质、开挖面收敛变形的趋势分析隧道收敛、下沉的主要因素,并采取适当措施加以控制,则将给隧道施工带来重大安全、质量隐患,给国家和人民的生命财产带来巨大的损失。

为有效控制隧道沉降,首先要确定适合地层条件的施工方法,再结合隧道的实际情况制订相应的控制措施。

(1) 缩短开挖进尺。为控制围岩收敛及拱顶下沉,工作面的稳定十分重要,尤其是软弱地层隧道,开挖进尺应尽量减小。

(2) 加快工作面的推进速度。工作面速度的加快,意味着各工序施工时间的缩短,地层应力的释放得到有效控制,地层内部的变位调整也将减小。

(3) 增大初期支护刚度。初期支护施作后,其本身有一个徐变过程,增大支护初期刚度,以控制沉降。

(4) 增设临时支护,暂时稳住或减少沉降,加快仰拱、二次衬砌的施作速度,仰拱、二次衬砌施作完成后会对沉降的遏制起一定的作用。

(5) 根据围岩性质做好沉降量的预留,防止二次衬砌的侵限,造成后续工作难度和成本大幅度提升。

(6) 认真贯彻落实"管超前、严注浆、短开挖、强支护、快封闭、勤量测"18 字方针;制订控制沉降的预案,成立应急领导小组,配备必要的人员、机械、物资;做好施工过程的跟踪查看和对测量数据的每日查看,专职安检人员或技术人员每天都要对洞内断面进行一次全面检查,尤其是要加强对所支护完成钢架形态及喷射混凝土表面的检查、量测,不放过任何微小变化,并应逐级做好记录。

基于以上不利情况,在这种特殊砂岩中修建隧道施工安全风险高、施工质量不易控制、工期严重滞后、施工成本不可控等诸多风险,国内外知名专家、学者曾多数次现场考察,并进行专题论证,确定为"国内罕见、世界性难题"。

第4章

深厚富水砂层隧道疏干技术

深厚富水砂层在饱和状态下围岩自稳能力极差,直接开挖极易引起围岩流坍、滑塌、涌水流砂。为保证砂层隧道处于最佳含水率范围内,需展开立体式降水与围岩疏干作业,本章通过兰渝铁路胡麻岭、马家坡隧道(最大埋深200m)工程实践,提出了洞内短距离疏干、超前导洞长距离疏干、地表深井降水及双液回退劈裂注浆等技术。

4.1 技术应用背景

胡麻岭特长隧道是兰渝铁路的关键性工程,位于甘肃省兰州市、定西市境内,全长13611m,设计为客货共线双层集装箱,开通速度为160km/h,为双线大断面隧道,开挖断面165m²,如图4-4-1所示。隧道原设计地质以砂岩为主,设计有4座斜井。其中3号、4号斜井在施工中遇到了前所未见的典型深厚富水砂层——第三系弱胶结饱和粉细砂岩,其成分以石英为主,呈黄色、橘黄色,粉细粒结构,泥质弱胶结,局部夹有砾岩薄层,成岩作用极差,属极软岩。该地层施工难度极大,进度极为缓慢。因工期满足不了要求,先后增加了5号、7号、8号三个辅助坑道。胡麻岭辅助坑道设置示意图如图4-4-2所示。

施工揭示3号、4号、7号、8号斜井辅助坑道部分段落穿越第三系富水粉细砂地层;正洞DK76+350~DK79+600段3250m全部穿越第三系富水粉细砂地层。其中有1750m轨面高程低于石门水库水面高程,如图4-4-3所示。其中有140m下穿水库,99m下穿河流,且地表有很多洞穴,地表水可不经渗透直接灌入;受地震连发带影响,区域内裂隙较多,为空隙裂隙水提供了通道。水害的影响是胡麻岭隧道富水粉细砂地层的主要问题。

马家坡隧道(LYS-2标段)DK114+584~DK115+300段长716m,围岩同样为第三系砂岩,泥质弱胶结,细粒结构为主,粒径主要为0.075~0.005mm,天然密度为1.98g/cm³,含水率为4.0%~7.4%,黏粒含量为4.8%~9.8%,孔隙率为9.9%,颗粒密度为2.61g/cm³,渗透系数为$1.0 \times 10^{-3} \sim 7.4 \times 10^{-4}$cm/s,天然抗压强度为0.159~0.835MPa,直剪试验$\varphi = 36.5°$、$c = 2.1$kPa,纵波波速平均$V_p = 2.51$km/s。具有原始状态下密实度高、不扰动状态下承载力和变形模量比较高的岩石特性。但第三系砂岩胶结程度较差,结构较脆弱,受扰动后易被破坏,稳定性较差。开挖后岩体内水分渗出,岩体快速软化,承载力流失,围岩易产生大变形甚至失稳坍塌,马家坡隧道施工涌水流砂如图4-4-4所示。

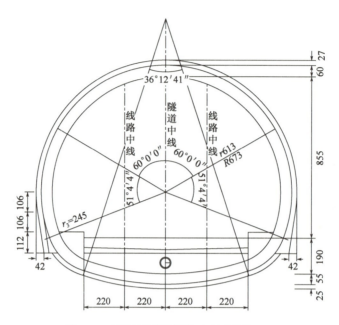

图 4-4-1　兰渝铁路隧道横断面(尺寸单位：cm)

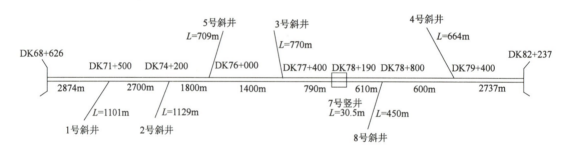

图 4-4-2　胡麻岭隧道辅助坑道示意图

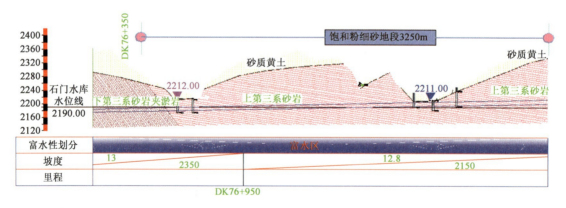

图 4-4-3　石门水库水位高程与隧道高程示意图

a)　　　　　　　　　　　　　　　　　b)

图 4-4-4　马家坡隧道施工涌水流砂

结合前面的研究可知,富水环境下砂层自稳能力,随暴露时间的推移快速降低,掘进难度极大。想要提高施工效率,就必须解决隧道围岩富水问题。为此,工程人员不断摸索、试验提出了一套行之有效的降水与围岩疏干方法,有效降低了围岩含水率,提高了开挖扰动下深厚富水砂层的自稳能力,为开挖支护作业提供了有力支撑。

4.2　洞内短距离疏干技术

4.2.1　轻型井点降水的基本原理

轻型井点降水主要由井点管(包括过滤器)、集水总管、抽水泵、真空泵等组成。井点启动抽水装置后,井点管、总管及储水箱内空气被吸走,形成一定的真空度(即负压)。由于管内系统外部地下水承受大气压力的作用,为了保持平衡状态,由高压区向低压区方向流动。所以,地下水被压入至井点管内,经总管至储水箱,然后用水泵抽走(或自流)。这现象称为抽水(即吸水)。目前,抽水装置产生的真空度不可能达到绝对真空(0.1MPa)。依据抽水设备性能及管路系统施工质量具有一定的真空度状态,其井点吸水高度按下式计算：

$$H = 10.3 \frac{H_v}{0.1\text{MPa}} - \Delta h \tag{4-4-1}$$

式中：H_v——抽水装置所产生的真空度(MPa)；

Δh——管路水头损失(取 0.3m ~ 0.5m)。

0.1MPa 为绝对真空度,相当于一个大气压(换算成水柱高为 10.3m)。

吸水深度是表示井点管内吸水高度。此值不是基坑水位降低深度,两者的基本概念不同,不同高程布置如图 4-4-5 所示。图 4-4-5a)中抽水装置安装在地面高程上,距地下水有一个距离高度。对降水而言,这个高度不但没有做功,反而有水头损失。因而,相对降低地下水位深度较浅。而如图 4-4-5b)所示,抽水装置安装高程接近原地下水位。这就发挥了全部的吸水能力,可达到最大的降水深度。

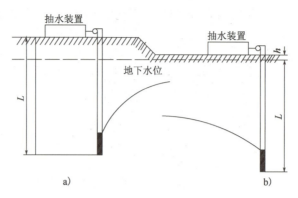

图 4-4-5　不同高程布置

4.2.2　围岩疏干技术

1）水平真空轻型井点降水

隧道下半断面水平真空降水管的设置应根据掌子面渗水情况、掌子面自稳能力以及施工难度等因素综合确定。

在必要情况下,在开挖轮廓线外采用超前水平真空降水,降水管施作长度15m,环向间距0.75m,降水管搭接长度5m,外插角10°。采用XY-2地质钻机跟管钻孔,孔径89mm。降水管采用 $\phi42mm$ 钢管,长度15m,管外采用双层包裹,内层为土工布,外层包200目碳纤维滤网。

在必要情况下,正洞掌子面水平真空轻型井点降水管由 $\phi75mmPPR$ 管改为 $\phi89mm$ 钢管。布设方式为:距上、中台阶(六部交叉中隔壁)下50cm处,在掌子面中间部位各布设4m长真空降水管,沿水平方向打设;如无法满足拱部开挖要求,拱顶降水管间距调小进行加密。

水平真空轻型井点降水如图4-4-6所示。

图 4-4-6　水平真空轻型井点降水

2）斜向真空轻型井点降水

在隧道侧壁上台阶两侧拱脚斜向下外插打设竖向降水管,井点位于距上、中台阶(六部交叉中隔壁)下50cm处,长度4m,外插角30°;在正洞底部两侧加设斜向降水管,外插角60°,长度5m;真空降水管纵向间距0.75m,每排真空降水管采用 $\phi75mm$ 主管连接,主管接入真空泵;

支管采用 ϕ32mm 包双层 100 目滤网；支管和主管之间采用 32mm 钢丝软管连接，并在连接部位加设阀门，控制井管降水；主管和真空泵连接采用 75mm 钢丝软管连接。视地下水情况可对轻型井点降水管和深井的间距进行调整，真空泵和降水系统如图 4-4-7 和图 4-4-8 所示。

图 4-4-7　7.5kW 真空泵

图 4-4-8　降水系统

3）隧底竖直重力真空深井降水

（1）布置原则

深井一般沿隧底两侧布置（图 4-4-9），施工允许的情况也可在仰拱中布置一部分井（这样降水效果更好），井点应深入透水层 6～9m，通常应比所需降水的深度深 6～8m，井距一般为 8～15m，井距太大时降水效果不好，如果计算出的数据使井间距大于 15m，一般要进行修正。其中还要考虑到有些水泵坏时，维修的间隔不能给附近水位造成过大的提升，即要有一定的富余度。

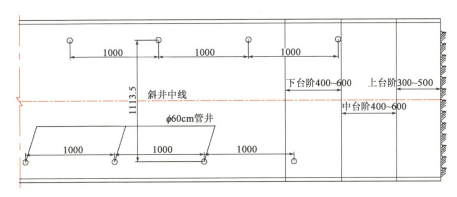

图 4-4-9　重力真空深井降水布置示意图（尺寸单位：cm）

（2）井点设计

降水井成孔孔径为 60cm，深 15m，滤水管为圆孔式滤水管，外包双层 200 目碳纤维，滤料为粗砂，封孔材料为黏性土，封孔深度为 4m，如图 4-4-10 所示。

两侧降水井位置布设单侧间距为 10m，视地下水情况可对间距进行调整。洞内采用重力真空或重力深井降水，根据现场出水情况而定；已成型隧道区域内降水根据实际情况依次进行封堵。

图 4-4-10 重力真空深井降水

4.2.3 洞内轻型井点施工工艺

1）井点降水材料及连接

真空井点系统由井点管（管下端有滤管）、连接管、集水总管和抽水设备等组成（图 4-4-7 和图 4-4-8）。支管采用 $\phi 32mm$ PPR 管，主管采用 $\phi 75mm$ PPR 管；插入土层的支管必须包双层 100 目滤网。每排支管与主管连接，主管接入真空泵。支管和主管之间采用 32mm 透明钢丝软管连接，并在连接部位加设阀门，控制井管降水；主管和真空泵连接采用 75mm 透明钢丝软管连接；降水过程中，真空负压控制在 -0.06 MPa 以下，如果压力升高，必须对降水管进行逐根排查，查看有无漏气，同时必须检查插入土层中的降水管密封是否到位，漏气部位必须采用胶布缠紧。

抽水泵：自吸泵 ZGD 型；生产率 45Lm/min，电动机功率 1.8kW，转速 2850r/min，吸程 9m。可带 3~4 根降水管。

真空泵：Y 型；生产率 $30m^3/h$，扬程 25m，电动机功率 7.5kW，转速 2850r/min，可带 20~25 根降水管。

2）井点管的埋设

降水管采用 $\phi 32mm$ PPR 管，下端 1m 钻 $\phi 10mm$ 梅花形孔，孔间距 5cm。外包双层 100 目过滤网，外缠 8 号铁丝、间距 20mm，防止放管时过滤网滑落而导致废孔。

降水孔采用 YT28 钻机钻孔，钻孔时从钻孔开始到钻孔结束钻孔角度要保持一致，避免孔径弯曲导致降水管放不到位，孔深比降水深 0.5~1.0m。成孔空用高压风将钢管内的砂石吹出，再将降水管放入孔内。如出现降水管放不到设计深度，再清理降水孔，直到将降水管放到设计深度。

3）井点使用

井点使用前应进行试抽水，确认无漏水、漏气等异常现象后，应保证连续不断抽水。应备用双电源，以防断电。在抽水过程中，应定时观测水量、水位、真空度。

4）洞内轻型井点真空降水要求

（1）真空降水必须根据掌子面开挖及时推进，降水班组与开挖班组必须做好配合工作。

(2) 在隧道开挖过程中，将隧道底部潜水位降至隧道底以下不少于 1.0m 的深度，防止洞口涌砂涌水。

(3) 加强对隧道内水位的观测，每天观测水位，及时掌握水位变化情况，以指导降水运行及隧道的开挖。

(4) 当土质不良，渗透系数较大时，采用双排井点或将真空管间距适当加密。

(5) 集水总管高程宜尽量接近地下水位线并沿抽水水流方向有 0.25%～0.5% 的上仰坡度，水泵轴心与总管齐平。

(6) 支管与主管用透明钢丝软管连接，以便观察支管出水情况。在连接部位加设阀门，以便检查井点。

4.2.4 效果分析

在施工中经过洞内全断面轻型井点降水、超前水平真空降水、重力深井负压降水后，掌子面前方约 5m 围岩可疏干，10m 范围渗水显著减少，渗水现象得到有效治理。

洞内超强水平真空降水应在开挖前 3d 进行，洞内分部台阶轻型井点降水及重力深井负压降水应随时跟进，可稳定控制围岩含水率在 10%～11% 范围，基本达到预期降水效果。

4.3 超前导洞长距离疏干技术

4.3.1 设置超前导洞必要性

一般而言，大断面隧道洞内降水短距离围岩疏干技术仅可疏干工作面前方 5.0m 以内围岩，即每 5.0m 循环开展一次水平井、斜向井和隧道底部竖直井点施工，降水作用循环频繁，施工进度慢。

当出现掌子面围岩揭示上断面为饱和富水砂层，下断面为泥岩的工况时，可利用下半断面为泥岩的优点，开挖隧道底部超前小导坑探明地质和提前疏干地下水，加快施工进度。这就是设置超前小导洞要达到的目标。

4.3.2 导洞降水及施工方案

利用该类隧道底部为泥岩的有利条件，隧道出口涌水、流砂段采用底部超前导洞和辐射管降水，掌子面超前水平旋喷桩加固和台阶法施工。施工顺序为：超前导洞施工，导洞内泄水（降水），旋喷桩施工，三台阶开挖和二次衬砌跟进。

4.3.3 超前导洞和辐射管降水技术

1) 导洞设置位置

导洞在隧道内轨顶面以上 50cm 打设，由于导洞位于掌子面下台阶范围，长度以 50m 左右为宜。

2)导洞断面支护

导洞净空尺寸为 3.0m×3.5m(宽×高),采用锚喷网支护,全环布设工 20b 型钢钢架,钢架间距 1 榀/m,全环喷 C25 混凝土,厚 20cm,拱墙布设 ϕ8mm 钢筋网,网格间距为 20cm×20cm。

3)导洞辐射管降水

超前导洞施工完成后,导洞内每 3m 布置一个降水断面,每个降水断面拱部采用 4 个降水孔,降水孔间距为 50cm,梅花形布置。降水孔直径为 108mm,长 8m,端头深入隧道开挖轮廓外不小于 1.0m。降水孔采用地质钻机跟管成孔,成孔后采用千斤顶顶入 ϕ50mm 钢花管,外包滤网,长期自由泄水,水流沿环向连通管流至两侧纵向排水主管,排水主管与隧道正洞排水系统连通,由正洞集中排出洞外,布置示意图如图 4-4-11 所示。

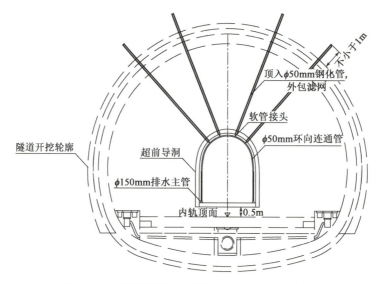

图 4-4-11 大断面隧道超前导洞辐射状降水管布置示意图

4.4 地表深井降水技术

4.4.1 地表深井降水试验

饱和富水砂层水稳性极差,一般在掌子面开挖 0~4h 掌子面基本能自稳,4~6h 掌子面开始发生流变,6h 以后掌子面失稳,故需采取洞内超前降水等措施保证第三系砂岩含水率保持在合理含水率以内,确保施工安全。饱和富水砂层为一套橘黄色、浅棕黄色泥质砂岩,属陆相湖盆及山间凹地沉积,沉积地质时代久远,具有原始状态下密实度高,渗透系数为 $2.0 \times 10^{-4} \sim 5.2 \times 10^{-5}$ cm/s,属弱透水地层。由于隧道通过段含水层厚度达 30~130m,渗透系数小,单一的洞内降水受单位出水面积水量大、降水至能够开挖需要的时间长等因素影响,很难达到预期效果。需采取其他降水措施辅助降水,确保施工安全及施工进度。

针对饱和富水砂层水稳性极差的特点,进行地表降水试验研究。

1）试验井钻探情况

共打 5 口降水试验井，进行了两次降水试验，两次降水试验井群平面布置示意图如图 4-4-12、图 4-4-13 所示。

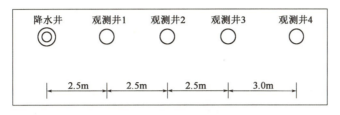

图 4-4-12　第一次降水试验井孔平面布置示意图

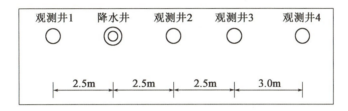

图 4-4-13　第二次降水试验井孔平面布置示意图

注：观测井 5 因洗井器卡在井中，无法下抽水泵及观测仪器等设备。

实施时间、井深、孔径及观测水位见表 4-4-1。

试验井实施情况　　　　表 4-4-1

编号	位　置	施作时间	成孔时间	井深（m）	孔径（mm）	高程（m）	隧底高程（m）	水位埋深（m）	施作方法
试验 1	DK78+050Z18m	2012 年 12 月 16 日	2012 年-12 月-16 日	74	168	2239	2192	31	反循环钻进，未使用泥浆护壁
观测 1	DK78+052.5Z18m	2012 年 12 月 19 日	2012 年-12 月-20 日	74	168	2239	2192	31	
观测 2	DK78+055Z18m	2012 年 12 月 22 日	2012 年-12 月-23 日	74	168	2239	2192	31	
观测 3	DK78+057.5Z18m	2012 年 12 月 26 日	2012 年-12 月-26 日	74	168	2239	2192	31	
观测 4	DK78+060.5Z18m	2012 年 12 月 28 日	2012 年-12 月-28 日	74	168	2239	2192	31	

2）试验成果与建议

（1）采用稳定流抽水试验计算渗透系数为 0.267m/d；采用非稳定流计算 2 号、3 号井附近的渗透系数平均为 0.15m/d，而 4 号井附近的渗透系数平均为 0.265m/d。建议饱和富水砂层的渗透系数采用稳定流抽水试验的渗透系数值。

（2）从实测结果可知，流量为 3.7m³/h，距抽水井 2.5m 的井（2 号井）平衡后水位降深为 4.78m；距抽水井 5.0m 的井（3 号井）平衡后水位降深为 3.32m；距抽水井 7.5m 的井（4 号井）平衡后水位降深为 1.76m。流量为 4.9m³/h、距抽水井 2.5m 的井（3 号井）平衡后水位降深为

5.61m;距抽水井 5.0m 的井(4 号井)平衡后水位降深为 2.65m。

(3)从抽水时水位降深过程来看,开始抽水后 120min 时其水位降深已达平衡时的 95% 左右,说明加大抽水时间对降深影响不明显。

(4)流量为 3.7～4.9m³/h、距抽水井 2.5m 的观测井降深为 4.78～5.61m;距抽水井 5.0m 的观测井降深为 2.65～3.32m。但地质条件影响比较明显,如 4 号井,当流量为 3.7m³/h 时,3 号井(距离抽水井 5.0m)的降深为 3.32m;当流量为 4.9m³/h 时,4 号井(距离抽水井 5.0m)的降深仅为 2.65m。

(5)根据降水漏斗观测曲线推算,为保证降水效果,设计降水井水位降深深度宜低于隧道洞底,动水位位于隧道洞底以下的深度宜大于 20m。

(6)从抽水井出水量来看,该地区单井出水量在 150m³/d 左右,受砂岩渗透系数影响,降深增大与出水量关系的相关性不大。

4.4.2　井深 100m 以下地表深井降水

1)降水井设计

在 7 号、5 号斜井工区进行了地表降水井布置,其中 7 号竖井工区正洞共设降水井 35 座,平均深度 62m,5 号斜井工区布置降水井 16 座,平均深度 86.3m。总计布置 51 座降水井,累计延长米 3553m,统计情况见表 4-4-2～表 4-4-4。

7 号竖井工区正洞 100m 以下地表重力深井降水情况统计　　表 4-4-2

井号	位　　置	施作时间	井深	初始水位埋深	目前水位埋深	出水量(m³/d)
1	DK78+179 中线左侧 20m	2012 年 8 月 15 日	50m	28m	35.5m	200
2	DK78+212 中线左侧 23m	2012 年 8 月 25 日	50m	30m	47m	30
3	DK78+206 中线右侧 13m	2012 年 8 月 21 日	50m	19.5m	35m	50
4	DK78+187 中线右侧 27m	2012 年 9 月 3 日	50m	27m	35m	150
5	DK78+130 中线右侧 14m	2012 年 10 月 20 日	67m	40m	45	50
6	DK78+1,30 中线左侧 14m	2012 年 10 月 25 日	65m	45	48m	30
7	DK78+200 中线左侧 15m	2012 年 11 月 5 日	50	40	46	50
8	DK78+196 中线右侧 15m	2012 年 11 月 11 日	50	42	45	50
观 1	DK78+120	2012 年 10 月 30 日	47	46.5	46.5	—

7 号竖井工区正洞 DK78+128～DK78+028 100m 以下降水井布置　　表 4-4-3

名称	里　　程	井深(m)	井径(mm)	设计动水位(m)	过滤器位置(m)	地面高程(m)	洞底高程(m)
降 10(1)	DK78+206 中心线	16	273	—	—	—	—
降 10(2)	DK78+113 左 4m	61	273	56	30～58	2232	2191
降 11	DK78+113 右 4m	64	273	59	30～61	2235	2191
降 12	DK78+093 左 4m	64	273	59	30～61	2235	2191
降 13	DK78+093 右 4m	65	273	60	30～62	2236	2191
降 14	DK78+073 左 4m	66	273	61	31～63	2237	2191

续上表

名称	里　程	井深（m）	井径（mm）	设计动水位（m）	过滤器位置（m）	地面高程（m）	洞底高程（m）
降15	DK78+073 右4m	67	273	62	31～64	2238	2191
降16	DK78+053 左4m	69	273	64	31～66	2239	2190
降17	DK78+053 右4m	70	273	65	31～67	2240	2190
降18	DK78+033 左4m	72	273	67	32～69	2242	2190
降19	DK78+033 右4m	78	273	73	32～75	2248	2190
降20	DK78+013 左4m	76	273	71	32～73	2246	2190
降21	DK78+013 右4m	81	273	76	33～78	2251	2190
降22	DK78+250 左4m	58	273	53	根据实施情况将含水层全部设置过滤位置	2230	2192
降23	DK78+250 右4m	52	273	47		2224	2192
降24	DK78+270 左4m	56	273	51		2228	2192
降25	DK78+270 右4m	60	273	55		2232	2192
降26	DK78+290 左4m	57	273	52		2230	2193
降27	DK78+290 右4m	61	273	56		2234	2193
降28	DK78+310 左4m	65	273	60		2238	2193
降29	DK78+310 右4m	65	273	60		2238	2193

5号斜井工区正洞 DK76+467～DK76+636 100m 以下降水井布置　　表4-4-4

名称	里　程	井深（m）	井径（mm）	设计动水位（m）	地面高程（m）	洞底高程（m）
降30	DK76+493 左4m	97	273	92	2244	2167
降31	DK76+493 右4m	94	273	89	2241	2167
降32	DK76+513 左4m	93	273	88	2240	2167
降33	DK76+513 右4m	91	273	86	2238	2167
降34	DK76+533 左4m	88	273	83	2236	2168
降35	DK76+533 右4m	88	273	83	2236	2168
降36	DK76+553 左4m	86	273	81	2234	2168
降37	DK76+553 右4m	86	273	81	2234	2168
降38	DK76+573 左4m	85	273	80	2233	2168
降39	DK76+573 右4m	84	273	79	2232	2168
降40	DK76+593 左4m	83	273	78	2232	2169
降41	DK76+593 右4m	82	273	77	2231	2169
降42	DK76+613 左4m	82	273	77	2231	2169
降43	DK76+613 右4m	81	273	76	2230	2169
降44	DK76+633 左4m	80	273	75	2229	2169
降45	DK76+633 右4m	80	273	75	2229	2169

地表降水井布置于距离正洞轮廓线外侧边缘 4m 处,每侧纵向井间距离 20m(第一列降水井距离掌子面 15m),对称布置。降水井直径为 273mm,降水井深入洞底高程以下 20m,配置流量为 $8\sim12m^3/h$、扬程大于 150m 的潜水泵。

2)7 号井工区实施效果分析

根据降水井水位观测模拟地下水降落漏斗示意如图 4-4-14 和图 4-4-15 所示。

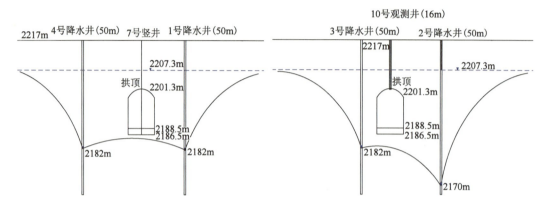

图 4-4-14　7 号竖井位置地下水降落漏斗剖面示意图

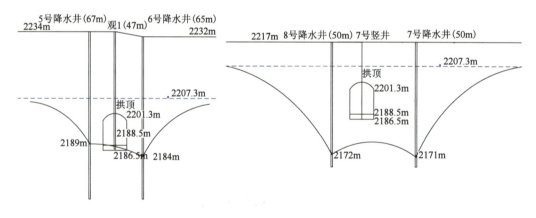

图 4-4-15　7 号竖井位置及正洞地下水降落漏斗剖面示意图

(1)地表降水前的状况

DK78+010~DK77+895 段无地表深井降水措施,突水涌泥现象严重,正常降水一循环为 12h,在无地表深井的情况下 36h 才能进行勉强开挖(开挖时还有流砂);有些段落含泥量高,采用洞内综合降水,降水达不到效果无法保证开挖顺利进行,选用双液回退注浆辅助施工,进度在 8m/月以下;遇到大范围流塑段落,进度更低。

(2)有无地表深井施工进度对比

根据沟谷区浅埋段 7 号竖井 1 区正洞地表降水效果分析,地表降水效果较好,加快了施工进度(表 4-4-5 未进行地表降水前月进尺 6~7m,降水实施后月进尺 15~20m)。

7号竖井1区正洞兰州方向沟谷区施工进度对照　　　　　表4-4-5

序号	时间	进尺(m)	是否有降水井	备注
1	2012年11月	4	有	刚进主洞,没有形成合理开挖
2	2012年12月	5.5	有	刚进主洞,没有形成合理开挖
3	2013年1月	6.4	有	刚进主洞,没有形成合理开挖
4	2013年2月	6.7	有	过年人工不足
5	2013年3月	10.5	有	过年人工不足
6	2013年4月	11.7	有	农电维护,发电机发电
7	2013年5月	15.5	有	进入深井降水区
8	2013年6月	17.4	有	进入深井降水区
9	2013年7月	18.7	有	进入深井降水区
10	2013年8月	17.8	有	进入深井降水区
11	2013年9月	18.5	有	进入深井降水区
12	2013年10月	20.5	有	进入深井降水区
13	2013年11月	20.3	有	进入深井降水区

设置地表降水后,洞内施工较为顺利,尤其进入地表降水群井效应区域后,掌子面水量明显减少,洞内施工顺利。

3)5号斜井工区重庆方向正洞实施效果分析

5号斜井工区重庆方向地表布置降水井16座,共计1380m,平均深度86.3m,降水区域洞内进度统计见表4-4-6。

5号斜井重庆方向地表降水区域洞内进度统计　　　　　表4-4-6

时间	月进度	时间	月进度
2013年8月	11m	2013年11月	20m
2013年9月	14m	2013年12月	25m
2013年10月	16m		

5号斜井采取地表深井降水措施后,洞内施工进度在逐步提高,地表深井降水措施效果明显。

4.4.3　井深100~200m地表深井

1)地表超深井降水的主要技术难题

(1)在松散层粉细砂地层实施水源井的成井工艺已经成熟,成井深度可达数百米。但在处于压密状态的饱和富水砂层实施降水井,成井深度在200m左右(一般降水井实施深度100m以内,以地铁、建筑基坑降水为主),理论上是可行的,但目前国内还没有实施过,对其成井工艺及达到的降水效果还缺乏实践检验,降水效果仍需进一步验证。

(2)第三系弱胶结含水砂岩根据洞内开挖、洞内降水管井的实施计算分析,渗透系数小于1.0m/d,在相对较密实的状态下,需采用负压才能抽出较大量的地下水。据此分析,饱和富水砂层即使地表实施了降水井,但经过预先降水,不能确保开挖时全部地层处于疏干状态。

(3)地表深井降水方案,本段饱和富水砂层以大厚度均质含水体为主,但受地貌形态、地层沉积环境、地下水补给等因素影响,地下水赋存存在一定的不均一性,因此地表深管井出水量会存在一定差异,富水性较差地段可能存在干孔现象。

(4)粉细砂地层降水成井工艺是降水的关键,需委托高水平、专业化队伍进行施工,并选择适合工艺方法,避免井壁、井底涌砂而影响成井及降水效果,采用多种洗井方法,确保洗井效果。

(5)该类地层降水在成井及降水过程中均可能会出现沉降、流砂、管涌等现象,施工及降水中应加强地面、洞内观测。

2)100m以上深井降水试验

(1)成孔失败情况

3号斜井位于梁脊地区,隧道埋深较大,斜井水量较大,为掌握在地表实施200m左右深井的成井工艺的可行性、单井出水量及水位降至预设计的时间,于2012年11月及2013年2月在3号掌子面前方18~55m之间分两批布置了4座降水井,井深187~194m,具体情况如下:1号井井深194m,钻至80m时钻头掉落,打捞未成功,钻孔失败;2号井井深194m,钻孔失败;3号井井深198m,钻至152m时钻头掉落,随后泥浆散失,钻孔失败;4号井井深192m,钻孔失败。本次深井试验累计完成钻探780m/4孔,均以失败告终。

(2)单井试验成功情况

2013年11月29日—12月12日又在3号斜井挑顶段DK77+256隧道中线处成功施作地表深井1座,井深192m,钻探成功,出水量23m³/d。钻探地层情况见表4-4-7。

3号斜井工区地表深井钻孔记录 表4-4-7

里程桩号	钻孔日期	钻孔深度(m)	地层情况	备注
DK77+256	2013年11月29日	0~50	砂质黄土	
		50~56	泥岩	
	2013年11月30日	56~58	泥岩	
	2013年12月2日	58~60	泥岩	
		60~62	弱胶结粉细砂	
	2013年12月3日	62~65	弱胶结粉细砂	
		65~71	泥岩	
		71~75	弱胶结粉细砂岩	
		75~80	泥岩	
		80~95	弱胶结粉细砂岩	
		95~97	砾岩	
		97~104	弱胶结粉细砂岩	
		104~108	砾岩	
	2013年12月4日	108~110	砾岩	
		110~114	弱胶结粉细砂岩	
		114~116	砾岩	
		116~125	弱胶结粉细砂岩	

续上表

里程桩号	钻孔日期	钻孔深度(m)	地层情况	备 注
DK77+256	2013年12月5日	125~135	砾岩	
		135~141	弱胶结粉细砂岩	
		141~148	砾岩	
	2013年12月6日	148~158	弱胶结粉细砂岩	
	2013年12月7日	158~161	砾岩	
	2013年12月12日	161~170	弱胶结粉细砂岩	
		170~172	砾岩	
		172~190	弱胶结粉细砂岩	
		190~192	砾岩	

(3)群井降水试验

根据现场实际情况,对SG-63(DK77+276左8m)、SG-64(DK77+266右8m)、SG-65(DK77+256左8m)、SG-68(DK77+226右8m)、SG-70(DK77+206右8m)进行抽水,对SG-69(DK77+216左8m)进行水位观测,观测数据见表4-4-8。

降水试验观测记录　　表4-4-8

		抽水井					观测井
试验井概况	降水井编号	SG-63	SG-64	SG-65	SG-68	SG-70	SG-69
	里程	DK77+276	DK77+266	DK77+256	DK77+226	DK77+206	DK77+216
	井口高程	—	—	—	地表高程:2344 洞身高程:2179	—	地表高程:2333 洞身高程:2179
	井深	187	195	182.3	190	190.4	179.3
	洗井后水位	117	120	116	105	107	104
试验观测时间		抽水井水量(m³/d)					观测井水位(m)
10月5日15:00		96	84	120	120	72	139
10月5日21:00		97	86	122	121	74	139
10月6日3:00		95	86	119	119	74	139
10月6日9:00		96	85	119	120	70	139
10月6日15:00		97	87	115	122	72	139.5
10月6日21:00							138

根据SG-68抽水井及SG-69观测井初步观测数据(试验正在进行中)计算降落漏斗夹角为450°~490°,计算两座井隧道中线位置的地下水位高程为2179~2176.25m,洞底高程为2179m,推测隧道中线位置地下水水位在洞底或以下2.75m,因此分析降水效果比较明显,若再加大泵流量及持续降水效果更佳。

3)100~200m地表超深井降水设计

(1)区段含水层概况

根据斜井开挖及钻探资料揭示,饱和富水砂层段不同地貌的地下水位变化不大,地下水位高程 DK76+457～DK76+715 段 2214～2219m,地下水位高程变化较小,地下水位至隧道洞底的含水层厚度为 30～40m;DK76+715～DK78+065 地下水位高程为 2195～2227m,水力坡度 $i=1.5\%～5\%$,地下水位至隧道洞底的含水层厚度为 30～48m;DK78+065～DK78+300,地下水位高程在 2200～2210m,地下水位高程变化较小,地下水位至隧道洞底的含水层厚度为 15～20m;DK78+300～DK79+136 段 2210～2231m,$i=2.5\%～4\%$,地下水位至隧道洞底的含水层厚度为 25～30m。

(2) 降水井布置原则

根据浅埋段试验及以及前期实施深井的经验教训,决定在 5、3 号斜井与 7 号竖井之间剩余段落均采用地表超深井降水措施,降水井间距 20m,隧道两侧左右交错布置。主要参数为:地表降水井布置于正洞轮廓线外侧边缘距离 4～8m(孔深小于 100m,轮廓线外侧 4m;100m≤孔深<150m,轮廓线外侧 6m;孔深≥150m 轮廓线外侧 8m),降水井直径 300mm,降水井深入洞底高程以下 20～25m,配置流量 8～12m³/h,孔深小于 100m,扬程大于 150m,孔深大于 100m,扬程大于 250m 的潜水泵。

(3) 降水井布置

地表超深井布置在 7 号竖井兰州端与 5 号斜井重庆端之间的岭脊区,共设超深井 119 口,孔深小于 100m 的浅孔 7 口,孔深 100～179m 的 69 口,孔深 180～200m 的超深井 41 口,孔深大于 200m 的超深井 2 口,最深井 208m。

(4) 降水井实施要求

饱和富水砂层含水性具有一定的不均一性,地表降水井应分段实施。先实施 3 号斜井工区 200m 范围和 7 号竖井工区兰州端小里程方向 200m 范围。

降水井应集中实施,单座井完成后应连续进行抽水作业,降水井完成后要进行预降水工作,群井降水应分组进行,掌子面附近降水井组不少于 6 座,预降水时间为 1～2 个月。降水井使用完成后需采用混凝土进行回填封闭。

4) 100～200m 地表深井施工

(1) 井位布置

①实施前必须详细调查核实场区地下管线分布情况,当无法确定时可采用人工开孔的方法,当确认地下无各种管线后方可施工。

②为合理利用地形或避开各种障碍物,降水井间距可作局部调整,但井位间距最大变动不应超过 5m。

(2) 成井工艺及方法

①为确保成井质量,施工前应根据降水井成主要技术参数进行降水井结构、工艺、洗井、试验等设计。

②降水井尽量保持垂直,当孔斜倾向斜井左右两侧时需及时纠偏,确保降水井对斜井施工无影响或偏离斜井较远时影响降水效果。

③建议采用反循环工艺成井。

④设计沉砂管长度 5m。

⑤施钻过程中准确量测初见水位和静止水位。

⑥填料要求:

a. 含水层段砾料应具有一定的磨圆度,砾料含泥量(含石粉)≤3%,粒径为1.5~2.5mm。

b. 避免填料速度过快或不均造成滤管偏移及滤料在孔内架桥现象,洗井后滤料下沉应及时补充滤料,要求实际填料量不小于95%理论计算量。

(3)洗井工艺

①洗井要求达到"水清砂净"。

②下管、填料完成后应立即进行洗井,成井—洗井最大时间间隔不能超过8h。

③采用泥浆钻进时,采用机械、化学、空压机等联合洗井方式,以达到破除井孔泥壁,清除孔内泥砂,疏通水路的目的。

④洗井、抽水试验水量水位观测等严格按《铁路工程水文地质勘察规程》(TB 10049—2001)及《供水水文地质勘察规范》(GB 5007—2001)的要求进行。

⑤验收标准

a. 洗井结束前的含砂量不大于1/20000(体积比)。

b. 降水井稳定出水量或1周连续出水量达到$5m^3/h$,不断流。

⑥维护降水期地下水观测

a. 维护降水期应对地下水动态进行观测,并对地下水动态变化进行及时分析。

b. 当地下水位急剧变化应及时分析原因(如水泵损坏或区域地下水位上升等),采取相应的处理措施。

c. 降水井施工结束后,在正式抽水前应先测静止水位,降水范围内水位下降未达到设计降深之前,观测频率应为每天观测不少于3次,当水位达到设计降深后,且水位变化不大时,可每天观测1次。

d. 降水井最终水位降深为距离孔底5m的位置。

5) 100~200m 地表超深井实施效果分析

(1)超深降水井的成功实践

地表超深井布置在7号竖井兰州端与5号斜井重庆端之间的岭脊区,共设深井119口,孔深小于100m的浅孔7个,孔深100~179的69口,孔深180~179m的超深井41口,孔深大于200m的超深井2口,最深井208m。

(2)隧道施工特征描述

掌子面出水量明显减小:未施作地表降水井前总涌水量$1000~1200m^3/d$,涌水量比较均匀。降水井实施后涌水量为$600m^3/d$,其中兰州端$340m^3/d$(离最近降水井20m),重庆端$260m^3/d$(离最近降水井12m)。且掌子面顶部水量减少十分明显。

水头高度分析:根据施工观察,在工法未变的情况下,自增加地表深井降水后,洞内水流由带压力的变为无压力水流。

4.4.4 洞内外综合降水

1)降水技术构成

该隧道在第三系富水低渗透性粉细砂地层段落施工中,经过大量的理论分析和现场试验,确定采用洞内外综合降水技术。洞内降水包括洞内分部台阶斜向及水平轻型真空降水、隧底竖直重力深井负压降水;洞外地表重力式深井降水(图4-4-16~图4-4-19)。

图 4-4-16　地表重力式深井降水钻孔

图 4-4-17　地表重力式深井水泵吊装

图 4-4-18　地表重力式深井洗井

图 4-4-19　地表重力式深井下管

2)综合降水应用效果

在施工中经过洞内台阶轻型井点降水、超前水平真空降水、重力深井负压降水以及洞外地表重力式深井降水的综合降水技术后,围岩汗状渗水、流塑及涌坍现象得到有效治理。

经过探索总结,洞内超强水平真空降水应在开挖前 3d 进行,洞内分部台阶轻型井点降水及重力深井负压降水应随时跟进,洞外地表重力式深井降水应超前 15d 进行,可稳定控制围岩含水率在 10%~11% 范围,达到预期降水效果。降水效果如图 4-4-20 和图 4-4-21 所示。

图 4-4-20　掌子面超前降水后围岩稳定

图 4-4-21　深井降水后隧底施工条件改善

4.5 双液回退劈裂注浆技术

当降水无法达到预期效果时,可采用双液回退劈裂注浆技术进一步疏干。劈裂注浆,是利用灌注体的压力,有控制地将土体和地层劈开,注入浆材,并使之互相连接形成连续的浆体,以解决围岩的渗透稳定问题。劈裂注浆技术,多用于颗粒浆材无法渗入的粉细砂和黏土层中,尤其在水利工程中得到了较为广泛的应用,目前,已初步形成了较为完整的注浆理论与施工工艺。

劈裂注浆是一个先压密后劈裂的过程。浆液在土体中流动分为三个阶段。

①第Ⅰ阶段:鼓泡压密阶段。刚开始注浆,浆液所具备的能量不大,不能劈裂地层,浆液聚集在注浆管孔附近,形成椭圆形泡体挤压土体。初始部分吃浆量少,而压力增长快,说明土体尚未开裂,曲线中的第一个峰值压力为启裂压力,启裂压力前称为鼓泡压密阶段,与压密注浆相似。

②第Ⅱ阶段:劈裂流动阶段。当压力大到一定程度时(即启裂压力),浆液地层中产生劈裂流动,劈裂面发生在阻力最小的小主应力面。当地层存在软弱破裂面时,先沿着软弱面劈裂流动。当地层比较均匀时,初始劈裂面是垂直的。劈裂压力与地基中小主应力及抗压强度成正比。

劈裂流动阶段的基本特征是,压力值先是很快降低,维持在一低值左右摆动,但是由于浆液在劈裂面上形成的压力摆动裂缝迅速张开,而在裂缝的最前端出现应力集中,所以这时压力虽然低,却能使裂缝迅速地发展。

③第三阶段:被动土压力阶段。裂缝发展到一定程度,注浆压力又重相新上升,地层中大小主应力方向发生变化,水平向主应力转化为被动土压力状态(即水平主应力为最大主应力),这时需要有更大的注浆压力才能使中裂在加宽或产生新的裂缝,出现第二个压力峰值,由于此时水平向应力大于垂直向应力,地层出现水平向裂缝(即二次劈裂)。

被动土压力阶段为劈裂注浆加固土地基的关键阶段,垂直劈裂后大量注浆,使小主应力有所增加,缩小了大小主应力之间的差别,提高了土体的稳定性,在产生水平劈裂后形成水平方向的浆脉时,可能使基础上抬或纠偏。浆脉网的作用是提高土体的法向应力之和,并提高土体的刚度。

饱和砂岩中采用水泥浆液、水泥黏土浆液劈裂注浆时,不但存在围岩受压后固结,还存在浆液的固结问题,浆液中多余的水分在黏土内无法排除,只能靠黏土中劈开的缝隙排出,因此会造成到处跑浆的现象。用水泥水玻璃就可以克服以上缺点,水泥水玻璃反应后结石率达到100%,无水排出。水泥水玻璃浆液混合后黏度变稠,流动性差,用浓稠的浆脉挤压土体,使周围的围岩再固结。对于综合降水或仅地表降水未达到预期效果,掌子面前方出现围岩流塑状态时,为了施工安全,采取封闭断面后进行双液回退劈裂注浆加固,改善掌子面及其周边围岩流塑状态,从而降低施工难度及安全风险。

(1)注浆孔布置

在隧道分部开挖周边布置超前注浆管,注浆管的布设原则应根据现场围岩渗水状态、浆液扩散半径、实际进浆量等综合考虑;同时局部水囊出现的位置具有不确定性,根据实际情况在出水位、流塑部位设注浆管。注浆管采用 $\phi25\text{mm}$ 普通钢管,长度为 6~8m,一端带丝扣,安装止浆阀,注浆管管身不设置溢浆孔。

(2)浆液选取

王梦恕院士指出对于流砂或软流塑地层中修建的隧道,防治措施主要为降水释压与注浆加固、封堵地下水两大辅助措施,以减少围岩含水率,达到增强承载性能的目的。软流塑地层具有高压缩性、高灵敏度、低强度等特点,易产生蠕动现象,该地层渗透系数又小,通常被认为不能注浆或注浆施工非常困难,可采用劈裂注浆,通过合理调整注浆压力、浆液的配比、注浆范围来解决。

根据胡麻岭饱和弱成砂岩水囊的工程特性,注浆要解决的问题主要为:堵水、固结、挤密、渗透、治理流塑状围岩流淌、防止滑塌、回填等,以及高分子化学注浆、双液注浆、单液浆的选取,综合考虑施工成本及施工时间。

通过现场物性指标试验、大量工艺试验,结合注浆效果、成本、效率等最终选取的注浆方法为:对于治理流塑状围岩、水囊等特殊情况采用双液回退劈裂注浆方案;初期支护背后回填采用单液浆。

(3)浆液参数

①灌浆压力计算

在注浆过程中,浆液沿水平剪切方向流动会出现冒浆现象,因此劈裂注浆的极限压力值应满足下式:

$$p_u \leq \gamma h \tan^2\left(45° + \frac{\varphi}{2}\right) + 2c\tan\left(45° + \frac{\varphi}{2}\right) \tag{4-4-2}$$

式中:p_u——劈裂注浆的极限压力;
  γ——土的重度;
  h——注浆孔的深度;
  φ——土的内摩擦角;
  c——土的黏聚力。

实际注浆过程中,考虑到注浆管道的压力损耗、注浆端头浆体堵塞等影响因素,现场调整后采用的注浆压力为 2~3MPa。

②注浆量

按单孔注浆量控制,单孔注浆量按下式计算:

$$Q = LR^2\pi\nu\eta \tag{4-4-3}$$

式中:Q——单孔注浆量(m^3);
  L——注浆段长(m),取全孔长减去孔口段长(1m 左右);
  R——浆液扩散半径(m);
  ν——注浆段土层孔隙率;
  η——浆液损失率,取 1.25。

③浆液配制

水泥—水玻璃浆液的特点如下：

浆液的凝胶时间可准确控制在几十秒至几十分钟范围内；结石体的抗压强度达 5～10MPa；凝结核结石率可达 100%；结石体的渗透系数为 10^{-3} cm/s；可用于裂隙宽度为 0.2mm 以上的岩体或粒径为 1mm 的砂层；材料来源丰富，价格较低；对环境及地下水无污染。

使用缓凝剂时应注意加料顺序、搅拌时间和放置时间。加料顺序为：水→缓凝剂→水泥，搅拌时间应不少于 5min，放置时间不宜超过 30min。

水灰比 $W/C=0.5:1\sim0.75:1$（重量比），水泥浆：水玻璃 $=1:0.5\sim1:1.0$（体积比），注浆压强为 2～5MPa，浆液扩散半径为 0.2～0.4m。水玻璃模数 $M=2.4\sim3.4$，浓度 $=30\sim45°Be'$，见表 4-4-9。

水泥—水玻璃浆液组成及配方　　　　　　　表 4-4-9

原　料	规　格　要　求	作　用	用　量	主　要　性　能
水泥	普通或矿渣硅酸盐水泥	主剂	1	凝胶时间可控制在几十秒至几十分钟范围内
水玻璃	模数：2.4～3.4、浓度：30～45°Be'	主剂	0.5～1	
磷酸氢二钠	工业品	缓凝剂	0.01～0.03	

双液浆凝固时间：水玻璃温度 40°、水 8°、溶解液 25°时凝固时间 8s；水玻璃温度 35℃、水 8℃、溶解液 20℃时凝固时间 12s。

(4) 注浆设备

注浆设备为 XPD90E，双液注浆泵。

(5) 注浆工艺

①注浆管施工

采用 YT-28 钻机钻孔，钻孔直径比钢管直径大 10～20mm，深度大于注浆管 10cm。然后将注浆钢管顶入，顶入长度不小于钢管长度的 90%，并用高压风将钢管内的砂粒吹出，保证注浆管通畅。

②注浆施工

水泥浆与水玻璃在 Y 形接头混合，双液浆注入管底部 1～2m 处，开始向管口流动，部分浆液堵塞钻孔，浆液开始扩散。当压力达到一定数值时，堵塞初凝的浆液被挤开，浆液继续向管口流动，形成劈裂挤密效果。

③注浆顺序：先注内孔，后注外孔，先注无水孔，后注有水孔。

④注浆结束标准

注浆结束标准应满足下列要求：单孔注浆压力达到要求值，持续注浆 10min 且浆液流量为初始注浆流量的 1/4。所有注浆孔均符合单孔结束条件，观察流塑状砂层是否继续被浆液挤出，掌子面砂层是否继续向上鼓起，掌子面出水量是否减少，满足以上条件注浆方可结束。

(6) 应用效果

经超前双液回退劈裂注浆后，开挖掌子面显示注浆加固范围为 1.5～3.5m，浆液将围岩劈裂,在注浆压力的作用下,富水粉细砂孔隙水挤出,围岩含水量减少,形成 5～20cm 的浆脉,浆脉成不规则分布,形成骨架。围岩整体性、稳定性、密实性、含水量均有较大改善,富水粉细砂地层流塑状态得到有效控制,注浆效果如图 4-4-22～图 4-4-25 所示。

图 4-4-22　注浆前围岩情况

图 4-4-23　注浆后围岩效果

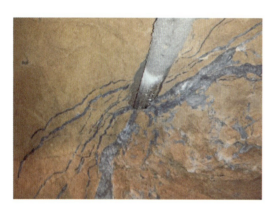

图 4-4-24　注浆管周劈裂浆脉

图 4-4-25　浆脉结石体效果

第 5 章

富水砂层隧道旋喷技术

在深厚富水砂层中,传统的旋喷技术,在有股状水、软弱不均的岩体中,成桩质量差、成本高,采用该工法进度慢。结合工程实践,对富水砂层隧道旋喷技术进行了改进,使地表旋喷和水平旋喷技术在深厚富水砂层中的适用性大幅度提高。

5.1 浅埋段地表旋喷技术

地表高压旋喷对地层进行加固,洞内分部开挖、强支护参数,配合 $\phi 89mm$ 钢管锁脚等综合措施,不仅能保证施工期间施工安全,同时地表高压旋喷注浆固结拱圈周围岩体,从而有效地改善砂层水害引起的一系列危害及隐患,保证施工和运营期间安全。

可实现洞内、外平行施工,与洞内帷幕注浆固结法相比,可缩短施工时间,加快施工进度;有效地避免了帷幕注浆因注浆扩散效果不理想,需反复进行封闭注浆所浪费的施工时间及成本,从而降低了施工成本;地表旋喷加固施工设备造价低,操作简单,施工人员少,施工难度小,具有较强的操作性。

待洞外旋喷加固完成后,洞内采取分部法或台阶法进行开挖,采用 $L = 10m$、$\phi 89mm$ 锁脚钢管加固初期支护拱架,采取焊接槽钢等措施将锁脚钢管连接成整体,用于提高初期支护整体性。

5.1.1 技术原理

地表高压旋喷注浆是利用钻机把带有浆液喷嘴和气流喷嘴的喷射钻头下至设计成桩深度,然后用高压设备将高压浆液喷射流与其外部环绕的压缩空气喷射流进行同轴喷射。浆液喷射流具有巨大的能量,它将钻孔周围的土体破坏,在破坏的同时,同轴喷射的气流将土体中的土粒迅速吹散,与高压浆液相混合形成一体。

5.1.2 施工工艺及效果评价

地表旋喷桩施工长度深入隧底下部 2.5m,桩径 60cm,间距 50cm,正三角形布置,注浆压力为 30MPa,浆液为水泥浆。利用地表旋喷桩将拱圈周围软弱围岩进行旋喷固结,在掌子面及周边位置形成固结墙体,防止掌子面失稳垮塌。

1)施工工艺流程

施工工艺流程图如图 4-5-1 所示。

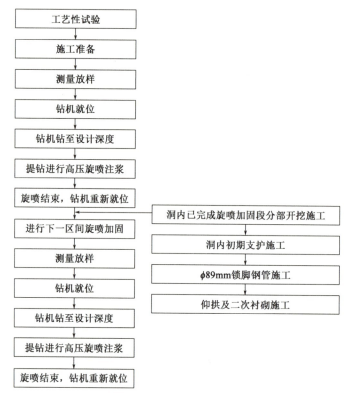

图 4-5-1　施工工艺流程

2)操作要点

(1)工艺性试验

施工前在施工区域以外的类似地质条件场地下,进行成桩工艺性试验(不少于 1 根),以确定在该区域地质条件下,保证成桩质量的工艺参数,并积累施工经验,以正确指导施工。

(2)施工准备

施工现场准备:首先对场地进行平整,根据工程需要及物资来源情况搭设临时水泥库,水泥库容量要保证一定的库存量,并做好物资储备与材料的检验工作。在施工区域附近合理安置机械设备,回浆池,并做好场区的防排水工作。对机械设备进行检查维修与保养,保证施工期间的正常运行。对施工用水、用电进行合理规划,并保证安全施工。

技术准备:对工程地质进行核对,如发现与设计情况不符者,应立即上报,进行研究处理。一般间隔 10m 一个断面,钻探验证 3 个点。参照设计原则,在图纸上对桩位进行平面布置,并形成区域桩位平面布置图。技术、质检人员加强对工艺及质量标准的学习,并对作业人员进行技术交底。

(3)测量放样

按设计的区域桩位布置图,在施工现场进行桩位放样,放样时,采取分区段的放样方式,逐段进行施工放样,以免施工过程中造成桩位偏差,并在后续施工放样的过程中,对先期施工的桩位进行复核。

各桩位在测放完成后,在桩位上用钢钎打眼并灌以白灰,插入竹扦,以方便施工过程中找桩。随后用水准仪测量各桩位地面高程,并加以记录。

(4)旋喷钻机钻至设计深度

移位地质钻机进行下一孔施钻,在钻好孔的孔位上,就位旋喷钻机,并将钻杆旋转至设计孔底高程。

(5)高压旋喷注浆

喷管插入预定深度后,由下到上进行喷射作业。根据工艺性试验取得的工艺参数进行旋喷注浆施工。值班技术人员必须时刻注意检查浆液的初凝时间、注浆流量、压力、旋转提升速度等参数是否符合要求,并做好施工记录。

(6)喷射结束,钻机移位

单根桩喷射施工完毕后,移位钻机进行下一根桩施工或对注浆管路器具进行清洗。清洗时,应把注浆管等机具设备冲洗干净,管内机内不得残存水泥浆。

3)施工要点

(1)严格按确定的参数及技术要求施工,未经技术人员同意,不得随便改变工艺参数。根据工艺性试验,针对区域地质条件,结合施工机械设备,确定其几项关键的工艺参数。施工时严格按照经批准的试验参数施工,不得随意更改工艺参数。

注浆时钻杆提升速率一般为20cm/min,高压注浆泵压力一般为30MPa。

(2)喷射注浆时注意连续均匀提升,无论何种原因造成停喷,在喷时必须下钻20cm以上进行衔接,以防桩体脱节夹泥夹砂。

(3)在高压喷射注浆过程中,当出现压力突然增加或降低,大量冒浆或完全不冒浆时,应及时停喷检修,查明原因,采取相应措施。

4)施工注意事项

钻机就位应平稳,立轴、转盘与孔位对正,高压设备与管路系统应符合设计及安全要求,防止管路堵塞,密封要良好;对深层长桩应根据地质条件,分层选择适宜的喷射参数,保证成桩均匀一致;注浆完毕应迅速拔出注浆管,桩顶凹坑应及时以水灰比为0.6∶1的水泥浆补灌;钻机成孔和喷浆过程中,应将废弃的加固料及冒浆回收处理,防止污染环境。

5)质量控制

施工过程中要经常对浆液质量进行检查,并做好检测记录;施工过程中对每根桩测量其钻杆长度以控制成桩长度符合设计要求;地表高压旋喷桩施工时,旁站人员要做好记录,绘制施工平面图,在图中做好标记避免漏桩;旋喷提钻过程要全程旁站做好记录,控制提钻速度,保证旋喷效果;洞内组织施工前要对已完的地表加固段进行检测,检测合格后方可进行洞内施工。

6)效果及评价

浅埋段采用地表旋喷预加固技术,在保证安全、质量的前提下,可实现稳定、快速施工。可在浅埋下穿河流、水库段软塑、淤泥质地层使用,地表旋喷桩施工如图4-5-2所示,旋喷桩芯样如图4-5-3所示。

图 4-5-2　地表旋喷桩施工

图 4-5-3　旋喷桩芯样

5.2　深厚富水砂层水平旋喷技术

5.2.1　技术原理与适用范围

1）技术原理

钻机钻进至设计深度后,通过钻杆喷嘴以大于30MPa的压力将配制好的浆液喷射到土体内,借助射流的冲击力切削土层,使喷流射程内土体遭受破坏,与此同时钻杆一面以一定的速度(15r/min)旋转,一面低速(15~30cm/min)提升,使土体与水泥浆充分搅拌混合,胶结硬化后形成直径比较均匀,具有一定强度的桩体,从而使地层得到加固,当旋喷桩相互咬接后,可以在隧道拱顶及周边形成封闭的水平旋喷体,能够起到防流砂、抗滑移、防渗透的作用,保证掘进安全。

2）适用范围

水平旋喷桩适用于砂层洞口段、水位在拱顶以上且小于10m的深厚砂层段;有股状水流段落、水位高段落、已发生或可能发生突涌段落不宜采用。水平旋喷施工如图4-5-4所示,水平旋喷效果如图4-5-5所示。

图 4-5-4　水平旋喷施工

图 4-5-5　水平旋喷效果

5.2.2 施工工艺与流程

1) 水平旋喷参数

以胡麻岭隧道为例,通过试验,选取水平旋喷施工参数如下:

水平旋喷浆液材料采用 425 普通硅酸盐水泥,水灰比 = 1∶1。

旋喷压力:25MPa + 软弱带地压修正值,为 28~35MPa。

浆液流量:70~100L/min。

拔杆速度:10~20cm/min。

旋转速度:15r/min。

2) 水平旋喷设置

水平旋喷布置图如图 4-5-6 所示。

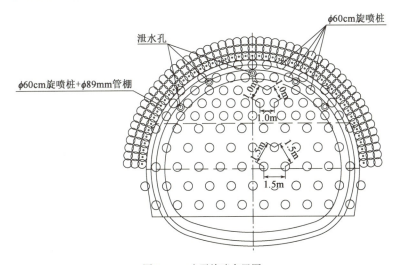

图 4-5-6 水平旋喷布置图

旋喷范围为轮廓线周边及掌子面,旋喷桩长 18m,纵向搭接长度 5m,每循环开挖长度为 13m,具体设置如下。

(1) 上半断面(拱部 180°)开挖轮廓周边采用三层水平旋喷桩进行预加固,桩径为 60cm,桩间距为 50cm,其中,内层旋喷桩内置 ϕ89mm 管棚;180°以下开挖轮廓周边采用单层水平旋喷桩进行预加固,桩径为 60cm,桩间距为 40cm。

(2) 掌子面设 ϕ60cm 水平旋喷桩,上台阶(原 1、3 部)桩间距 100cm,下半断面(原 2、4、5、6 部)桩间距 150cm,梅花形布置。旋喷桩长度和间距可根据揭示地质情况进行调整。

(3) 旋喷加固施作前应施作泄水孔,泄水孔采用 PVC 微缝管,拉伸强度 4.5MPa 以上,外径大于 60mm,厚度 5mm,施作泄水孔时应设置 TNT 前套管,套管直径为 91mm。在旋喷过程中,若水量减小或出现不出水,打设泄水孔进行泄水,泄水孔长度不小于旋喷长度。现场可根据实际出水位置和出水量加密泄水孔,确保安全。

3) 工艺流程

水平旋喷施工工艺流程如图 4-5-7 所示;双层 ϕ89mm 大管棚施工工艺流程如图 4-5-8 所示。

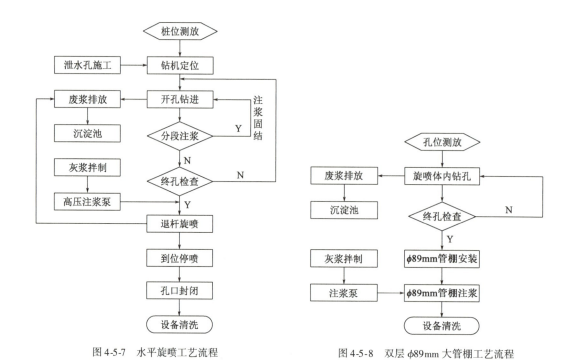

图 4-5-7 水平旋喷工艺流程　　　图 4-5-8 双层 φ89mm 大管棚工艺流程

5.2.3　施工要点

(1)根据设计规定的点位进行放样定位,其中心允许误差不大于 2cm,成孔偏斜率控制在 1% 以内。

(2)必要时,钻孔采用泥浆护壁,比重 1.0~1.2,水∶膨润土 =1∶0.07~0.1(重量比)。经常用比重计来测试水泥浆液密度,当施工中浆液密度超出此指标时,应立即停止喷注,并调整至设计范围后,方可继续喷射。

(3)水泥浆液水灰比为 0.6∶1~1∶1。水泥浆液应进行严格的过滤,防止喷射作业时堵塞。

(4)高压喷射注浆应自前往后、匀速后退,喷射过程中应达到压力和浆量符合设计要求,并确保管路系统的畅通和密封。

(5)中间发生故障时,应停止后退和喷射以防桩体中断,同时立即进行检查排除故障,如发生浆液喷射不足,影响桩体的设计直径时,应进行复喷。停喷后重新恢复施工前,应将喷头前移 30cm,采取重叠搭接喷射处理后,方可继续后退及喷射注浆,并应记录中断深度和时间。停机超过 2h 时,应对泵体输浆管中进行清洗后方可继续施工。

(6)施工过程中,应经常检查高压泵的压力、浆液流量、钻机转速、后退速度及耗浆量;当冒浆量超过浆量的 20% 时,应提高注浆压力或复喷进行处理。当不冒浆时,应通过减缓后退速度或加大浆量进行处理。

(7)喷射作业完成后,应连续将管棚推入孔内并注浆填满为止。

(8)旋喷完毕后,泥浆泵和高压泵应用清水洗净,各管路内不得有残余浆液和其他杂物。管路拆下后采用清水冲洗,高压泵停止运转后,拆洗缸室及易堵部件。损坏部件应及时修理和更换,运转部分要涂抹黄油以利润滑和防锈。

(9)必须做好钻孔施工详细记录,以指导后期施工参数。

5.2.4 质量要求

为确保水平旋喷加固效果的实现,主要通过检查孔观测法及岩芯检测法,并利用管棚钻孔,检测其水泥结石体抗压强度、均匀性、连续性,判断旋喷加固圈的加固效果,设计要求旋喷加固效果达到以下标准:

(1)桩体抗压强度平均值不小于3MPa,最小值不小于2.5MPa。

(2)旋喷桩加固体的钻孔取芯率不小于70%。

(3)检测孔及开挖后掌子面及侧壁不允许有股流。

第 6 章

九部双侧壁隧道施工技术

富水粉细砂岩地层隧道围岩软弱、松散,富水并有局部股状流水,围岩变形快,侧压力大,自稳时间短,开挖后极易产生围岩失稳坍塌及局部管涌现象,管涌呈流水、流砂及流泥状。传统的隧道开挖工法无法及时封闭断面,极易引起初期支护变形沉降。因此,在常规开挖方法的基础上,创新了九部双侧壁隧道施工技术。

6.1 技术概况

1)断面设置

为保证隧道施工安全稳定,拟采用双层超前大管棚超前预注浆加固、双侧壁九部开挖辅以综合降水,工法分部如图 4-6-1 所示,纵断面示意如图 4-6-2 所示。

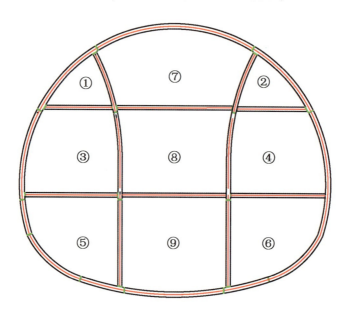

图 4-6-1 具体分部位置的断面示意图

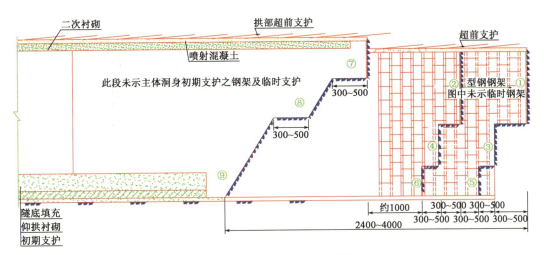

图 4-6-2 九部双侧壁纵断面示意图(尺寸单位:mm)

2)支护参数

双侧壁九部开挖法初期支护拱架采作 I25a 工字钢拱架,间距 0.5m,临时拱架和二次支护拱架采用 I20b 拱架。初期支护全环喷射 C30 早高强混凝土 33cm。超前支护设双层 φ108mm 大管棚 15m,环向间距 40cm。具体支护参数见表 4-6-1。

支护参数 表 4-6-1

项 目			支护参数
围岩分级			特殊砂岩
预留变形量			加强段落 60cm,常规段落 35cm
超前支护	超前大管棚		井口两工作面打设双层 φ108mm 大管棚 15m 环向间距 40cm
	超前小导管		设置双层 φ42mm 小导管预注浆,长 4m,环向间距 30cm
	边墙小导管		边墙竖向设置 φ42mm 小导管,长 1m,密排布置
初期支护	喷混凝土		全环 C30 早高强混凝土 33cm 厚
	锁脚锚管		接头部位设置 48 根 φ42mm 锚管,L-4.5m
	钢筋网		全环双层 φ8mm 钢筋网,网格间距 20cm×20cm
	钢架		全环工 I25a 型钢,间距 0.5m,纵向设置[32a 槽钢托梁,底脚设置混凝土垫块
	双侧壁	双侧壁钢架	全环工 I20b 型钢,间距 0.5m
		纵向连接筋	双层 φ22mm 螺纹钢筋,"Z"字形连接,环向间距 1.0m
		钢筋网	全环双层 φ8mm 钢筋网,网格间距 20cm×20cm
二次支护	喷混凝土		C25 混凝土 27cm
	钢筋网		双层 φ8mm 钢筋网,网格间距 20cm×20cm
	钢架		全环工 I20b 型钢,间距 1m
	纵向连接筋		φ22mm 螺纹钢筋,"Z"字形连接,环向间距 1.0m
二次衬砌			C40 钢筋混凝土,主筋间距 12.5cm,厚度 60cm
降水			采用重力真空深井和水平超前、台阶负压降水,积水坑抽取汇集水
基底处理			50cm 厚混凝土干拌料
初期支护径向注浆			全环设置 φ42mm 注浆小导管,长 4m,间距 1×1m
横向排管			横向设置 φ42mm 小导管,L=2.5m,密排

3）各分部尺寸

开挖竖井时发现局部出现管涌现象，所以开挖正洞应尽可能减小开挖面积，如果开挖面积较大时出现管涌现象基本无法采取有效的封挡措施。导坑底部断面开挖尺寸和形状既要考虑满足机械化作业的需要，又要尽量减少后部工序开挖的跨度，因此开挖宽度确定为4.5m，以满足单车施工运输的需要；高度确定为4.7m，在机械化施工作业高度范围内，同时减少了后部工序开挖的宽度，导坑形状靠近边墙一侧与曲墙墙背相同。

正洞双侧壁导坑开挖尺寸示意图如图4-6-3所示，双侧壁导坑开挖工序如图4-6-4所示。

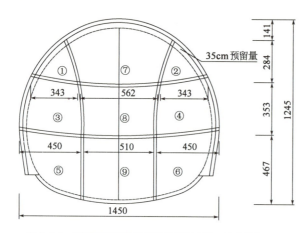
图4-6-3 正洞双侧壁导坑开挖轮廓示意图(尺寸单位：cm)

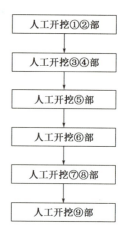
图4-6-4 双侧壁开挖工序

4）适用范围

九部双侧壁开挖工法适用于围岩较差条件下的行车隧道开挖，如小断面Ⅴ级及更高级别的围岩、大断面Ⅳ级及更高级别的围岩均可选用此方法作为开挖工法；该方法主要适用于黏性土层、砂层、砂卵层、粉细砂岩、泥岩等软弱地层；如若地层富水，选取该工法更佳。

6.2 施 工 工 艺

6.2.1 上导洞施工

（1）施作双层超前 ϕ108mm 大管棚超前支护，并插打 ϕ42mm 超前小导管，注水泥水玻璃双液浆。

（2）人工开挖①、②部。

（3）喷8cm厚混凝土封闭掌子面。

（4）施作①、②部导坑周边的初期支护和临时支护，即初喷4cm厚混凝土，架立Ⅰ25钢架和Ⅰ20b临时钢架，并打设锁脚锚管。

（5）导坑底部喷33cm厚混凝土，施作①、②部临时仰拱，安设Ⅰ20b横撑。

（6）打设系统锚杆后复喷混凝土至设计厚度。

(7)打设径向注浆钢管并注水泥—水玻璃双液浆。

6.2.2　侧壁导坑中台阶

(1)在施工①、②部掘进6m后,人工开挖③、④部。
(2)喷8cm厚混凝土封闭掌子面。
(3)施作③、④部导坑周边的初期支护和临时支护,即初喷4cm厚混凝土,架立I25钢架和I20b临时钢架,并设锁脚钢管。
(4)导坑底部喷33cm厚混凝土,施作③、④部临时仰拱,安设I20b横撑。
(5)打设系统锚杆后复喷混凝土至设计厚度。
(6)打设径向注浆钢管并注水泥水玻璃双液浆。

6.2.3　侧壁导坑下台阶

开挖拱部⑤,开挖时留核心土,并施工该部初期支护,拱顶掘进约4m后开挖第一道隔板并架设I20b临时钢架并喷射27cm厚混凝土。⑤部临时支撑完成6m后开挖⑥部,并架设I20b临时钢架并喷射27cm混凝土。

6.2.4　核部施工

(1)在⑥隔板完成6m后,人工开挖⑦、⑧部。
(2)喷8cm厚混凝土封闭掌子面。
(3)施作⑦、⑧部导坑周边的初期支护和临时支护,即初喷4cm厚混凝土,架立I25钢架,并设锁脚钢管。
(4)打设径向注浆钢管并注水泥水玻璃双液浆。

6.2.5　核部下台阶施工

(1)在⑦、⑧部完成6m后开挖⑨部。
(2)喷8cm厚混凝土封闭掌子面。
(3)施作⑨部导坑周边的初期支护和临时支护,即初喷4cm厚混凝土,架立I25钢架,并设锁脚钢管。
(4)打设径向注浆钢管并注水泥—水玻璃双液浆。

6.3　施工要点

(1)隧道施工应遵循"短进尺、强支护、早封闭、勤量测,衬砌紧跟"的原则。
(2)开挖方式均采用人工开挖。
(3)各部开挖时,周边轮廓应尽量圆顺,减小应力集中。
(4)工序变化处的钢架(或临时钢架)应设锁脚锚杆,以确保钢架基础稳定。

(5)严格控制各部步距和按部序施工,仰拱到隔壁距离不得超过 5m,隔壁到二次衬砌的距离不得大于 15m,二次衬砌到掌子面的距离不超过 50m。

(6)施工中,应按有关施工规范及标准图的要求,进行监控量测,及时反馈结果,为支护参数的调整、灌注二次衬砌的时机提供依据。

6.4 配套辅助措施

6.4.1 大管棚施工

(1)大管棚采用双层 $\phi 108$mm 管棚,长度 15m(搭接 5m),环向间距 40cm,拱顶 180°范围布设。管棚之间加设 $\phi 42$mm 双层小导管,长 4m(搭接 1.6m);管棚及双层导管浆液为双液浆。

(2)竖井施工开挖至管棚施工段时,作为管棚和混凝土导向墙施工平台。工作平台宽度为 2.5m,高度为 2.0m,平台两侧宽度为 1.5m。

(3)施工导向墙:采用 C40 混凝土护拱作为管棚的导向墙,截面尺寸为 $1m \times 1m$。导向墙在隧道开挖外轮廓线以外,导向墙设两榀 I20b 工字钢制作的钢拱架为环向支撑,钢架外缘设 140mm、壁厚 5mm 的导向钢管,导向管环向间距 40cm,管焊接固定在钢拱架上。

(4)管棚制作采用热轧无缝钢管,外径 108mm,壁厚 4mm。每节钢管两端均预加工成外丝扣,以便连接接头钢管,同一断面接头数量不得超过总钢管数量的 50%。管壁打孔,采用梅花形布孔,孔径为 $10 \sim 16$mm,孔间距为 150mm,钢管尾留 1100mm 不钻孔的止浆段,钢管加工成 2.5m 和 3m 长的两种规格,管棚安装如图 4-6-5 所示。

图 4-6-5 管棚施工

(5)钻孔采用改装地质钻机 XY-2 一次成管棚。为减少因钻具移位引起的钻孔偏差,钻机立轴方向应准确控制,钻进过程中要经常采用测斜仪量测钻杆钻进的偏斜度,发现偏斜超过设计要求时及时纠正。钻孔直径:108mm;钻孔平面误差:径向不大于 5cm。

(6)钻孔检测合格后,安装钢筋笼。

(7)注浆采用双液浆,注浆前先进行现场注浆试验,注浆按先下后上。注浆量由压力控制,达到结束标注后,停止注浆。

6.4.2 双层小导管

管棚之间设双层 $\phi42mm$ 超前小导管,单根长 4m,环向间距 30cm,纵向间距 2.4m。根据注浆在粉细砂的影响范围约为 20cm,第一排注浆管倾角为 11°8′24″,第二排注浆管倾角为 14°28′39″(图 4-6-6)。

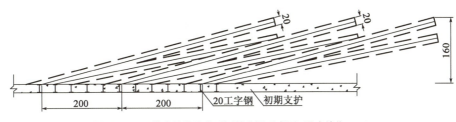

图 4-6-6 双排小导管注浆后固结范围示意图(尺寸单位:mm)

6.4.3 初期支护背后全环回填注浆

施作径向小导管注浆的目的在于填充拱背围岩受水流影响造成的局部透空,通过补充双液浆防止水流大量涌出及由于流砂扩大造成大面积脱空而形成的局部压力升高。注浆采用高压注浆泵注水泥、水玻璃浆液,压力控制在 0.3~0.5MPa,浆液配合比视地质情况及现场试验确定,保证浆液扩散互相咬接,以提高围岩的稳定性。初期支护背回填注浆示意如图 4-6-7 所示。

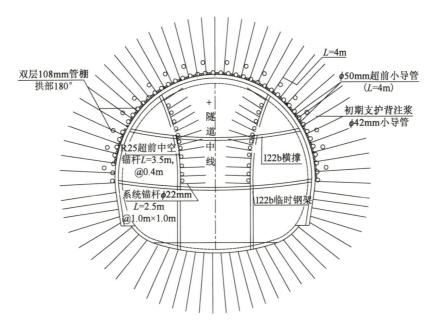

图 4-6-7 初期支护背回填注浆示意图

1)技术参数

(1)注浆管加工

钢管采用外径 $\phi 42mm$、壁厚 3.5mm 的无缝热轧钢管,钢管长度 1.0m。为便于超前小导管插入围岩内,钢管前端加工成尖锥状,尾部焊 $\phi 6mm$ 加劲箍,管壁不设溢浆孔。

(2)注浆孔布置

按设计要求,拱墙范围内布设注浆孔,环纵向间距 100cm,梅花形设置,注浆孔深度 4.0m,孔径 52mm。按照设计图纸,Ⅵ级复合围岩拱墙设置 29 根,Ⅵ级非绝缘一般锚段拱墙设置 30 根,Ⅵ级非绝缘下锚段拱墙设置 31 根。在 DK78+820~DK79+080 段隧道加宽值为 10cm,拱墙设置 30 根。

(3)浆液配合比

水泥采用 P·O 42.5 普通硅酸盐水泥,浆液采用水灰比 1:1 的水泥单液浆,每立方米浆液水泥与水各 752kg。当工程地质条件较差,如遇水囊或含水量大需要径向注浆堵水、工作面涌砂涌水、采用水泥水玻璃双液浆时,配合比宜采用 1:1:0.7(水:水泥:水玻璃)。

(4)注浆参数及判定标准

注浆压力为 1.0~1.5MPa,根据现场实际调整终止压力。注浆按照"先压注无水孔后压注有水孔、从拱顶顺序向下压注"的顺序进行。利用止浆阀保持孔内压力直至浆液完全凝固。

(5)注浆结束标准

注浆施工结束条件为所有注浆孔均已符合单孔结束条件,无漏注。单孔注浆压力达到设计要求值,持续注浆 10min 且进浆速度为小于开始进浆速度的 1/4 注浆方可结束。

2)施工控制要点

(1)钻孔速度应保持匀速,遇到泥岩夹层时,控制钻进速度,避免夹钻。

(2)注浆过程中,若压力突然升高,应停止注浆,检查后再行注浆。

(3)注浆过程中,注意观察初期支护的变形情况,准备好加固措施。

(4)钻孔位置要准确,施钻时钻机要尽量贴近岩面,以保证开孔质量;换钻杆时要注意检查钻杆是否弯曲,有无损伤,中心水孔是否畅通等。

(5)径向注浆管安装后应将孔口与导管壁进行密封,防止漏浆。密封材料采用锚固剂,密封后应不小于 10min 再进行注浆。

(6)注浆采用由上至下顺序注浆方式,为发挥注浆效率和加快注浆速度,可采用群管注浆(每次 3~5 根)。当注浆遇窜浆或跑浆时,应采用间隔跳孔注浆方式。

(7)径向注浆作业应采用全孔一次性注浆方式进行,应尽量避免因机械故障、停电、停水、器材等问题造成的被迫中断。

(8)注浆量和注浆压力是注浆作业中的两个关键参数。一般规律是初始阶段压力较低,注入量增大;正常阶段压力和注入量呈小的波浪式起伏状态,但总的比较平稳;压密注满阶段注入量迅速递减而压力迅速升高;在注浆中根据设计注浆量和压力按照上述规律进行控制。

(9)单孔注浆压力达到设计要求值,持续注浆 10min 且进浆速度为小于开始进浆速度的 1/4 时注浆方可结束。

(10)径向注浆施工时,应严格执行关键作业工序旁站制度,同时应认真填写施工记录表,填表记录人为工区现场技术人员。

(11) 在富水段钻孔注浆施工时，必须安设反压防喷装置，确保施工人员安全。

(12) 施工时要设置排水沟并及时疏排，严防积水浸泡工作面。

(13) 当工程地质条件较差遇水囊时应进行局部堵水注浆。在钻进过程中遇涌水，应立即停止钻进，将涌水进行引排后，在周边位置进行钻孔注浆，最后将涌水孔进行局部堵水注浆。浆液宜采用水泥—水玻璃双液浆。

3) 施工流程

径向施工工艺流程如图 4-6-8 所示。

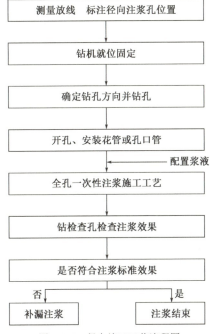

图 4-6-8　径向施工工艺流程图

4) 质量标准

(1) 径向注浆孔孔口位置准确定位，与设计位置的允许偏差为 ±5cm，方向角允许偏差小于 2°，孔深误差为 0 ~ +5cm，径向注浆施工如图 4-6-9 所示。

a)

b)

图 4-6-9　径向注浆施工

(2)注浆孔终孔直径不小于52mm。

(3)径向注浆材料宜先用耐久性好、强度高以及无收缩性和无污染的水泥材料,并尽量采用高浓度浆液。

(4)注浆压力符合1.0~1.5MPa的设计压力要求,径向注浆深度满足设计要求。

(5)注浆堵水率不低于90%。

参考文献

Key technology for high-pressure and rich-water railway tunnel construction

[1] 王梦恕,谭忠盛. 中国隧道及地下工程修建技术[J]. 中国工程科学,2010,12(12):4-10.
[2] 田四明,王伟,巩江峰. 中国铁路隧道发展与展望[J]. 隧道建设(中英文),2021,41(2):308-325.
[3] 莫阳春. 高水压充填型岩溶隧道稳定性研究[D]. 成都:西南交通大学,2005.
[4] 石少帅. 深长隧道充填型致灾构造渗透失稳突涌水机理与风险控制及工程应用[D]. 济南:山东大学,2014.
[5] 徐钟. 复杂岩溶隧道涌突水演化机理及灾害综合防治研究——以新建叙大铁路为例[D]. 成都:成都理工大学,2018.
[6] 曾艺. 岩溶隧道岩盘安全厚度计算方法及突水灾害发生机理研究[D]. 成都:西南石油大学,2015.
[7] 李术才,薛翊国,张庆松,等. 高风险岩溶地区隧道施工地质灾害综合预报预警关键技术研究[J]. 岩石力学与工程学报,2008,27(7):1297-1307.
[8] 马栋. 深埋岩溶对隧道安全影响分析及处治技术研究[D]. 北京:北京交通大学,2012.
[9] 谭英华. 隧道富水断层破碎带突泥灾变演化机理及工程应用[D]. 济南:山东大学,2017.
[10] 郭乾. 典型不良地质条件下隧道围岩稳定性分析及对策研究[D]. 重庆:重庆交通大学,2010.
[11] 杨晓东. 强风化混合花岗岩断层破碎带隧道涌水处治措施研究[D]. 西安:长安大学,2015.
[12] 李忠. 在建铁路隧道水砂混合物突涌灾害的形成机制、预报及防治[D]. 北京:中国矿业大学,2009.
[13] 张红军. 上覆富水砂层隧道开挖面稳定性分析与注浆加固对策研究[D]. 济南:山东大学,2017.
[14] 张胜. 富水隧道注浆快速堵水技术[J]. 铁道标准设计,2005(9):111-113.
[15] 周烨. 富水弱成砂岩隧道力学特性与支护对策研究[D]. 北京:北京交通大学,2013.
[16] 付刚. 北京地铁降水方法研究与应用[D]. 长春:吉林大学,2005.
[17] 贡立宇. 深基坑流砂质地层轻型井点降水技术研究[D]. 淮南:安徽理工大学,2017.

[18] 马栋,李庚许. 宜万铁路大支坪隧道+990岩溶治理技术[J]. 中国工程科学,2009,11(12):53-60.

[19] 何宇彬,邹成杰. 关于喀斯特洞穴发育深度问题[J]. 中国岩溶,1997,16(2):167-176.

[20] 蒋良文,王科,等. 圆梁山隧道毛坝向斜段深部承压岩溶水系统浅析[J]. 成都理工学院学报,2001,28(2):126-129.

[21] 张金才,刘天泉. 论煤层底板采动裂隙带的深度及分布特征[J]. 煤炭学报,1990,15(2):46-56.

[22] 张金才,刘天泉. 煤层底板突水影响因素的分析与研究[J]. 煤矿开采,1993(4):35-39.

[23] 刘宗才,于红. 下三带理论与底板突水机理[J]. 中国煤田地质,1991,3(2):38-41.

[24] 刘招伟,何满潮,王树仁. 圆梁山隧道岩溶突水机理及防治对策研究[J]. 岩土力学,2006(2):228-232.

[25] 刘招伟. 圆梁山隧道岩溶突水机理及其防治对策[D]. 北京:中国地质大学,2004.

[26] 何发亮,李苍松,陈成宗. 岩溶地区长大隧道涌水灾害预测预报技术[J]. 水文地质工程地质,2001(5):21-23.

[27] 王梦恕. 对岩溶区隧道施工水文地质超前预报的意见[J]. 铁道勘察,2004(1):7-9.

[28] 李奎,高波. 岩溶区隧道岩溶发育规律与岩溶洞穴探测[J]. 西部探矿工程,2005(10):110-113.

[29] 张炜,李治国,王全胜. 岩溶隧道涌突水原因分析及治理技术探讨[J]. 隧道建设,2008,28(3):257-262.

[30] 毛邦燕. 现代深部岩溶形成机理及其对越岭隧道工程控制作用评价[D]. 成都:成都理工大学,2008.

[31] 王建秀,冯波,张兴胜,等. 岩溶隧道围岩水力破坏机制研究[J]. 岩石力学与工程学报,2010,29(7):1363-1370.

[32] 黄润秋,王贤能,陈龙生. 深埋隧道涌水过程的水力劈裂作用分析[J]. 岩石力学与工程学报,2000,19(5):573-576.

[33] 铁道部第四勘察设计院. 新建铁路宜昌至万州线宜昌至万州段长大岩溶隧道专项地质勘察总报告[R]. 武汉:2004.

[34] 王成亮. 宜万铁路岩溶区隧道施工地质灾害风险评价方法研究[D]. 北京:北京交通大学,2010.

[35] 徐伟. 岩溶地区隧道涌水量的评价方法——以宜万铁路马鹿箐隧道为例[D]. 武汉:中国地质大学(武汉),2008.

[36] 张民庆,刘招伟. 圆梁山隧道岩溶突水特征分析[J]. 岩土工程学报,2005,27(4):422-426.

[37] 宋战平,李宁,严魁泗. 岩溶隧道顶板安全厚度的理论探讨及工程应用[J]. 岩土力学,2006,27(增2):249-254.

[38] 赵明阶,徐容,许锡宾. 岩溶区全断面开挖隧道围岩变形特性模拟[J]. 同济大学学报(自然科学版),2004,32(6):710-715.

[39] 赵明阶,敖建华,刘绪华,等. 岩溶尺寸对隧道围岩稳定性影响的模型试验研究[J]. 岩石

力学与工程学报,2004,23(2):213-217.

[40] 赵明阶,王学军,刘绪华,等.隧道侧岩溶分布对围岩稳定性影响的数值模拟研究[J].重庆建筑大学学报,2003,25(1):6-12.

[41] 赵明阶,刘绪华.隧道顶部溶洞对围岩稳定性影响的数值分析[J].岩土力学,2003,24(3):445-449.

[42] 乔春生,等.高压富水充填型大型岩溶区的隧道修建技术研究之二:溶腔临界安全厚度的确定[R].北京:北京交通大学,2009.

[43] 吴顺川,金爱兵,高永涛.基于遍布节理模型的边坡稳定性强度折减法分析[J].岩土力学,2006,27(4):537-542.

[44] 叶英.岩溶隧道超前地质预报研究[D].北京:北京交通大学,2006.

[45] 聂利超.隧道施工含水构造激发极化定量超前地质预报理论及其应用[D].山东大学,2014.

[46] 张民庆,黄鸿健,苗德海,等.宜万线隧道工程岩溶治理技术与工程实例[J].铁道工程学报,2008,1:24-48.

[47] 张民庆,黄鸿健,苗德海.岩溶隧道水压力的研究与确定[J].铁道工程学报,2008,5:53-58.

[48] 苗德海,马涛,王伟,等.宜万铁路隧道工程特点及设计对策[J].铁道标准设计,2010,8(16):56-61.

[49] 苗德海,马涛,王伟,等.宜万铁路复杂岩溶隧道动态设计[J].铁道标准设计,2010,8(15):52-56.

[50] 谭忠盛,李健,薛斌,等.岩溶隧道衬砌水压力分布规律研究[J].中国工程科学,2009,11(12):87-92.

[51] 马栋.高海拔复杂地质特长隧道施工关键技术[M].北京:中国铁道出版社,2019.

[52] 马栋.富水糜棱岩地层大断面隧道施工技术[J].铁道建筑,2014(10):47-51.

[53] 张民庆,张文强,孙国庆.注浆效果检查评定技术与应用实例[J].岩石力学与工程学报,2006,25(S2):3909-3918.

[54] 陈绍华,李志平,马栋.青藏铁路新关角隧道[J].隧道建设,2017,37(7):907-911.

[55] 李庚许.宜万铁路大支坪隧道岩溶地质灾害综合防治技术[D].北京:中国地质大学(北京),2009.

[56] 朱海涛.齐岳山隧道衬砌水压力特征与岩溶处治技术研究[D].北京:北京交通大学,2011.

[57] 程显涛.帷幕注浆技术在软弱围岩隧道施工中的应用[J].中国市政工程,2014(01):54-56+95.

[58] 王肖文.隧道穿越水库下断层破碎带帷幕注浆施工技术[J].铁道建筑技术,2012(08):48-53.

[59] 周利华.地铁大断面隧道砂卵石地层深孔注浆施工技术[J].市政技术,2016,34(S1):170-173.

[60] 吴洪超,吴少锋.超前加固注浆在富含水黄土质隧洞开挖中应用[J].城市建设理论研究

(电子版),2013(17):1-5.
- [61] 袁晏仁,李金求,周凯. 中梁山隧道高压富水区帷幕注浆技术[J]. 都市快轨交通,2013(02):100-103.
- [62] 张民庆,孙国庆. 高压富水断层注浆效果检查评定方法及标准研究[J]. 铁道工程学报,2009,26(11):50-55.
- [63] 李勇. 高水压作用下单线铁路隧道衬砌受力特性研究[J]. 铁道建筑技术,2020(7):1-4.
- [64] 王秀英,谭忠盛,王永红,等. 兰渝铁路含水弱胶结砂岩隧道地层特性试验研究[J]. 土木工程学报,2015,48(S1):191-195.
- [65] 谭忠盛,王秀英,万飞,等. 关角隧道突涌水防治技术体系研究[J]. 土木工程学报,2017,50(S2):1-7.
- [66] 张民庆,何志军,肖广智,等. 第三系富水砂层隧道工程特性与施工技术研究[J]. 铁道工程学报,2016(9):76-81.
- [67] 毕焕军. 胡麻岭隧道第三系富水砂岩地表深井降水研究[J]. 铁道标准设计,2015,59(7):116-119.
- [68] 李国良. 兰渝铁路特殊复杂地质隧道建设难点及对策[J]. 现代隧道建设,2015(5):10-15.
- [69] 王胜国. 综合降水技术在胡麻岭隧道富水粉细砂地层中的应用[J]. 国防交通工程与技术,2018,16(2):53-58.